KB268167

톡톡 (Talk Talk) **사도행전**

톡톡 Talk Talk
사도행전

● 최원준 지음

한국성서학연구소
KOREA INSTITUTE OF BIBLICAL STUDIES

서 문

    필자가 중학교 2학년 때부터 다니기 시작한 교회는 내 인생 최고의 선물이었다. 고맙고 고마운 그 교회 이름은 '수산교회'(서울시 중랑구)다. 초등학교 시절에도 친구를 따라 이 교회, 저 교회 가끔 가기는 했지만, 꾸준히 다니기 시작한 것은 중학교 2학년 때부터였다. 그 교회에서 예수님을 만났고, 말씀을 배웠고, 교회를 섬기는 기쁨을 누렸고, 목회자가 되라는 소명에 순종하여 신대원에 들어갔다.

    필자가 중고등학교 시절에는 〈토요집회〉라는 이름으로 학생회 신앙 자치 활동이 있었다. 토요일 오후에 모여 1부 예배, 2부 자치 활동(성경퀴즈 대회, 친교, 기도회 등)으로 이어졌다. 그때 율동과 더불어 배웠던 복음성가 중에 여전히 기억하는 노래가 "금과 은 나 없어도"이다.

금과 은 나 없어도 내게 있는 것 네게 주니

곧 나사렛 예수 이름으로 일어나 걸으라

그는 걸었네 뛰었네 찬양했네 그는 걸었네 뛰었네 찬양했네

곧 나사렛 예수 이름으로 일어나 걸으라

　세상 사람들이 제일 좋아하는 금과 은은 없지만, 자신에게는 나사렛 예수의 이름이 있다는 확신으로 "일어나 걸으라"라고 담대하게 선포했을 때 나타난 기적, 그리고 기쁨의 찬양은 중학생이었던 필자에게 꽤 인상이 깊었다. 사도행전과 필자의 만남은 이렇게 시작됐고, 사도행전 하면 이 찬양이 늘 생각난다.

　사도행전과 관련된 추억은 1989년 2월에도 있었다. 다니던 교회에서 일본 선교 찬양팀이 결성되어 다녀왔다. 그때 일본어로 외웠던 말씀이 "주 예수를 믿으라 그리하면 너와 네 집이 구원을 얻으리라"(행 16:31)였다. 앞의 부분 "슈 예수오 신지나사이"는 아직도 기억난다. 바울이 빌립보 감옥에 갇혔을 때 간수에게 했던 이 말은 기독교 역사상 가장 유명한 말씀 중의 하나가 되어, 전도할 때 널리 사용되는 구절이다.

　사도행전에는 주옥같은 장면과 말씀들이 많다. 분량이 28장 1,007절인데, 신약 27권 가운데서 세 번째로 절수가 많다. 소리 내어 쉬지 않고 읽으면 130분 정도 걸린다. 드라마 바이블(공동체 성경읽기)로는 2시간 25분 걸린다. 영화 한 편 보는 시간과 비슷하다. 우선 이 책을 읽기 전에 사도행전 일독(一讀)을 당부드린다.

성경은 해설서가 필요하지만, 해설서 없이 일단 읽는 게 중요하다. 최고의 해설가는 보혜사 성령이시다. "보혜사 곧 아버지께서 내 이름으로 보내실 성령 그가 너희에게 모든 것을 가르치고 내가 너희에게 말한 모든 것을 생각나게 하리라"(요 14:26). 필자는 보혜사 성령의 조수로 독자들이 사도행전을 더 잘 이해하도록 돕고자 이 책을 집필했다. 전문적인 신학 내용을 전할 때는 강의하듯 설명하겠지만, 대부분은 대화하듯 은혜와 감동을 나누고 싶다. 책 제목을 '톡톡(Talk Talk) 사도행전'으로 한 것은 이 때문이다.

이 책이 나오기까지 좀 시간이 걸렸다. 신학교 교수 시절 강의한 내용, 2023년 필자가 섬기는 안양제일교회 주일예배 설교, 그리고 월간 잡지 「그 말씀」에 기고했었던 글들이 재료가 됐다. 한 권의 책이 되도록 애쓴 사람은 필자만이 아니라 이 책을 편집하고 출판해 준 한국성서학연구소의 공이 크다. 필자의 선생님이신 김지철 이사장님, 존경하는 선배이신 배정훈 소장님, 그리고 부족한 책을 책다운 책으로 만들어준 김도현 목사님과 관계자분들께 감사하다. 끝으로 이 책을 나의 영적 고향인 수산교회와 사도행전 강해 설교를 들어 주신 안양제일교회 성도님들께 바치고 싶다.

2026년 1월
저자 최원준

차례

제 1 부

사도행전 둘러보기

Ⅰ. 사도행전 기초사항

바울서신에는 편지를 쓴 바울이 편지 서문에 언급되어 있지만(고전 1:1; 빌 1:1 등) 사도행전에는 사도행전의 저자가 누구인지 나와 있지 않다. 그러나 교회에 내려오는 전승에 따르면 사도행전의 저자는 누가복음의 저자와 동일 인물인 '누가'다. 신약성경에 누가는 세 차례 언급된다(골 4:14; 딤후 4:11; 몬 24). 이 세 구절에 따르면 누가는 의사요 바울의 동역자들 가운데 하나였다. 당시 그레코로마 시대에 의사는 노예였는데, 아마도 그가 노예 신분에서 해방될 때, 그의 주인의 이름을 물려받았던 것 같다. 흥미롭게도 일부 학자는 누가가 예수님이 파송한 70인(눅 10:1) 가운데 한 사람이며, 엠마오로 가던 두 제자 가운데 한 사람(다른 한 사람은 '글로바', 눅 24:13, 18)이요 바울의 친척인 구레네의 루기오(Lucius, 13:1)일 것이라고 추측하기도 하지만 근거는 부족하다. 일부 학자는 누가가 이방 기독교인으로서 시리아 지역, 아마도 시리아

안디옥에 살던 사람이었을 것으로 추측하기도 한다.[1]

누가복음과 사도행전은 누가가 데오빌로 각하에게 보내는 글의 형식을 취하고 있다. 데오빌로는 '각하'(κράτιστος [크라티스토스, Most Excellent])로 불린다(눅 1:3). 벨릭스와 베스도 총독에게도 '각하'라는 칭호가 붙는 걸 보면(23:26; 24:3; 26:25) 상당한 고위 관직이라고 볼 수 있다. 개역개정성경은 구브로섬의 서기오 바울도 '총독'(ἀνθύπατος [안튀파토스, proconsul])이라고 번역했으나 헬라어가 다르다.

아니면 '각하'를 극존칭어로 볼 수도 있는데, 당시 관행에 따라 데오빌로는 누가의 저술을 후원했던 사람(patron)이었기에 누가가 이런 존칭을 사용했을 수도 있다. 누가가 "이는 각하가 알고 있는 바를 더 확실하게 하려 함이로라"(눅 1:4)라고 말한 것으로 보아 데오빌로는 예수님을 알고 있었다. 또한 누가복음과 사도행전이라는 대단히 신앙적인 글을 누가가 헌정했다는 사실은 적어도 그가 기독교 신앙에 관심이 있었음을 암시한다. 하지만 누가복음과 사도행전이 데오빌로 한 개인을 염두에 둔 글이라기보다 이방 기독교인들을 수신자로 삼아 쓴 글이라고 봐야 할 것이다.

2. 저술 연대

저술 연대에 관해 학자들의 의견이 매우 다양한데, 60년대 중반설, 80년대설 두 가지가 대표적인 가설이다. 먼저 60년대 중반설을 지지하는 학자

---

1   Joseph A. Fitzmyer, *The Acts of the Apostles*, The Anchor Yale Bible Commentaries (New York: Doubleday, 1998), 50-51.

들은 사도행전 28장에 기록된 바울의 로마 도착과 셋집 체류(2년)는 주후 61~63년 사이에 있었던 것으로 보인다는 점, 바울의 재판 결과나 순교(주후 64~67년으로 추정)에 대한 언급이 없다는 점, 네로 황제의 기독교 박해(64년)와 같은 중대한 사건들이 기록되지 않았다는 점 등을 들어 사도행전이 그 이전, 즉 주후 60년대 중반에 기록되었을 것으로 추측한다.

하지만 필자는 마가복음이 제일 먼저 기록되었고(주후 70년 전후), 이후에 마태와 누가가 마가복음을 기초로 복음서를 기록했다고 본다. 따라서 누가복음은 적어도 70년대 중반 이후에 기록되었다고 봐야 하며, 누가복음의 속편으로 기록된 사도행전은 80년대에 기록되었을 것으로 보는 것이 합리적이다.

3. 저술 장소

로마 저술설이 가장 유력하다. 사도행전의 마지막 배경이 로마이며, 저자인 누가가 바울의 로마 투옥 기간에 함께 있었기 때문에(딤후 4:11), 그곳에서 자료를 정리하고 집필했을 것이다. 일부 학자들은 바울의 선교 중심지였던 에베소, 바울이 2년 동안 감옥에 있었던 가이사랴, 또 고린도라고 생각하기도 한다.

4. 누가복음과 사도행전의 관계

누가복음은 그 자체로 끝나지 않고 사도행전으로 연결된다. 누가복음과 사도행전은 일종의 전편과 후편의 관계에 있다. 두 권을 합치면 분량이 52장 2,158절(신약 전체 27%)이나 된다. 누가복음이 24장 1,151절로 가장 많고, 사도행전은 분량이 28장 1,007절이나 된다(2위는 마태복음 28장 1,071절이다). 많은 분량에도 불구하고 두 권은 다음과 같은 연속성이 있다.

① 누가복음과 사도행전은 모두 '본문과는 구분되는 서문'(metatextual prologue)을 가지고 있다. 누가복음 1장 1~4절과 사도행전 1장 1~5절이 그것들이다. '본문과는 구분되는 서문'이란 본문과 구별되어서 본문의 주제나 성격, 집필 동기 및 수신자에 대해서 언급하는 서문을 말한다.

② 두 문서에 수록된 서문의 내용이 유사한데, 먼저 수신자가 '데오빌로'라는 동일 인물이다. 사도행전 1장 1절에서 저자는 "먼저 쓴 글"이 있으며 그 내용은 "예수께서 행하시며 가르치시기를 시작하심부터 그가 택하신 사도들에게 성령으로 명하시고 승천하신 날까지의 일"(1:1-2)이라고 말한다. 이것은 누가복음의 내용과 거의 일치한다.

③ 그밖에 누가복음과 사도행전이 문체와 단어 등 언어적인 면에 있어서 매우 비슷하다는 점, 그리고 그 두 책이 동일한 신학적인 입장을 반영한다는 점 등으로 미루어 보아 누가복음과 사도행전은 동일한 저자에 의해 기록되었다고 할 수 있다. 사도행전의 신학적 주제에 대해서는 아래를 참조하라.

Ⅱ. 사도행전의 구조

사도행전은 예수님이 승천하신 때(주후 33년경)부터 바울이 로마에서 2년 동안 지내며 복음을 전하던 기간(주후 61~63년경)까지의 이야기를 모두 28장에 걸쳐 서술하는데, 전체 28장의 구조를 다음과 같은 두 가지 관점에서 살펴볼 수 있다.

1. 주인공에 따른 구조

먼저 사도행전의 대표적인 두 사도인 베드로와 바울을 기준으로 나눌 수 있다. 베드로는 1~12장에서, 바울은 13~28장에서 주로 나타난다. 다만, 그의 회심과 선교사 파송 이전의 사역은 9장에 미리 언급된다. 베드로는 예루살렘과 유대와 사마리아 선교를 주도했다. 사도행전 1장부터 7장까지는 예루살렘을 배경으로 하고 있고, 8장은 빌립이 사마리아의 한 성에 가서 복음을 전하자 사도 베드로와 요한이 그곳으로 내려가서 안수하여 성령을 받는 내용이다. 베드로와 요한은 다시 예루살렘으로 올라오면서 사마리아의 여러 마을에 들러 전도했다. "두 사도가 주의 말씀을 증언하여 말한 후 예루살렘으로 돌아갈새 사마리아인의 여러 마을에서 복음을 전하니라"(8:25).

9장은 사울이 다메섹으로 가던 길에 부활하신 주님을 만나 회심하는 내용과 베드로가 유대 지역(룻다와 욥바)에 가서 병자를 치유하고 죽은 자를 다시 살리는 이적을 행하여 사람들이 주님을 믿는 역사를 전하고 있다. 10장과 11장 1~18절은 가이사랴에 살던 백부장 고넬료가 베드로를 통해 성령받는 이야기다. 누가는 이스라엘 땅 안에 거주하던 이방인 고넬료 회심 사건을 총 66구절이라는 상당한 분량을 할애하며 보도하고 있는데, 베드로와 예루살렘 교회의 지도자들이 고넬료와 같은 이방인도 복음을 듣고 성령을 받을 수 있다는 사실, 즉 이방 선교가 하나님의 뜻임을 깨닫는 과정을 보여준다.

바울은 이방 선교의 주역이었다. 바울 스스로 "베드로에게 역사하사 그를 할례자의 사도로 삼으신 이가 또한 내게 역사하사 나를 이방인에게 사도로 삼으셨느니라"(갈 2:8)고 말했다. 물론 베드로도 이방인 고넬료에게 전도했고, 그의 영향력은 고린도 교회까지 미쳐서 고린도 교회에 '게바파'가 생겨날 정도였다(고전 1:12). 바울이 이방인의 사도라고 하지만, 어느 도시든 선교하러 가면 먼저 그곳에 있는 회당에 가서 디아스포라 유대인들과 유대교에 관심이 있는 이방인들에게 복음을 전했다.

2. 1장 8절에 나타난 복음 전파 경로를 기준으로 한 구조

예수께서 승천하시기 직전 제자들에게 명하신 복음 전파의 사명(1:8)은 사도행전의 전체 흐름을 요약해서 보여주는데, 사도행전은 '예루살렘 ⇨ 온 유대와 사마리아 ⇨ 땅끝(이방 지역)'이라는 복음 전파의 지리적 확대에 따라 구성되어 있다.

누가복음과 사도행전에서 예루살렘은 시작점이다. 누가복음은 예루살렘 성전에서 제사장 사가랴가 천사로부터 세례 요한을 낳게 될 것이라는 예언을 듣는 이야기로 시작한다. 아기 예수님은 성전에 있던 선지자 시므온과 안나로부터 축복을 받는다. 누가복음의 마지막에서 예수님이 승천하시기 전에 "내가 내 아버지께서 약속하신 것을 너희에게 보내리니 너희는 위로부터 능력으로 입혀질 때까지 이 성(예루살렘)에 머물라"(눅 24:49)고 말씀하신다.

'온 유대'는 아마도 갈릴리를 포함하는 개념으로 보인다. 사도행전 9장 31절은 '온 유대와 갈릴리와 사마리아 교회'라고 더 자세히 언급한다.

'사마리아'가 별도로 언급된 이유는 사마리아와 유대가 민족적으로, 종교적으로 구분되는 것은 물론 이 둘이 원수지간이었기 때문이다. 유대인들에게 사마리아인은 이방인과 마찬가지로 상종해서는 안 될 사람들이었다. 하지만 그런 곳까지 가야 한다. 그것이 선교다. 사마리아의 역사에 대해서는 사도행전 8장 특주를 참조하라.

'땅끝'이란 이방 지역을 가리키는데, 이사야에서 여러 차례 등장한다. 누가-행전의 보편주의는 이사야로부터 온 것이다. 먼저, 여호와 하나님은 '땅끝까지 창조하신 자'(사 40:29)이시며, 하나님은 그분이 택한 이스라엘이 땅끝에 있어도 그를 부르시고 결코 버리지 아니하신다. 두려워하지 말라고, 내가 너와 함께한다고 위로하신다(사 41:9-10). 이사야서의 역사적 배경을 보면 땅끝은 포로로 잡혀간 지극히 낯선 바벨론이지만, '땅끝'은 온 세상을 창조하시고 결국 그들도 구원하시는 온 세상의 하나님을 강조한다(42:10; 45:22; 49:6; 52:10 참조).

　그러면 사도행전에서 '땅끝'은 어디인가? 사도행전은 바울이 로마에서 사역하는 이야기로 끝이 난다. 로마는 로마제국의 정치적 중심지이기는 하지만, 세상 끝은 아니다. 그러나 제국의 중심지인 로마야말로 땅의 끝에 이를 수 있는 출발점이 아닐까? 당시 지중해를 다스린 로마제국은 로마로부터 시작해 지중해 세계 곳곳을 누볐다. 사도행전의 독자들이 바울이 로마에 가서 복음을 전한 것을 보고 땅끝에 가서 복음을 전해야 하는 사명을 고취하는 것이 저자의 의도였을 것이다. 이런 점에서 사도행전의 결말은 '열린 결말'이다.

Ⅲ. 사도행전의 저술 목적과 신학

성경 66권은 어느 시대 어느 사람에게도 적용되는 진리의 말씀이지만, 각 성경책은 기록 당시에 어떤 특정한 목적을 위해 기록되었다는 사실을 기억할 필요가 있다. 먼저 사도행전은 '행전 문학'에 속한다. 헬라 문학에서 위대한 영웅의 주요 업적들을 모아서 이야기 형식으로 구성한 글을 말한다. '전기 문학'이 주인공의 출생부터 죽음까지 서술하는 반면에 '행전 문학'은 주요 인물의 업적에 초점을 맞추고, 인물의 탄생과 죽음은 다루지 않는 것이 원칙이다.[2]

사도행전을 헬라어로 '프락세이스 아포스톨론'(ΠΡΑΞΕΙΣ ΑΠΟΣΤΟΛΩΝ)이라고 하는데, '프락세이스'는 실천, 행위 등을 뜻하며 영어 Practice가 여기서 왔다. 사도행전은 베드로와 바울, 바나바와 스데반과 빌립 등과 같은 주요 인물들, 그리고 이들과 연관된 교회 공동체(예루살렘 교회, 수리아 안디옥 교회 등)가 예수님이 주신 명령(예루살렘과 온 유대와 사마리아와 땅끝까지 이르러 예수의 증

---

2   박응천, 『세계를 향한 복음』 (서울: 한국성서학연구소, 1997), 7-8.

인이 되는 것)을 어떻게 이루어 갔는지를 보여준다.

하지만 이런 인물 배후에 성삼위 하나님께서 역사하신다. 후술하겠지만 사도행전은 성령행전이다. 당대의 행전 문학이 특정 인물을 영웅시하는 것과는 달리, 사도행전은 예수님이 주신 사명에 순종하여 성령의 인도하심에 순종했던 자들의 이야기라고 할 수 있겠다. 사도행전은 예수님의 승천 이후(주후 33년. 예수님의 탄생 연도를 주전 4년으로 보는 것이 정확하나, 여기서는 일반 통념을 따른다)부터 바울이 로마에서 보낸 2년까지(주후 60년대 초반) 대략 30년 동안 하나님의 구원 역사를 이뤄간 사람들의 이야기라고 하겠다.

또 사도행전은 당시의 상황에 따른 저술 목적이 있다. 물론 그 목적이 오늘날에도 반드시 유용하고 의미 있는 것은 아니다. 예를 들어서 일부 학자에 따르면 사도행전의 경우 당시 지중해 세계를 지배하고 있던 로마제국을 향해 기독교(교회)는 결코 로마제국에 위협적인 존재가 아니며, 따라서 기독교인들에 대한 박해는 중지되어야 하고 기독교를 유대교처럼 합법적인 종교로 인정해 줄 것을 바라는 목적으로 저술되었다고 한다. 그 근거는 이렇다. 먼저 고린도의 총독 갈리오(18:12-17)는 유대인들이 바울을 고소했을 때, 그들이 제기한 문제가 로마법이 아닌 유대인의 내부 율법 문제라며 소송 자체를 각하한다. 기독교가 로마의 사법 체계에 저촉되지 않음을 보여주는 상징적인 사건이다. 또 천부장 글라우디오 루시아(21-23상)는 예루살렘에서 성난 유대인 폭도들에게 붙잡힌 바울을 구출하고, 암살의 위기에서 그를 보호해 주었으며, 마치 고위 인사를 호송하듯 군대를 동원하여 바울을 총독 벨릭스에게 안전하게 호송한다. 그는 바울이 로마 시민임을 확인하고 정당한 절차에 따라 재판받을 수 있도록 도왔다. 총독 베스도와 아그립바왕(25-26장)도 바울의 변론을 듣고 나서 그에게서 사형이나 결박을 당할 만한 죄를 찾지 못했다고 결론 내린다. 사도행전의 주인공인 바울에 대해 유대인들과는 달리 로마인들은 우호적으로 대해주었다는 것이다.

또 사도행전은 부활 승천하신 예수님이 곧 오실 것이라고 생각하던 당시 성도들에게 예수님이 재림하시는 것은 분명하지만 지금, 즉 예수님의 승천부터 재림까지는 예수님의 명령(땅끝까지 이르러 선교하는 것)을 수행해야 하는 '교회의 시대'라는 것을 말하기 위해서 기록되었다는 견해가 있다. 교회의 시대는 예수님의 재림이 지연되고 있었기 때문에 생겨난 자각이다. 바울의 초기 서신에 속하는 데살로니가전서 4장 15절("우리가 주의 말씀으로 너희에게 이것을 말하노니 주께서 강림하실 때까지 우리 살아남아 있는 자도 자는 자보다 결코 앞서지 못하리라")을 보면 바울은 주님이 재림하실 때 '우리', 즉 자신을 포함한 성도들이 살아 있을 것이라고 믿었던 것 같다. 하지만 오신다던 예수님은 오지 않자 누가는 복음 전파의 사명을 수행할 교회의 시대를 제시한 것이다. 사도행전이 이 목적만을 위해 기록된 것은 아닐지라도, 바로 이것이 주된 목적이라고 볼 수 있다. 그래서 사도행전은 예수님이 승천하시기 전에 제자들에게 부탁하신 세계 선교의 명령을 중심으로 기술되어 있다. 이런 점에서 사도행전은 선교행전이다.

1. 사도행전은 선교행전이다

교회에 조금이라도 다닌 사람은 사도행전 1장 8절을 잘 알고 있을 것이다. 이 요절 덕분에 사도행전은 선교행전으로 알려져 있다. 선교는 하나님이 예수 그리스도로 말미암아 이루신 구원을 성령의 도우심으로 모든 사람에게 전해서 복음을 받아들인 자들이 하나님의 백성이 되는 일이라고 본다. 이것이 성경 전체에 흐르는 '하나님의 뜻'이다. 하나님은 당신의 뜻을 구약에서부터 말씀하셨고, 예수 그리스도의 삶에서 이루셨고, 교회를 통해 완성해 가신다. 사도행전은 바로 이 거대한 하나님의 구원 이야기(Grand Narrative 혹은 Meta-narrative) 속에서 이해되어야 한다. 사도행전에 구약의 말씀이 성취되었음을 반복해서 이야기하는 것(2:16-36; 15:15-17 등)은 하나님의 뜻은 반드시 성취된다는 것을 보여준다. 바울의 로마행에 대해 누가가 '데이'(δεῖ)라는 헬라어('…해야만 한다'라는 뜻)를 반복해서 사용하는데, 이것은 땅끝까지 이르러 복음을 증거하는 일은 하나님의 뜻이고, 이 일은 하나님의 섭리 안에서 반드시 이루어질 것임을 보여준다.

그러나 만민이 구원을 받아 하나님의 백성이 되는 이 놀라운 하나님의 계획에 방해물이 있었으니, 그것은 바로 유대인들의 왜곡된 선민사상이었다. 단순히 말하면, 유대인들은 하나님이 이스라엘만 택하셨고 이방인과 사마리아인은 저주하셨다고 믿었다. 그래서 오늘날 선교가 교회의 너무도 당연한 사명으로 되어 있지만, 주후 1세기에 유대인이 아닌 사마리아인과 이방인을 대상으로 한 선교는 전혀 당연하지 않았다. 당시에 유대인들에게 사마리아인과 이방인들은 '부정한 자들'이었고, 부정한 자들은 가까이해서는 안 될 사람들이었기 때문이다. 물론 유대인 중에서도 문둥병자나 중풍병자, 소경 등 장애인들과 세리나 목자, 창녀들도 부정한 자에 속했기에 이들과 접촉하는 것은 금기시되었나.

특히 바리새인들은 식탁의 정결을 강조했는데, 여기서 유대교의 음식법(dietary law)이 나왔다. 이 법은 언제, 무엇을, 어떻게, 그리고 누구와 함께 먹을 수 있느냐를 규정하고 있다. 율법(특히 레위기)이 먹지 말라고 규정한 음식을 먹어서는 안 되며, 먹어도 되는 음식이라도 율법의 규정대로 처리하지 않은 음식을 먹어서도 안 되었고, 또 음식을 먹기 전에 반드시 손을 씻고, 각종 그릇 등을 깨끗이 해야 했다(막 7:3-4 참조).

이렇게 정결법상 부정한 음식을 먹으면 먹은 그 사람은 부정해진다. 또한 무엇을 먹는 것뿐만 아니라, 누구와 먹느냐도 중요했다. 이방인, 신체장애인, 문둥병자 등 정결법상 '부정한 자들'과 함께 식사하면 자신도 더러워졌다. 바리새인들이 예수님이 세리 및 죄인들과 함께 식탁교제를 나누는 것을 비판한 이유가 바로 여기에 있다. 유대 종교 지도자들은 예수님의 식탁교제를 이렇게 비난했다.

> 인자는 와서 먹고 마시매 너희 말이 보라 먹기를 탐하고 포도주를 즐기는 사람이요 세리와 죄인의 친구로다 하니 (눅 7:34)

우리가 잘 아는 잃은 양, 잃은 은전, 잃은 아들의 비유(눅 15장)도 예수님의 식탁교제에 대한 종교 지도자들의 비난에 맞서 예수님이 자기변호의 차원에서 들려주신 비유들이다.

> 1 모든 세리와 죄인들이 말씀을 들으러 가까이 나아오니 2 바리새인과 서기관들이 수군거려 이르되 이 사람이 죄인을 영접하고 음식을 같이 먹는다 하더라 (눅 15:1-2)

예수님은 부정한 자들로 여겨졌던 세리와 죄인들을 기꺼이 맞아 주셨다. 정결보다 더욱 소중한 것은 긍휼이요 사랑임을 가르쳐 주셨던 것이다. 예수님은 '마음'의 정결을 강조하셨다(막 7:14-23).

갈라디아서 2장에 나오는 안디옥 교회에서 있었던 식탁 사건 역시 마찬가지다. 게바와 바나바, 그리고 그곳에서 이방인들과 함께 식사하던 유대인들은 왜 예수님의 동생 야고보가 보낸 자들이 왔을 때 식탁에서 물러났나?

그것은 그들이 정결법상 부정한 자인 이방인과 식탁교제를 나누고 있었기 때문이다. 당시에 예수님의 동생 야고보와 일단의 사람들이 예루살렘 교회의 지도자로 있었다. 이들은 예수님을 믿은 후에도 유대 율법을, 특히 정결법을 지켜야 한다고 생각했다. 이들이 보낸 사람들은 게바와 바나바 등이 이방인과 식사하는 것을 보고 매우 유감스럽게 생각했고, 게바와 바나바는 이들이 두려워졌고, 그래서 그 자리를 떠난 것이다.

사도행전에서도 사도들은 예수님처럼 사마리아로, 이방으로 나간다. 그러나 이것은 결코 쉽게 이뤄지지 않았다. 초대 예루살렘 교회가 예루살렘 안에 있다가 스데반 순교 후 큰 박해가 있자 그제야 비로소 유대와 사마리아로 흩어졌다(8:1). 고넬료에게 복음을 전하고 돌아온 베드로에게 예루살렘 성도들이 전도하느라 수고했다고 칭찬하기는커녕 비난을 쏟아냈던 이유도 베드로가 이방인 고넬료의 집에 가서 그와 교제했기 때문이다(11:1-3).

> [1] 유대에 있는 사도들과 형제들이 이방인들도 하나님의 말씀을 받았다 함을 들었더니 [2] 베드로가 예루살렘에 올라갔을 때에 할례자들이 비난하여 [3] 이르되 네가 무할례자의 집에 들어가 함께 먹었다 하니

이방인들도 하나님의 말씀을 받았다는 이 기쁜 소식을 들었는데도 베드로를 비난한 이유는 그가 무할례자의 집에 들어가 함께 먹었기 때문이다! 이 비난은 예수를 믿지 않는 유대인들이 아니라 사도들과 형제들(성도들)이 한 것이다. 그들은 여전히 식탁 정결법에서 벗어나지 못하고 있었다.

하지만 베드로의 이야기를 듣고 난 뒤 달라진다. "그들이 이 말을 듣고 잠잠하여 하나님께 영광을 돌려 이르되 그러면 하나님께서 이방인에게도 생명 얻는 회개를 주셨도다 하니라"(11:18).

성령께서는 사마리아와 이방 선교의 이와 같은 장애물을 깨고 교회가 땅 끝까지 이르러 복음을 전하게 하셨다. 그러나 이방 세계로 복음이 뻗어나간 다고 해서, 유대인에 대한 선교가 중단된 것은 아니다. 바울 일행이 이방 세계에 가서 복음을 전할 때는 먼저 유대인에게 전했다. 그러나 팔레스타인이라는 지역 경계를 벗어난 것은 분명하다. 그러면 사도행전에 나타난 이방 선교를 일별해 보자.

1) 예수님의 마지막 명령

예수님이 승천하시기 전 제자들은 "이스라엘 나라를 회복하심이 이때니이까"(1:6)라고 묻는다. 이에 예수님은 이렇게 대답하신다. 첫째, '때와 기한'의 문제, 즉 이스라엘의 회복이 언제 이루어질 것인지의 문제는 하나님 아버지가 알아서 하실 일이므로 제자들은 여기에 관심하지 말라는 것이다. 둘째, 제자들이 해야 할 일은 성령의 충만을 사모하고 기다리는 일이다. 그리고 성령 충만을 받아 '땅끝까지' 이르러 예수님의 증인이 되어야 한다. 예수님의 말씀은 복음이 어떻게 전파될 것인지 그 경로를 보여주고 있는데, 예수님의 궁극적 관심은 '땅끝'이었다.

'땅끝까지'는 이사야 49장 6절("그가 이르시되 네가 나의 종이 되어 야곱의 지파들을 일으키며 이스라엘 중에 보전된 자를 돌아오게 할 것은 매우 쉬운 일이라 내가 또 너를 이방의 빛으로 삼아 나의 구원을 베풀어서 땅끝까지 이르게 하리라")을 반영한다. 복음은 유대인에게만 전해져야 하는 것이 아니라, 사마리아와 이방인에게까지 전해져야 한다. 이 일은 성령이 임하는 것으로부터 시작한다. 즉 성령 강림과 땅끝 복음전도를 통한 구원은 불가분의 관계가 있다.

2) 오순절 성령 강림은 예수 믿으면 누구에게나 일어날 수 있다

오순절에 성령의 충만함을 받은 베드로와 사도들은 사람들에게 복음을 전했다. 사도들의 설교를 들은 사람들은 천하 각국으로부터 온 디아스포라 유대인들이었다(2:5). 또 베드로는 유대인만 성령을 선물로 받을 수 있는 것이 아니라, '모든 먼 데 사람', 즉 이방인도 얼마든지 성령을 받을 수 있다고 말한다(2:38-39). 부정한 이방인들에게도 성령이 임하신다는 것은 당시에 매우 놀라운 발언이다. 베드로가 고넬료의 집에 가서 설교할 때 이방인인 고넬료와 그의 집에 모인 사람들에게 성령이 임하신 것을 보고 베드로를 동행했던 유대인 성도들이 놀라워했다. 이방인에게도 성령이 임한다는 베드로의 말은 사실 요엘 2장 28절("말세에 내가 내 영으로 모든 육체에게 부어 주리니…", 2:17)에 이미 예언된 것이다. 모든 사람에게 성령을 주어 하나님이 유대인과 이방인 차별하지 않고 모두에게 임하신다는 것이 선교의 출발점이다.

3) 스데반의 설교 (7장)

7장에 나오는 스데반의 연설은 상당 부분이 성전 건립 이전의 이스라엘 역사를 다루고 있는데, 연설에서 상소하고 있는 것은 이스라엘 역사상 하나님의 임재를 어떤 특정 지역이나 건물에 국한할 수 없다는 점이다. 하나님은 이스라엘 땅, 예루살렘 성전에 갇힌 분이 아니다. 온 천하에 임하실 수 있다. 성전의 제한성과 유대인의 율법 불순종을 스데반이 비판하자, 결국 그는 순교했고 예루살렘 교회에 큰 박해가 있었다. 하지만 이로써 사도를 제외하고 성도들(아마도 헬라파 사람들)은 유대와 사마리아 전역으로 흩어졌다(8:1).

4) 빌립의 사마리아 전도 및 에디오피아 내시 전도 (8장)

사도행전 8장은 '일곱 집사'중 한 사람인 빌립의 전도를 기록하고 있는데, 사도행전 1장 8절에서 예수님이 말씀하신, 복음의 전파 경로(성령의 임재와 권능 받음 → 예루살렘 → 온 유대 → 사마리아 → 땅끝) 가운데 사마리아 전도가 성취되는 과정을 보여준다. 8장 이전까지 예루살렘에 있던 초대 교회의 선교는 예루살렘을 벗어나지 못했다. 그 이유는 정확히 알 수 없으나 사마리아와 이방 지역에 대한 거리낌 때문이었을 것이다. 이런 상황에서 하나님은 스데반의 순교와 박해를 통해 성도들을 예루살렘이라는 좁은 울타리를 넘어 다른 곳으로 가서 전도하게 하셨다.

> ¹ 사울은 그가 죽임 당함을 마땅히 여기더라 그 날에 예루살렘에 있는 교회에 큰 박해가 있어 사도 외에는 다 유대와 사마리아 모든 땅으로 흩어지니라 … ⁴ 그 흩어진 사람들이 '두루' 다니며 복음의 말씀을 전할새 ⁵ 빌립이 사마리아 성에 내려가 그리스도를 백성에게 전파하니 (8:1, 4-5)

그런데 사도행전 8장은 흩어져 복음을 전한 사람들 가운데 유독 빌립을 소개한다. 왜일까? 빌립이 유대 땅이 아닌 부정한 땅 '사마리아'로 가서 전도했기 때문이다. 그가 예수님이 명령하신 사마리아를 전도했기 때문이다. 빌립은 예루살렘과 유대 지역을 넘어 정결법적으로 부정한 사마리아 지역을 찾아가서 놀라운 성령의 능력으로 복음을 전파하고 이적을 일으켜 사마리아 사람들을 주님께로 돌아오게 했다. 이 소식을 사도들이 듣고 베드로와 요한을 보냈고, 이 두 사도는 사마리아 성도들에게 안수하여 성령을 받게 한다. 사마리아의 오순절 사건이 일어난 것이다.

또 성령은 빌립을 인도하셔서 에티오피아 내시에게 전도하게 하셨다. 에티오피아 내시는 이방인에다 내시였다. 부정하디 부정한 자였다. 그러나 성령이 빌립에게 직접 지시하셔서 내시를 구원하셨다. 빌립의 내시 전도는 이방 선교의 서막을 알리는 것이다.

5) 바울의 회심 (9장)

바울은 원래 사울이라는 히브리식 이름을 가진 사람으로 예수 믿는 성도들을 핍박하는 자였으나, 다메섹으로 가는 도상에서 부활하신 주님의 음성을 듣고 회심한다. 주님은 "내 이름을 이방인과 임금들과 이스라엘 자손들에게 전하기 위하여 택한 나의 그릇"(9:15)으로 바울을 부르셨다. 그래서 바울은 자신을 '이방인의 사도'라고 자부하였다(롬 11:13). 주님은 아나니아를 바울에게 보내셔서 "안수하여 … 다시 보게 하시고 성령으로 충만하게"(17절) 하셨다. 이방인의 사도로서 직무를 감당하기 위해 가장 먼저 필요한 것은 성령의 충만함이었던 것이며, 성령은 이방인의 사도인 바울을 통해 복음을 땅끝까지 전하려 했던 것이다.

6) 베드로와 고넬료의 만남 (10장)

사도행전 기자는 사울이 교회를 핍박하는 자에서 이방인의 사도로 부르심을 받게 된 사건을 말한 후(9장) 이어 10장에서 성령께서 베드로와 이방인 고넬료의 만남을 위해 얼마나 치밀하게 역사하시는지를 보여준다. 하나님은 베드로에게 환상을 보여주셨다. 베드로는 '입신'(엑스타시)의 상태에서 환상과 음성 계시를 체험한다. 여기서 베드로가 부정한 짐승을 잡아먹으라는 하늘의 음성을 세 번씩이나 단호히 거부한다(14절). 이러한 베드로의 모습은 그가 아직 유대 정결법으로부터 완전히 자유롭지 못했음을 보여준다. 그 후 베드로는 성령의 음성에 순종하여 고넬료가 보낸 사람들을 따라 고넬료의 집에 가서 고넬료와 거기에 있던 사람들에게 복음을 전한다.

고넬료의 집에서 베드로는 "하나님은 외모를 취하지 아니하시고 각 나라 중 하나님을 경외하며 의를 행하는 사람은 하나님이 받으시는 줄"(10:34-35) 깨닫는다. 더욱이 베드로가 설교를 마치자 하나님은 고넬료의 가정에 성령을 부어 주셨고, 이에 그들은 방언하고 하나님을 높였다. 예수 그리스도의 이름으로 세례를 받고 죄 사함을 얻으면 성령을 선물로 받을 것이며, 이 약속은 모든 먼 데 사람들에게 하신 것이라는 베드로의 선포(2:38-39)가 실현되는 순간이었다. 유대인에게만 성령이 임한 것이 아니라 사마리아인(8장)과 이방인 고넬료도 성령을 받았다는 사실은 성령은 인간 사이에 가로막힌 모든 담을 허무시고 하나를 이루시는 분임을 보여준다. 또한 고넬료의 회심 사건과 베드로의 깨달음은 음식 정결법이 더 이상 이방 선교에 방해가 되어서는 안 된다는 사실을 보여준다.

7) 유대에 있는 사도들과 형제들의 깨달음 (11:1-18)

베드로가 유대인으로서 이방인인 고넬료의 집에 가서 음식을 같이 먹고, 또 그들에게 말씀을 전하였다는 소식을 들은 예루살렘의 사도들과 유대인 성도들(11:2의 '할례자들')이 베드로를 비난한다. "네가 무할례자의 집에 들어가 함께 먹었다"(11:3). 이에 베드로는 그동안 있었던 일을 설명하였고, 마지막에 이렇게 말한다. "그런즉 하나님이 우리가 주 예수 그리스도를 믿을 때에 주신 것과 같은 선물을 저희에게도 주셨으니 내가 누구관대 하나님을 능히 막겠느냐"(11:17). 이 말을 들은 사도들과 유대인 성도들은 아무 말도 할 수 없었다. 그리고 그들도 하나님께 영광을 돌리며 이방인을 구원하고자 하시는 것이 하나님의 뜻임을 인정하게 된다(11:18).

8) 이방인 선교의 본격적인 시작: 안디옥 교회의 설립(11:19-26)과 선교사 파송(13:1-3)

스데반의 순교 후 있었던 박해로 말미암아 흩어진 자들(11:19)이 베니게와 구브로, 그리고 시리아 안디옥에 가서 말씀을 전했는데, '유대인에게만' 전했다(11:19). 그러나 그 가운데 구브로와 구레네 출신 몇 사람이 시리아 안디옥에 가서 헬라인들, 즉 이방인들에게도 주 예수를 전파했다(11:20). 이에 대해 사도행전 기자는 그 결과에 대해 "주의 손이 그들과 함께 하시매 수 많은 사람들이 믿고 주께 돌아오더라"(11:21)고 전한다. 이것은 구브로와 구레네 출신 몇 사람이 이방인에게 선교한 일이 하나님의 뜻에 일치하며, 그래서 하나님이 역사하셨다는 의미다. 또 예루살렘 교회가 이런 소식을 듣고 바나바를 안디옥에 파송하는데, 바나바는 안디옥에서 "하나님의 은혜를 보고 기뻐하여"(11:23) 그들을 권면한다. 이 역시 안디옥 교회의 이방인 선교가 하나님의 뜻임을 보여주는 것이다. 또한 안디옥 교인들은 '처음으로' 혹은 '비로소' '그리스도인'이라고 불렸는데(11:26), 이것 역시 이방인에게 가서 선교하는 사람이 바로 그리스도인의 본래 모습임을 말하는 것이다. 이렇게 생긴 안디옥 교회는 성령의 음성을 듣고 바울과 바나바를 선교사로 파송한다. 즉 성령께서는 안디옥 교회를 설립하고 이 교회를 통해 이방선교를 본격적으로 시작하신 것이다.

9) 예루살렘 공의회,
믿음으로 말미암는 구원을 공식 결의하다 (15장)

유대로부터 어떤 사람들이 안디옥 교회에 내려와 "모세의 법대로 할례를
받지 아니하면 능히 구원을 받지 못하리라"(15:1)고 말하며, 이방인 선교에
제동을 걸었다. 사실 그들은 예루살렘 교회 지도자들의 동의 없이 독단적으
로 그런 일을 하였다("들은즉 우리 가운데서 어떤 사람들이 우리의 시킨 것도 없이 나가서
말로 너희를 괴롭게 하고 마음을 혹하게 한다 하기로", 15:24). 이방인 선교에 제약을 가
하려는 움직임이 예루살렘 교회의 전체 입장은 아니었다는 말이다. 어쨌든
이방인의 구원이 오직 믿음으로만이냐 아니면 모세의 율법도 지켜야 하느
냐를 놓고 바나바 및 바울과 그들 사이에 논쟁이 일어나게 되었다.

회의 서두에는 먼저 바울과 바나바의 선교 보고가 이뤄졌다. 이들은 "하
나님이 자기들과 함께 계셔 행하신 모든 일을 말"(15:4)했다. 즉 바울과 바나
바는 자신의 선교가 하나님이 함께하신 선교임을 강조한 것이다. 이에 맞서
"바리새파 중에 어떤 믿는 사람들"(15:5)은 이방인에게도 할례와 모세의 율
법 준수를 요구했다(15:5). 이 문제를 놓고 사도와 장로들이 숙의했는데(15:6-
7a) 베드로가 일어나 연설을 한다(15:7b-11). 하나님은 이방 선교를 위해 자신
을 택하셨으며, 마음을 아시는 분이시기에 유대 기독교인에게도 이방 기독
교인에게도 동일하게 성령을 주신다. 하나님은 믿음으로 이방인들의 마음
을 깨끗이 하시고, 차별하지 않으신다. 이방인들이나 유대인들이나 동일하
게 주 예수의 은혜로 구원을 받는다.

이어서 다시 바울과 바나바가 "하나님께서 자기들로 말미암아 이방인 중
에서 행하신 표적과 기사에 관하여"(15:12) 말하였고, 그 후에 야고보는 마치
이 회의의 의장처럼 회의의 결론을 내렸다. 이방인 구원은 이미 선지자가

예언한 것이고(암 9:11-12 인용), 할례와 율법 없이 이방인들에게 복음을 전하는 것을 인정한다. 다만 네 가지 사항(우상의 더러운 것과 음행과 목매어 죽인 것과 피)을 멀리하도록 주문한다. 그리고 이 사도회의 결의문을 전할 공식 사절(유다와 실라)을 파견한다. 이 편지의 수신인은 "안디옥과 수리아와 길리기아에 있는 이방인 형제들"(15:23)이다. 이것은 이방인의 할례 문제가 안디옥 교회만의 문제가 아니었음을 보여준다.

10) 사도행전의 결말: 로마행은 하나님의 뜻

예루살렘 공의회 이후 바울은 바나바와 결별하고 실라와 디모데와 디도를 동역자 삼아 선교 여행을 떠난다. 2차 선교 여행은 바울의 뜻과는 다르게 유럽 선교를 시작하게 되었고, 3차 선교 여행은 소아시아의 중심지 에베소에 집중한다. 이후 예루살렘에 올라가 그를 죽이려는 유대인들과의 갈등을 겪다가 결국 로마에 가는 것이 하나님의 뜻임을 깨닫고 로마로 가게 된다.

이 일이 다 된 후 바울이 마게도냐와 아가야로 다녀서 예루살렘에 가기를 경영하여 가로되 내가 거기 갔다가 후에 로마도 보아야 하리라 하고 (19:21)

그 날 밤에 주께서 바울 곁에 서서 이르시되 담대하라 네가 예루살렘에서 나의 일을 증거한 것 같이 **로마에서도 증거하여야 하리라** 하시니라 (23:11)

바울이 가로되 내가 가이사의 재판 자리 앞에 섰으니 **마땅히 거기서 심문을 받을 것이라** 당신도 잘 아시는 바에 내가 유대인들에게 불의를 행한 일이 없나이다 (25:10)

바울아 두려워 말라 네가 **가이사 앞에 서야 하겠고** 또 하나님께서 너와 함께 행선하는 자를 다 네게 주셨다 하였으니 (27:24)

누가는 바울이 로마에 가야 하는 일에 대해 헬라어 '데이'(δεî, '…해야만 한다' 라는 뜻)를 사용함으로써, 땅끝까지 이르러 복음을 증거하는 일은 하나님의 뜻이고, 이 일은 하나님의 경륜 안에서 반드시 이루어질 것임을 강조하고 있다. 바울은 죄수의 몸으로 로마에 갔고, 사도행전은 로마에서 담대히 하나님 나라를 전파하는 바울의 모습으로 끝난다.

> 30 바울이 온 이태를 자기 셋집에 유하며 자기에게 오는 사람을 다 영접하고 31 담대히 하나님 나라를 전파하며 주 예수 그리스도께 관한 것을 가르치되 금하는 사람이 없었더라 (28:30-31)

위 구절에 따르면 바울은 죄인임에도 불구하고 매우 자유스럽게 활동하고 있다. 그는 자기를 찾는 사람은 누구나 맞이하였고, 하나님 나라를 전파하고 주 예수 그리스도에 대해 가르쳤다. 이러한 바울의 활동을 제지하는 사람은 아무도 없었다. 이와 같은 사도행전의 종결은 복음의 승리를 보여주는 것이다.

사도행전은 바울이 로마에 가서 복음을 담대히 전하는 모습으로 끝나고 있다. 바울이 로마에 와서 어떤 재판을 받았고, 그 후에 어떻게 되었는지에 대해서는 침묵하고 있다. 그 이유는 사도행전의 관심은 바울의 전기를 쓰는 데 있지 않고, 복음이 예루살렘으로부터 시작하여 로마에 이르기까지 어떻게 전했는지, 그 과정에 역사한 성령의 역사를 보여주는 데 있기 때문이다. 로마는 로마제국의 정치적 중심지이기는 하지만, 세상 끝은 아니다. 그러나 당시 사람들은 제국의 중심지인 로마야말로 땅의 끝에 이를 수 있는 곳이라고 생각했다. 따라서 바울이 로마에 가서 복음을 전한 것을 본 독자들(=성도들)은 땅끝으로 가서 복음을 전해야 할 사명이 부여되는 것이다. 이런 점에서 사도행전의 결말은 '열린 결말'(open ending)이라고 할 수 있을 것이다.

2. 사도행전은 말씀행전이다

1) 말씀의 확산과 교회의 부흥

사도행전은 초대 교회가 놀랍도록 부흥하는 모습을 곳곳에서 보여주고 요약적으로 전하고 있는데(2:41; 4:4; 5:14; 9:31; 16:5; 21:20 등), 그 부흥이란 다름 아닌 '말씀'(λόγος [로고스])으로 인한 부흥이었다. 성령으로 충만한 베드로가 성령이 말하게 하심을 따라 말씀을 전하자 '그(의) 말을' 받은 3천 명의 사람들이 세례를 받았다(2:41). 또 어떤 때는 '말씀'을 들은 사람 중에 믿는 자가 남자만 약 5천이나 되기도 했다(4:4). 사도들과 성도들은 계속되는 종교지도자들의 박해에도 "담대히 하나님의 말씀을 전하게 하여 주시오며"(4:29)라고 기도했고, 하나님은 이 기도를 들어주셨다. "무리가 다 성령이 충만하여 담대히 하나님의 말씀을 전하니라"(4:31).

과부 성도들을 구제하는 일에 문제가 생겼을 때도 사도들은 하나님의 말씀에 십중하기 위해 집사들을 세운다. "² 열두 사도가 모든 제자를 불러 이르되 우리가 하나님의 말씀을 제쳐 놓고 접대를 일삼는 것이 마땅하지 아니하니 … ⁴ 우리는 오로지 기도하는 일과 말씀 사역에 힘쓰리라 하니"(6:2, 4). 그러자 "하나님의 말씀이 점점 왕성하여 예루살렘에 있는 제자의 수가 더 심히 많아지고 허다한 제사장의 무리도 이 도에 복종"(6:7)하는 놀라운 일이 일어났다. 과부와 같은 사회적 약자를 물질로 섬기는 일도 중요하지만, 사도는 말씀 사역을 우선해야 한다.

예루살렘뿐만 아니라 사마리아도 마찬가지였다. 스데반의 순교 후 교회에 큰 박해가 있자 사람들이 흩어졌는데, 그 흩어진 사람들이 두루 다니며 '복음의 말씀을 전했다'(εὐαγγελιζόμενοι τὸν λόγον [유앙겔리조메노이 톤 로곤], 8:4). 그 가운데 빌립이 사마리아에 가서 그리스도를 전파했는데, 빌립이 사마리아인들에게 "하나님 나라와 및 예수 그리스도의 이름에 관하여 전도"(8:12)하자, 사마리아인들이 믿고 세례를 받았다. 누가는 이 사건을 "사마리아도 하나님의 말씀을 받았다"(8:14)고 표현한다. 이렇게 하여 "온 유대와 갈릴리와 사마리아 교회가 평안하여 든든히 서 가고 주를 경외함과 성령의 위로로 진행하여 수가 더 많아"(9:31)졌다.

유대인과 사마리아인을 넘어 이방인에게도 말씀은 전해졌다. 베드로를 통해 고넬료가 말씀을 듣고 성령세례를 받은 사건에 대해서도 누가는 "이방인들도 하나님의 말씀을 받았다"(11:1)고 말한다. 앞서 "사마리아도 하나님의 말씀을 받았다"고 할 때와 동일한 표현이다. 천사가 고넬료를 시켜 베드로를 초청케 한 목적은 "너와 네 온 집의 구원 얻을 말씀(ῥήματα [레마타])"을 듣게 하기 위해서였다(11:14). 고넬료와 그의 집안에 성령이 내리기에 앞서 하나님의 말씀이 선포되고, 이들이 이 말씀을 받아들였다. 말씀과 성령은 함께 간다. 말씀과 성령의 임재는 불가분의 관계에 있다. 성령의 충만함을 받기 위해 무엇보다 우리는 말씀 앞에 나가야 한다. 말씀이 선포되고 성령이 임재할 때 회개의 역사가 일어나며, 그럴 때 비로소 생명(=구원)을 얻을 수 있게 된다.

또한 11장 1절에서 '이방인들'로 번역된 헬라어 '타 에트네(τὰ ἔθνη)'는 전후 문맥상 고넬료와 그의 집에 있던 이방인들을 가리키지만, 그러나 그들을 넘어 이방인 전체를 암시한다. 즉 고넬료의 회심 사건은 11장 19절 이하에서 본격적으로 나타나는 이방 선교, 즉 수리아 안디옥에서부터 시작된 이방인들이 하나님의 말씀을 받아들이는 사건의 '전조'(前兆)다. 하나님은 바울의 선교팀을 통해 이방인들에게 본격적으로 말씀을 전하셨고, 팔레스타인에서와 마찬가지로 이방 세계에서도 "여러 교회가 믿음이 더 굳건해지고 수가 날마다 늘어가"(16:5)는 역사가 나타났다.

2) 요약문에 나타난 하나님의 말씀의 흥왕

누가는 요약문(summaries)을 통해 교회의 부흥이 곧 '하나님의 말씀'(ὁ λόγος τοῦ θεοῦ [호 로고스 투 테우])이 왕성하게 역사한 결과라는 사실을 보여주고 있다. 요약문은 특정한 사건들이 공간적으로 더 광범위한 차원에서, 그리고 시간상으로 더 오랜 시간 동안에 이루어졌음을 나타내는 기능을 행한다.

하나님의 말씀이 점점 왕성하여 예루살렘에 있는 제자의 수가 더 심히 많아지고 허다한 제사장의 무리도 이 도에 복종하니라 (6:7)
하나님의 말씀은 흥왕하여 더하더라 (12:24)
이와 같이 주의 말씀이 힘이 있어 흥왕하여 세력을 얻으니라 (19:20)

하나님의 말씀이 더욱 왕성해지고, 예수님을 믿는 제자들의 수가 심히 많아지는 이 현상은 예수님이 '씨 뿌리는 자의 비유'(눅 8:4-15)를 통해 말씀하셨던 것처럼 '하나님의 말씀'(눅 8:11)이 자라 30배, 60배, 100배의 결실을 하게 되는 일이 실현되고 있음을 뜻한다. 또한 하나님의 말씀이 왕성해지고, 제자들의 수가 심히 많아지는 이 현상은 이집트에 있던 이스라엘 백성들의 수가 엄청나게 많아지는 일과 언어적으로 일치한다는 사실에 주목해야 한다.

'생육하고 번성하다'라는 하나님의 명령은 창조 다섯째 날과 인간을 만드신 여섯째 날에 있었고, 인간의 타락 후에도 노아와 야곱에게 주신 하나님의 언약에서 등장하지만(창 9:1, 7; 28:3; 35:11; 47:27; 48:4. 레 26:9에도 등장) 사도행전 6장 7절에서 사용되고 있는 '왕성하다'(αὐξάνω [아욱크사노])와 '심히 많아지고'(πληθύνω [플레튀노])가 출애굽기 1장 7절에서도 사용되고 있다는 사실에 주목하자. 또 이스라엘의 역사를 언급한 스데반의 설교에서도 동일하게 사용되고 있다.

> 이스라엘 자손은 생육하고 불어나 번성하고 매우 강하여 온 땅에 가득하게 되었더라 (출 1:7)
>
> 하나님이 아브라함에게 약속하신 때가 가까우매 이스라엘 백성이 애굽에서 번성하여 많아졌더니 (행 7:17)

사도행전 7장 17절에 따르면 이스라엘 백성들의 수가 많아진 것은 하나님이 아브라함에게 하신 약속, 즉 "내가 너로 큰 민족을 이루고 네게 복을 주어 네 이름을 창대하게 하리니 너는 복이 될지라"(창 12:2)는 약속이 성취되어 가는 것이다. 그렇다면 하나님의 말씀이 왕성하여 제자들의 수가 많아졌다는 사도행전 6장 7절의 말씀은 하나님이 아브라함에게 하신 약속이 사도들의 말씀 사역을 통해 이뤄지고 있음을 보여주는 것이다. 하나님이 아브라함에게 약속하신 '큰 민족'은 하나님의 말씀(예수 그리스도의 복음)을 믿는 자들의 수가 많아지는 것이었다!

3. 사도행전은 성령행전이다

"사도행전"(使徒行典=Acts of the Apostles)이란 말은 말 그대로 하면 "사도들의 행적을 기록한 책"이란 뜻이다. 그러나 엄밀히 말하자면 사도행전은 초대 교회의 대표적인 두 사도였던 베드로(1-12장)와 바울(13-28장)을 통해 "성령께서" 구원의 복음을 어떻게 전파하셨는가를 보여준다. 즉 사도행전의 주인공은 전면에 나타나는 베드로와 바울이라는 두 사람이 아니라 사실상 그들을 배후에서 인도하시는 성령이시다. 그래서 신약학자 페린(Norman Perrin)은 누가복음을 "예수님을 통한 성령의 사역"으로, 사도행전을 "교회를 통한 성령의 사역"으로 말한 바 있다. 어휘 사용을 봐도 여실히 나타난다. '성령'(τὸ ἅγιον πνεῦμα [토 하기온 프뉴마])이란 표현이 마태 5번, 마가 4번, 요한 4번 나오는 데 반해 누가복음은 11번, 사도행전은 41번 나온다. 성령은 '하나님의 영'(행 2:17-18, 28-29), '주의 영'(눅 4:18; 행 5:9; 8:39), 그리고 '예수의 영'(행 16:6-7)으로도 나온다. 성령은 예수가 보내는 영이기 때문이다.

> 볼지어다 내가 내 아버지께서 약속하신 것(=성령)을 너희에게 보내리니 너희는 위로부터 능력으로 입혀질 때까지 이 성에 머물라 하시니라 (눅 24:49)
> 하나님이 오른손으로 예수를 높이시매 그가 약속하신 성령을 아버지께 받아서 너희가 보고 듣는 이것을 부어 주셨느니라 (행 2:33)
> 무시아 앞에 이르러 비두니아로 가고자 애쓰되 예수의 영이 허락지 아니하시는지라 (행 16:7)

부활하기 전 예수님은 주의 성령이 임하신 분이었으나, 부활 이후 예수님은 성령을 보내주시는 분으로 나타나고 있는 것이다. 하나님의 영인 성령이 예수의 영으로 표현된 것은 예수님의 높아지심, 곧 주되심을 보여준다. 그러면 사도행전에서 성령은 어떤 역할을 하나?

1) 복음이 전해지는 곳마다 성령충만의 역사가 나타나다

사도행전 1장 8절은 제자들에게 '성령이 임하심으로' 땅끝까지 복음을 전하는 것이 교회의 시대에 이루어져야 할 일임을 밝히고 있다. 복음 전파라는 세계 선교 사역은 성령이 임하심으로 가능하다는 것이다. 예수님도 성령이 임하셔서 복음을 전하셨다("주의 성령이 내게 임하셨으니 이는 가난한 자에게 복음을 전하게 하시려고 내게 기름을 부으시고 나를 보내사 포로 된 자에게 자유를, 눈 먼 자에게 다시 보게 함을 전파하며", 눅 4:19).

사도행전 1장 8절에서 언급된 선교의 지리적 확장에는 언제나 성령 충만의 사건이 있었다. 먼저, 예루살렘의 오순절(2장)을 보면 오순절에 예루살렘의 마가 다락방에 성령이 충만하게 임하시자 사도들이 복음을 담대히 전했다. 둘째, 사마리아의 오순절(8장)이다. 빌립이 사마리아에 가서 전도하여 놀라운 성과를 거두자, 예루살렘에 있던 베드로와 요한이 내려가 안수하여 성령이 임했다. 셋째, 이방인의 오순절(10장)이다. 땅끝, 즉 이방 전도의 대표적인 인물인 고넬료에게 베드로가 가서 복음을 증거하였을 때 성령이 이방인들에게 임했다. 또한 바울이 다메섹 도상에서 주님으로부터 받은 그의 소명은 이방인에게 복음을 전하는 것이었는데, 이 일은 아나니아로부터 안수를 받음으로 성령 충만하게 된 후에 비로소 시작되었음을 기억하자(9:15-20, 특히 17절).

2) 선교의 주관자는 성령이시다

베드로와 사도들이 성령의 충만함을 받고 난 뒤 행한 일은 "성령이 말하게 하심을 따라" 전도하는 일이었다(2:4). 이것은 선교의 주체, 전도의 주체가 성령이심을 보여준다. 선교는 논리적 언어로 하는 것이 아니라, 성령의 언어로 한다. 빌립의 전도를 주관하신 분도 성령이시다(8:26-40). 빌립에게 가사로 내려가는 광야 길을 가라고 지시한 분도 성령이었고(26절), 병거에서 이사야의 글을 읽고 있는 내시에게 다가가라고 빌립에게 지시한 분도 성령이었으며(29절), 빌립이 내시에게 세례를 준 후 빌립을 다른 곳으로 인도하신 분도 성령이었다(39절). 베드로의 고넬료 전도를 주관하신 분도 역시 성령이시다(10:19-20). 고넬료가 기도할 때 하나님의 사자가 나타나 베드로에게 사람을 보내라고 하셨고, 이들이 베드로의 집에 도착할 즈음 그들을 맞이하라고 하신 분도 성령이시다(19절). 베드로가 복음을 전할 때 성령이 말씀을 듣는 모든 사람에게 임하셨다(44-47절).

사도행전의 대표적인 선교사 바울의 발걸음을 주관하신 분도 성령이시다. 바나바와 바울은 성령의 지시대로(13:2) 선교사로 파송되었으며, 그들의 발걸음을 처음부터 인도하신 분도 성령이었다(13:4). 바울의 2차 선교 여행의 시간표도 성령께서 결정하셨다. 원래 바울은 2차 신교 여행의 목적지로 아시아를 계획했지만, 그러나 성령은 바울의 계획을 막으셨다. 유럽 대륙에 속한 빌립보, 데살로니가 등에 가서 전도하게 하셨던 것이다. 선교의 진도표는 성령께서 정하신다.

3) 성령의 능력

예수님은 제자들에게 성령이 임하면 권능을 받게 될 것이라고 말씀하셨다. 예수님의 말씀대로 성령의 충만함을 받은 사도들은 놀라운 성령의 능력을 보인다. 구체적으로는 다음과 같은 능력이 나타났다.

먼저, 복음 선포의 능력이다. 베드로는 성령의 충만함을 입은 후 능력의 설교자요, 복음전도자로 변한다. 그의 설교를 듣고 3,000명이 세례를 받았고(2:41), 또 어떤 날에는 남자만 약 5,000명이 예수님을 믿기도 했다(4:4).

또 성령이 임하시면 이적이 나타났다. 성령의 충만함을 입은 사도들은 이적을 행했다. 베드로와 요한은 나면서부터 앉은뱅이 된 자를 고쳤고(3:1-10), 또 베드로는 중풍으로 8년 동안이나 누워 지내는 애니아를 일으켰다(9:32-35). 심지어 베드로는 욥바에 사는 다비다를 다시 살리기까지 했다(9:36-43).

바울 역시 베드로처럼 놀라운 이적을 행했다. 그는 복음 전도를 방해하는 엘루마를 저주하여 눈이 멀게 했고(13:11), 루스드라에서는 날 때부터 걷지 못하는 자를 치유했으며(14:8-10), 빌립보에서 귀신이 들려 점을 치는 여종에게서 귀신을 쫓아냈고(16:18), 죽은 유두고를 살리기도 했다(20:7-12). 누가는 이 두 사람의 치유 능력이 얼마나 대단했는가에 대해 매우 유사하게 말한다.

15 심지어 병든 사람을 메고 거리에 나가 침대와 요 위에 뉘우고 베드로가 지날 때에 혹 그 그림자라도 뉘게 덮일까 바라고 16 예루살렘 근읍 허다한 사람들도 모여 병든 사람과 더러운 귀신에게 괴로움 받는 사람을 데리고 와서 다 나음을 얻으니라 (5:15-16)

11 하나님이 바울의 손으로 놀라운 능력을 행하게 하시니 12 심지어 사람들

이 바울의 몸에서 손수건이나 앞치마를 가져다가 병든 사람에게 얹으면
그 병이 떠나고 악귀도 나가더라 (19:11-12)

'성령과 지혜'(6:3), '믿음과 성령'(6:5)이 충만했던 스데반과 빌립 역시 복음 선포와 이적 행사의 능력이 탁월했다. 스데반은 "은혜와 권능이 충만하여 큰 기사와 표적을" 민간에 행했고(6:8), 사마리아에 가서 전도한 빌립도 "하나님 나라 및 예수 그리스도의 이름에 관하여 전도"(8:12)할 뿐만 아니라 '표적과 큰 능력'(8:6, 13)을 행했다. 이러한 이적들은 사람들로 하여금 예수님을 믿게 하는 수단이었다(9:35, 42 등).

또 성령은 성도들이 고난을 감내할 수 있게 힘을 주신다. 성령이 사도들에게 임했을 때 그들은 권능을 받아 복음을 담대히 전하고 여러 놀라운 이적을 행하기도 했지만, 때로는 고난을 당하기도 했다. 사도들은 복음을 전하다가 그들에게 위해가 가해지면 '놀라운 능력'을 발휘하여 자신을 보호한 것이 아니라, 오히려 그 고난을 기쁨으로 감당했다. 성령의 능력이란 어떤 고난 속에서도 복음 증거하기를 포기하지 않는 능력이었다. 바울과 바나바도 믿지 않는 유대인들의 모진 박해와 공격 속에서 죽음의 위기를 맞이했지만, 복음 증거를 포기하지 않았다. 오히려 바울과 바나바는 루스드라와 이고니온과 안디옥에 있는 제자들에게 "우리가 하나님의 나라에 들어가려면 많은 환란을 겪어야 할 것이라"(14:22)는 말로 그들의 마음을 굳건히 했다.

4) 성령은 하나되게 하신다

빌립이 전도한 사마리아 교인들에게 예루살렘 사도의 대표인 베드로와 요한이 안수함으로써 성령이 임한 것 역시 성령 강림과 일치의 긴밀성을 보

여준다. 왜냐하면 유대인들이 멸시하던 사마리아 교인들에게 예루살렘으로부터 유대인인 베드로와 요한이 내려가 안수함으로써 성령이 임했기 때문이다. 이 두 사도가 사마리아 교인들에게 안수함으로써 성령 안에서 유대인과 사마리아인 사이의 일치가 이루어진 것이다. 그리고 베드로는 성령의 지시에 따라 유대인으로서 이방인과 교제하는 것이 불법임을 알면서도(10:28), 고넬료를 찾아갔으며, 그때 성령이 고넬료의 가족에게 임하였다. 게다가 베드로는 고넬료의 집에 수일을 더 유하였다. 우리는 여기서 성령이 유대인과 이방인의 일치를 불러일으킴을 알 수 있다.

5) 성령과 담대함

사도행전은 사도들과 제자들이 성령충만하여 박해 속에서도 '담대히'(παρρησία [파레시아]) 복음을 전하는 아름다운 모습을 보여주고 있다. '파레시아'는 사도행전에서 5회 나오며(2:29; 4:13, 29, 31; 28:31), '담대하게 말하다'라는 뜻의 동사형 '파레시아조마이'(παρρησιάζομαι)는 7회 사용되고 있다(9:27, 28[개역개정성경으로는 29절]; 13:46; 14:3; 18:26; 19:8; 26:26). 이 가운데 아볼로에게 사용된 경우(18:26)를 제외한 나머지 6회는 모두 바울의 선포를 묘사할 때 사용된다. 신약에서 '파레시아조마이'가 사용된 곳은 에베소서 6장 20절과 데살로니가전서 2장 2절밖에 없다는 점을 염두에 둘 때 '파레시아조마이'는 사도행전에 나오는 바울을 묘사하는 특징적 단어인 것이다.

그밖에 '타르세오'(θαρσέω, 23:11)와 '타르소스'(θάρσος, 28:15)도 '담대하다'와 '담대함'이라는 뜻으로 사용된다. 이들 단어는 주로 초대 교인들과 바울이 복음을 전할 때 있을 수 있는 위험을 두려워하지 않고, 박해를 무릅쓰고 확신에 차서 전하는 모습을 묘사할 때 사용되고 있다. 사도행전에서 주 예수에 대해 선포하고 전하는 선교 행위는 고난을 감내해야 할 일이었던 것이다. 구체적인 사례를 들어보자.

먼저 베드로와 요한이 성전 미문에 있던 앉은뱅이 거지를 일으켜 세우는 이적을 행하고, 복음을 선포하자 남자만 5,000명이 주님을 믿게 되었다. 그러자 대제사장과 종교 지도자들은 그를 체포하여 심문한다. 베드로는 위세 등등한 종교 지도자들 앞에서도 '담대하게'(4:13) 말씀을 전한다. 베드로가 어떤 사람이었는가? 종교 지도자는커녕 대제사장의 여종 앞에서 예수님을 3번이나 부인하였던 베드로였다. 그가 이렇게 변할 수 있었던 것은 오직 성령충만하여 담대해졌기 때문이다. "이에 베드로가 성령이 충만하여 가로되 백성의 관원과 장로들아…"(4:8). 베드로뿐만 아니라 예루살렘 교인들 역시 담대했다. 대제사장과 장로들의 위협 앞에서 예루살렘 초대 교인들이 기도하자 그들은 성령이 충만하여 '담대히' 하나님의 말씀을 전하였다(4:29, 31).

스데반 역시 자기를 죽이려고 둘러싼 무리 앞에서 포효하는 사자처럼 이스라엘의 회개치 않음을 신랄하게 비판했는데, 성령과 지혜의 충만함에 있어서 출중한 인물이었고(6:10), 순교를 당하는 순간에도 성령으로 충만해 있었기에 예수님처럼 순교할 수 있었다("스데반이 성령이 충만하여 하늘을 우러러 주목하여…", 7:55-60).

바울은 회심하고 성령충만을 받은 후 즉시 나네섹에서 예수의 이름으로 담대히 말하였고(9:27), 예루살렘에 올라가서도 그랬다(9:28). 바울과 바나바는 선교지에서 핍박을 당할 때도 담대히 하나님의 말씀을 전했다(13:46; 14:3; 19:8). 사도행전의 마지막은 바울이 로마에서 '담대히' 하나님 나라를 전파하며 주 예수 그리스도에 관한 것을 가르치는 것으로 끝맺고 있다(28:30-31). 성령으로 충만한 자는 어떤 환란과 환경 속에서도 담대히 복음을 전할 수 있음을 가르쳐준다.

한국교회의 부흥집회를 참석해 보면 인도하는 목회자가 '성령세례'를 받자고 말하는 것을 들을 수 있다. 이때 '성령세례'란 성령의 강력한 임재와 역사로서 방언을 말하고, 병 치유 받는 것을 뜻하는 것 같다. 하지만 개혁주의를 비롯한 보수 교단에서 '성령세례'란 예수 믿고 성령을 받는 것(특히 세례시)을 말한다.

사실 신약성경에 '성령세례'라는 표현은 나오지 않는다. '성령으로 세례를 준다 혹은 받는다'는 표현이 나올 뿐이다. 하지만 편의상 이 글에서도 '성령세례'라는 말을 사용하겠다. '성령세례'는 신약성경에 모두 7번 나온다. 이 가운데 6번은 세례자 요한이 예수님이 베푸실 세례를 묘사할 때 사용한 말이다(막 1:8; 마 3:11; 눅 3:16; 요 1:33; 행 1:5; 11:16). 나머지 한 번은 고린도전서 12장 13절에 나온다. 그러나 '성령세례'라는 말이 나오지 않지만, 사도행전에서는 성령의 임재나 성령의 충만함이 언급될 때 방언과 하나님을 높임(10:46), 예언(19:7) 등과 같은 현상이 함께 나타나기도 한다. 이 경우 성령세례와 성령의 임재나 성령의 충만함은 같은 표현으로 보아야 한다.

1) 사도행전에 나오는 성령세례

예수님은 승천하시기 전 제자들에게 성령으로 세례를 받을 것이라고 말씀하셨다(1:5). 그러나 8절에서 예수님은 "오직 성령이 임하시면(ἐπελθόντος [에

펠톤토스)"이라고 말씀하신다. 그리고 이 약속은 사도행전 2장에서 이루어지는데, 여기서는 제자들이 성령으로 세례를 받았다고 말하지 않고, '성령의 충만함을 받았다'고 표현한다(2:4). 성령세례가 성령의 충만함과 동의어로 사용되고 있는 것이다. 이때 나타난 현상이 방언으로 말하는 것이었다. 또 이어지는 설교에서 베드로는 "하나님이 오른손으로 예수를 높이시매 그가 약속하신 성령을 아버지께 받아서 너희가 보고 듣는 이것을 부어 주셨느니라"(2:33)고 말한다. 여기서 "너희가 보고 듣는 이것"이란 제자들이 성령 충만하여 방언을 하고 하나님의 큰 일을 말하는 것(2:11)을 가리킨다. 성령의 출처가 하나님이시며, 그 성령을 주시는 분은 예수님이시다. 그런데 이 구절에서는 '부어 주셨다'(ἐξέχεεν [엑세케엔])고 표현한다. 문맥상 부어 주신 것은 방언이며, 성령을 부어 주신 것과 같은 표현으로 볼 수 있다.

이 표현은 고넬료에게 성령이 임할 때도 사용된다. 베드로가 고넬료와 그의 집에 있던 다른 이방인들에게 말씀을 선포했을 때는 그들에게 '성령이 내려왔다, 임했다'(ἐπέπεσεν [에페페센, fall upon], 10:44; 11:15) 혹은 '성령을 부어 주셨다'(ἐκκέχυται [엑케퀴타이], 10:45)고 표현하고 있다(헬라어 본문에는 '성령'이 아니라 '성령의 선물'을 부어 주셨다고 되어 있다). 이때 고넬료는 방언을 말하고 하나님을 높였다. 그런데 베드로는 고넬료와 그의 집에 있던 이방인들에게 성령이 임하여 방언을 발한 사건을 보면서 예수님께서 "요한은 물로 세례를 베풀었으나 너희는 성령으로 세례를 받으리라" 하신 말씀을 기억하였다(11:16). 여기서도 성령으로 세례를 받는 것이 성령이 임하여 방언을 말하는 사건과 동일시되고 있다. 10장 47절에서 베드로는 "이 사람들이 우리와 같이 성령을 받았으니(ἔλαβον [엘라본])"라고 말한다. 이처럼 고넬료가 성령을 받은 사건에 대해서는 다양한 동사가 사용되고 있으며, 그 뜻은 동일하다.

다른 경우를 보자. 바울이 에베소에 있는 사람들에게 주 예수의 이름으로 세례를 베풀고 안수할 때, 그들에게 '성령이 임하셨다'($\tilde{\eta}\lambda\theta\epsilon$ $\tilde{\epsilon}\pi$' [엘테 에프], 19:6). 그러자 그들이 방언도 하고 예언도 했다. 한편 베드로와 요한이 빌립의 전도로 예수님을 믿게 된 사마리아인들에게 안수하였을 때는 '성령을 받았다'($\tilde{\epsilon}\lambda\acute{\alpha}\mu\beta\alpha\nu o\nu$ [엘람바논], 8:17)로 묘사되고 있다.

이렇듯 방언이나 예언, 하나님 찬양을 수반하는 성령의 임재에 대해 다양하게 표현하고 있음을 알 수 있다. 한국교회에서는 성령세례로 언급되지만, 사실은 여러 표현이 있는 것이다. 즉 사도행전에서는 물세례 때 역사하시는 성령과 구분되는 성령세례를 말하고 있으며, 그 표현은 성령의 충만함을 비롯하여 다양하게 묘사된다. 대개는 방언, 예언, 하나님 찬양 등과 같은 현상을 수반하지만, 반드시 그런 것은 아니다. 예를 들어서 베드로는 관리들과 유대 종교 지도자들 앞에서 성령이 충만하여 말했는데(4:8), 이때 방언은 나타나지 않았다. 이상의 내용을 통합적으로 정리하면 다음과 같은 몇 가지 결론을 얻을 수 있다.

첫째, 사도행전에 나오는 성령세례 본문은 성령세례 시 방언, 하나님 찬양, 예언이 흔히 동반한다는 것을 보여준다.

둘째, 성령세례의 '최초의 신체적 증거'(initial physical evidence)가 과연 방언인가 하는 점이다. 성령세례, 성령충만이 있을 때 한결같이 방언이 주어지는 것은 아니다. 성령으로 충만할 때 방언을 말할 수도 있고, 담대하게 복음을 전할 수도 있고, 이적을 행할 수도 있다.

셋째, 방언이 성령세례의 최초 신체적인 증거는 아니라고 해도 "습득 과정이나 노력으로 된 것이 아니라 말세에 일어나는 성령의 역사로 이루어지는 언어 기적"[3]이라고 말할 수 있다. 이때 방언은 외국어일 수 있고, 고린도

---

3 김동수, 『신약이 말하는 방언』 (서울: 킹덤북스, 2009), 137.

전서 14장에서 말하는 지상의 언어가 아닌 하늘의 언어일 수도 있다. 사도행전 2장에서 성령의 충만함을 받은 제자들이 성령이 말하게 하심을 따라 말한 '다른 방언들'이 당시 오순절을 맞아 예루살렘에 온 디아스포라 유대인들이 각자의 나라 언어로 알아들었다는 점에서 외국어이며, 이것은 선교의 장애물인 언어 문제를 성령께서 해결해 주신 것으로 보는 견해가 있다. 그러나 바울이 선교할 때 아람어와 헬라어를 구사하여 선교했을 뿐 방언을 받아 하지 않았다. 여전히 언어적 장벽은 명백히 존재했고, 지금까지 그러하다. 사도행전에서도 2장에서만 방언은 언어소통의 맥락이고, 고넬료의 방언이나 에베소에서 바울이 안수하여 방언을 한 사람들의 경우 언어소통과는 무관하다(10:46; 19:6).

누가에게 있어 중요한 것은 방언이 하나님의 종말론적 선물인 성령충만의 중요한 표시라는 것이다. 방언이 성령충만의 첫째되고도 유일한 표시는 아니지만, 사도행전에서 여러 차례 반복하여 언급되고 있는 것은 그만큼 중요하기 때문이다. 밀스(W. E. Mills)에 따르면 사도행전에서 방언은 교회 발전의 이정표다. 즉 오순절에 유대인들이 그리스도인이 될 때(2:4), 사마리아인들이 그리스도인이 될 때(8:17), 이방인으로 유대교에 입교한 고넬료와 같은 하나님을 두려워하는 자들이 그리스도인이 될 때(10:46), 세례 요한의 물세례밖에 모르는 에베소의 어떤 세자들이 그리스도인이 될 때(19:6) 방언이 언급되고 있다는 것이다.[4] 비록 밀스의 주장과는 달리 사마리아인들에게 성령이 내릴 때는 방언이나 찬양에 관한 언급이 없지만(8:17), 밀스의 주장은 좋은 통찰력을 제공한다. 방언은 성령께서 주도하시는 하나님의 구원 역사가

---

4   W. E. Mills, *A Theological/Exegetical Approach to Glossalia*, 72; 김동수, 『신약이 말하는 방언』, 124 에서 참조.

예루살렘에서 시작하여 땅끝까지 펼쳐지고 있음을 보여준다. 누가는 누가 복음과 사도행전을 통해 성령세례의 전개 구도를 보여주고 있는데, 먼저 예수님은 성령세례를 주는 분이며, 이 성령세례는 예수 그리스도를 믿는 자에게 주시는 하나님의 약속임을 밝힌다. 이 약속은 유대인들에게 먼저 이뤄지고, 후에 사마리아와 이방인에게까지 확산된다.[5]

넷째, 사도행전에서 성령세례는 물세례와는 구분된다. 물세례는 불신자가 예수님을 믿게 될 때 받는 세례다. 성령세례는 신자에게 주어지며, 흔히 방언과 예언과 하나님 찬양과 같은 현상이 동반된다. 사도행전 2장의 오순절 성령세례는 이미 예수님의 제자가 된 사람들에게 주어졌다. 사마리아인들의 경우 빌립이 하나님 나라와 및 예수 그리스도의 이름에 관하여 전도하자 그것을 믿고 다 세례를 받았지만(8:12), 후에 사도인 베드로와 요한의 안수를 통해 성령을 받았다(비록 방언과 같은 현상은 언급되지 않았지만). 사도행전에서 성령을 부어 주는 권능은 사도에게 있었다.

고넬료의 경우 먼저 성령세례를 받고, 물세례를 받은 특이한 경우다. 그러나 성령세례와 물세례가 구분되고 있는 것은 분명하다. 바울이 에베소에 갔을 때 그곳의 제자들은 요한의 물세례만 알고 있었다. 이것은 성령세례를 경험하지 못한 전도자 때문이었던 것으로 보인다. 바울이 에베소의 제자들을 만난 사건 직전에 아볼로에 관한 기사가 나오는데(18:24-28), 아볼로는 학문이 많고 성경에 능통한 자였다. 그는 에베소에 와서 예수에 관한 것을 자세히 말하며 가르쳤지만, 요한의 물세례만 알고 있었다. 이 말은 "그가 세례 요한의 선포와 세례로부터 예수의 부활까지는 알지만 예수의 성령세례 베

---

5   김동수, 『신약이 말하는 방언』, 147-148.

품을 모른다는 것이다."[6] 따라서 에베소의 제자들은 요한의 물세례만 알고 있었던 것이다. 이들은 바울의 안수를 통해 성령을 받았고, 방언도 하고 예언도 하게 되었다. 누가가 아볼로 기사와 바울을 통한 에베소 제자 성령세례 사건을 기록한 목적은 "아볼로처럼 성령세례가 현실화되고 있는지를 모르는 선교사나 교회의 지도자들이 등장해서 열심으로 복음을 전하나 에베소 제자들과 같이 성령이 있음도 듣지 못한 기독교인들이 생기는 교계에 성령의 르네상스가 일어나길 목적했던 것이었다. 왜냐하면 그에게 있어서 성령은 궁극적으로 기독교의 정체성과 연속성을 보증하며 동시에 역동성을 야기해서 그리스도 증언이 퍼져나가게 하는 바로 그 원동력이기 때문이다."[7]

2) 누가-행전에 나타난 성령충만

한편 성령세례와 유사한 개념인 성령충만, 정확히 표현하면 '성령으로 충만하다'라는 표현은 누가복음과 사도행전에, 특히 사도행전에 주로 나온다. '성령으로 충만하다'에 해당하는 대표적인 헬라어 표현은 '프뉴마토스 하기우 핌플레미'(πνεύματος ἁγίου πίμπλημι)이다. 개역개정성경은 '성령의 충만함을 받다', '성령이 충만하다', '성령으로 충만하다'로 번역하고 있다. '핌플레미' 동사가 아니라 '충만한'이란 뜻의 형용사 '플레레스'(πλήρης)가 1회 사용되기도 한다. "예수께서 성령의 충만함을 입어(πλήρης πνεύματος ἁγίου [플레레스 프뉴마토스 하기우]) 요단강에서 돌아오사 광야에서 사십 일 동안 성령에게 이

---

6   김희성, 『신약의 성령론』 (서울: 대한기독교서회, 2009), 238.
7   앞의 글, 239.

끌리시며"(눅 4:1).

예수님뿐만 아니라 세례 요한과 예수님의 탄생과 관련하여서도 성령 충만이 3회 사용된다. 세례 요한은 모태로부터 성령의 충만함을 받았다(눅 1:15). 하나님이 요한을 예수님의 선구자로 세우기 위해 허락하신 특별한 은총이었기 때문에 가능했을 것이다. 하나님은 주권적으로 요한을 택하시고 그에게 성령의 충만함을 허락하신 것이다. 요한의 부모 엘리사벳과 사가랴는 성령의 충만함을 받아 예수님의 장차 사역에 대해 예언한다(눅 1:41, 67). 이들 외에도 누가복음의 탄생 이야기(1-2장)에 등장하는 사람들은 모두 공통으로 성령충만한 사람들, 성령이 함께하시는 사람들이었다. 마리아 역시 성령으로 예수님을 잉태했다.

탄생 이야기에서 성령과 관련하여 주목할 또 다른 인물은 '시므온'이다. 화자는 아기 예수님과 시므온의 만남이 이루어지기까지 성령께서 시므온에게 어떻게 하셨는지를 말하고 있다. 시므온은 성령이 그 위에 계셨으며, 성령으로부터 '주의 그리스도', 즉 하나님 아버지께서 보내신 메시아 예수님을 보기 전에는 죽지 아니할 것이라는 지시를 받았다(눅 2:25-26). 그가 이 지시를 언제 받았는지는 알 수 없지만, 그가 성령이 주신 이 지시를 붙들고 살았음은 분명하다. 시므온은 성령으로부터 지시를 받고 그 지시가 이루어지기를 일평생 기다리면서 산 사람이다. 또한 성령은 시므온에게 주신 지시를 이루기 위해 그를 인도하셨다. 예수님이 정결예식을 치르기 위해 성전에 온 날, 성령께서는 시므온을 감동하여 그를 인도하여 성전에 들어가게 하셨고, 거기서 정결예식을 치르기 위해 성전에 온 아기 예수님을 마침내 만났다. 성령 하나님은 우리에게 약속 혹은 소명을 주시고, 그를 인도하시며 정하신 때가 되어 그 소명을 이루신다.

사도행전에서는 '성령으로 충만하다'는 표현이 5회 사용되고 있다. 오순절에 120여명의 제자들에게 성령이 임하신 사건(2:4), 베드로가 성령충만하여 유대 종교 지도자들 앞에서 담대히 말한 일(4:8), 예루살렘 교인들이 박해에도 불구하고 기도하여 성령충만해져서 담대히 하나님의 말씀을 전한 일(4:31), 눈이 먼 사울이 아나니아가 전해준 메시지에 따라 성령으로 충만해져 시력이 회복될 때(9:17), 바울이 구브로에서 선교를 방해하는 마술사 엘루마를 저주하는 이적을 행할 때 그는 성령으로 충만해 있었다(13:9). 사도행전 13장 52절에서는 '핌플레미'(πίμπλημι) 대신에 '플레로우'(πληρόω)가 사용되고 있는데, 비시디아 안디옥 교인들은 박해에도 불구하고 기쁨과 성령으로 충만했다.

한편 예루살렘 교회 내의 헬라파 유대인들의 지도자 7명과 바나바를 묘사할 때는 '충만한'이란 뜻의 형용사 '플레레스'가 사용되고 있다(6:3, 5; 11:24). "스데반이 은혜와 권능이 충만하여 큰 기사와 표적을 민간에 행하니"(6:8)에서도 '플레레스'가 사용되고 있으며, 여기서 '은혜와 권능'은 성령 충만의 대체적 표현으로 볼 수 있다. 바울서신의 경우 에베소서 5장 18절에만 나타난다. "술 취하지 말라 이는 방탕한 것이니 오직 성령으로 충만함을 받으라(πληροῦσθε ἐν πνεύματι [플레루스테 엔 프뉴마티])." 술 취한 자의 특징이 방탕이라면 성령충만한 자의 특징은 시와 찬미와 신령한 노래로 서로 화답하고 마음으로 주께 노래하며 찬송하고, 범사에 감사하는 것이다(엡 5.19-20).

정리하자면 누가복음에서 성령충만은 예수님의 사역을 예언하는 자와 예수님 자신에 대해 사용되고 있으며, 이것은 예수님의 모든 사역이 성령의 사역임을 보여준다. 사도행전에서 성령충만은 성령세례와 유사한 개념으로 성령의 강력한 역사가 제자들에게 일어나 흔히 방언, 예언, 하나님 찬양, 담대함 등이 수반된다.

3) 복음서에 나타난 성령세례:
　성령과 불로 세례를 베푸시는 예수님

세례 요한이 예수님이 행하실 세례에 관해 언급한 내용은 마가복음과 Q
가 서로 다르다. 마가복음에 따르면 예수님은 성령으로 세례를 베푸실 것이
다. 요한복음은 예수님이 세례를 베푸셨다고 전하지만(요 3:22), 성령으로 세
례를 베푸셨다고 말하지는 않는다. 마가복음에서는 예수님은 물세례조차
주신 적이 없다.

그렇다면 세례 요한이 예언한바 예수님이 성령으로 세례를 준다는 것은
무슨 뜻인가? 그것은 예수님이 성령충만하신 분으로서 베풀 죄 용서를 말
하는 것으로 보인다. 에스겔 36장 25~27절은 성령의 임재와 종말론적 죄
용서 사상을 잘 보여주고 있다.

[25] 맑은 물로 너희에게 뿌려서 너희로 정결케 하되 곧 너희 모든 더러운
것에서와 모든 우상을 섬김에서 너희를 정결케 할 것이며 [26] 또 새 영을 너
희 속에 두고 새 마음을 너희에게 주되 너희 육신에서 굳은 마음을 제하
고 부드러운 마음을 줄 것이며 [27] 또 내 신을 너희 속에 두어 너희로 내 율
례를 행하게 하리니 너희가 내 규례를 지켜 행할지라 (겔 36:25-27)

실제로 예수님은 중풍병자에게 사죄를 선포하고, 인자로서 사죄권을 주
장하셨다. 또 세리와 죄인들과 같이 식탁교제를 나누셨는데, 이는 죄용서의
기쁨을 나누는 것이었다. 그런데 이 본문이 마태복음과 누가복음에서는 변
형된다(마 3:11-12; 눅 3:16-18). 두 복음서 저자는 공통의 자료, 즉 Q를 사용한
것으로 보이는데, 여기서 세례 요한은 예수님이 '성령과 불'로 세례를 줄 것

이라고 말한다. 흔히 한국교회에서는 사도행전 2장에서 성령의 임재가 '불의 혀'로 묘사되는 것을 근거로, 또 실제로 성령을 체험할 때 마음이 뜨거워지는 것을 근거로 '성령과 불'을 성령 임재의 현상적 묘사로 이해한다.

그러나 '성령과 불'은 이중적 의미가 있다고 보아야 한다. 먼저, 예수님을 믿는 자에게 성령이 임하시고, 불로써 정화를 시키신다는 뜻이다. 그러나 예수님을 믿지 않는 불신자에게 성령과 불은 심판을 뜻하게 된다. 키질을 통해 바람(성령을 뜻하는 히브리어 '루아흐'와 헬라어 '프뉴마'는 '바람'을 뜻하기도 한다)은 껍데기(왕겨)는 날려 보낼 것이고, 그러면 알곡만 남게 되어 알곡은 곳간에 들어갈 것이고, 쭉정이는 불에 태워진다는 말씀은 심판의 맥락에서 이해해야 한다. 즉 예수님은 사람에게 구원을 주실 수도 있고 심판을 주실 수도 있다는 말이다. 사람이 예수님께 어떻게 반응하느냐에 달려 있다.

그러나 예수께서 제자들에게 "모든 귀신을 제어하며 병을 고치는 능력과 권위"(눅 9:1)을 주신 것도 예수님이 베푸신 성령세례의 의미라고 볼 수 있다. 예수님은 제자들도 당신처럼 성령의 능력으로 귀신을 내쫓고 병을 고쳐서 이 땅에 하나님의 나라를 이루기를 원하셨으며, 실제로 제자들은 부분적이고 한시적이었지만 예수님이 살아계실 당시 그렇게 했다. 이런 제자들의 모습은 사도행전에서 본격적으로 나타난 성령세례와 그에 따른 선교, 즉 하나님 나라의 성취를 예견하는 것이다.

4) 바울서신에 나타난 성령세례

바울서신에서는 오직 고린도전서 12장 13절에서만 성령과 세례가 같이 언급되고 있다.

우리가 유대인이나 헬라인이나 종이나 자유인이나 다 한 성령으로 세례

를 받아 한 몸이 되었고 또 다 한 성령을 마시게 하셨느니라 (고전 12:13)

이 구절은 초대 교회에서 행해진 물세례의 의미를 말해주고 있는데, 비록 형식은 물로 세례를 받지만 성령으로 세례를 받게 된다는, 즉 세례를 받을 때 성령이 우리에게 임하신다는 말이다. "한 성령을 마신다"는 것을 성만찬으로 해석하기도 하지만, '마신다'를 뜻하는 헬라어 '에포티스테멘'(ἐποτίσθημεν)이 과거에 단회적으로 일어난 사건을 뜻하는 부정과거(aorist) 수동태이기 때문에 반복해서 행해지는 성찬식을 가리킬 수는 없다. 이 표현 역시 세례 때 성령이 임하심을 비유적으로 표현하는 말이다(요 7:38-39에서도 성령을 생수의 강으로 표현하고 있다). 성도는 세례를 받을 때 동일한 성령을 받아 한 몸이 된 것이다.

또 바울은 이 구절에 앞서 "하나님의 영으로 말하는 자는 누구든지 예수를 저주할 자라 하지 아니하고 또 성령으로 아니하고는 누구든지 예수를 주시라 할 수 없느니라"(고전 12:3)고 말한 바 있다. 우리가 예수님을 주로 고백할 수 있는 것은 하나님의 영이신 성령에 의해 가능하다는 것이다. 그렇다면 신앙고백이 있는 자는 이미 성령이 임하신 자이며(갈 3:2 참조), 물세례는 성령 임재를 확증하는 역할을 한다고 볼 수 있겠다.

성령세례는 오늘날에도 여전히 논란이 되고 있다. 여전히 적지 않은 사람들이 물세례와는 구분되는 성령세례를 부인한다. 앞서 살펴본 대로 고린도전서 12장 13절 등에 따르면 우리가 예수님을 믿고 세례를 받을 때 성령은 이미 우리에게 임하셨다. 그러나 우리가 우리에게 임하신 성령의 온전한 지배를 항상 받는 것은 아니다. 성령충만이란 성령께서 전적으로 우리를 다스리는 것인데, 우리가 늘 성령충만한 것은 아니다. 기복이 있기 마련이다. 그

러나 우리가 기도와 말씀에 힘써서 하나님의 은혜로 성령의 부어 주심을, 성령의 온전한 다스림을 경험할 수 있다. 성령께서 우리에게 강력하게 역사하셔서 방언을 말하고 치유의 이적을 행하며, 담대하게 복음을 선포할 수 있다고 본다. 즉 성령세례의 결과로 방언이나 치유와 같은 이적이 오늘날에도 나타날 수 있다고 필자는 믿는다. 이 문제에 대해서는 교단별로 입장이 다르고, 또 매우 긴 논의가 필요하므로 여기서 자세한 논의는 생략한다. 다만 필자는 오늘날에도 가능하다고 보는 입장을 밝히면서 김희성 교수의 성령세례에 관한 말을 인용하는 것으로 결론을 대신하고자 한다.

누가문서에서 기독교인은 성령을 받았으냐가 긴박한 문제가 된다. … 성령세례는 우선 존재의 형성이 모든 사람과는 다른 성령으로 잉태된 예수(=메시아)가 준다. 그가 부활 승천한 후 하나님으로부터 성령을 받아서 제자들에게 부어준 것이 성령세례이다. 성령세례는 성령을 부어 주는 것, 그리고 성령이 임하는 것과 동의어이다. 그러므로 성령세례를 받는다는 것은 성령을 받는다는 것과 같은 말이다. 이 성령세례는 반드시 받게 될 것이고 반드시 받아야 한다. 그리하여야 오순절 성령세례에 의하여 형성된 교회, 즉 성령의 공동체에 속하게 된다. 성령세례를 받으면, 즉 성령을 받으면 권능을 받고 그리스도의 중인이 되며, 성령이 부어 주신 대로 담대하게 복음을 선포할 수 있다.[8]

---

8   김희성, 『신약의 성령론』, 333-334.

1) 성령, 기도하는 자에게 임하다

예수님은 승천하시기 전 제자들에게 "내게 들은바 아버지께서 약속하신 것을 기다리라"(1:4)고 하셨다. 그 기다림은 기도였다. 그래서 제자들은 예수님이 승천하신 후 다락방에 모여 기도했고, 오순절에 성령이 불처럼 바람처럼 임하셨다. 누가복음에서도 예수님께 성령이 임하신 것은 예수님이 '기도하실 때'였다(눅 3:21). 성령은 우리가 기도할 때 주어진다. 또 마태복음 7장 7~11절과 누가복음 11장 10~13절은 구하는 자에게 주시는 하늘 아버지의 넘치는 은혜를 강조하는 말씀이다. 육신의 아버지는 비록 그가 악할지라도 자식에게는 좋은 것을 준다. 그렇다면 하늘에 계신 아버지께서 구하는 자에게 '좋은 것'으로 주실 것이다(마 7:11). 그러나 누가복음은 구하는 자에게 '성령'을 주시지 않겠느냐(11:13)라고 말한다. 이 두 본문을 합쳐서 이해하면 하늘 아버지께서 우리에게 주시는 최고의 선물은 성령이다. 그래서 약속하신 성령을 다락방에서 기도하던 자들에게 부어 주신 것이다.

성령은 사람들이 회개하고 돌아올 때 혹은 믿는 자들이 하늘 아버지께 기도할 때 받게 되는 '선물'이다. "베드로가 이르되 너희가 회개하여 각각 예수 그리스도의 이름으로 세례를 받고 죄 사함을 받으라 그리하면 성령의 선물을(혹은 '성령을 선물로') 받으리니"(2:38). 베드로와 요한이 사마리아 사람들에게 안수하여 성령을 받게 했다. 이를 본 시몬이 자신에게도 그 권능을 달라

---

9   사도행전에 나타난 기도에 대해서는 유상현, 『사도행전 연구』 (서울: 대한기독교서회, 1996), 113-140을 보라.

고 하자, 베드로는 이렇게 말한다. "네가 하나님의 선물을 돈 주고 살 줄로 생각하였으니 네 은과 네가 함께 망할지어다"(8:20). 성령은 돈으로 살 수 있는 것이 아니라 전적인 하나님의 선물인 것이다.

베드로는 나중에 고넬료의 집을 방문했을 때 성령이 이방인에게 임한 사실을 예루살렘 교회 성도들에게 이야기하면서도 성령을 '선물'로 말한다. "그런즉 하나님이 우리가 주 예수 그리스도를 믿을 때에 주신 것과 같은 선물을 그들에게도 주셨으니 내가 누구이기에 하나님을 능히 막겠느냐 하더라"(11:17). 성령은 하나님이 주시는 선물이기에 하나님의 마음이다. 하나님이 주시고 싶은 자에게 주신다. 유대 크리스천이었던 예루살렘 성도들은 이 사실을 깨달아야 했다. 하나님은 유대인뿐만 아니라 이방인에게도 성령을 주시기를 원했다. 이것은 요엘 2장 28절 이하의 말씀의 성취로서 성령을 모든 육체에 부어 주심으로써 종말론적 구원을 이루시는 하나님의 역사였다 (2:16-21).

2) 기도에 힘쓰는 교회

앞서 말한 것처럼 예수께서 승천하신 후 열한 제자와 예수님을 따르던 여인들과 예수의 모친을 비롯한 가족들이 한 첫 번째 일은 힘써 기도하는 것이었다(1:14). 이 기도 모임에 성령이 임하셨다. 초대 교회의 태동은 이렇듯 기도로써 이루어졌다. 예루살렘 교회는 기도에 늘 힘쓰는 교회였다. "그들이 사도의 가르침을 받아 서로 교제하고 떡을 떼며 오로지 기도하기를 힘쓰니라"(2:42). 이 구절에서 가르침, 교제, 떡을 뗌, 기도라는 네 가지 사역이 나오는데, 유독 기도에 대해서만큼은 '복수형'(προσευχαῖς [프로슈카이스])이 사용되고 있다. 초대 예루살렘 교인들이 성전에서 있었던 하루 세 차례의 기도에 빠지지 않고 참석했기 때문으로 보인다. 유대인들은 하루 세 차례(오전 9시, 오후 3시, 해 질 무렵) 성전에서 기도했다. 이 같은 관습에 따라 베드로와 요한도 기도하기 위해 성전으로 올라갔고, 거기에 성전 미문에서 구걸하던 장애인을 고치는 기적을 행했다.

사도들은 힘써 기도하는 일에 모범을 보였다. 예루살렘 교회에서 과부를 구제하는 일에 어려움이 생겼을 때 사도들은 이 일을 담당할 7명의 지도자를 뽑았다. 사도들은 '기도'와 '말씀 사역'에 힘쓰기 위해서(6:4)였다. 아래에서 살펴보겠지만 사도행전은 초대 교회의 말씀 증거 사역을 전해주고 있는데, 이 말씀 증거 사역과 동등한 중요성을 가지는 일이 바로 기도하는 일이라는 점에 주목하자. 게다가 6장 4절의 경우 기도가 먼저 언급된다. 이것은 초대 교회에서 기도가 얼마나 중요한 신앙생활이었는지를 보여준다.

베드로와 고넬료의 만남은 기도하는 사람의 만남이었다. 고넬료는 이방인으로서 자신과 온 집안이 하나님을 경외했다. 그는 많이 구제하고 항상 기도하는 경건한 사람이었다. 비록 이방인이었지만 유대 온 족속이 그를 칭찬했고(10:22), 하나님은 그의 구제와 기도를 기억하셨다. 고넬료에게 가서 복음을 전할 베드로 역시 제6시(낮 12시)에 기도하러 지붕에 올라갔다가 환상을 보았다.

특별히 초대 교인들은 고난이 올 때면 더욱 기도에 힘썼다. 고난이 오지 않게 해달라는 기도가 아니라, 어떤 위협에도 굴하지 않고 담대하게 말씀을 전하게 해달라는 기도였다. 주 예수를 전하기 위해 능력을 구하는 기도였다(4:24-30). 하나님은 이들의 기도에 응답하셨다. 이들이 기도를 마쳤을 때 모여 있던 곳이 진동했다. 하나님의 임재, 성령의 강력한 임재가 있었다는 뜻이다(출 19:18 참조). 바울과 실라가 빌립보 감옥에 갇혔을 때도 기도하고 찬미하자 큰 지진이 나고 옥 터가 움직였는데(16:26), 이것 역시 하나님의 임재를 상징한다. 고난 속의 간절한 기도, 오직 하나님만 의지할 수밖에 없음을 토로하는 기도가 있는 곳에 하나님은 임재하신다.

스데반 역시 박해 속에서 기도하며 순교했다(7:59-60). 이때 스데반은 예수님처럼 "주 예수여 내 영혼을 받으시옵소서 … 주여 이 죄를 저들에게 돌리지 마옵소서"라고 무릎 꿇고 기도한다. 초대 교회 교인들이 얼마나 예수님의 기도 생활과 그 기도 내용까지 닮고자 했는지를 알 수 있다.

바울 역시 부활하신 주님을 만난 이후, 그의 삶은 기도하는 삶이었다. 바울은 다메섹 도상에서 주님을 만난 후 다메섹에서 머물 때 기도하고 있었으며(9:11), 후에 예루살렘에 올라가서도 성전에 가서 기도했다(22:17). 이 기도 중에 주님의 계시를 받는다. 또 바울은 빌립보에 가서 '기도할 곳'을 찾던 중 기도하기 위해 모였던 루디아를 만났고 그녀에게 복음을 전했고(16:13) 빌립보 감옥에 갇혔을 때도 기도하고 하나님을 찬미하였다(16:25). 또한 그는 밀레도에서 에베소 장로들과 헤어질 때도 "무릎을 꿇고 저희 모든 사람과 함께 기도"(20:36)하였으며, 두로 해안에서도 교인들과 헤어져 예루살렘에 올라가기 전 "바닷가에서 무릎을 꿇고 기도"(21:5)하기도 했다.

3) 기도의 능력

사도행전은 주님의 놀라운 치유와 여러 이적이 기도로 일어났음을 말한다. 베드로가 날 때부터 걷지 못하는 자를 일으켜 세운 것은 그가 기도하기 위해 성전에 올라갔을 때였다(3:1-11). 또 베드로는 무릎을 꿇고 기도하여 죽은 다비다를 살리기도 했다(9:36-43). 한편 베드로가 감옥에 갇혔을 때 교인들은 그를 위하여 간절히 하나님께 기도했고(12:5), 하나님은 천사를 보내 베드로를 옥에서 구해내셨다. 특히 로데라는 이름의 한 어린 여종이 믿음으로 드린 기도는 돋보였다(12:13-16). 바울과 실라가 빌립보 감옥에 갇혔을 때 기도하고 찬미하자 지진이 나고 옥문이 열리는 일이 일어났으며(16:25), 멜리데섬에서는 보블리오의 부친을 기도하고 안수하여 치유하기도 했다 (28:8).

4) 기도로 하나님의 일꾼을 뽑다

예수께서 기도하신 후에 열두 제자를 선택하신 것처럼(눅 6:12-13) 예루살렘 교인들은 가룟 유다를 대신할 사도를 뽑을 때 기도하고 뽑았다(1:24). 흔히 '일곱 집사'로 불리는 헬라파 유대인의 지도자 7명을 세울 때 사도들은 기도한 후 그들에게 안수하였다(6:4-6). 또 수리아 안디옥 교회가 바울과 바나바를 파송할 때 금식하고 기도했다(13:1-3). 바울과 바나바는 선교지에 세워진 각 교회에서 장로들을 택하여 금식 기도하며 주님께 의탁하였다(14:23).

5. 복음 전파의 적: 박해와 내부 갈등

어떤 위기든 외부의 박해와 내부의 갈등에서 온다. 교회도 그렇다. 사도행전과 바울서신을 보면 교회는 외부의 박해, 그리고 다양한 이유에서 벌어지는 내부의 분열이다. 사도행전에 나오는 교회도 마찬가지다.

1) 교회에 대한 박해

땅끝까지 이르러 복음을 전하고 교회가 세워지는 일에는 늘 방해와 박해가 있었다. 교회와 전도자들을 박해한 사람들은 누구이며, 그 이유는 무엇인가?

① 유대 종교 지도자들의 박해

사도행전에는 크게 5번에 걸친 유대 종교 지도자들의 박해가 나온다. 첫 번째 박해(3:1-4:31), 두 번째 박해(5:17-42), 스데반의 순교(6:7-7:60), 예루살렘 교회에 대한 대대적 박해(8:1), 바울에 대한 유대 종교 지도자들의 박해(23장). 바울이 3차 선교 여행을 마치고 예루살렘에 올라간 후에는 유대 종교 지도자들과 공회에서 설전을 벌였고, 그들은 바울을 총독에게 고발하기까지 했다(22:30; 23:28 등).

그러면 종교 지도자들이 사도들을 박해한 이유는 무엇인가? 먼저 예수님이 죄가 없는데도 종교 지도자들이 죽였다며 자신들을 비난했기 때문이다(5:28). 사도들은 예수님의 부활을 전했는데, 부활을 믿지 않았던 사두개인들이 미워했다(4:2). 스데반의 경우 성전을 비판하고, 종교 지도자들의 완악함을 비난했기 때문이다. 바울의 경우 믿음으로만 구원을 얻는다고, 즉 율법을 무시했다는 이유였다. 또 시기심(5:17) 때문이기도 하다. 가뜩이나 사도들이 전하는 복음의 내용이 마음에 들지 않은데, 거기다가 사도들이 백성들에게 인기를 얻고 있어서 그들을 시기했다. 예수님도 종교 지도자들에게 시기를 받으셨다(막 15:10).

② 믿지 않는 유대인들

바울에게 어려움을 줬던 가장 큰 적은 믿지 않는 유대인들이었다. 바울이 회심 후 다메섹에 있는 각 회당에서 예수가 하나님의 아들이심을 전파하자 유대인들이 당혹스러워했다. 바울은 예수 믿는 성도를 박해하던 자가 아니던가? 그런데 이제는 예수를 전하니 당혹스러울밖에. 유대인들은 바울이 계속해서 복음을 전하자 그를 죽이기로 공모한다. 결국 바울은 야반도주하게 된다(9:23-25). 이후에 바울이 선교하러 간 곳의 회당에서 복음을 전할 때마다 바울을 적대하고 죽이려고 한 디아스포라 유대인들이 있었다(13:45 등). 바울이 루스드라에서 전도할 때는 비시디아 안디옥과 이고니온에서 와서 돌로 바울을 죽일 뻔했다(14:2, 5, 19 등).

③ 정치 지도자

베드로와 요한은 종교 지도자들에게 심문을 받고 나온 뒤 성도들과 함께 기도를 드린다. 그들은 헤롯과 본디오 빌라도가 이방인과 이스라엘 백성과 합세하여 예수를 박해하고 죽인 것처럼 지금도 여전히 성도들에 대한 박해가 있으니 주께서 굽어보살펴 달라고 기도한다(4:23-29). 예수 처형의 주체를 정치 지도자인 헤롯 안티파스와 빌라도로 규정한 것이다. 사도행전에서 교회를 핍박한 정치 지도자는 헤롯 아그립바 1세다(12장). 그는 세베대의 아들 야고보를 죽이고, 베드로마저 죽이려고 감옥에 가뒀다. 그러나 하나님은 성도들의 기도를 들으시고 천사를 보내 베드로를 탈출시켜 주셨고, 헤롯을 심판하셔서 그가 벌레에게 먹혀 죽게 하셨다. 하나님의 말씀은 이런 박해에 굴하지 않고 오히려 더 흥왕하고, 성도의 수는 더 늘어났다. "하나님의 말씀은 흥왕하여 더하더라"(12:24).

④ 전도로 인해 손해를 보게 된 사람들

바울과 바나바가 구브로섬의 바보에 가서 총독 서기오 바울을 전도할 때 거짓 선지자요 마술사인 엘루마가 방해했다. 그는 총독 서기오 바울과 함께 있는 자(13:7)였다. 총독에게 조언을 해주면서 영향력을 행사하고 있었던 것 같다. 하지만 총독이 바울과 바나바를 불러 하나님의 말씀을 듣고자 하자 이를 저지하고자 했다. 이에 바울이 그를 저주하자 눈이 멀게 된다(13:6-11). 사도행전에는 마술사가 몇 차례 등장하는데, 빌립이 사마리아에 가서 전도할 때 그곳에 있던 마술사 시몬은 예수를 믿고 세례까지 받았다. 또 바울이 에베소에서 전도할 때, 그곳에 있던 마술사들은 바울을 통해 나타난 성령의 능력을 보고 회심한다.

한편 바울이 빌립보에서 전도할 때 귀신이 들려 점치는 여종을 고쳐주자, 그 여종을 통해 돈을 벌고 있었던 주인들이 바울과 실라를 폭행하고 감옥에 가두었다(16:16 이하). 또 바울이 에베소에 가서 복음을 전하여 많은 사람들이 주님께 돌아오게 되자 에베소의 은장색들이 바울을 죽이려고 소동을 일으켰다. 그들은 에베소 신전에서 섬기던 아데미 여신상을 만들어 팔았는데, 바울이 아데미 여신상을 신이 아니라 사람이 손으로 만든 것이라고 말해 더 이상 장사가 되지 않았기 때문이다. 우리말 성경에서 '영업'을 언급한 유일한 사람이 데메드리오다.

> 25 그가 그 직공들과 그러한 **영업**하는 자들을 모아 이르되 여러분도 알거니와 우리의 풍족한 생활이 이 **생업**에 있는데 … 27 우리의 이 **영업**이 천히어질 위험이 있을 뿐 아니라 큰 여신 아데미의 신전도 무시 당하게 되고 온 아시아와 천하가 위하는 그의 위엄도 떨어질까 하노라 하더라
>
> (19:25, 27)

이들은 겉으로는 위대한 여신 아데미를 지키려는 거룩한 이념을 내세웠지만 밥줄을 끊어 놓은 바울을 향해 분노하고, 바울을 처단하려고 했지만 실패로 돌아갔다.

그러나 이상과 같은 박해와 시련과 고난을 사도들과 성도들은 잘 극복했다. 그 비결은 무엇이었을까?

첫째는 하나님의 도우심이 있었기 때문이다.

하나님은 고난 속에 있는 성도들을 성령으로 충만하게 해서 담대함을 주시고, 능력도 주셔서 이적도 행하게 하셨다(4:30-31). 또 하나님은 기적적인 방법으로 사도들을 구출하셨는데, 천사를 통해(5:19; 12:7-10), 어떤 때는 지진을 일으켜서(16:26) 구하셨다.

또한 하나님은 사람의 마음을 움직여서 사도들을 구해주시기도 하셨다. 사도들을 심문하고 죽이려고 한 산헤드린 공회에서 유대인들에게 존경을 받던 가말리엘이 사도들을 죽이는 것을 막았고(5:34-39), 바울을 암살하려는 유대인들의 계획을 바울의 조카가 듣고 로마 장교들에게 알려 이들이 바울을 보호한 것도 하나님의 역사였다(23:16 이하). 또 알렉산드리아호가 좌초되었을 때 죄수들이 도망갈 것을 우려한 로마 군인들이 죄수들을 죽이려고 하자 로마 백부장이 이를 막아 바울이 죽음을 면했다(27:42-43). 그리고 하나님은 박해 때문에 지치고 두려워하던 바울에게 나타나셔서 위로하시고 그의 소명을 다시금 일깨워 주심으로 격려해 주셨다(18:9-10; 23:11; 27:24).

둘째는 복음에 대한 열정과 기도가 있었기 때문이다(4:19-20, 24-29; 5:29, 32).

베드로와 요한이 산헤드린 공회로부터 예수의 이름으로 말하거나 가르치지 말라는 협박을 받았을 때 "¹⁹ 하나님 앞에서 너희의 말을 듣는 것이 하나님의 말씀을 듣는 것보다 옳은가 판단하라 ²⁰ 우리는 보고 들은 것을 말하지 아니할 수 없다"(4:19-20)라고 말한다. 또한 이후에도 베드로와 다른 사도들은 산헤드린 공회로부터 또다시 예수의 이름으로 가르치지 말라는 이야기를 들었을 때 "사람보다 하나님께 순종하는 것이 마땅하니라"(5:29)라고 말한다. 이렇듯 이들은 복음에 대한 열정, 사람이 아닌 하나님을 바라보는 신앙이 있었기에 어떤 박해에도 굴하지 않을 수 있었다. 또한 이들은 박해를 받을 때마다 같이 모여 기도했고, 그 기도에 하나님께서 응답하셔서 성령으로 충만하여 담대히 하나님의 말씀을 전했다(4:31).

셋째는 말씀 자체의 생명력 때문이다.

박해가 있었지만 그때마다 말씀은 오히려 흥왕했다. 하나님의 뜻은 어떤 방해에도 불구하고 반드시 이뤄지고 만다는 사실을 보여준다. 하나님은 역사의 주관자이시다. 하나님이 역사를 주관하고 계시다는 것을 저자 누가는 '데이'(δεῖ)라는 헬라어('…해야만 한다'라는 뜻)를 사용하여 어떤 사건이 하나님의 뜻이기에 필연적으로 일어날 수밖에 없음을 강조함으로써 드러내고 있다. 그밖에 누가복음과 사도행전에는 많은 구약성경이 인용되고 있으며, 또 구약에 예언된 일이 성취되었음을 보여주고 있는 것(1:16; 3:18; 13:27; 14:26) 역시 역사의 주관자가 하나님이심을 말하는 것이다.

2) 교회 내부의 갈등

사도행전에 나타난 최초의 내부 갈등은 아나니아와 삽비라 사건이었다. 아나니아와 삽비라는 사탄이 마음에 가득하여 성령을 속이고 땅값을 감췄다. 결국 그들은 하나님의 심판을 받아 죽었다(5:1-11). 또 예루살렘 교회 안에 히브리파 과부들과 헬라파 과부들을 구제하는 일에 문제가 발생하여 교회 내에 갈등이 생기기도 했다(6:1-6). 그러나 사도들이 이 문제를 지혜롭게 잘 처리하고 기도와 말씀 섬기는 일에 전념하자 "하나님의 말씀이 점점 왕성하여 예루살렘에 있는 제자의 수가 더 심히 많아지고 허다한 제사장의 무리도 이 도에 복종"(6:7)했다.

한편 예루살렘 교회의 바리새파 사람들은 수리아 안디옥 교인들에게 모세의 율법을 지켜야 구원을 받는다고 말하여 할례를 강요함으로써 분란을 일으켰다(15장). 이들은 "이방인에게 할례를 행하고 모세의 율법을 지키라 명하는 것이 마땅하다"(15:5)고 주장했다. 예루살렘에서 회의를 개최해 이 문제에 대한 신학적 입장을 정리했지만, 여전히 불씨는 남아 있었다. 바울이 예루살렘에 올라갔을 때 야고보와 장로들은 바울이 "이방에 있는 모든 유대인을 가르치되 모세를 배반하고 아들들에게 할례를 행하지 말고 또 관습을 지키지 말라"(21:21) 했다는 소식을 들었다고 말한다. 이것은 불신 유대인이 바울에 대해 갖고 있는 생각이지만 예루살렘 교회 내에도 이런 생각을 가진 사람들이 있었음을 암시한다. 하지만 바울은 자신이 "이스라엘 백성이나 우리 조상의 관습을 배척한 일이 없는데"(28:17) 그런 오해를 받았다고 항변한다. 율법에 대한 바울의 입장은 그의 서신에서 계속 등장하는 주요한 신학적 이슈였다(갈 3:1-5 등).

6. 재물과 구제

누가복음과 사도행전에는 가난한 자에 대한 관심, 물질에 대한 교훈이 많이 나타나 있다. 그 단적인 증거로 누가가 구제(ἐλεημοσύνη [엘레에모쉬네])라는 단어를 자주 쓴다는 점이다. 이 단어는 신약에서 14번 사용되는데, 마태복음에서 4번(6:1, 2, 3, 4), 누가복음에서 2번(11:41; 12:33), 그리고 사도행전에서 8번(3:2, 3, 10; 9:36; 10:2, 4, 31; 24:17) 쓰인다. 마태는 잘못되고 왜곡된 구제에 대해서 비판하는 반면, 누가복음에서는 구제하라는 명령을 반복하고, 사도행전은 구제의 실제 사례를 제시한다.

1) 누가복음, 가난한 자들의 복음서

누가복음은 가난한 자들의 복음서요, 가난한 자들을 위한 복음서다. 주요 인물의 다수가 가난하다. 예수님의 부모부터 가난했다(눅 2:22-24). 마리아가 부른 찬가는 비천하고, 주린 자를 돌보시는 하나님을 보여준다(눅 1:52-53). 또 예수님은 가난한 자들에게 복을 선포하시고(눅 6:20-21), 부자들에게는 화(禍)를 선포하신다(눅 6:24-25).

누가복음에 나타난 예수님은 가난한 자들과 관련하여 이렇듯 하나님의 은총을 말씀하시는 데 그치지 않는다. 가난한 자들을 구체적으로, 즉 물질적으로 도우라고 말씀하신다. 이들은 남의 도움이 없으면 굶어 죽을 수밖에 없는 불구자, 소경, 문둥병자들과 같은 절대 빈곤자들이다. 누가복음 4장 18절의 '포로된 자' 역시 빚 때문에 포로가 된 사람들, 따라서 매우 가난한 사람들로 이해할 수 있다. 이들을 괴롭히는 가난의 문제에 대한 해법으로 예수님이 제시한 것은 프롤레타리아 혁명이 아니라 구제였다.

세례 요한도 진정한 '아브라함의 자손'이 되기 위해서 '회개에 합당한 열매'를 맺어야 한다고 소리 높여 주장한다(눅 3:8). 그저 '회개'가 아니다. '회개에 합당한 열매'다. 요한에게 있어서 세례는 단순히 입술로만 죄를 고백하는 자들에게 면죄부를 주는 종교의식이 아니었다. 세례가 죄 사함을 받게 한다면 그것은 세례라는 의식을 통해 자신이 죄인임을 고백하고, 다시는 죄악 된 삶을 살지 않고, 하나님의 뜻에 순종하는 삶을 살겠다는 결단과 실천을 전제로 한 것이다. 진정한 회개는 그에 합당한 '열매'를 맺는 삶을 사는 것이다. 만약 회개에 합당한 열매를 맺지 않는다면 아무리 세례를 받아도 '아브라함의 자손'이 아니라 '독사의 자식들'이며, 장차 하나님의 진노가 임할 것이다. 아니 이미 하나님의 심판은 시작되었다. 이미 도끼가 나무뿌리에 놓여있다. 열매를 맺지 않으면 찍혀 불에 던져질 것이다(눅 3:9).

'회개에 합당한 열매'는 절제와 구제다. 요한은 옷 두 벌 있는 자는 옷 없는 자에게 나눠 주라고 요구한다. 먹을 것이 있는 자도 그렇게 하라고 말한다. 예수님이 삭개오에게 오늘 구원이 이 집에 이르렀다고 선포하시고, 그를 '아브라함의 자손'이라고 불러주신 이유도 삭개오가 '회개에 합당한 열매'를 맺었기 때문이다(눅 19:1-10). 그는 자신의 소유 절반을 가난한 자들에게 나누어 주고, 누구의 것을 속여 빼앗은 일에 대해 네 갑절로 갚겠다고 나서지 않았던가? 이와는 대조적으로 '부자 관리'(눅 18:18-23)는 어릴 때부터 십계명을 지켜온 경건한 사람이었지만 그는 재산을 팔아 가난한 자들에게 나누어 주라는 예수님의 말씀을 듣고도 따르지 못했다. 그래서 예수님은 부자가 하나님의 나라에 들어가기가 얼마나 어려운지 낙타가 바늘귀로 들어가는 것이 오히려 쉽다고 말씀하셨던 것이다(눅 18:24-25). 그렇다면 삭개오는 낙타가 바늘귀로 들어가는 것보다 더 어려운 일, 즉 부자가 하나님의 나라에 들어가는 일을 해낸 사람이다. 그는 과연 '바늘귀를 통과한 부자'다.

'선한 사마리아인의 비유'(눅 10:30-37)는 종교 지도자들이 아니라 자기 재물을 위기에 처한 낯선 사람을 위해 기꺼이 사용한 사마리아인을 이웃으로 칭송하고 있고, '어리석은 부자의 비유'(눅 12:13-24)는 자신은 매일 사치스러운 잔치를 베풀면서도 자기 집 대문 앞에 있던 거지에게 자선을 베풀지 않은 인색하기 그지없던 자가 결국 음부에 가게 된다고 경고하고 있다.

2) 사도행전의 구제 신학

누가복음의 구제 실천은 사도행전에서도 그대로 이어진다. 초대 예루살렘 교회 성도들은 "모든 물건을 서로 통용하고 또 재산과 소유를 팔아 각 사람의 필요를 따라 나눠"(2:44-45) 주는 생활을 했다. 여기서 '팔다'에 해당하는 헬라어 동사 '에피프라스콘'(ἐπίπρασκον)은 지속적, 반복적 행동을 나타내는 미완료 시제이다. 따라서 45절은 한 번에 자기의 재산과 소유를 다 팔아서 처분하였다는 뜻이라기보다는 필요한 경우가 생기면 그때마다 성도들이 자신의 소유를 팔아서 나눈 것으로 이해하는 것이 옳다.

이런 점에서 초대 예루살렘 교회는 재산을 공유했던 쿰란 공동체와는 구분된다. 쿰란 공동체의 정회원이 되면 공동체에 개인 재산을 헌납해야 했다. 그 이유는 평등의 이념을 이루기 위해서라기보다는, 성결에 대한 높은 기준 때문이었다. 그들은 돈이 하나님의 택한 백성이 되는데, 방해물이 된다고 본 것이다. 부에 대한 증오심은 결국 부자에 대한 적대감으로 나타났다. 에비온주의자들(Ebionites)은 쿰란 공동체보다 한술 더 떠 가난을 자기 종파의 정체성으로 삼았던 것으로 알려져 있다. 이들은 물과 소금, 딱딱하게 굳어진 빵을 함께 나누는 공동식사를 실천했다.

또 누가는 자기 밭을 저분하여 교회에 바쳐 구제를 실천한 모범적 인물로 바나바를 제시한다. 바나바가 자기 것을 아낌없이 내놓을 수 있었던 것은 그가 "착한 사람이요 성령과 믿음이 충만한 자"(11:24)였기 때문일 것이다. 그러나 아나니아와 삽비라는 자기 소유를 팔아 얻은 돈 가운데 일부를 감추고, 나머지만 "사도들의 발 앞에 두었다"(5:2). 바나바가 성령충만한 가운데 기쁨으로 이 일을 행했다면, 아나니아와 삽비라가 한 일은 성령을 속이고, 주의 영을 시험하는 일이었다. 그 결과는 비참한 죽음이었다(5:1-11).

예루살렘 교회 안에서 물질 문제는 아나니아와 삽비라의 문제로 그치지 않았다. 교회 안의 과부들을 구제하는 일로 히브리파와 헬라파 성도 사이에 갈등이 생겼다. 이 문제에 대해 사도들은 일곱 명의 지도자를 세움으로써, 즉 제도적 장치를 통해 해결한다. 흔히 이들을 일곱 집사라고 이해해 오늘날 교회 내의 직제로서 '집사'의 시작으로 알려져 있지만, 실제 헬라어 본문에는 직제로서의 집사를 뜻하는 헬라어 '디아코노스'(διάκονος)는 전혀 사용되지 않는다. 개역한글성경과 개역개정성경 역시 집사라는 말을 사용하지 않고 있다. 다만 21장 8절에서 "일곱 집사 중 하나인 전도자 빌립"이라고 부르는데, 헬라어 본문은 "그 일곱 가운데 하나인 전도자 빌립"이다. 이 일곱 명은 예루살렘 교회 내에 있던 헬라파 지도자로 보아야 한다. 이들은 헬라어를 할 줄 알고 국제적 감각을 지녔으며, 신학적으로는 예루살렘 교회 내 바리새인들의 보수적 신학과는 달리 진보적이었다. 그 대표적인 인물이 스데반이다.

또 선행과 구제를 심히 많이 한 다비다를 여제자(μαθήτρια [마테트리아])로 부른 이유는 과부를 돌보는 선행과 구제가 제자의 중요한 모습임을 보여준다(9:36). 고넬료 역시 구제를 많이 하고 항상 기도하는 사람이었다(10:2). 그의 구제와 기도는 하나님께 상달되었으며, 이러한 고넬료에게 하나님은 베드로를 보내서서 성령의 임재를 허락하셨다.

7. 여인들을 위한 복음

1) 누가복음의 여인들

누가는 가난하고 소외된 자들에 대하여 남다른 관심과 사랑을 보이고 있는데, 그 가운데 한 부류가 여인들이다. 누가복음은 '여자들을 위한 복음'(the Gospel for Women)이라고도 불린다. 이렇게 말할 수 있는 근거는 다음과 같다. 먼저, 누가는 "여인"(γυνή [귀네])이라는 단어를 많이 사용한다. 마가는 8번, 마태는 14번을, 그러나 누가는 24번이나 이 단어를 사용한다. 누가복음에는 다음 복음서보다 더 많은 여자가 등장한다. 누가복음에만 나오는 여자만 해도 12명이 된다. 엘리사벳, 여선지자 안나, 사렙다의 과부, 자신들의 소유로 주님과 그 제자들 일행을 도운 갈릴리 여자들(막달라 마리아와 요안나와 수산나 및 기타 다른 여인들), 나인 성 과부, 18년간 귀신 들려 꼬부라져 펴지 못한 여자, 한 드라크마를 잃어버린 여자, 맷돌을 가는 두 여자, 불의한 재판관에게 호소한 과부, 예수님의 무덤을 찾아간 여인들(막달라 마리아, 요안나, 야고보의 모친 마리아, '기타 다른 여인들').

또 누가는 여자들을 소개할 때 거의 언제나 남자와 쌍을 이루어 소개하고 있다. 사가랴와 엘리사벳, 요셉과 마리아, 시므온과 안나, 나아만 장군과 사렙다의 과부, 바리새인 시몬과 죄인인 한 여자, 안식일에 고침을 받은 손 마른 남자와 안식일에 고침을 받은 18년 동안 귀신 들려 꼬부라진 여자, 겨자씨 비유에 나오는 남자와 누룩의 비유에 나오는 여자, 한 마리 양을 잃어버린 목자와 한 드라크마를 잃어버린 여자, 잠자다가 데려감을 당하거나 버려둠을 당하는 두 남자와 맷돌을 갈디가 데려감을 당하거나 버려둠을 당한 두 여자, 불의한 재판관과 과부. 이런 배열은 당시 여인의 종속적 위치와 열등한 인식을 부수는 매우 파격적인 것으로서, 하나님의 나라는 모든 인간적 편견과 불평등이 제거된 곳이요, 하나님의 창조 질서가 회복된 곳, 즉 남자와 여자가 하나님 앞에 함께 그리고 나란히 서야 할 존재임을 보여준다.[10]

10　김경진, 『잃어버린 자를 찾아오신 주님』(서울: 한국성서학연구소, 2000), 180.

2) 사도행전의 여인들

사도행전에서 제일 먼저 등장하는 여인들은 다락방에 모여 기도하는 여인들(1:12-14)이다. 이들은 당당히 제자들이나 기타 다른 성도들과 기도했고, 오순절에 성령도 받았다. 또 다비다는 신약성경에서 유일하게 '여제자'라고 불린 여성이다. 베드로가 감옥에 갇혔을 때 진실한 기도를 드린 사람은 어린 여종 로데 뿐이었다. 하나님이 드로아에서 환상을 보여주시면서까지 바울의 발걸음을 인도하여 복음을 전하게 하신 사람은 바로 루디아였다. 예수님을 믿은 최초의 이방 여인이다.

바울이 전한 복음을 듣고 구원을 받은 자들 가운데 '귀부인들'이 있다. '귀부인들'이란 사회적 지위가 높고 부유한 상류층 부인들이다. 데살로니가에 있는 많은 이방인과 적지 않은 귀부인들은 바울과 실라를 따랐다. 베뢰아에서도 적지 않은 헬라의 귀부인들과 남자들이 믿게 되었다. 복음을 들으면 남자 여자 차별하지 않고 하나님이 택하신 자들은 다 믿고 주께로 나온다.

제 2 부

사도행전 장별 해설

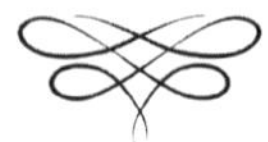

1장

1절부터 3절은 '본문과는 구분되는 서문'(metatextual prologue)인데, 데오빌로 각하에게 보내는 편지 형식으로 시작한다. 누가는 자신이 '먼저 쓴 글'이 있다고 말하는데, 이는 '누가복음'을 가리킨다. 누가는 예수님의 일생을 한 마디로 이렇게 요약한다. "예수님은 행하시고 가르치기 시작하셨다." 행하시고 가르치신 내용을 기록한 책, 그것이 행전이다. 누가복음은 한 마디로 예수행전이다. 사도행전은 사도들의 행적을 기록한 책이다. 사도행전 이후 기독교 2천 년 역사는 예수행전과 사도행전에 이어 세 번째 행전인 교회행전을 써오고 있다.

1절은 "예수님은 많은 일들을 일하시고 가르치셨다"고 말하지 않고, "예수님은 많은 일들을 일하시고 가르치기 **시작하셨다**"고 말한다. 예수님은 이 땅에 오셔서 행하시고 가르치셨지만, 그것으로 끝나지 않고 여전히 지금도 행하시고 가르치신다는 의미가 함축되어 있다. 어떻게? 성령을 통해서다.

그래서 예수행전, 사도행전, 교회행전은 모두 성령행전이다. 성령께서 늘 함께하셨기 때문이다. 예수님은 성령으로 잉태되었고, 성령충만하셔서 하나님의 나라를 이루셨다.

하나님이 나사렛 예수에게 성령과 능력을 기름 붓듯 하셨으매 그가 두루 다니시며 선한 일을 행하시고 마귀에게 눌린 모든 사람을 고치셨으니 이는 하나님이 함께 하셨음이라 (10:38)

사도행전은 마가의 다락방에 있던 사람들이 오순절에 성령충만을 받고 하나님의 나라를 이뤄가는 이야기다. 예수님이 행하시고 가르치신 것은 과거지사로 그치지 않는다. 오늘도 이뤄지고 있다. 성령은 예수께서 이 땅에서 행하시고 가르치신 것을 생각나게 하고 여기에 따라 성도가 살아가도록 역사하신다.

누가는 예수님이 승천하시기 전에 사도들에게 성령을 통해 명령하신 사실을 별도로 적고 있다.

[46] 또 이르시되 이같이 그리스도가 고난을 받고 제삼일에 죽은 자 가운데서 살아날 것과 [47] 또 그의 이름으로 죄 사함을 받게 하는 회개가 예루살렘에서 시작하여 모든 족속에게 전파될 것이 기록되었으니 [48] 너희는 이 모든 일의 증인이라 [49] 볼지어다 내가 내 아버지께서 약속하신 것을 너희에게 보내리니 너희는 위로부터 능력으로 입혀질 때까지 이 성에 머물라 하시니라 (눅 24:46-49)

예수님의 십자가 고난과 죽음과 부활, 그리고 예수의 이름으로 죄 사함을 받게 하는 회개, 이것을 사도들은 세상에 나가 증언해야 하며, 이 일을 위해 위로부터, 성령의 능력을 입어야 한다. 이 내용을 사도행전 1장 3~8절이 다시 언급한다.

먼저, 예수님이 이상의 내용을 당신이 택하신 사도들에게 '명령하셨다'(ἐντέλλομαι [엔텔로마이])는 점에 주목해야 한다. 마태복음 28장 20절에서도 예수님은 "내가 너희에게 분부한(ἐνετειλάμην [에네테일라멘]) 모든 것을 가르쳐 지키게 하라"고 하셨다. 개역개정에서는 '분부하다'로 번역됐지만, 헬라어로는 1장 2절의 '명령하다'와 같은 단어다. 명령은 반드시 행해야 할 일이다. 예수님은 '성령으로', 즉 '성령을 통해' 명령하셨다. 사도들이 복음의 증인이 되어야 한다는 이 예수님의 명령은 성령을 통해 사도들에게 전해졌다.

예수님은 고난 받으시고 살아나신 후 승천하시기까지 이 땅에 40일 동안 계셨다. 인간의 몸이 아닌 부활하신 몸으로 말이다. 이 40일 동안 예수님이 하신 일은 사람들에게 확실한 많은 증거로 당신의 살아 계심을 나타내 보이시는 일이었다. 사도행전에서 사도들은 예수님의 부활을 유독 강조한다. 이 점은 아래 가룟 유다를 대신할 사도를 뽑는 이야기에서 자세히 언급하겠다.

예수께서 40일 동안 이 땅에 계실 때 말씀하신 주제는 '하나님 나라의 일'이었다. 사도행전의 마지막 구절 역시 바울이 로마에 가서 비록 죄수의 몸이지만 그가 "하나님의 나라를 전파하며 주 예수 그리스도에 관한 모든 것을 담대하게 거침없이 가르"(28:31)쳤다고 말한다.

예수 하나님 나라의 일 (1:3)	⇨ 사도행전 ⇦	바울 하나님의 나라와 주 예수 그리스도(28:31)

사도행전은 '하나님 나라'로 시작하여 '하나님 나라'로 끝난다. 문학적으

로는 '인클루시오'(*inclusio*)인데, 핵심 주제가 처음과 마지막에 위치하여 가운데를 감싸는 형식을 말한다. 사도행전을 관통하는 주제는 하나님의 나라이며, 이 하나님의 나라는 주 예수 그리스도를 통해 이뤄졌고, 이루어져 가고 있다. 인간의 힘이 아니라 부활 승천하신 예수님이 보내주시는 성령의 능력으로 이뤄진다.

하나님의 약속, 성령 (4-5절)

예수님과 사도들이 함께 모였을 때, 예수님은 그들에게 예루살렘을 떠나지 말고 "내게 들은 바 아버지의 약속하신 것을 기다리라"(4절)고 분부하셨다. "내게서 들은 바 아버지께서 약속하신 것"은 성령으로 세례를 받는 것이다. "요한은 물로 세례를 베풀었으나 너희는 몇 날이 못 되어 성령으로 세례를 받으리라 하셨느니라"(5절). 예수님은 기도에 관해 말씀하시면서(눅 11:1-13) "너희가 악할지라도 좋은 것을 자식에게 줄 줄 알거든 하물며 너희 하늘 아버지께서 구하는 자에게 성령을 주시지 않겠느냐"(눅 11:13)고 이미 말씀하신 바 있다. 하늘 아버지께서 구하는 자에게 주시는 최고의 응답은 성령이시다.

물세례가 아니라 성령세례가 중요하다

성령세례와 성령충만에 대해서는 본서 41쪽 "3. 사도행전은 성령행전이다" 부분에 자세히 설명해 놓았으니 참조하라. 물세례는 "죄 사함을 받게 하는 회개의 세례"(눅 3:3), 즉 주님께 돌아와 죄를 고백하고 용서받아 새 삶을 사는 것이다. '물'은 정결을 상징한다. 그러나 물은 종교적 상징일 뿐이다. 물이 우리를 변화시키는 것이 아니다. 예수님이 물세례가 아닌 성령으로 세례를 받을 것이라고 말씀하신 것은 우리를 정결케 하고 우리를 정결한 삶, 거룩한 삶으로 인도하는 주체가 성령이라는 것이다.

여러 종파에서 세례는 신앙공동체의 일원이 되기 위한 통과의례요, 구성원이 되었음을 확인하는 증거다. 할례가 하나님의 백성임을 입증하는 표였고, 물세례는 세례 요한과 쿰란 공동체가 요구한 표증이었다. 하지만 교회는 성령세례다. 비록 형식은 물세례지만, 내용은 성령세례다. 한국 사람이 대한민국 사람인 것을 증명하려면 주민등록증이나 여권을 보여주면 된다. 성도가 하나님 나라의 백성을 증명하기 위해선 교인 증명서가 아니라 예수 믿어 성령을 받았는지를 보여줘야 한다. 바울도 성령이 계셔야 우리가 하나님의 사람이라고 말한다.

무릇 하나님의 영으로 인도함을 받는 사람은 곧 하나님의 아들이라 (롬 8:14)

누구든지 그리스도의 영이 없으면 그리스도의 사람이 아니라 (롬 8:9)

반대로 하나님의 심판은 성령을 거두시는 것이다. 창세기 6장에 따르면 노아 시대에 사람들의 죄악이 온 세상에 가득한 것을 보신 하나님은 "나의 영이 영원히 사람과 함께 하지 아니하리니"(창 6:3)라고 말씀하셨다. 사울 왕은 하나님께 불순종하자 하나님의 영이 떠났고 악령이 그를 부렸다.

여호와의 영이 사울에게서 떠나고 여호와께서 부리시는 악령이 그를 번뇌하게 한지라 (삼상 16:14)

하나님의 영이 떠나면 그 사람의 결국은 괴로움이다. 아무리 왕궁에 산다고 해도 말이다. 반면에 하나님은 다윗을 택하셔서 사무엘을 통해 그에게 기름을 부으셨고, 그때 다윗에게 성령이 임하셨다. 그래서 다윗이 10대 소년으로 골리앗을 물리칠 수 있었던 것이다. 다윗이 다윗 될 수 있었던 비결은 그에게 임한 성령이었다. 다윗이 후에 밧세바와 동침하는 죄를 범한 후 회개하면서 지은 시편이 51편인데, 여기서 그는 이렇게 말한다. "나를 주 앞에서 쫓아내지 마시며 주의 성령을 내게서 거두지 마소서"(시 51:11). 나를 주님 앞에서 쫓아내지 말아 주십시오! 주의 성령을 내게서 거두지 마소서! 다른 것은 다 가져가셔도 주의 성령만큼은 떠나지 않게 하소서. 정말 성령 하나님이 자신에게 가장 소중한 분임을 다윗은 알고 있었다.

성령은 하나님께서 약속하셨다

누가는 성령이 하나님 아버지께서 약속하신 것임을 강조한다. 부활하신 예수님은 "볼지어다 내가 내 아버지께서 약속하신 것을 너희에게 보내리니 너희는 위로부터 능력으로 입혀질 때까지 이 성에 머물라"(눅 24:49)고 하셨다. 아버지께서 약속하신 성령을 보내는 주체는 부활하신 예수님이다. 베드로가 오순절에 성령의 충만함을 받은 후 행한 설교에서 이렇게 말한다. "하나님이 오른손으로 예수를 높이시매 그가 약속하신 성령을 아버지께 받아서 너희가 보고 듣는 이것을 부어 주셨느니라"(2:33). 그래서 성령은 하나님의 영이면서(2:17-18, 28-29) 예수의 영이기도 하다(16:6-7).

또한 성령은 능력과 결부된다. 하나님 아버지께서 약속하신 성령은 곧 위로부터 임하는 능력이다. 성령이 임하면 권능을 받는다(1:8).

예수님과 사도들이 다시 모일 때였다. 그들은 예수님께 "주께서 이스라엘 나라를 회복하심이 이 때니이까"(1:6)라고 묻는다. 제자들의 관심은 그들의 조국 이스라엘의 회복에 있었다. 예수님은 부활하신 후 40일 동안 이 땅에 계실 때 '하나님 나라의 일들'을 말씀하셨는데(1:3), 정작 제자들은 '이스라엘 나라를 회복하심'에 관심을 갖고 있었다.

'하나님의 나라'는 성경 전체의 주제인데, 사도행전에서는 7회 나온다. 빌립이 사마리아에 가서 선포한 내용도 '하나님 나라와 및 예수 그리스도의 이름'(8:12)이었다. 바울 역시 그랬다. 바울이 가장 오랫동안 사역한 에베소에서 전파하고 강론한 내용은 하나님 나라였고(19:8; 20:25), 바울이 로마에 가서 전한 복음도 하나님 나라와 예수였다(28:23). 사도행전의 마지막 구절은 사도행전 전체 내용의 요약이라고도 할 수 있다. "하나님의 나라를 전파하며 주 예수 그리스도에 관한 모든 것을 담대하게 거침없이 가르치더라"(28:31). 하나님의 나라를 전파하기 위해 바울을 비롯한 전도자들과 믿은 자들이 많은 환난을 겪어야 했지만, 하나님의 나라에 들어가기 위해서는 반드시 거쳐야 할 일이었다(14:22).

하지만 제자들의 관심은 '이스라엘 나라의 회복'에 있었다

먼저 이스라엘 나라의 회복은 로마의 압제로부터 벗어나 정치적인 독립을 이루는 것이다. 바벨론 제국으로의 포로, 헬라제국의 지배, 그리고 예수님 당시 로마제국의 지배에 이르기까지 이스라엘은 나라다운 나라를 이루어 산 적이 거의 없었다. 이런 역사의 고난을 통해 이스라엘은 자신들을 자유케 할 메시아에 대한 소망이 더욱 간절해졌다. 새번역성경은 '이스라엘의 회복'을 '이스라엘에게 나라를 되찾아 주심'으로 번역했다. '회복하다'의 헬라어 '아포카티스테미'(ἀποκαθίστημι)는 예레미야 16장 15절("이스라엘 자손을 북방 땅과 그 쫓겨났던 모든 나라에서 인도하여 내신 여호와께서 살아 계심을 두고 맹세하리라 내가 그들을 그들의 조상들에게 준 그들의 땅으로 인도하여 들이리라")에 따르면 포로지에서 하나님이 주신 땅으로 돌아오는 일에 대해 사용되고, 마가복음 9장 12절은 엘리야의 종말론적 역할, 즉 그가 메시아보다 먼저 와서 모든 것을 회복할 것에 대해 말한다. 누가 역시 말라기 4장 6절을 인용하면서 세례 요한이 엘리야의 심령과 능력으로 회복하는 일을 행할 것이라고 말한다(눅 1:17).

바리새인들은 메시아가 오시기 위해서는 이스라엘이 성결해야 한다고 강조했다. 그들은 세리와 죄인들을 메시아 시대의 도래에 결정적 방해물로 취급했고, 이방인들을 혐오했다. 그런데 예수님은 세리와 죄인의 친구가 되어 주셨고(눅 7:34), 이방인도 환대하셨다. 그래서 바리새인들은 예수를 용납할 수 없어 결국 십자가 처형을 도모했던 것이다. 하지만 예수님은 부활하셨다. 당시에 메시아의 도래와 부활(의인은 생명의 부활, 죄인은 심판의 부활)은 긴밀한 관계에 있었다. 6절에서 제자들이 예수님을 '주여'(κύριε [퀴리에])라고 부른 것은 부활하신 예수님을 구약의 여호와 하나님과 동등한 분으로 받아들였음을 보여준다. 제자들은 주님이 부활의 능력으로 당장 이스라엘을 해방하여 주시기를 바랐던 것이다. 나아가 이스라엘을 제사장 나라, 거룩한 백성으로 세워져(출 19:5-6) 열방이 그에게로 몰려드는 것까지(사 60:1-9) 이스라엘의 회복으로 생각했을 수 있다.

하지만 예수님의 반응은 좀 냉랭하다. 예수님은 먼저 이스라엘의 회복은 하나님 아버지의 고유 권한이기에, 제자들이 관심을 가져야 할 부분이 아니라고 말씀하신다. 조국의 독립에 대한 관심이 잘못되었다는 것이 아니다.

제자들이 먼저 관심을 둬야 할 것은 성령의 충만함을 받아 땅끝까지 이르러 복음을 전하는 것이다. 사실 이스라엘은 주후 70년 성전이 파괴되고 사실상 멸망한다. 예수님은 이런 것을 다 내다보셨을 것이다. 1948년 5월 이스라엘이 건국될 때까지 이스라엘은 회복되지 않았다. 하나님이 생각하시는 이스라엘의 회복이 무엇인지 우리는 알기 어렵다.

바울은 자신이 죄수의 몸으로 로마에까지 온 이유에 대해 "이스라엘의 소망으로 말미암아 내가 쇠사슬에 매인 바 되었노라"(28:20)라고 말했다. 자신이 온갖 위협을 받고, 억울하게도 모함을 받고, 쇠사슬에 묶여 죄수의 몸이 되는 이 치욕을 당하는 이유는 이스라엘의 소망이 바로 예수님이라는 사실을 알리기 위함이라는 말이다. 이스라엘뿐만 아니라 로마의 소망이, 전 세계의 소망이 오직 예수님이라는 이 사실을 알리기 위해 그는 쇠사슬에 묶였다. 예수가 이스라엘의 소망이며 회복의 길이다.

제자들은 이스라엘의 회복이 바로 '이때', 즉 지금이냐고 묻는다. 이스라엘의 회복을 '지금' 이뤄달라는 요청이다. 우리의 기도도 그렇지 않던가? '지금 당장 허락해 주옵소서!' 그러나 때와 시기를 결정하는 것은 아버지의 고유 권한이니 너희들이 알 바가 아니라고 예수님은 딱 잘라 말씀하신다. 믿음이란 하나님께 모든 것을 맡기는 위임 행위다. 믿음은 우리의 소원이 이뤄지는 시기까지 하나님의 주권 하에 있음을 겸손히 인정하고 인내하는 것이다.

성령이 임하면 일어나는 일 (8절)

예수님은 곧 제자들에게 있게 될 일을 말씀하셨다. 그것은 성령이 그들에게 임하셔서 권능을 받는 일이다. 사도행전은 성령으로 충만한 성도가 얼마나 권능 있는 삶을 살아가는지를 보여준다. 성령이 주시는 권능은 다양하다. 복음 선포의 능력, 이적을 행하는 능력, 나 자신이 거룩한 삶을 살아가는 능력, 고난을 감내하는 능력, 말씀을 깨닫는 능력, 주님의 뜻을 깨달아 그 길로 가는 순종의 능력 등 다양하다(1부 개론 참조).

성령이 임하시면 권능을 받지 않을 수 없다.

어떻게 성령이 임한 자에게 아무런 변화가 나타나지 않을 수 있겠는가? 성도는 능력을 구하되, 위로부터 임하는 능력, 곧 성령의 능력을 구해서 그 능력을 옷 입듯 입어야 한다. 그래야 예수 증인으로 살아갈 수 있다. 성경은 옷을 입는다는 표현을 자주 사용한다. "오직 주 예수 그리스도로 옷 입고 정욕을 위하여 육신의 일을 도모하지 말라"(롬 13:14), "어둠의 일을 벗고 빛의 갑옷을 입자"(롬 13:12) 등등. 옷은 그 사람이 어떤 사람인지 단적으로 보여준다. 위로부터 임하는 능력을 입는다는 것은 이제 우리는 성령의 사람이라는 뜻이다.

성령이 임하시는 목적은 예수의 증인으로 살기 위해서다.

그러나 성령이 우리에게 임하여 우리가 권능을 받게 되는 목적을 정확하게 알아야 한다. 그것은 '내 증인', 즉 '예수님의 증인'으로 살아가기 위해서다. 사람은 누구나 증인으로 살아간다. 자신이 보고 들은 것을 말하고 그것대로 살아간다. 돈이 최고의 권력으로 행세하는 것을 본 사람은 돈이 최고라고 믿고 돈의 증인으로 살아간다. 성령을 받은 사람은 예수의 증인으로 살아간다.

'증인'을 뜻하는 헬라어 '마르튀스'(μάρτυς)는 '순교자'(영어 martyr는 헬라어 '마르튀스'에서 유래)를 뜻하기도 한다. 순교한 스데반은 '주의 증인'(마르튀스, 22:20)

이었다. 스데반을 죽이는 데 앞장섰던 바울은 스데반에 이어 주께서 자신을 '증인'(마르튀스)로 불렀다고 말한다.

네가 그를 위하여 모든 사람 앞에서 네가 보고 들은 것에 **증인**이 되리라
(22:15)
그 날 밤에 주께서 바울 곁에 서서 이르시되 담대하라 네가 예루살렘에서
나의 일을 **증언한** 것 같이 로마에서도 **증언하여야** 하리라 하시니라 (23:11)
일어나 너의 발로 서라 내가 네게 나타난 것은 곧 네가 나를 본 일과 장차
내가 네게 나타날 일에 너로 종과 **증인**을 삼으려 함이니 (26:16)

우리는 예수의 증인이되, 권능 있는 증인이 되어야 한다. 우리 힘으로 예수의 증인으로 살아갈 수 없다. 성령이 힘을 주셔야 예수의 증인으로 살 수 있다. 사도행전 시대에 예수의 증인으로 산다는 것은 죽음을 각오하는 일이었다. 감옥에 갇히는 일은 예사고, 박해를 받고 죽을 수도 있었다. 성령께서 힘을 주셔야 증인이 될 수 있다.

2천 년 전 오순절에 성령의 충만함을 받은 성도들은 백성들로부터 칭찬을 받았다. 예수의 증인답게 살았기 때문이다. 예수님만 증거하고, 예수님처럼 살았기 때문이다. 세상 사람들은 예수의 증인된 성도를 보고 눈에 보이지 않는 예수님을 보게 된다.

짐 심발라(Jim Symbala) 목사의 성령충만한 사회선교

짐 심발라 목사는 브루클린 테버너클교회를 담임하고 있다. 1972년에 뉴욕의 빈민가인 브루클린에서 성도 20명과 함께 목회를 시작해 마약, 매춘, 인종차별 등 여러 문제로 항상 시끄러운 그 지역에서 놀라운 기적의 역사를

써 나가고 있다. 포르노에 중독된 사람, 코카인, 헤로인, 필로폰 등 마약 중
독자, 도박 중독자, 알코올 중독자에게 다가가 복음을 전하고 이들을 치유
하는 사역을 하고 있다. 오래전 한국에 왔을 때 필자가 「목회와신학」 편집장
자격으로 인터뷰를 한 적이 있다. 어떻게 그런 분들을 섬길 수 있냐고 묻자,
그가 이렇게 대답했다(인터뷰 요약).

> 하나님의 초자연적 은혜가 임하셔서 찬양과 설교가 사람들의 강퍅한 마
> 음을 꿰뚫는 것이 필요합니다. 그것은 오직 성령님께서만 하실 수 있습니
> 다. 하나님은 알코올보다 강대합니다. 마약보다 위대하고 성적 유혹보다
> 강력합니다. 하나님은 그 어떤 것보다 강대합니다. 우리가 사랑하는 소중
> 한 사람들을 주님 앞에 올려드려야 합니다. 하나님께서 그들에게 꿈을 주
> 시고 그들의 마음을 부드럽게 하시며 당신의 살아계심을 보여주실 것입
> 니다.

오직 성령만이 하실 수 있다! 하나님은 그 어떤 것보다 강하시다! 이 믿
음을 삶으로 보여준 것이다.

성령이 임하면 '땅끝까지' 이르러 증인이 된다.

예수님은 우리가 성령이 임하셔서 권능을 받으면 예루살렘과 온 유대와
사마리아와 땅끝까지 이르러 내 증인이 되리라고 말씀하신다. 예수님의 궁
극적 관심은 '땅끝'이었다. 하나님은 '땅끝까지 창조하신 자'(사 40:29)이시며,
하나님은 이스라엘을 이방의 빛으로 삼아 그분의 구원을 땅끝까지 베푸신
다(사 49:6). 나중에 바울은 비시디아 안디옥을 선교하면서 이 구절을 인용한
다(13:47, "주께서 이같이 우리에게 명하시되 내가 너를 이방의 빛으로 삼아 너로 땅끝까지 구원

하게 하리라 하셨느니라 하니"). 복음은 이 땅의 모든 이에게 전해져야 한다. 그래서 성령께서는 예루살렘에 있던 빌립을 시켜 가사까지 내려보내 말 그대로 땅끝에서 온 에디오피아 내시에게 복음을 전하게 하셨고, 세례까지 주셨던 것이다(8:26-39).

'땅끝까지' 가기 위해서는 거쳐야 할 과정이 있다. 출발지에서 곧바로 종착지에 이르는 것이 아니라 마지막 땅끝에 이르기까지 가야 할 여러 곳이 있다. 예수님은 그곳을 예루살렘과 온 유대와 사마리아라고 하셨다. 사도행전은 바울이 마지막 종착지 로마에 이르기까지 많은 곳을 거쳐 간 이야기를 전해주고 있다.

예수님의 승천과 기도하는 제자들 (9-14절)

예수님의 승천 (9-11절)

예수님은 이상의 말씀을 마치시고 제자들이 보는 앞에서 승천하셨다. 제자들은 하늘을 자세히('뚫어지라') 쳐다보았다. 그때 흰옷을 입은 두 사람이 제자들에게 말한다. 이들은 천사였을 것이다. 천사들은 "어찌하여 서서 하늘을 쳐다보느냐"며 꾸짖듯 말한다. 예수님은 제자들에게 성령이 임하시면 너희가 권능을 받고, 예루살렘과 온 유대와 사마리아와 땅끝까지 이르러 내 증인이 될 것이라고 말씀하셨는데, 예수님의 관심은 세계 선교인데, 왜 하늘만 바라보고 있느냐는 것이다.

성도는 천국에 소망을 두며 살지만 하늘만 바라보아서는 안 된다. 예수님의 재림을 확신하지만, 예수님이 이제 오나 저제 오나 하늘만 쳐다보는 것은 시한부 종말론에 빠진 자들이나 하는 일이다. 복음을 들어야 할 세상을 바라보고 땅끝으로 나아가야 한다. 나가서 복음을 증거하고 자신들을 통해 나타나는 예수 이름의 역사를 보라고 선포해야 한다. 하지만 그 전에 해야 할 일이 있다. 기도다.

기도하는 제자들 (12-14절)

제자들은 예수님이 승천하신 감람산에서 다시 예루살렘으로 돌아왔다. "예루살렘을 떠나지 말라"(4절)는 예수님의 말씀에 순종한 것이다. 예루살렘은 누가-행전에서 매우 중요하다. '예루살렘'이 신약에서 139회 나오는데, 누가복음에 31회(다른 복음서의 약 2배)와 사도행전에서 59회, 합해서 90회이니 전체의 2/3에 해당한다. 아기 예수님이 정결례를 받기 위해 예루살렘 성전을 방문하여(눅 2:22) 여기서 시므온과 안나를 만나는 이야기로부터 시작하여 예수님이 승천하시기 전 제자들에게 하신 복음 전파 명령에 등장한다. "또 그의 이름으로 죄 사함을 받게 하는 회개가 예루살렘에서 시작하여 모든 족속에게 전파될 것이 기록되었으니"(눅 24:47). 그렇다. 예루살렘은 예수의 이름으로 죄 사함을 받게 하는 회개, 즉 복음이 시작되는 발원지다. 이 말씀대로 제자들은 오순절에 성령의 충만함을 받은 뒤 "예수 그리스도의 이름으로 세례를 받고 죄 사함을 받으라 그리하면 성령의 선물을 받으리니"라고 복음을 선포했고, 이날에 신도의 수가 3,000명이다 더했다(2:38-41). 또 베드로와 요한은 예수의 이름으로 태어날 때부터 걷지 못하던 장애인을 고치는 능력도 행했다(3:1-10). 이 능력 역시 예수의 이름의 능력이었고(3:16), 이어지는 베드로의 설교를 들은 사람들 가운데 남자만 약 5,000명이 믿게 되었다(4:4).

이렇듯 예루살렘은 시작점이다. 하지만 때가 되면 떠나야 한다. 온 유대와 사마리아와 땅끝으로 말이다. 예루살렘은 구심력과 원심력을 동시에 가지고 있다.[11] 예루살렘은 이스라엘의 중심이요 성전이 있는 곳이다. 하지만 복음은 땅끝까지 이르러야 한다. 예루살렘과 성전의 공간적 구심성이 성령으로 충만한 성도들의 복음을 위한 확산과 원심성으로 나아가야 한다. 물론 복음이 예루살렘 지경을 벗어나도 여전히 선교의 중심지 역할을 했다. 사마리아에 빌립이 가서 전도하여 많은 사마리아인이 돌아오자 예루살렘에 있는 사도들이 베드로와 요한을 보내 그들에게 안수하여 성령을 받게 했으며, 두 사도는 다시 예루살렘으로 복귀한다. 바나바와 바울이 1차 선교 여행을 마치고 소집된 예루살렘 공의회에서 자신들의 선교사역을 보고하기도 했다. 사울이 회심한 후 예루살렘에 가서 사도들을 만나기도 했다.

이렇듯 예루살렘 교회가 앞으로 선교 본부 역할을 감당하게 되기 위해서 제자들이 해야 할 일은 예루살렘을 떠나지말고 기도하는 것이었다. 제자들은 성령을 받기 위해 기도했을 것이다. 증인이 되기 그들이 제일 먼저 해야 할 것은 당장 뛰어나가 복음을 전하는 것이 아니라 성령의 충만함을 사모하며 기다리는 일이었다. 성령충만해야 나의 지혜나 나의 말이 아니라 성령의 지혜로 전도할 수 있다.

그들이 기도한 곳은 '다락방'이었다.

누구의 다락방이었는지 성경은 말해주고 있지 않는다. 흔히 마가의 다락방이라고 한다. 그러나 성경은 마가의 다락방이었다고 명확하게 말하지 않는다. 그저 '한 곳에 모였더니'(2:1)라고만 말한다. 그렇게 추측하게 된 근거

---

11 이에 대해서는 유상현, "사도행전의 예루살렘", 『사도행전 연구』, 141-61를 보라.

가 무엇일까? 나중에 베드로가 감옥에 갇혔을 때, 마가라 하는 요한의 어머니 마리아의 집에 성도들이 모여 기도했다(12:12). 이 구절을 근거로 여기서 말하는 '다락방'이 마리아의 집에 있는 다락방이 아닌가 추측한 것이다.

교회의 시작이 다락방이라는 사실은 매우 의미가 깊다. 다락방(ὑπερῷον [휘페로온])은 당시 이스라엘 사람들의 집 옥상에 있던 방이다. 다락방은 사람들이 모여 함께 교제하는 공간으로 사용되었다. 요즘 말로 루프탑(rooftop)과 비슷하다. 또 손님이 묵는 일종의 게스트룸이었다. 한국 사람들은 '방'을 좋아한다. 지금은 많이 없어졌지만, 옛날에 차나 날달걀을 얹은 쌍화차를 마시는 다방이 있었다. 노래방, 찜질방, PC방도 있다. 온라인에서도 한국인은 방을 좋아한다. 채팅방. 한국 사람에게 방은 교제의 공간이다. 중국과 일본에는 눈물방이 있다고 한다. 남 눈치 보지 않고 실컷 우는 방이다. 여러분은 어떤 방을 좋아하나? 성도에게는 기도의 골방과 다락방이 있어야 하지 않을까?

마가의 다락방에 누가 모여 기도했나?

먼저 가룟 유다를 제외한 열한 명의 제자들이 있었다. 열한 명의 제자들이 예수님과 함께 3년을 지냈지만, 자동으로 성령의 충만함을 받는 것은 아니었다. 그들도 기도해야 했다. 심지어 예수님의 어머니 마리아와 예수님의 형제들도 기도했다. 그래도 예수님을 낳은 육신의 어머니인데, 별다른 기도 없이 성령을 부어 주시면 안 되는가? 이런 생각을 할 수도 있겠다. 그러나 성령의 충만함을 받는 데는 로열패밀리가 있을 수 없다. 오직 기도하는 자만이 성령의 충만함을 받을 수 있다. 하나님에게는 손자가 없고, 자녀만 있을 뿐이란 말이 있다. 내 부모의 하나님이 나의 하나님이 되어야 한다. 그러기 위해선 기도해야 한다.

또 다락방에는 여인들이 있었다. 마가복음 15장 40~41절에 따르면 예수님이 십자가에 달려 돌아가실 때, 그곳에 여인들이 있었다. 이 여인들 가운데는 막달라 마리아, 작은 야고보의 어머니 마리아, 살로메가 있었다. 이 여인들은 부활하신 예수님을 보았다. 그러나 그렇다고 해서 이들이 자동으로 성령의 충만함을 받는 것은 아니었다. 이들도 역시 기도해야 했다. 당시에 여자들은 온전한 인격체로 대우받지 못했다. 그러나 성령의 충만함을 받는 데는 사회적 신분과 지위가 문제가 되지 않았다. 누구라도 기도하면 성령의 충만함을 받을 수 있다. 사도행전에서는 유대인들로부터 부정하다 여겨져 사람으로 취급받지 못했던 사마리아 사람들(8장)과 이방인들(10장)에게도 성령이 임했다. 성령을 모든 육체에 부어 주시는 것, 그것이 바로 말세에 이루실 하나님 아버지의 뜻이었다(2:17-18). 교회는 만민이 기도하는 집이다. 누구라도 기도할 수 있고, 기도하면 성령을 선물로 주시겠다는 하나님의 약속을 받을 수 있다(2:39).

다락방에 모인 사람들은 어떻게 기도했나?

첫째, 그들은 '함께' 기도했다. 오순절 성령 강림 사건은 120여 명이 '함께' 기도하고 있는 자리에서 일어났다. 함께 기도하는 자리, 마음을 같이하여 하나님 아버지의 약속을 사모하며 기도하는 자리에 성령은 임하신다. 성령의 역사는 성도들이 함께 모여 마음을 합해 기도하는 자리에서 일어난다.

둘째, 그들은 '마음을 같이하여' 기도했다. 성별이 다르고 살아온 모습이 다르지만, 한마음으로 기도했다. 그 마음은 아버지께서 약속하신 것을 사모하는 마음이었을 것이다. 이후에도 이들은 계속해서 "마음을 같이하여" 날마다 성전에 모이기를 힘썼다(2:46; 5:12). 사실 예수님의 모친과 형제는 예수님이 사역하실 때 귀신이 들려 미쳤다고 여겼다. 그래서 예수님을 잡으려고 찾아오기까지 했다. 반면에 제자들은 예수님과 함께 3년 동안 사역을 했다.

그렇다면 이들의 관계가 껄끄럽지 않았을까? 또한 열두 제자들이 여성들이 다락방에 있는 것을 못마땅하게 생각할 수도 있을 것이다. 그런데 이들은 한마음이 됐다. 그 한마음은 아버지께서 약속하신 것을 사모하는 마음이었다. 사람이 함께 모여서 소리를 낼 때 그 소리가 아름다우려면 두 가지 중의 하나여야 한다. 하나는 합창이다. 다른 하나는 합심기도다. 기도는 우리를 하나가 되게 한다.

셋째, 그들은 기도에 힘썼다. '힘쓰다'(προσκαρτερέω [프로스카르테레오])라는 헬라어 단어는 '몰두하다, 집중하다'라는 뜻이요, '지속적으로 행하다'라는 뜻이다. 성령의 충만함은 단순히 나도 성령의 충만함을 받고 싶다는 바람 정도로 임하지 않는다. 시간을 투자해야 한다. 몰두해야 한다. 한두 번 찔러보고 아니면 말고 하는 식으로는 안 된다. 지속적으로 기도해야 한다. 간절히 원하면 끈질기게 기도한다. 간절함이 없기 때문에 시간 날 때만 기도하는 것이다. 간헐적 기도, 띄엄띄엄 드리는 기도는 열망의 결핍을 보여줄 뿐이다. 또 전념한다는 것은 무엇보다 먼저 기도하겠다는 것이다. 초대 예루살렘 교회에 과부를 구제하는 일에 문제가 생겼을 때 사도들은 7명의 집사들을 세워 구제하는 일을 맡기고 "우리는 오로지 기도하는 일과 말씀 사역에 힘쓰리라"(6:4)고 말한다. '힘쓰리라'는 1장 14절에 사용된 '전념하다'와 동일한 헬라어다. 사도들은 기도와 말씀 사역에 전념하기로 결정한다. 구제가 중요하지 않다는 것이 아니다. 교회 리더십이 힘써야 할 것은 우선 기도와 말씀이라는 뜻이다.

예수님은 기도 위에 교회를 세우신다. 기도가 쉽지 않다. 먹고살기에 바쁘기 때문이다. 세상에 재미있는 게 많기 때문이다. 성도에게는 여전히 육적인 본성이 있어서 기도하기를 싫어한다. 그러나 성령 받으면 자신이 하나님의 자녀인 것을 알게 되고, 하나님을 아바 아버지라 부르며 기도하게 된다(롬 8:15; 갈 4:6 참조).

자, 이들이 이렇게 기도했을 때, 얼마 만에 응답받았을까?

이들이 성령의 충만함을 받은 것은 오순절이었다. 오순절은 초실절로부터 50일째 되는 날인데, 예수님이 초실절에 부활하셨다가 40일 동안 이 땅에 계시다가 승천하셨으니, 10일 만에 응답을 받은 것이다. 하나님께서 이들의 기도에 신속히 응답하셨음을 알 수 있다. 물론 이것을 보편적으로 적용할 수는 없다. 성령의 충만한 임재는 하나님의 주권적 결정으로 이뤄진다.

맛디아의 선출 (15-26절)

베드로를 비롯한 열한 명의 사도들과 예수님의 가족, 그리고 여인들, 그 밖에 예수님을 따르던 사람들이 마가의 다락방에서 기도하고 있었다. 그러던 중 베드로가 일어나 가룟 유다의 이야기를 꺼낸다. 베드로는 유다가 예수님을 배반한 사실을 떠올리며 어째서 이런 일이 일어났을까 생각했던 것 같다. 또 베드로는 유다가 어떤 밭에서 몸이 곤두박질하여 배가 터져 내장이 밖으로 쏟아지는 비참한 죽음에 이른 사실을 알고 있었다. 그래도 가룟 유다는 3년 동안 같이 지낸 사람이 아니었나?

기도하면 해석이 될 수 있다

기도하던 중에 베드로는 그의 죽음에 대해 성경이 이미 예언하고 있다는 사실을 깨달았다. 원래 20절의 말씀은 시편 69편 25절과 시편 109편 8절이다. 베드로는 기도 중에 성령이 주신 지혜로 깨닫게 되었다. 유다의 배반은 이미 다윗을 통해 예언된 것임을 말이다. 기도는 단순히 내 소원을 말씀드리는 간구에 그치지 않는다. 기도는 말씀으로 내 삶을 조명하는 묵상의 시간이다. 기도하면 내 인생에 일어나는 일을 말씀으로 해석할 수 있게 된다. 이것이 기도의 유익이다.

나를 제일 힘들게 하는 것은 왜 내게, 내 주변에 이런 아픔이 있는가? 라는 질문이다. 어려움 그 자체도 힘들지만, 왜 어려움이 내게 일어나게 되었는지 그 이유를 알지 못할 때 너무너무 견디기 어렵다. 만약 내 인생이 왜 이렇게 되었는지를 알게 되면 고난을 대체하는 힘이 좀 더 생길 것이다. 기도하면 삶이 해석된다.

개인의 문제뿐만 아니다. 사회 문제도 마찬가지다. 구약에서 선지자의 역할이란 미래에 어떤 일이 일어날지 말하는 것에 그치지 않았다. 오히려 그 일은 부분적이다. 선지자가 한 일은 지금 벌어지고 있는 일이 왜 일어났는지, 이런 사태를 당해 하나님의 백성이 취해야 할 자세는 무엇인지 가르쳐 주는 일이었다. 기도 가운데 내 삶에서, 내가 살아가는 여기에서 일어나는 일을 말씀에 비추어 해석하는 것 이것이 바로 크리스천의 역사의식이요, 사회의식이다.

맛디아를 뽑은 이유

베드로는 유다를 대신할 사람을 뽑기로 결정한다. 왜 열한 명으로 가지 않고 굳이 한 명을 보충하려고 했을까? 세베대의 아들 야고보가 죽은 후에는 왜 한 명을 보충하지 않았나? 유다는 배반하였기에 원인 무효가 되었다.

그러나 야고보는 순교했기 때문에 비록 죽었지만, 그의 자리는 여전히 유효하다고 본 것이다.

열두 명을 만들고자 했던 것은 그들이 예수님이 열두 명을 택하여 제자로 삼으신 이유를 알았기 때문이다. 예수님이 12명을 택하신 이유는 구약의 열두 지파가 이스라엘을 이루었듯이 열두 명의 제자를 통해 새로운 이스라엘, 새로운 하나님의 백성을 상징적으로 보여주기 위함이었다. 베드로는 자신과 마가의 다락방에 모인 사람들이 누구이며, 어떤 존재인지 알았다. 우리는 새로운 이스라엘이다. 우리는 새로운 하나님의 백성이다. 베드로는 이 사실을 기도 중에 깨달았던 것이 아닐까?

가롯 유다를 대신할 사도의 자격 기준은 두 가지였다. 첫째, 예수님이 이 땅에 계실 때 다른 제자들과 항상 함께 있었던 사람이어야 한다. 비록 열두 사도는 아니지만 예수님의 말씀도 듣고, 행하신 기적도 보고, 함께 생활했던 사람이어야 한다. 둘째, 예수님의 부활을 증거하는 자여야 한다. 사도행전은 예수의 부활을 강조한다. '부활'이란 단어가 25회 나온다(1:22; 2:24, 31, 32; 3:15; 4:2, 10, 33; 5:30; 10:40; 13:30, 34, 35, 37; 17:3, 18, 31, 32; 23:6, 8; 24:15, 21; 25:19; 26:8, 23).

당연히 예수의 십자가 죽음도 중요하지만, 부활을 더 강조한다. 오순절에 성령의 충만함을 입은 베드로와 열한 사도들이 유대인들에게 선포한 메시지(2:14-36)도 다윗이 이미 시편 16편에서 그리스도의 부활을 말했으며, 하나님이 예수를 살리셨으니 "우리가 다 이 일에 증인"이라고 말한다.

유다를 대신할 사람으로 다락방에 모인 120명은 두 사람(바사바 또는 유스도-요셉 vs. 맛디아)을 뽑았다. 그리고 이 두 사람 중 한 사람을 하나님께서 택하시도록 했다. 즉 하나님께 최종결정권을 드리고 자신들은 그 뜻에 따르겠다는 것이었다. 제비뽑기는 어떤 일을 결정할 때 사용되었던 당시 널리 유행하던 관행이었다. 우리는 제비를 뽑는다고 할 때, 흔히 길쭉한 종이 몇 개 중에서 하나를 뽑거나, 주머니 안에 접힌 종이를 하나 꺼내 고르는 방식을 생각한다. 하지만 영어로는 'casting lots'다. 던지는 행위다. 베로 된 주머니나 그릇에 제비(lots)를 넣고 그 가운데 하나가 떨어져 나올 때까지 흔드는 방식이다.

오늘날에도 제비뽑기를 통해 하나님의 뜻을 구분하는 것은 성경적일까? 여기에 대해서는 목회자들 사이에서도 의견이 분분하다. 몇 년 전까지만 해도 모 교단에서 총회장을 뽑을 때 제비뽑기 방식을 채택하여 시행하다가 중단된 사례가 있다. 제비뽑기는 하나님의 뜻을 파악하는 데 손쉽게 사용될 수 있다. 내가 어떤 일을 결정할 때 어떤 것이 하나님의 뜻인지 알려는 그 어떤 노력도 하지 않고, 제비뽑기로 결정한다면 그것은 하나님이 원하는 일이 아니다. 하나님은 하나님의 뜻을 찾는 노력을 통해 우리가 성숙해지기를 원하신다. 그런 노력을 다 한 후에도 정말로 알지 못하겠다고 하는 경우에 어떻게 할 것인가? 그냥 가만히 기다려야 한다. 기다리는 것도 중요한 신앙의 훈련이다.

다락방에 있던 성도들이 직접 한 명을 선출하지 않고, 제비뽑기를 통해 하나님의 뜻을 찾은 이유에 대해 성경은 하나님이 뭇사람의 마음을 아시기 때문이라고 말힌다(24절). 이것은 비록 사도들이 세운 기준이 있었고, 그 기준에 부합한 사람을 선출하였으나, 인간은 다른 사람의 속마음을 알지 못한다는 한계를 인정하는 겸손함이다. 인간이 속속들이 사람을 알 수 없다. 그렇기 때문에 기도해야 한다. 기도는 하나님께 최종결정권을 드리고, 하나님의 뜻을 기다리는 것이다.

자, 드디어 맛디아가 뽑혔다. 그런데 과연 그곳에 있던 120여 명이 다 "정말 잘 됐다"라고 말하며 기뻐했을까? 맛디아 보다 요셉이 되기를 내심 바랐던 사람들도 있었기에, 그들은 요셉이 선출이 되지 않자 못내 아쉬워하지 않았을까? 그러나 사도행전을 보면 맛디아가 선출된 것을 놓고 서로 갈등하고 분열했다는 증거가 없다. 이것은 요셉을 지지한 사람도 하나님의 결정에 순종했음을 보여준다. 어떻게 이런 일이 가능했을까? 기도했기 때문이다. 그 기도는, "하나님 내가 미는 사람, 내 입맛에 맞는 사람이 되게 해주십시오. 그렇게 될 줄 믿습니다"라고 기도하는 것이 아니다. 진정한 기도란 모든 것을 내려놓는 겸손함이다. 기도란 하나님의 뜻을 간절히 구하는 것이다. 기도란 하나님의 뜻이 비록 내가 생각하는 바와 달라도 순종하는 것이다. 기도란 하나님께 최종결정권을 드리고, 거기에 따르는 것이다.

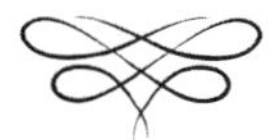

2장

단일 교회로 세계에서 가장 큰 교회는 우리나라의 여의도순복음교회로 알려져 있다. 순복음교회는 오순절 교파에 속한 교회다. 오순절 교단은 20세기에 들어 만들어진 교단인데, 2021년 개신교에서 가장 큰 교파다. 2021년 현재 세계 79억 인구 중 기독교가 25억인데, 이 가운데 천주교 교인이 약 13억(52%), 정교회 교인이 약 3억(12%), 나머지 9억(36%)이 개신교인이다. 개신교인 9억 가운데서 2억 8천만 명(개신교의 약 31%. 기독교 전체의 11.2%)이 오순절 교파다. 오순절 교파는 기독교 중에서는 세 번째로 교인이 많고 개신교 중에서는 첫 번째로 교인이 많다.[12] 남미와 아프리카는 상당수가 오순절 교회다. 그래서 21세기를 남반구 기독교의 시대라고도 한다. 우리나라에서는 장로교의 교세가 강하지만, 전 세계적으로 볼 때 장로교는 큰 교파는 아니다.

오순절 교파의 신학을 흔히 '오순절주의'(Pentecostalism)라고 한다. 오순절

12　나무위키 "오순절교회" 참조.

주의라는 이름은 오늘 말씀 1절에 나오는 오순절에서 나왔고, 그 배경은 오순절에 성령께서 충만히 임하신 사건이다. 그래서 오순절주의는 성령세례, 성령의 은사를 매우 강조한다. 20세기 성령운동을 주도하고, 지금은 개신교에서 가장 큰 교파가 된 오순절주의를 태동시킨 오순절 성령 강림은 어떤 것인가?

오순절에 기도하는 120명에게 성령이 임하시다 (1-13절)

오순절, 120명, 다락방

오순절은 칠칠절이라고도 부르는데, 그 이유는 이렇다. 3월 중순에서 4월 초에 있는 유월절 후 첫 안식일 다음 날에 보리 수확의 첫 열매를 드린다. 그래서 이날은 초실절이고, 예수님이 부활하신 날, 즉 주일이기도 하다. 그래서 예수님의 부활을 잠자는 자들의 첫 열매(초실)라고 한다(고전 15:20, 23). 칠칠절은 이날(초실절)로부터 계산하여 7주가 지난 안식일 다음 날을 말한다. 양력으로는 5월 중에 온다. 이날은 밀 추수한 처음 것을 하나님께 드린다.

1절은 오순절이 이미 시작되었고, 그들이 다 같이 한곳에 모였다. 그들이란 1장 12~26절에 등장하는 사람들이다. 구체적으로 어디라고 말하지 않고 '한 곳'이라고 한 것은 앞에 언급된 다락방이었음을 시사한다. 개역개정성경은 "오순절이 이미 이르매"라고 번역했는데, 헬라어 원문은 '찼다'(συμπληροῦσθαι [쉼플레루스타이, was fulfilled])라는 뜻이다. 하나님께서 약속하신 때가 되었다는 말이다. 그들이 모여서 무엇을 했는지에 대해서도 성경은 말하고 있지 않으나, 앞서 다락방에 모여 기도한 것처럼 이들이 기도하고 있었음이 분명하다. 그 수는 약 120명이었고(1:15), 2장에도 그 수는 변함이 없다고 가정해본다.

2020년 인구 센서스 결과 개신교 인구는 약 18%다. 2025년 말 현재 한국교회의 교세가 줄어들었다고 보고 800만 명 가량으로 보더라도 대한민국 인구에 16%는 된다. 그러나 그 영향력은 마가의 다락방에 있던 120여 명보다 적은 것 같다. 차이는 하나, 성령충만이다. 성령으로 충만한 120명은 성령이 있는지 없는지 알 수 없게 살아가는 성도들 800만 명보다 강하다. 비록 한 집의 다락방이지만, 120명뿐이지만 예수님의 말씀에 따라 하늘 아버지의 약속을 사모하며, 성령을 기다리며 기도하는 1%의 사람들에게 성령이 임하시니 세상이 바뀌었다.

성령의 임재에 대한 묘사

그들이 모여 있을 때 '갑자기'(ἄφνω [아프노]) 성령이 임하셨다. 당시 시간은 오전 9시경이다(2:15). 성령의 임재에 대해 2~3절은 두 가지로 설명한다. 첫째, 청각적인 면이다. 하늘로부터 급하고 강한 바람 같은 소리가 들렸다. '영'을 뜻하는 헬라어 '프뉴마'(πνεῦμα)나 히브리어 '루아흐'(רוח)는 '바람'이란 뜻도 있어서, 성령의 임재를 바람 소리로 묘사한 것 같다. 바람은 자유와 신비를 의미한다. "바람이 임의로 불매 네가 그 소리는 들어도 어디서 와서 어디로 가는지 알지 못하나니 성령으로 난 사람도 다 그러하니라"(요 3:8). 성령의 임재와 그 방식은 성령께서 자유롭게 결정하신다. 이 땅의 존재가 이해하기엔 신비롭다.

바람 같은 소리가 "하늘로부터" 왔다는 것은 하나님이 보내주신 소리라는 뜻이다. 이 소리는 온 집에 가득 찼다. '소리'로 번역된 헬라어는 '에코스'(ἦχος)다. 영어 'echo'가 여기서 왔다. 여러분의 마음에 성령의 음성이 메아리치기를 바란다. 그러나 성령이 임하실 때는 항상 소용돌이치듯 급하고 강한 바람으로 임하시는 것은 아니다.

둘째는 시각적인 측면이다. '불의 혀'(문자 그대로 번역하면 '불처럼 갈라진 혀')처럼 갈라지는 것이 보였다. 불이 타오를 때 갈라지는 모습을 묘사한 것이다. 우리는 흔히 성령이 임하실 때 몸이 뜨거워진다고 하는데, 이런 체험의 성경적 지지 근거로 이 구절을 든다. 그럴 수 있다. 그러나 성령의 임재 방식은 사람마다 다를 수 있다. 예수님께는 성령이 비둘기처럼 임하시지 않던가? 자신의 주관적 체험을 절대화해서는 안 된다. 임재 방식이 뜻하는 의미에 주목해야 한다. 성령은 영이시기 때문에, 눈에 보이지 않는다. 그래서 성령께서 임재하실 때 불과 같은 뜨거움이나 바람으로 자신을 나타내신다. 방언과 능력도 성령의 나타내심(manifestation 혹은 demonstration)이다(고전 2:4).

'불의 혀'라는 표현은 마치 불의 혀, 즉 불의 갈래처럼 성령이 각 사람들에게 퍼져나가는 것, 임하는 것을 묘사하는 것으로 볼 수 있다. 불처럼 갈라진 혀는 '각 사람 위에'(3절) 하나씩 임했다. 이것은 성령의 임재를 각 사람이 체험했다는 뜻이다. 성령 체험은 다 함께 모인 데서 나타난 공동체적 성격과 한 사람 한 사람이 각각 체험한 개별적 성격 모두 있다. '불의 혀'라고 할 때 '혀'의 헬라어가 '글로싸'(γλῶσσα)인데, 4절 '다른 언어'라고 할 때 '언어'도 '글로싸'다. 성령이 임하면 우리는 불의 혀, 곧 성령의 혀를 가지게 된다.

성령의 혀는 하나님이 행하신 위대한 일을 말한다

그들이 다 성령의 충만함을 받고 성령이 말하게 하심을 따라 다른 언어들로 말하기를 시작하니라 (4절)

이들은 자신의 말을 하지 않고, 성령이 말하게 하심을 따라 말했다. 성령을 받으면 성령께서 우리 입을 통해 말씀하신다. 그렇다고 영화에서처럼 영혼이 타인의 몸에 빙의 되어 말하는 게 아니다. 내 안에 성령으로 충만하니 성령이 주시는 말이 흘러나오는 것이다. 예수께서도 이렇게 말씀하셨다.

> 선한 사람은 마음에 쌓은 선에서 선을 내고 악한 자는 그 쌓은 악에서 악을 내나니 이는 마음에 가득한 것을 입으로 말함이니라 (눅 6:45)

세상의 모든 문제는 이기적인 내 마음 내키는 대로 말하기 때문에 생긴다. 요즘 대부분의 사람들이 사용하고 있는 카톡과 같은 SNS는 참 편리하다. 유익한 점이 많다. 하지만 폐해도 이에 못지않다. SNS를 통해 가짜 뉴스가 삽시간에 유통된다. 채팅방에서 서로 싸운다. 특정인을 험담하고 조롱한다. 어떤 SNS는 범죄의 소굴이다. 입만 열었다 하면 불평을 늘어놓고, 거짓말하고, 다른 사람 욕하는 사람들은 마음에 악한 것이 가득하기 때문이다. "독사의 자식들아 너희는 악하니 어떻게 선한 말을 할 수 있느냐 이는 마음에 가득한 것을 입으로 말함이라"(마 12:34). 마음에 성령을 받아야 사람 살리는 말을 한다. 분노의 혀에서 나오는 말은 사람을 죽이지만 성령의 혀에서 나오는 말은 사람을 살린다(약 3·6).

외국어인가, 알아들을 수 없는 방언인가?

성령이 말하게 하심을 따라 말하는데 '다른 언어들로'(4절) 말했다. 여기서 우리는 4절에서 5절로 넘어가면서 공간의 변화가 있었다는 사실을 기억해야 한다. 4절까지는 예루살렘 성전 근처에 있는 어떤 집에서 있었지만, 5

절에서는 각국으로부터 온 유대인들이 등장한다. 이들은 팔레스타인 밖에서 살다가 오순절을 지키기 위해서 예루살렘에 온 '경건한 유대인들'(5절)이다. 이들이 마가의 다락방이 있는 그 집에 있었던 것은 아니었다. 그렇다면 마가의 다락방에 모여 있다가 성령의 충만함을 받은 사람들이 집 밖으로 나와서 말했을 것이다. 아니면 2장 1절이 말하는 '한 곳'이 마가의 다락방이 아니라 예루살렘의 어떤 장소라고 볼 수도 있을 것이다. 전통적으로 오순절 성령 강림은 마가의 다락방에서 있었다고 여겨졌다.

성령의 충만함을 받아 성령이 말하게 하심에 따라 말한 그 언어를 우리는 '방언'이라고 부른다. 여기서 방언은 외국어였다. 그곳에 모여 있던 사람들이 각자 자신의 지역 언어로 사도들이 하는 말을 이해할 수 있었기 때문이다. 이런 점에서 사도행전 2장의 방언은 고린도전서 14장에 나오는 방언(남들은 이해할 수 없는 낯선 언어)과는 다르다. 김동수 교수는 제자들이 말한 방언을 당시 예루살렘에 모인 디아스포라 유대인들이 각 나라의 언어로 이해했다면 왜 그곳에 있던 사람들 가운데 일부는 제자들이 새 술에 취했다고 조롱했을까(13절)라고 의문을 제기하면서 사도들은 알아들을 수 없는 방언으로 말했지만, 듣는 사람은 자기 나라의 언어로 이해했다고 본다.[13]

고넬료의 경우 그에게 성령이 부어졌을 때 고넬료와 그곳에 있는 자들이 방언을 말했고, 하나님을 높였다. 여기서 '방언'이 외국어인지 이해하기 어려운 낯선 언어인지는 분명히 알 수 없지만 낯선 언어일 것이다. 고전 14장 2절의 어휘와 유사하기 때문이다.

또 모여든 사람들의 출신 지역은 모두 12개인데(9-11절), 12개 지역의 사람들은 온 세상에 복음이 전파되어 새로운 하나님의 백성이 구성될 것을 암

---

13 김동수, 『신약이 말하는 방언』, 133-135.

시한다. 옛적에 하나님은 바벨탑을 쌓은 교만한 인간을 심판하사 언어를 혼잡하게 하셨는데, 오순절 성령 사건은 바벨탑 사건을 역전시켰다. 혼잡해진 언어가 별도의 학습 없이 성령의 역사로 이해된 것은 성령 안에서 하나가 되는 세상이 시작되었음을 암시한다.

그러면 성령이 말하게 하심을 따라 각기 다른 방언으로 말한 그 내용은 무엇인가?

그레데인과 아라비아인들이라 우리가 다 우리의 각 언어로 하나님의 큰 일을 말함을 듣는도다 하고 (11절)

제자들이 성령이 말하게 하심에 따라 말했던 내용은, 각 지역 사람이 각자 자신이 난 곳의 언어로 들었던 내용은 '하나님의 큰 일', 즉 '하나님의 위대한 일'이었다. 바벨탑을 쌓았던 인간들은 자신들의 이름을 내고 싶어 했으나, 성령의 충만함을 입은 사람들은 '하나님의 큰 일', 즉 하나님이 우리에게 보여주신 놀라운 능력과 역사를 증언한다. 방언이 외국어든 낯선 언어든 성령충만의 한 표시며, 그것은 온 세상에 하나님의 큰 일을 알리시기 위한 전도의 목적을 가지고 있다.

그러면 하나님의 큰 일이란 어떤 것인가? 하나님께서 예수 그리스도 안에서 하신 위대한 구원이다. 한 마디로 복음을 말한다는 것이다. 성령으로 충만한 자의 언어는 복음 증언, 예수 증인이다. 초대 예루살렘 교회 성도들은 입만 열었다 하면 예수는 그리스도라고 선포했다.

그들은 날마다 성전에 있든지 집에 있든지 예수는 그리스도라고 가르치

기와 전도하기를 그치지 아니하니라 (5:42)

성령충만은 모든 민족에게 예수는 그리스도라는 복음을 전하기 위해 주신 하나님의 선물이다. 왜 성령께서 하필이면 오순절에 임하셨나? 오순절에 천하만국에서 사람들이 예루살렘에 모이기 때문이다(5절). 앞서 말한 대로 유대인의 3대 절기는 국내에 살든 국외에 살든 성인 유대인은 지켜야 한다. 이 절기를 기꺼이 지키고자 하는 자들이 경건한 유대인들이다. 그런데 이들이 천하 각국에서 왔다. 그래서 사도행전 2장 9절부터 11절을 보면 이들이 어디서 왔는지 15개 지역이 언급되고 있다.

여기서 '천하 각국'이란 말의 원어를 직역하면 "하늘 아래 있는 모든 민족"(every nation under heaven)이란 뜻이다. 각국은 '모든 민족!'이다. 그렇다. 예수께서 승천하시기 전에 하셨던 말씀, "그러므로 너희는 가서 모든 민족을 제자로 삼아…"에 나오는 '모든 민족'이다. 또 누가복음 24장 47~48절에서도 예수님은 "또 그의 이름으로 죄 사함을 받게 하는 회개가 예루살렘에서 시작하여 모든 족속에게 전파될 것"(눅 24:47)이라고 하셨다. 즉 오순절에 천하 각국에서 모인 사람들, 그들은 장차 복음을 듣게 될 모든 민족을 상징한다.

베드로의 첫 번째 설교 (14-42절)

사도들이 성령이 말하게 하심을 말하는 것을 들은 사람들 가운데 어떤 사람들은 놀라며 당황했고, 또 어떤 이들은 사도들이 새 술에 취했다고 조롱하기도 했다. 이에 베드로는 다른 열한 명의 사도들과 함께 모인 사람들에게 소리 높여 말했다. 먼저 베드로는 자신과 다른 사도들이 술 취한 것이 아니라고 말한다. 제3시(오전 9시)인데 누가 아침부터 술을 먹겠냐며 반문한다. 120명의 성도는 아침 일찍 모여 마가의 다락방에서 기도하다가 성령의 충만함을 받았던 것 같다. 그러고 나서 오전 9시 성전에서 있는 제사 시간에 맞춰 성전으로 가서 복음을 전했을 것이다. 베드로는 자신들은 성령의 충만함을 입었으며 이것은 선지자 요엘이 이미 예언한 것이었다고 말하면서 요엘 2장 28절 이하를 들려준다.

선지자 요엘의 예언이 이뤄지다 (16-21절)

베드로는 선지자 요엘의 예언(욜 2:28-30)을 인용하면서 설교를 시작한다. 요엘은 주전 830년대에 활동한 선지자다. 베드로 당시로부터 800년 이상 전에 활동했다. 그는 하나님께서 말세에 당신의 영을 모든 육체에 부어줄 것이라고 예언했다. 하나님이 당신의 영, 즉 성령을 부어 주시는 일은 말세에 하실 일이다. 말세는 세상의 끝이다. 세상의 끝은 하나님의 구원 역사가 완성되는 때다. 하나님께서 마지막 때에 하시는 일, 곧 역사의 완성은 성령을 모든 사람에게 주시는 일이다. 예수 믿고 회개하여 죄 사함을 받아 성령이 임하는 것, 이것이 하나님이 원하시는 바다.

하나님은 성령을 주시되, 부어 주실 것이다. '부어준다'(ἐκχέω [엑케오])라는 표현이 베드로의 설교에 3번 사용되고 있다(17, 18, 33절). 나중에 베드로가 만나 설교한 고넬료와 그의 집 사람들에게도 성령이 부어졌다(10:45). 장맛비가 쏟아지는 것처럼 성령이 우리에게 부어질 때만이 인간은 변화될 수 있다. 바울은 하나님의 사랑도 성령으로 말미암아 우리 마음에 '부어진다'고 말한다(롬 5:5). 하나님의 사랑은 '쏟아부어 주시는 사랑', 넘치는 사랑이다.

그렇기에 그분의 사랑 앞에서 무너지지 않을 사람이 없다.

또 하나님은 성령을 '모든' 육체에게 부어 주신다. 구약 시대에 하나님은 하나님이 택하여 세우신 사람들에게 성령을 부어 주셨다. 그들에게 맡기신 사명을 잘 감당하도록 말이다. 사사들이 대표적이다. 하지만 예수의 십자가와 부활과 승귀로 시작된 하나님의 종말에는 모든 사람에게 부어 주신다. 젊은이든 노인이든 상관하지 않는다. 남종과 여종을 구분하지 않는다. 유대인뿐만 아니라 이방인에게도 부어 주신다. 베드로는 후에 고넬료에게 성령이 임하시는 것을 보고 이 사실을 깨닫게 된다. 성령의 부어 주심은 사람 차별하지 않는다.

성령이 부어지면 자녀들은 예언하고, 젊은이들은 환상을 보고, 늙은이들은 꿈을 꾸게 될 것이다. 종들이 예언하게 될 것이다. 얼핏 보면 광신적이고 신비주의적인 신앙 같다. 아니다. 예언, 환상, 꿈은 결국 하나님의 뜻을 깨닫고 전하는 수단이다. 성령이 임하면 우리의 눈이 환상을, 하나님이 보여주시는 것을 보게 될 것이다. 성령이 임하면 우리의 마음이 꿈을 꿀 것이다. 하나님이 주시는 생각으로 가득 찰 것이다. 성령이 임하면 예언하게 될 것이다. 즉 우리의 입이 하나님의 뜻을 선포하고 전하게 된다는 말이다. 이처럼 성령으로 충만하다는 것은 성령께서 우리를 완전히 지배하신다는 뜻이다.

또 요엘서에 따르면 하나님은 하늘에 기사들, 땅에는 징조들을 행하실 것인데, 피와 불과 연기다. 이 세 가지는 하나님의 임재와 관련된 자연 현상이다. 베드로는 성령이 충만하게 임하실 때 나타났던 급하고 강한 바람 같은 소리, 불의 혀처럼 갈라지는 현상들을 요엘서가 예언한 하나님의 임재와 연결시키고 있는 것 같다.

또 20절 '주의 크고 영화로운 날'은 원래 주님의 심판 날을 뜻했다. 원래 요엘 2장 31절은 '여호와의 크고 두려운 날'이라고 말한다. 그날에는 주님을 욕되게 한 모든 것들이 심판을 받을 것이다. 해가 변하여 어두워지고 달이 변하여 피가 되는 천체의 변화는 주님의 심판을 알리는 우주의 신호다. 이날에 누가 구원을 받을 수 있나? 주의 이름을 부르는 자들이다. 주님만이 심판에서 나를 구하실 분임을 믿고 그분을 간절히 찾는 것, 그것이 주의 이름을 부르는 것이다.

예수님의 십자가와 부활은 하나님이 정하신 뜻이다 (22-24절)

15절부터 21절에서 베드로는 다락방에 있던 성도들이 성령충만을 받은 것이 하나님이 요엘을 통해 하신 예언의 성취임을 말했다. 22절부터는 예수님의 고난과 부활에 관해 언급한다. 성령은 부활하신 예수님이 하나님 아버지께 받아서 부어 주셨기 때문이다(33절). 즉 성령충만은 예수의 고난 및 부활 없이는 불가능하다.

먼저, 베드로는 하나님께서 예수님의 공생애 사역, 고난, 부활의 주체이심을 강조한다. 먼저 하나님은 나사렛 예수를 증언하셨다고 말한다. '증언하다'로 번역된 헬라어 '아포데이크뉘미'(ἀποδείκνυμι)는 '입증하다', '증명하다'는 뜻으로서 현재완료형으로 사용되고 있다. 즉 예수님이 큰 권능과 기사와 표적을 행하신 것은 그분이 메시아이심을 하나님께서 입증하신 것이라는 뜻이다. 또한 하나님은 그분이 정하신 뜻에 따라 예수님을 고난에 넘겨주셨다. '뜻'(βουλή [불레])은 '섭리', '경륜' 등으로 번역할 수 있는데, 헤롯 안티파스와 빌라도가 이스라엘 백성과 합세하여 예수를 십자가에 넘겨준 것 역시 '하나님의 뜻(불레) 대로' 이뤄진 것이다(4:28). 다윗 역시 '하나님의 뜻(불레)'을 따라 자신의 사명을 섬기다가 잠들었다(13:36).

예수님의 고난이 하나님께서 정하신 뜻이라면 당연히 하나님은 그 고난을 미리 아셨다. 또 하나님은 예수를 사망의 고통에서 풀어 살리셨는데, 예수가 사망에 매여 있는 것은 하나님의 뜻이 아니기 때문이다.

다윗, 예수님의 죽음과 부활과 승귀를 예언하다 (25-36절)

베드로는 25절부터 28절에서 시편 16편 8절 이하를 인용하여 다윗이 예수님의 부활을 예언했음을 알린다. 원래 27절의 '나'와 '주의 거룩한 자'는 하나님이 기름 부어 세우신 다윗 왕을 가리키나, 기독론적으로 보면 '주의 거룩한 자'는 결국 예수님을 가리킨다. 다윗은 선지자이며 하나님이 다윗의 자손 중에서 한 사람을 왕위에 앉게 하셨으니, 그는 곧 예수 그리스도시다. 다윗이 "주의 거룩한 자로 썩음을 당하지 않게 하실 것임이로다"라고 말할 수 있는 근거는 그리스도의 부활을 미리 보았기 때문이다. 아니나 다를까 하나님은 이 예수를 다시 살리셨고, 베드로를 포함한 사도들은 이 일의 증인이다.

하나님은 예수님을 다시 살리셨을 뿐만 아니라 오른손으로(권능을 상징) 예수를 높이셨다. 이것은 예수님이 하나님 보좌 우편에 앉아 아버지와 함께 만물을 통치하시는 왕이 되신 것을 말한다. 이것을 승귀(昇貴, exaltation)라고 한다. 승귀란 문자 그대로 하면 '높이 올라가 귀하게 되다'는 뜻이다. 우리는 흔히 예수님이 '승천'(昇天) 하셨다고 말한다. 승천이란 '하늘로 올라가다'라는 뜻이다. 하늘로 올라가신다는 말은 단순히 물리적 공간으로 이해하면 안 된다. 예수님이 승천하셨다는 것은 하나님 아버지께서 계신 곳으로 가셔서 하나님 우편에 앉으셨다는 뜻이다. 이렇게 높임을 받으신 하나님의 아들 예수께서 아버지에게서 성령을 받아 우리에게 부어 주신다.

베드로는 다시 다윗의 시편을 인용한다. 30~31절은 시편 110편 1절을 인용한 것이다. "주께서 내 주에게 말씀하시기를"에서 앞의 주는 하나님 아버지이고, 뒤의 '내 주'는 예수 그리스도시다. "너는 내 우편에 앉아 있으라"는 예수님이 하나님 우편에 앉으신 승귀를 뜻한다. 베드로는 예수 그리스도의 죽음, 부활, 승귀를 통해 하나님은 예수를 주와 그리스도가 되게 하셨음을 이스라엘 모든 사람이 확실히 알라고 선언한다(36절).

사람들의 반응과 베드로의 대답 (37-40절)

베드로의 담대한 말씀 선포는 좌우에 날이 선 어떤 검보다 더 날카롭게 듣는 사람들의 마음을 찔렀다. 구원은 지금 나의 모습이 비뚤어져 있음이 적나라하게 드러나는 데서부터 시작된다. 하나님은 우리가 지금처럼 살아서는 안 되기 때문에 우리의 마음을 찌르신다. 그들은 "우리가 어찌할꼬?" 탄식하듯 묻는다. 이것이 은혜다. 베드로는 이렇게 대답한다.

> 38 베드로가 이르되 너희가 회개하여 각각 예수 그리스도의 이름으로 세례를 받고 죄 사함을 받으라 그리하면 성령의 선물을 받으리니 39 이 약속은 너희와 너희 자녀와 모든 먼 데 사람 곧 주 우리 하나님이 얼마든지 부르시는 자들에게 하신 것이라 하고 (38-39절)

베드로는 회개하고, 예수 그리스도의 이름으로 세례를 받아 죄 사함을 받으라고, 그러면 하나님은 회개하는 자에게 성령을 선물로 주실 것이라고 말한다. 당시 유대교는 성전에서 제사장의 집례하에 이뤄지는 제사를 드려야만 죄 사함을 받을 수 있었다. 그러나 이제 베드로를 비롯한 사도들이 마치 성전의 제사장이 되어 죄사함을 선포한다. 제사는 예수 그리스도의 이름으로 세례를 받는 것으로 대체된다.

예수 이름으로 죄 사함을 받게 하는 세례를 받으면 성령을 선물로 받는다.

이 놀라운 약속은 "너희와 너희 자녀와 모든 먼 데 사람 곧 주 우리 하나님이 얼마든지 부르시는 자들에게 하신 것"(39절)이다. 하나님이 택한 백성이라고 여겨진 유대인만 받는 것이 아니라, 모든 먼 데 사람, 즉 이방인들도 받을 수 있다. 예수님은 승천하시기 전 '땅끝까지' 이르러 내 증인이 되라고 말씀하셨다. 하나님은 땅끝의 사람도 부르셔서 성령을 선물로 주시기 원하신다.

진정한 회개는 성령 받는 회개다. 성령이 임해야 새 마음을 얻기 때문이다. 에스겔이 이렇게 예언했다.

> 26 또 새 영을 너희 속에 두고 새 마음을 너희에게 주되 너희 육신에서 굳은 마음을 제거하고 부드러운 마음을 줄 것이며 27 또 내 영을 너희 속에 두어 너희로 내 율례를 행하게 하리니 너희가 내 규례를 지켜 행할지라
>
> (겔 36:26-27)

"만물보다 거짓되고 심히 부패한 것은 마음"(렘 17:9)이다. 마음이 망가져 있기에 참된 평강을 누릴 수 없다. 성령이 내 안에 계셔야 새 마음을 받는다. 굳은 마음이 아니라 부드러운 마음이 된다. 십자가의 사랑이 내 마음에 부어졌기 때문이다. 그러나 타락 전 마음을 온전히 회복한 것은 아니다. 악한 본성이 남아 있다. 즉 중생한 인간은 하나님이 주신 새 마음(영적인 마음)과 육적인 마음이 공존한다. 회개의 첫 시작을 회심(回心)이라고 한다. 세상으로

향하던 내 마음이 예수님께로 돌이키는 것이 회심이다. 이제 마음을 돌이키면 안 된다. 회심이 변심이 되면 변절이요 배교다.

그러나 회심은 평생 한 번 하지만, 회개는 평생 해야 한다. 결혼하면 배우자에게만 마음을 향해야 한다. 하지만 부부도 싸운다. 회개하고 화해해야 한다. 우리가 예수님께 마음을 돌린 후, 즉 회심한 후 마음을 돌리면 안 된다. 마음이 약해지기도 하고, 마음이 더러워지기도 하지만 회개하면 새롭게 하신다.

한국교회 이단 가운데 대표적인 이단으로 '구원파'가 있다. 구원파는 우리가 회심할 때 이미 회개했고, 예수님은 이미 십자가로 우리 모든 죄를, 예수 믿고 난 이후의 죄도 다 용서해 주셨기 때문에, 성도는 더 이상 회개할 필요가 없다고 주장한다. 예수 믿은 이후에도 계속 회개하면 예수님이 십자가로 속죄하셨음을 믿지 못하는 것이므로 잘못되었다고 주장한다. 이것은 회개를 잘 이해하지 못하기 때문이다.

예수님은 그분의 피로 영원한 속죄(eternal redemption)를 이루셨다. 하지만 우리의 악한 본성이 여전히 남아 있다. 그래서 죄를 짓는다. 회개해야 한다. 갈보리 언덕에서 죄를 이기셨으나, 최후 승리는 미래에 있다. 죄란 하나님을 더욱 사랑하지 못하는 게 죄다. 어제보다 오늘 덜 사랑하면 그게 죄다. 주후 4세기의 위대한 교부 신학자 아우구스티누스는 '행복한 죄'(felix culpa)라는 말을 했다. 죄를 짓지만 나를 용서하시고 새롭게 하시는 하나님의 은총 때문에 행복하다는 말이다. 회개의 기쁨을 역설적으로 표현한 것이다.

또 성령이 임해야 내 영이 살아나고, 내 영이 살아나야 내 마음을 새롭게 할 수 있다. 예수를 모르는 사람들도 새사람이 되겠다고 결심하고 노력한다. 그러나 성경이 말하는 새 사람은 성령으로 거듭나서, 죽은 내 영이 살아나 하나님과 사귐이 있는 영적인 존재가 되는 걸 말한다. 옛사람은 육적인 사람이고, 새사람은 성령으로 거듭난 사람이다. 성경도 착한 사람을 칭찬한다. 하지만 성경이 말하는 착한 사람은 영적인 사람, 신령한 사람의 한 특징일 뿐이다. 세상에서는 말과 행실이 바르고 선한 사람을 착한 사람이라고 할 뿐, 영적인 차원은 관심이 없다. 성경은 사람을 영적 존재로 말한다. 내 영이 거룩한 영 성령을 만나야 살아난다. 힘을 얻는다. 그래서 성경은 회개를 "생명 얻는 회개"라고 한다(11:18).

하나님의 영이 거하는 사람이 예수 믿는 사람이다.

> 만일 너희 속에 하나님의 영이 거하시면 너희가 육신에 있지 아니하고 영에 있나니 누구든지 그리스도의 영이 없으면 그리스도의 사람이 아니라
>
> (롬 8:9)

교회 다니는 사람이 그리스도의 사람이 아니다. 그리스도의 영이 있는 사람이 그리스도의 사람이다. 성령이 거하시는 사람이 하나님의 성전이며, 성령이 없으면 자연인이다. "너희는 너희가 하나님의 성전인 것과 하나님의 성령이 너희 안에 계시는 것을 알지 못하느냐?"(고전 3:16).

수많은 사람들이 세례를 받다 (41-42절)

놀랍게도 당일에 베드로의 이 말을 듣고 받아들여 세례를 받은 사람이 3,000명이었다. 여기서 '받아들이다'로 번역된 헬라어 '아포데코마이'($\dot{\alpha}\pi o\delta \acute{\epsilon}\chi o\mu\alpha\iota$)는 '기꺼이 받아들이다, 환영하다, 영접하다'라는 뜻이다(눅 8:40; 행 28:30). 말씀을 진심으로 받아들여 세례를 받았다는 말이다. 이들은 세례를 받은 후 세 가지를 힘써 행했다(42절).

먼저 그들은 사도의 가르침을 받는 일에 힘을 썼다. 지속적인 양육이 이뤄진 것이다. 또 그들은 떡을 떼는 일에 힘을 썼는데, 떡을 뗀다는 것은 예수님의 성찬을 행했다는 뜻으로, 예수님의 십자가를 묵상하고 다시 오실 예수님을 기대하며 장차 천국에서 이뤄질 어린 양의 혼인잔치를 소망하는 일이었다. 당시 성찬식에는 식탁교제도 같이 행해졌다. 예수님이 이 땅에 오셨을 때 세리 및 죄인들을 받아주시고 그들과 함께 구원의 기쁨을 나누시며 식탁교제를 행하셨던 것(눅 7:3-4; 15:1-2)처럼 말이다. 또 그들은 기도에 힘을 썼다. 말씀, 성찬(과 교제), 기도. 이 세 가지가 바로 우리가 힘써야 할 신앙의 근본이다.

사도행전적 교회 (43-47절)

사도들, 많은 기사와 표적을 행하다

사람마다 두려워하는데 사도들로 말미암아 기사와 표적이 많이 나타나니

(43절)

당시 사람들은 초대 예루살렘 교회를 두려워했다. 사도들이 많은 기사와 표적을 행했기 때문이다. 기사(奇事)란 기이한 일을, 표적(表蹟)이란 하나님의 임재를 증거하는 이적을 말한다. 사도행전의 교회는 믿지 않는 사람들로부터 그 능력을 인정받는 교회였다. 필자는 이 기적이 오늘날에도 일어날 수 있다고 본다. 특히 선교지에서 그렇다. 신사도운동은 경계해야겠으나, 은사 중지론에 빠져서도 안 된다.

앞서 42절에서 사도들은 성도들을 가르쳤다. 14절 이하에서는 복음을 선포했다. 나중에 사도들은 기도와 말씀 사역에 전념하겠다고 말한다(6:6). 이런 사도의 다양한 사역은 예수께서 가르치시고, 복음을 선포하시고, 병자들을 고치신 사역을 닮았다(마 4:23; 9:35).

모이기에 힘쓰다

먼저 예루살렘 교인들은 '다 함께 있었다'(2:44). 여기서 '에피 토 아우토'($\epsilon\pi\grave{\iota}$ $\tau\grave{o}$ $\alpha\grave{\upsilon}\tau o$)의 문자적 의미는 '그곳 위에서'인데, 구체적으로 어떤 의미인지 파악하기 쉽지 않다. 이 표현이 나오고 있는 사도행전 본문들(1:15; 2:1, 44, 47; 4:26)을 보면 '함께', '같은 장소에'라는 뜻을 가진 것으로 보인다.

예루살렘 교인들은 "날마다 마음을 같이하여 성전에 모이기를 힘"(2:46. 5:42도 참조)썼다. 예루살렘 교회의 하나 된 마음을 보여준다. 이들은 날마다 성전에 모였다. '날마다'는 누가-행전의 신학을 보여주는 단어다. 신약에서 총 17회 나타나는데, 누가복음에서 5회(9:23; 11:3; 16:19; 19:47; 22:53), 사도행전에서 6회(2:46, 47; 3:2; 16:5; 17:11; 19:9) 나타나고 있다. 누가 문헌에만 약 65%가 사용되는 셈이다.

예수님의 제자는 '날마다' 자기를 부인하고 자기 십자가를 지고 예수님을 따라야 한다(눅 9:23). 한두 번은 십자가를 질 수 있다. 하지만 날마다, 평생 십자가를 지는 변함없는 신실한 제자로 살아가기란 어렵다. 누가복음에서 '날마다'와 함께 중요한 시간 용어가 '오늘'인데, 예수님을 만나 변화되고 구원이 임하는 날을 말한다. 삭개오에게 예수님은 "오늘 구원이 이 집에 이르렀으니 이 사람도 아브라함의 자손임이로다"(눅 19:9)고 말씀하셨고, 우편 강도에게도 "오늘 네가 나와 함께 낙원에 있으리라"(눅 23:43)고 말씀하셨다. '날마다'는 바로 이 구원 받은 '오늘'의 감격을 매일매일 누리고, 연장하는 시간 이며, 그 '오늘'이 삶으로 세상에 증명되고, 때로는 시험을 받으면서 더욱 견 고해지는 시간이다. 구원은 '오늘'이라는 시간의 한 점에서 시작되지만, '날 마다'라는 연속선으로 이어져야 한다. 혼자서는 어렵다. 날마다 마음을 같 이 하여 모이기를 힘써 서로 격려하고 함께 은혜를 받아야 한다(2:46).

'날마다'는 사도들이 성실하게 사명을 감당하는 모습과 이에 따라 주님 이 주시는 매일의 역사를 묘사하기도 한다. 사도들은 앞장서서 날마다 어 디서든지 예수는 그리스도라고 가르치기와 전도하기를 그치지 아니하였다 (5:42). 주님은 이같은 성실한 예루살렘 교회에 구원받는 사람을 날마다 더 하셨다(2:47). 바울이 세운 이방 교회 역시 믿음이 더 굳건해지고 그 수가 날 마다 늘어갔다(16:5). 베뢰아 사람들은 날마다 간절한 마음으로 성경을 상고 하였지만(17:11), 에베소의 사람들은 바울이 전한 복음을 비방하고 순종하지 않았다. 하지만 바울은 이에 굴하지 않고 두란노 서원에서 날마다 강론하였 다(19:9). 2년 동안 이같이 하자 소아시아에 사는 자는 다 바울이 전한 주님 의 말씀을 듣게 되었다. 더욱이 바울이 기적을 행하자, 두려워하며 주 예수 의 이름을 높였고, 많은 사람들이 믿고 자복하였다(19:17-18).

필요에 따라 나눠주다

예루살렘 초대 교회 성도들은 "모든 물건을 서로 통용하고 또 재산과 소 유를 팔아 각 사람의 필요를 따라 나눠"(2:44-45) 주는 생활을 했다(4:32도 참 조). 당시 예루살렘 성도들이 예수님을 믿고 난 뒤 자신의 '모든' 소유를 팔 아 교회에 바쳤고 이것을 교회가 관리했다는 뜻이 아니다. '통용하다'라는 뜻의 헬라어 '에이콘'(εἶχον)의 시제가 미완료 시제인데 단회적 행동이 아니

라 지속적, 반복적 행동을 나타낸다. 또 45절에서 '재산'과 '소유'를 '팔았다'
고 할 때 사용된 헬라어 동사 '에피프라스콘'(ἐπίπρασκον) 역시 미완료 시제
다. 따라서 한 번에 자기의 재산과 소유를 다 팔아서 처분했다는 뜻이라기
보다는 필요한 경우가 생기면 그때마다 성도들이 자신의 소유를 팔아서 필
요한 곳에 사용한 것 같다. 마가 요한의 어머니 마리아가 여전히 집을 가지
고 있었고, 그 집을 기도 장소로 내주었던 것도 당시에 초대 교인들이 일시
에 자기의 전 재산을 팔아 교회에 내놓은 것이 아님을 보여준다.

예루살렘 교회 성도들의 자발적인 구제 행위로 인해 그들 가운데는 가난
한 사람이 없게 되는(4:32) 놀라운 일이 이루어졌다. 이것은 여호와 하나님의
말씀을 듣고 순종하면 "네가 반드시 복을 받으리니 너희 중에 가난한 자가
없으리라"(신 15:5)는 말씀의 성취로 볼 수 있다. 주께서 구원받는 사람을 날
마다 더하게 하신(2:47) 이유는 예루살렘 교회 성도들이 하나님의 은혜와 성
령으로 충만했고, 그런 가운데 자발적으로 가난한 자들을 구제하는 일에 힘
썼기 때문이다.

그러면 초대 예루살렘 교회 성도들이 기꺼이 자신의 재산과 소유를 팔아
가난한 자들에게 나눠 줄 수 있었던 이유는 무엇일까? 먼저 그들이 '믿는 자
들'(44절)이었기 때문이다. 그들은 베드로를 비롯한 사도들이 성령으로 충만
하여 전한 말씀을 받아들이고 세례를 받은 자들이었으며, 베드로의 말대로
하나님이 약속하신 선물인 성령을 받았다. 말씀과 성령이 임하자 성도들은
"한마음과 한뜻"(4:32)이 되었다. 내 것 네 것을 구분하는 마음이 사라지고 온
전한 일치를 이루는 공동체가 되었다. 그래서 "모든 물건을 서로 통용하고
또 재산과 소유를 팔아 각 사람의 필요를 따라 나눠"(2:44-45)주게 된 것이다.

또 예루살렘 성도들이 "사도들로 말미암아 기사와 표적이 많이 나타"(43
절)나는 것을 보았기 때문일 것이다. 사람이 자기 소유욕이 얼마나 대단한

가? 하지만 성령으로 말미암은 말씀과 이적의 역사를 보자 큰 은혜를 받았고, 그래서 자기 재산을 팔아 교회에 바칠 수 있었던 것이 아닐까? 그들에게 새로운 세계, 영적인 능력이 나타나자 지금까지 그들이 이 세상에서 추구했던 것에 더 이상 미련을 둘 필요가 없었던 것이리라. 예루살렘 성도들은 마치 밭에 감춰진 보화를 발견하자 기뻐하며 자기의 소유를 다 팔아 그 밭을 샀던 사람(마 13:44), 혹은 극히 값진 진주 하나를 발견하자 자기의 소유를 다 팔아 그 진주를 샀던 사람(마 13:45-46)과 같았을 것이다.

함께 누리는 구원의 기쁨

⁴⁶ 날마다 마음을 같이하여 성전에 모이기를 힘쓰고 집에서 떡을 떼며 기쁨과 순전한 마음으로 음식을 먹고 ⁴⁷ 하나님을 찬미하며 또 온 백성에게 칭송을 받으니 주께서 구원 받는 사람을 날마다 더하게 하시니라 (46-47절)

예루살렘 교회 성도들은 유대인의 경건 전통에 따라 성전에 모이기를 힘쓰면서도 각자 "집에서 떡을 떼며" 서로 음식을 먹고 교제했다. '집에서'의 정확한 번역은 '집집마다'(κατ' οἶκον [카트 오이콘])이다. 마가 요한의 어머니 마리아의 집에서 모여 기도했던 것처럼(12:12), 자신의 집을 집회 장소로 제공할 수 있는 성도의 집에 모였을 것이다. 모이면 성찬식이 행해졌다. 앞서 42절에서도 교제하며 떡을 떼었다고 언급했는데, 여기서 다시 한번 강조되고 있다. 성전에서는 당연히 성찬을 행할 수 없었기에 집에 모였을 때 행해졌을 것이다. 또 이들은 기쁨과 순전한 마음으로 음식을 먹으며 교제했다. 하나님을 찬미했다. 그러자 온 백성이 이들을 칭송했다. 교회가 교회다운 모습을 보일 때 믿지 않는 자들로부터 칭찬을 받았다. 자신들도 예수 믿

고 교회에 소속되고 싶다는 사람들이 늘어났다. 물론 이것은 주님의 은혜요 역사였다. 그래서 누가는 "주께서 구원받는 사람을 날마다 더하셨다"고 표현한 것이다.

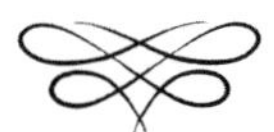

3장

베드로와 요한이 성전으로 들어가는 여러 문 가운데 하나였던 '미문'(美門, the Beautiful Gate) 입구에서 날 때부터 걷지 못한 장애인을 고친 이 이야기는 잘 알려진 이야기 가운데 하나다. 사도행전에 나오는 첫 번째 치유 이적이기도 하다. 예수님의 약속대로 성령이 임하시면 사도들이 권능을 받는다는 것을 보여준다. 이 장애인은 약 40세였다(4:22). 40년 동안 걷지 못했던 사람, 그래서 사람들이 주는 푼돈을 받아 살아갈 수밖에 없던 사람이었다. 이 사람이 치유되었다. 베드로와 요한, 두 사도를 만났기 때문이다.

베드로와 요한, 나면서 걷지 못하는 자를 일으켜 세우다 (1-10절)

기도하는 두 사도 (1-3절)

오늘 이야기의 시작은 기도로부터 출발한다. "제 구 시 기도 시간에 베드로와 요한이 성전에 올라갈새." 당시 경건한 유대인들은 하루 세 차례(아침 9시, 낮 12시, 오후 3시) 기도했다. 베드로와 요한도 시간을 정해 놓고 기도하는 사람이었다. 베드로와 요한은 얼마 전 오순절에 마가의 다락방에서 성령의 충만함을 받았다. 그러나 베드로와 요한은 그것으로 만족하지 않고, 꾸준히 시간을 정해 놓고 기도했다. 어제 성령 받았다고 해서 오늘도 내일도 성령 충만하게 살아갈 수 있다는 보장이 없다. 그래서 우리는 쉬지 말고 기도해야 한다. 베드로와 요한이 날 때부터 걷지 못한 사람을 일으켜 세운 것은 기도로부터 출발한다. 기도는 기적을 준비한다. 기도가 쌓일 때 기적을 낳는다. 개론에서 언급했듯이 사도행전은 기도행전이다. 하나님의 역사가 나타나는 곳에는 어김없이 기도가 있었다.

내게 있는 것 (4-6절)

미문 앞에 있던 장애인은 베드로와 요한이 성전에 들어가려는 것을 보고 구걸했다. 여느 사람 같으면 그냥 지나치거나 푼돈이라도 주고 말았을 것이다. 그러나 베드로와 요한은 달랐다. 그들은 그를 주목하더니 "우리를 보라"고 말한다(4절). 아무도 거들떠보지 않는 거지를 베드로와 요한은 주목하여 봤다. 구걸하던 자는 나이가 40여 세였다. 그가 언제부터 성전 미문 입구에 앉아 있었는지 알 수 없으나, 만약 제법 오랜 시간 동안 그곳에 있었다고 하면 베드로와 요한은 그 이전에 그를 보지 않았을까? 그런데 유독 그날 그를 주목하게 됐을까? 성령의 감동이 아니겠나?

오순절 마가의 다락방에서 성령의 충만함을 받은 베드로와 요한은 시선이 달라졌다. 성령은 우리의 시선을 바꾸어 놓는다. 내가 보고 싶은 것을 보는 것이 아니라, 하나님이 보게 하시는 것을 본다. 하나님의 능력, 하나님의 역사는 하나님이 지시하는 곳을 바라볼 때 시작된다. 예수님 당시 성전, 즉 유대교가 돈이 부족했기 때문에 걷지 못하는 사람을 못 고친 것이 아니었다. 그런 사람이 눈에 아예 들어오지 않았기 때문이다. 거들떠보지 않았기 때문이다.

'주목하다'라는 뜻의 헬라어 '아테니조'(ἀτενίζω)는 신약에서 14회 나오는데, 사도행전에서만 10회 나온다. 바울도 나중에 루스드라의 장애인을 고칠 때도 그를 주목했다. "바울이 말하는 것을 듣거늘 바울이 주목하여 구원 받을 만한 믿음이 그에게 있는 것을 보고"(14:9). 주목하지 않고서는 역사는 일어나지 않는다. 하나님이 주시는 마음에 따라 하나님의 시선에 주목할 때 역사가 일어난다. 성전에 들어가려던 베드로와 요한은 미문 앞에 앉아 있던 거지를 주목하여 보며 이렇게 말한다.

거지가 베드로와 요한에게 바란 것은 돈이었다. 그러나 베드로와 요한에게는 돈이 없었다. 그렇다면 그 거지는 그들을 바라볼 이유가 없다. 내게 은과 금이 없으면 사람들은 나를 쳐다보지 않는다. 하지만 베드로와 요한은 자신에게 나사렛 예수 그리스도의 이름을 가지고 있었고, 그것을 주겠다고 말한다. 나에게 있는 것이 무엇인가? 재산, 지식, 세상의 지위, 사랑하는 가족과 친구들 모두 나에게 있는 것이다. 이 모든 것을 하나님이 우리에게 주셨다. 그러나 이 모든 것이 있어도 예수가 없으면 우리는 아무것도 아니다.

중세 교회의 타락을 보여주는 좋은 이야기가 있다. 13세기 위대한 교회 신학자 토마스 아퀴나스와 교황 이노센트 2세의 대화다. 당시 중세 교회는 금과 은으로 차고 넘쳤다. 교황이 말했다. "토마스. 사도행전 3장에서 베드로가 은과 금은 내게 없거니와 라고 말했잖나? 보게. 이제 우리는 은과 금은 없다는 말을 할 수 없게 되었어." 그러자 토마스가 대답했다. "맞습니다, 교황님. 그러나 예수의 이름으로 일어나 걸으라는 말도 할 수 없게 됐습니다." 교회에 돈은 많아졌지만, 예수 이름의 능력은 사라졌음을 비꼬는 말이다. 교회에 돈은 쌓이되, 예수 이름의 권세가 약화되고, 제도는 정교하게 되지만 성령의 자유로운 역사는 위축된다면 교회는 변질된다.

우리는 예수만 있으면 기뻐할 수 있다. 그래서 하박국 선지자는 이렇게 찬양했다.

17 비록 무화과나무가 무성하지 못하며 포도나무에 열매가 없으며 감람나무에 소출이 없으며 밭에 먹을 것이 없으며 우리에 양이 없으며 외양간에 소가 없을지라도 18 나는 여호와로 말미암아 즐거워하며 나의 구원의 하나님으로 말미암아 기뻐하리로다 (합 3:17-18)

바울도 그랬다. 바울은 예수 믿기 전에 자신에게 유익하던 모든 것을 다 해로 여긴다고, 배설물처럼 여긴다고, 왜냐하면 예수 그리스도를 아는 지식이 가장 고상하기 때문이라고 고백했다(빌 3:7-8).

본래 구걸하던 장애인이 성전에 들어가 하나님을 찬송하다 (7-10절)

나사렛 예수 그리스도의 이름으로 걸으라는 베드로의 선포에 장애인은 일어났다. 걷고 뛰었다. 그리고 베드로와 요한과 함께 성전으로 들어가 그곳에서 하나님을 찬양한다. 그는 전에는 성전에 들어갈 수 없었다. 날 때부터 걷지 못한 자는 부정한 자였기 때문이다. 다른 사람이 업고 들어갈 수도 없었다. 그 사람은 태어나서 한 번도 성전에 들어가지 못했던 것이다. 한번 상상해 보자. 성전에 들어가는 문 앞에 앉아서 성전에 들어가는 사람들을 보면서 얼마나 부러웠을까? 그러나 자신은 죽을 때까지 성전에 들어갈 수 없음을 알고 체념했을 것이다. 그저 성전 입구에 앉아 성전에 들어가는 사람들이 주는 한 푼 두 푼에 만족하며 살아왔다. 그러던 그가 지금 예수의 이름으로 일어났다. 그리고 성전 안으로 들어가 하나님을 찬양한다. 이 놀라운 사실을 오늘 본문은 8절과 9절에서 두 차례나 강조한다. "하나님을 찬송하니", "하나님을 찬송함을 보고."

　예수 이름으로 하나님의 능력이 나타나면 하나님을 찬양하고 예배하는 자로 바뀐다. 다시 일어나 걸은 것도 놀랍지만, 그 발로 하나님 성전에 들어간 것이 더 소중하다. 병에서 고침을 받았는데, 그 발로 술집이나 도박장에 가면 무슨 소용이 있겠나? 성전에 가서, 교회에 가서 하나님을 찬송하며 예배자로 살라고 고쳐주신 것을 잊지 말아야 한다. 이 모습을 본 사람들이 이렇게 말한다.

그가 본래 성전 미문에 앉아 구걸하던 사람인 줄 알고 그에게 일어난 일로 인하여 심히 놀랍게 여기며 놀라니라 (10절)

　'본래(本來)'라는 말에 주목하자. 본래라는 말은 '처음부터'라는 뜻이다. '원래(元來)'라는 말도 있다. '나 원래 그래' 이런 말을 흔히 하지 않는가? 원래 그렇다는 말은 나의 이런 모습이 진짜 모습이다, 옛날에도 그랬고 지금도 그렇다는 뜻이다. 앞으로도 바뀌지 않을 것이라는 고집이나 단념을 담고 있다. 본래, 원래는 운명적으로 결정되어서 내가 어찌할 도리가 없는 나의 모습을 말한다. 어려서부터 나쁜 습관이 붙어서 오랜 시간이 흘러 굳어져 본래 모습이 되는 일이 허다하다. 본래에 갇혀 헤어나지 못하고 체념하며 살아가는 것이 다반사다.

사람은 본래 죄인이다. 하지만 누구든지 그리스도 예수 안에 있으면 새로운 피조물이 된다. 예수님을 만나면 우리 삶이 근본적으로 바뀐다. 나의 본래, 원래를 바꾼다. 본래 구걸하던 사람이 예수의 이름으로 치유되더니 성전 미문에 앉아서 구걸하던 자가 성전에 들어가 하나님을 예배하는 놀라운 변화가 일어난 것이다.

예수의 이름이 일으켜 세웠다 (12, 16절)

날 때부터 일어서지 못했던 사람이 일어나 걷고 뛰는 이 놀라운 기적을 본 사람들이 베드로와 요한이 있는 솔로몬의 행각으로 모여들었다. 치유를 받은 사람이 베드로와 요한을 붙잡고 놓아주지 않은 것 같다. 베드로가 몰려든 사람들을 보고 그들에게 복음을 증거한다. 앞서 2장에서 베드로는 오순절에 성령의 충만함을 받은 후 설교한 적이 있다. 자신들이 성령을 받은 것은 선지자 요엘의 성취임을 밝히는 설교였다.

3장 11절 이하는 베드로와 요한이 날 때부터 걷지 못하는 사람을 예수님의 이름으로 고친 후 모여든 사람들에게 행한 두 번째 설교다. 먼저 베드로는 절망 속에 살아가던 장애인을 고친 것은 자신의 개인 권능과 경건이 아니라, 죽으시고 부활하신 예수님, 지금은 하나님 우편에서 다스리시는 영화로운 예수님의 이름이라고 증언한다.

베드로가 이것을 보고 백성에게 말하되 이스라엘 사람들아 이 일을 왜 놀랍게 여기느냐 우리 개인의 권능과 경건으로 이 사람을 걷게 한 것처럼 왜 우리를 주목하느냐 (12절)

베드로는 이 이적이 자신의 개인 권능과 경건으로 결코 이뤄진 것이 아님을 분명히 밝히면서 자신을 왜 주목하냐고 반문한다. 베드로는 아무도 관심을 주지 않았던 사람을 관심을 가지고 바라보는 긍휼의 사람이지만, 동시에 자신은 결코 사람들이 주목할 만한 대상이 될 수 없다고 단호히 말하는 겸손한 사람이다. 베드로는 태어날 때부터 일어서지 못했던 사람을 일어나게 한 능력은 예수의 이름이라고 증언한다.

그 이름을 믿으므로 그 이름이 너희가 보고 아는 이 사람을 성하게 하였나니 예수로 말미암아 난 믿음이 너희 모든 사람 앞에서 이같이 완전히 낫게 하였느니라 (16절)

사람의 개인 권능과 경건도 힘이 있다. 자신이 가진 재산, 권력, 전문적인 지식이나 기술 등으로 이웃에게 유익한 일을 할 수 있다. 그러나 인간의 힘으로 할 수 없는 것이 많다. 개인의 권능과 경건이 평생 걷지 못한 사람을 낫게 할 수는 없다. 죽은 사람을 살릴 수도 없다. 부활의 주님, 생명의 주님을 온전히 믿는 사람만이 할 수 있다. 그 사람이 바로 베드로와 요한이었다.

베드로는 예수님이 유대인에 의해
죽임을 당하셨으나 부활하셨다고 선포한다 (13-15절)

이 땅에 오신 예수님을 완악한 유대인들은 거부했다. 빌라도가 예수님을 놓아주려고 했지만, 오히려 그들은 바라바를 택하고 예수님을 죽였다. 바라바는 살인자였고, 예수님은 '생명의 주'였지만 유대인들은 살인자를 택했다. 그들은 거룩하고 의로운 분을 죄인으로 정죄하고 죽였다. 이 얼마나 비극적인 아이러니인가? 하지만 베드로는 그들이 그 일을 한 것은 알지 못하고 그리한 것이라고 말한다(17절). 하나님은 모든 선지자를 통해 그리스도께서 고난받아야 할 것을 미리 선포하셨다. 그렇다면 종교 지도자들과 이스라엘 백성들의 무지는 하나님의 예언을 이루는 데 기여한 셈이 된다. 하나님의 섭리는 참으로 오묘하다.

하나님은 죽은 자 가운데서 예수를 다시 살리셨으며, 베드로 자신과 모든 성도는 이 일에 증인이라고 말한다(15절). "예수 부활 이전에는 그리스도인이 없었다"는 말이 있다. 앞서 언급한 것처럼 가룟 유다를 대신할 사도를 뽑을 때 자격 요건 가운데 하나는 예수의 부활을 증언하는 것이었다(1:22).

또 2장에서 베드로는 오순절에 성령의 충만함을 받은 뒤 사람들에게 설교하던 중 이렇게 말했다.

하나님께서 그를 사망의 고통에서 풀어 살리셨으니 이는 그가 사망에 매여 있을 수 없었음이라 (2:24)
이 예수를 하나님이 살리신지라 우리가 다 이 일에 증인이로다 (2:32)

"이 예수를 하나님이 살리신지라. 우리가 다 이 일에 증인이로다." 3장 15절과 똑같다! 베드로는 나중에 유대 종교 지도자들이 있는 앞에서도 똑같이 말했다.

> ³⁰ 너희가 나무에 달아 죽인 예수를 우리 조상의 하나님이 살리시고 ³¹ 이스라엘에게 회개함과 죄 사함을 주시려고 그를 오른손으로 높이사 임금과 구주로 삼으셨느니라 ³² 우리는 이 일에 증인이요 하나님이 자기에게 순종하는 사람들에게 주신 성령도 그러하니라 하더라 (5:30-32)

베드로는 말한다. "우리는 이 일에 증인이요 성령도 그러하니라!" 성령도 하나님이 예수를 살리시고 그를 높여 임금과 구주로 삼으신 일에 증인이시다. 예수의 이름이 생명의 능력인 이유는 하나님이 예수를 다시 살리시고 영화롭게 하셨기 때문이다. 예수라는 이름은 당시에 매우 흔한 이름이었다. 그래서 때로 성경은 나사렛 예수라고 부른다. 다른 예수와 구별하기 위해서다. 하지만 하나님은 예수의 이름을 영화롭게 하셨다. 그래서 부활하신 예수의 이름을 믿으면 그 믿음을 통해 성령의 능력이 나타난다(16절). 나중에 베드로와 요한은 종교 지도자들 앞에서도 예수의 이름을 믿는 믿음을 선포한다. "다른 이로써는 구원을 받을 수 없나니 천하 사람 중에 구원을 받을 만한 다른 이름을 우리에게 주신 일이 없음이라"(4:12).

예수 이름 믿으면 죄를 씻고,
새롭게 되는 날이 찾아온다 (18-19절)

베드로는 이스라엘 백성들이 알지 못해서 예수님을 죽였고 그래서 하나님이 기회를 주신다고 말한다. 그것은 예수님을 거부하고 죽인 죄를 회개하고, 하나님께로 돌아오는 것이다. 회개는 잘못에 대한 후회와 죄책감을 느끼는 것에 그치지 않는다. 잘못된 방향으로 가던 걸음을 멈추고 돌아서서 하나님께로 돌아오는 것, '유턴'하는 것이다. 회개하면 하나님께서는 예수의 이름으로 우리의 죄를 사해주실 것이다(3:19). 예수님이 승천하시기 전에 선포하신 말씀도 예수의 이름으로 죄 사함을 받게 하는 회개였다(눅 24:47-49).

회개하고 주 예수의 이름으로 성령 받을 때 새로운 날이 우리를 찾아온다. 베드로는 예수 이름으로 세례를 받으면 새롭게 된다고 말하지 않고 새롭게 되는 날이 주 앞으로부터 이를 것이라고 말하는 것에 주목하자. 예수 이름으로 세례를 받아 새롭게 되는 것은 단순히 인간의 결심으로 새로워지는 게 아니다. 주 앞으로부터 새로운 날이 찾아오는 것이다. 새롭게 되는 일이 주님에 대한 나의 태도에 달려있다는 뜻이다. "새롭게 되는 날"에서 '새롭게 된다'(ἀνάψυξις [아납쉭시스])는 말은 원래 '다시 숨쉰다'는 뜻이다. 회개하면 하나님의 숨결이 우리 영혼에 주입되어 호흡하게 된다. 질식의 위기에 있는 사람에게 산소 마스크를 통해 신선한 공기를 주입하면 살아나는 것처럼 말이다. 답답한 가슴이 뻥 뚫리고 시원하게 된다. 그래서 '새롭게 되는 날'을 과거에 개역한글성경은 "유쾌하게 되는 날"로 번역했다.

예수님에 대한 선지자의 예언 (20-26절)

20절 후반부부터 21절은 그리스도 예수께서 지금 부활 승천하셔서 하늘에 계시며, 하나님께서 만물을 회복하실 때까지 하늘에 계시다가 때가 되면 다시 재림하실 것을 말한다. 22~26절은 모세, 사무엘 및 모든 예언자가 이 땅에 예수님이 오실 것을 예언하셨음을 말하고 있다. 즉 구약이 예언한 메시아는 바로 예수님이시며 그래서 그분의 모든 말씀을 들어야 한다(22절).

또 예수님은 하나님이 아브라함에게 하신 약속을 성취하신 분이다. 25절의 '네 후손'이란 바로 예수 그리스도를 가리킨다. 바울 역시 갈라디아서 3장 16절에서 아브라함의 씨는 단수이며, 그 씨는 바로 예수 그리스도라고 말하고 있다.

> 이 약속들은 아브라함과 그 자손에게 말씀하신 것인데 여럿을 가리켜 그 자손들이라 하지 아니하시고 오직 한 사람을 가리켜 네 자손이라 하셨으니 곧 그리스도라 (갈 3:16)

하나님이 아브라함에게 하신 약속은 "땅의 모든 족속이 복을 받게 되는 것"이다. 예수님을 통해 복을 받게 될 것이다. 어떻게? 악으로부터 각자 돌아서게 됨으로써 이뤄진다.

> 하나님이 그 종을 세워 복 주시려고 너희에게 먼저 보내사 너희로 하여금 돌이켜 각각 그 악함을 버리게 하셨느니라 (26절)

19절에서 말한 바 회개하고 돌아와 죄 씻음을 받는다는 말과 동일하다. 하나님은 땅의 모든 족속에게 복을 주시기를 원하신다. 그 방법은 악을 버리고 하나님께로 돌이키는 것이다.

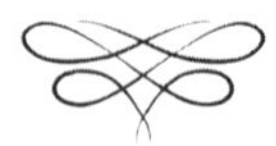

4장

핍박 속에서도 믿는 자의 수가 늘어나다 (1-4절)

베드로와 요한이 날 때부터 걷지 못하는 사람을 예수님의 이름으로 고치자, 이 놀라운 이적을 본 사람들이 그들 주변에 모여들었고 베드로는 사람들 앞에서 부활하신 예수님을 믿는 믿음이 그를 일으켜 세웠다고 증언했다. 이때 베드로와 요한 주위에 사람들이 모여들어 두 사도의 설교를 듣고 있는데 제사장들과 성전 맡은 자, 그리고 사두개파 사람들이 나타났다. '성전 맡은 자'란 성전의 치안을 담당하는 성전경비대장으로, 대제사장 다음으로 높은 직책이었다.

이들은 베드로와 요한이 예수님이 죽은 자 가운데서 부활하신 것을 전하자 심기가 몹시 불편해졌다. 헬라어 본문은 '싫어하다'가 2절 첫머리에 나온다. 싫어하는 마음을 강조하는 것이다. 사두개파 사람들은 부활을 믿지 않았고, 또 제사장들은 대부분 사두개파였다. 그래서 이들은 베드로와 요한을 체포하여 옥에 가두었다. 당시에 종교적인 문제에 관한 재판이 있는 경우 낮에 시작하여 당일에 종결되어야 했다. 베드로와 요한이 태어날 때부터 일어서지 못한 사람을 고친 것이 오후 3시 무렵이었는데, 당시 성전문은 4시경에 닫혔다. 종교 지도자들이 사도들을 잡았을 때는 이미 날이 저물었기 때문에 다음 날까지 감옥에 가둔 것이다. 하지만 베드로의 설교를 들은 사람들 가운데 약 5,000명이 예수님을 믿게 되었다.

베드로가 오순절 성령의 충만하심을 받은 후 말씀을 전했을 때 예수님을 믿고 세례를 받은 사람의 수가 약 3천 명이었다(2:41). 그런데 지금은 5천 명이 믿은 것이다(5천 명이 믿은 게 아니라 2천 명이 믿어 합계 5천 명이 되었다고 볼 수도 있다). 그곳에는 남자들뿐만 아니라 여자들과 아이들도 당연히 있었을 것이며, 그렇다면 그날 하루에만 예수님을 믿은 숫자는 5,000명을 훨씬 넘었을 것이다. 마치 예수님이 오병이어의 기적으로 5,000명을 먹이신 것과 유사하다. 말씀을 전한 사도들은 감옥에 갇혀도 복음의 능력은 빛이 바래지 않았다. 사도행전은 이처럼 어떤 핍박 속에서도 복음이 역사함을 증언하고 있다. 복음은 그 누구도 제지할 수 없다. 내가 고난을 겪어도 복음은 역사한다.

베드로의 세 번째 설교와 종교 지도자들의 위협 (5-22절)

이튿날 종교 지도자들이 예루살렘에 모였다. 이 중에는 대제사장 안나스, 가야바(장인과 사위의 관계다. 요 18:13; 눅 3:2 참조), 그리고 요한(안나스의 아들 요나단과 동일 인물로 추정됨)과 알렉산더(알려진 사실이 없음)가 있었다. 그밖에 대제사장 가문의 사람들이 있었다. 이들은 당시 최고의 권력 기관인 산헤드린의 주요 구성원이었다. 베드로와 요한, 단 두 사람을 심문하기 위해 수십 명의 종교 지도자들이 모인 것이다. 이들은 사도들을 가운데 세우고 심문하기 시작했다. 생각해 보라. 위압적인 종교 지도자들 수십 명이 빙 둘러 에워싸고 있는 상황에서 거친 심문이 오가는 상황을. 그들의 질문은 이것이었다. "너희가 무슨 권세와 누구의 이름으로 이런 일을 행하였느냐?"(7절).

종교 지도자들은 당시에 성전을 관리하고, 제사를 주관하는 권세가 있었다. 아무리 병든 사람을 고치는 좋은 일이라도 자신들의 허락하에 이뤄져야 한다고 생각했다. 게다가 종교 지도자들은 사람들의 관심이 베드로와 요한에게 쏠리면 자신들의 권세가 약해질 것을 우려하였다. 시기했던 것이다.

> 17 대제사장과 그와 함께 있는 사람 즉 사두개인의 당파가 다 마음에 시기가 가득하여 일어나서 18 사도들을 잡아다가 옥에 가두었더니 (5:17-18)

종교 지도자들은 예수님도 시기했다. 자신들은 장애인에게 관심도 없었고 고쳐주지도 못하면서 베드로와 요한이 고치자, 그들을 시기하며 왜 자신들의 허락 없이 하냐고 따지는 것은 하나님이 왜 그들에게 권세를 주셨는지 망각한 채 자신의 기득권을 지키려는 한심한 모습이다. 하지만 베드로와 요한은 담대하게 나사렛 예수 그리스도의 이름으로 이 사람이 건강하게 되었다고 말한다(10절). 얼마나 담대한가!

베드로가 이렇게 부활을 인정하지 않는 사두개파 사람들 앞에서도 당당할 수 있었던 비결은 아는 것이 많았기 때문이 아니다. 오히려 그는 무식한 사람이었다(13절). 또 그가 권력의 실세를 잘 알고 있었기 때문도 아니었다. 베드로의 담대함의 비결은 한 마디로 성령충만이었다(8절). 베드로가 어떤 사람이었나? 종교 지도자는커녕 대제사장의 여종 앞에서 예수님을 세 번이나 부인하였던 비겁한 사람이었다. 그런 작자가 이렇게 변할 수 있었던 것은 성령으로 충만했기 때문이다.

예수님의 부활은 버린 돌이 머릿돌이 된 것이다 (11-12절)

베드로는 예수님의 부활을 시편 118편 22절에 비추어 이해했다. 베드로는 1,000여년 전에 지어진 시편이 예수의 죽음과 부활을 예언하고 있음을 알았으니, 성령이 깨닫게 해주신 것이다. 베드로의 답변을 들은 종교 지도자들은 베드로가 무식한 사람인 줄 알았다가 그가 성경을 인용하고 담대히 말하는 것을 보고 놀랐다.

베드로에 따르면 하나님은 건축자들이 버린 돌을 가지고 집 모퉁이의 머릿돌을 삼으셨다(11절). 예수님은 버림을 받아 십자가에 죽으셨으나 하나님 아버지께서는 예수님을 다시 살리셔서 집 모퉁이의 머릿돌로 삼으셨다. 예수님은 하나님의 집, 즉 교회의 머릿돌, 주춧돌이시다. 교회는 예수님이 십자가와 부활을 통해 우리의 주님이시요, 우리를 구원하시는 그리스도가 되셨으며, 지금도 살아계셔서 하나님의 우편에서 만물을 다스리는 하나님의 아들이심을 믿는 믿음의 공동체다. 또한 예수님은 우리 가정의 머릿돌이요, 내 인생의 머릿돌이시다.

베드로는 나사렛 예수 그리스도의 이름이 태어날 때부터 걷지 못하던 사람을 일으켜 세운 사건은 다른 그 어떤 사람으로는 구원을 받을 수 없고 오직 예수의 이름으로만 구원을 받을 수 있음을 보여주는 놀라운 사건이며, 하나님께서는 우리에게 천하 사람 중에 구원을 받을 만한 그 어떤 다른 이름도 주신 적이 없다고 단호하게 말한다(12절). 예수님은 죽음을 이기시고 다시 사신 부활의 주님, 생명의 주님이시기에 유일한 구원자시다.

할 말 없게 만든 베드로와 요한, 말하지 못하게 위협하는 종교 지도자들 (13-22절)

성전에 모인 종교 지도자들은 베드로와 요한이 담대하게 말하는 것을 보고 놀랐다(개역개정성경은 '이상히 여기며'로 번역하였다). 또 예수의 이름으로 낫게 된 그 사람이 그들과 함께 서 있었기 때문에 명백한 증거가 있는 이상 베드로와 요한을 비난할 수 없었다. 더군다나 이 사건은 이미 예루살렘에 사는 모든 사람에게 알려진 뒤였다. 능력이 함께 하는 진리 앞에서 거짓과 무력한 자들은 말을 잃게 된다. 이것이 진리의 힘이다. 그러나 종교 지도자들은 베드로와 요한을 방치할 수 없었다. 이 사실이 더 퍼지지 못하도록 이후로는 예수의 이름으로 아무에게도 말하지 말라고 협박한다. 그러나 베드로와 요한이 이들의 요구를 들을 리 만무했다.

> 19 베드로와 요한이 대답하여 이르되 하나님 앞에서 너희의 말을 듣는 것이 하나님의 말씀을 듣는 것보다 옳은가 판단하라 20 우리는 보고 들은 것을 말하지 아니할 수 없다 하니 (19-20절)

얼마나 당당한가! 그들의 선택 기준은 너무도 분명했다. 인간의 말이 아니라 하나님의 말씀을 듣는 것이 옳다! 물론 그 대가는 충분히 알고 있었다. 만약 베드로와 요한이 종교 지도자들의 말을 들었다면 그들은 위험에서 벗어날 수 있었을 것이다. 사람의 말을 들으면 일단 편하다. 위협이 사라진다. 자기에게 이익이 온다. 반대로 종교 지도자들의 말을 듣지 않고, 하나님의 말씀에 따라 계속해서 예수님을 전하면 위협이 계속된다. 고난을 감수해야 한다. 하지만 베드로와 요한은 하나님의 말씀을 전할 수밖에 없다. 그들은

'보고 들은 것'이 있기 때문이다. 예수가 행하신 일, 부활하신 예수님을 보았는데, 예수님의 말씀을 들었는데 어찌 말하지 않을 수 있으랴! 우리가 나가서 전해야 할 말이 없는 이유는 보고 들은 바가 없기 때문이다. 백날 설교를 들어도, 교회 다녀도 내 가슴을 뛰게 만드는 살아 있는 말씀, 펄쩍펄쩍 뛰는 약동하는 생명의 말씀을 듣지 않았는데 무엇을 전한단 말인가? 말하지 않고서는 못 배길 것을 보고 들어야 한다.

위기 속에서 드리는 기도와 하나님의 응답 (23-31절)

베드로와 요한은 풀려나자마자 성도들에게 가서 대제사장들과 장로들이 한 말을 전해주었다. 예수의 이름으로 말하지도, 가르치지도 말라는 위협이 있었다는 말을 들은 성도들은 기도하기 시작했다. 협박이 있으니 일단 당분간은 조심해서 지내자며 회의하지도 않았다. 한 마음으로 기도했다. 그 기도는 절절한 통성기도였다. 24절, "그들이 듣고 한 마음으로 하나님께 소리를 높여 이르되" 위기 앞에서 그들은 한마음이 되었다. 그리고 소리를 높여 기도했다.

성도들은 하나님이 천지를 지으신 '대주재'로 고백한다 (24절)

'주재'(主宰)란 주인이 되어 다스린다는 뜻이다. 하나님은 주재 중에서도 대주재(Sovereign Lord)이시다. 천지만물을 지으신 창조주이기 때문이다. 온 세상을 누가 만드셨는지 알아야 누구의 말을 두려워하고 따를지를 알게 된다. 예루살렘 교인들은 자신들을 죽일 수도 있는 막강한 힘을 가진 종교 지도자들을 두려워하기보다 그들보다 더 위대하신 주님, 대주재이신 하나님을 바라보았다. 하나님이 창조주이심을 그들은 믿기에 다른 허탄한 것을 의지하지 않았다. 대주재이신 하나님은 우리의 영혼을 멸할 수 있는 권세가 있으시다.

몸은 죽여도 영혼은 능히 죽이지 못하는 자들을 두려워하지 말고 오직 몸과 영혼을 능히 지옥에 멸하실 수 있는 이를 두려워하라 (마 10:28)

하나님만 두려워하고 의지하자. 믿음의 인물들이 그랬다. 다니엘은 조서에 어인이 찍힌 것을 알고도 하나님께 기도드렸다. 아무리 다리오 왕이 막강한 권력을 가지고 있다고 해도 그에게 권세를 주신 분은 하나님이심을 다니엘은 믿었기 때문이다. 바울은 죄수의 신분으로 벨릭스 총독 앞에서 당당하게 의와 절제와 장차 오는 심판을 강론했다(24:25). 지금은 벨릭스가 총독이니 권력이 있다. 그러나 바울은 벨릭스보다 더 크신 분 대주재이신 하나님을 보았고, 그분이 행하실 심판을 선언했다.

시편 말씀으로 기도하다 (25-30절)

그들은 시편 2편 1~2절의 말씀을 기도 가운데 언급한다.

[25] 또 주의 종 우리 조상 다윗의 입을 통하여 성령으로 말씀하시기를 어찌하여 열방이 분노하며 족속들이 허사를 경영하였는고 [26] 세상의 군왕들이 나서며 관리들이 함께 모여 주와 그의 그리스도를 대적하도다 하신 이로소이다 (25-26절)

"다윗의 입을 통하여 성령으로 말씀하셨다!" 시편 2편은 성령께서 다윗을 통해 하신 말씀이다. 원래 시편 2편은 세상의 군왕들이 하나님과 그리스도를 향해 분노하고 헛된 일을 꾸미고 대적하자 하나님이 하늘에서 보시고 이들을 비웃으시고 세우신 그리스도를 통해 심판하신다는 내용이다.

하지만 성도들은 이 시편 2편 1~2절의 말씀이 예수님의 삶에서 이루어졌다는 것을 알게 되었다. 즉 시편 2편 2절에서 말하는 세상의 왕들과 통치자들이란 예수님을 십자가 처형으로 내몬 헤롯 안티파스 왕과 본디오 빌라도 로마 총독을 가리키며, 시편 2편 1절에서 말하는 민족들이나 사람들이란 본디오 빌라도와 로마 군인들로 대표되는 이방 사람들을 가리키고, 그리고 예수님의 십자가 처형을 원했던 이스라엘 백성들을 가리킨다. 이렇게 보면 세상의 힘센 자들 앞에서 예수님이 무기력하게 패배한 것처럼 보인다. 창조주 하나님이 비록 세상은 만드셨지만, 지금 인간의 역사는 악의 세력이 다스리는 것처럼 보인다. 그러나 성도들은 예수님의 고난과 죽음을 실패로 보지 않았다. 통치자들이 예수님을 대적하여 죽인 것은 그들이 승리한 것처럼 보이지만 사실은 하나님이 미리 정하신 일이 이루어진 것이다(28절).

그렇다면 자신들이 지금 종교 지도자들로부터 핍박을 받고 있는 것은 예수님을 본받는 삶이며, 그것은 종교 지도자들의 승리가 아니라, 하나님의 뜻을 이루는 과정일 뿐이다. 우리는 여기서 초대 교회 성도들이 말씀으로 자신이 처한 상황을 해석하였음에 주목해야 한다. 앞서 살펴본 대로 베드로 역시 다른 성도들과 기도하던 중에 가룟 유다가 예수님을 배반하고 비참한 죽음에 처한 사건을 이해하게 됐다. 기도란 단순한 간구가 아니다. 말씀으로 내 삶을 비추어보는 것이다. 우리가 말씀을 묵상하면 성령께서 말씀을 통해 우리의 삶을 이해하는 지혜를 주신다.

자신들이 당하는 고난의 이유를 알게 된 그들은 위협이 사라지게 해달라고 기도하지 않았다. "주여 이제도 그들의 위협함을 굽어보시옵고"(29절). 예수님이 헤롯과 빌라도와 종교 지도자들에게 고난을 받으시고 죽으신 것처럼, '이제도' 예루살렘 교회 성도들 역시 위협을 받고 있다. 죽을 수도 있다. 스데반은 순교까지 했다. 그래서 그들은 기도한다. 주님, 지금도 믿음의 성도들을 위협하고 죽이려는 자들이 있습니다. 굽어살펴 주십시오. 하지만 도망가지 않겠습니다. 저희가 담대히 하나님의 말씀을 전하도록 도와 주옵소서. 저희가 예수의 이름으로, 성령의 능력으로 병을 낫게 하시고 각종 표적과 기사가 이뤄지게 하소서!

보라. 위협 속에서도 담대히 하나님의 말씀을 전하게 해달라고, 예수의 이름으로 병 치유와 표적과 기사가 일어나게 해달라고 기도한다. 하나님의 말씀으로 기도 가운데 자신이 당하는 고난을 이해하는 자는 고난 그 자체를 두려워하지 않는다. 오히려 고난은 하나님의 뜻을 이루는 과정이기에 받아들인다. 다만 고난 속에서도 그들이 해야 할 일, 곧 담대히 말씀을 전하게 해달라고 기도한다. 실제로 5장을 보면 사도들과 성도들은 복음을 전하다가 종교 지도자들에 의해 또다시 감옥에 갇힌다(5:18). 그러나 그들은 예수님의 이름을 위해 모욕당하는 것이 오히려 당연하다고 여기고, 기뻐한다. 예수님이 구원자 되심을 선포하고 전하는 일을 쉬지 않았다(5:41-42).

기도를 마치자 모여 있던 곳이 진동했다. 이것은 하나님의 임재, 성령의 강력한 임재가 있었다는 뜻이다(출 19:18 참조). 모든 성도가 성령으로 충만해져서 그들의 기도대로 담대하게 하나님의 말씀을 전하러 나갔다. 어떻게 성령충만할 수 있을까? 고난 속에서도 하나님의 뜻을 이루게 해달라고 기도할 때 성령으로 충만해진다. 하나님은 당신의 뜻대로 살고자 하는 자에게 고난을 이길 수 있는 힘을 주신다. 성령으로 충만케 하심으로써 말이다. 성령충만이란 실패한 자들을 위한 하나님의 은혜라는 말은 타당하다.[14] 1907년 국운이 기울어져 가던 그때 하나님은 평양대부흥을 허락하셨다. 절망 가운데 있던 이 민족에게 어디에 소망이 있는지 알려 주셨다. 유명한 부흥사 토저 목사는 성령과 교회 운영과 관련해 이런 말을 한 적이 있다.

> 만약 오늘날 교회에서 성령을 뺀다 해도, 우리가 하는 일의 95%가 계속될 것이고 아무도 차이를 알지 못할 것이다. 만약 신약 교회에서 성령을 뺀다면, 그들이 행했던 일의 95%는 멈췄을 것이고 모두 그 차이를 알았을 것이다. (A. W. 토저)

신약성경에 나오는 교회는 성령충만한 교회였다. 따라서 성령이 없다면 모든 일이 'All stop'되었을 것이다. 되는 일이 없었을 것이다. 그런데 현대 교회는 성령이 없어도 대부분 일이 잘 돌아간다. 오랜 관행과 사람이 만든 제도에 따라 돌아가기 때문이다. 안정적이다.

그들에게 나눔이 가능했던 이유, 그리고 바나바 (32-37절)

32~35절은 초대 예루살렘 교회 성도들의 삶이 어떠했는지를 보여주고 있다. 그들은 '한마음과 한뜻'이 되었다. 어느 정도까지 한마음 한뜻이 되었는가 하면 자기 재산을 자기 것이라고 주장하지 않고 가진 것을 함께 사용

---

14 박영돈, 『성령충만, 실패한 이들을 위한 하나님의 은혜』 (서울: SFC, 2008)는 일독을 권할 매우 좋은 책이다.

할 정도였다.

경제적으로 어려운 분들이 생기면 그때마다 재산을 소유한 사람들이 자신의 재산을 팔아 교회에 헌금했고, 그것을 가지고 가난한 성도를 도왔을 것이다. 모든 성도가 예수님을 믿는 즉시 자기 재산을 팔아 교회에 바치고 개인적으로 재산을 전혀 소유하지 않았다는 뜻은 아니라고 본다. 이런 일을 한 대표적인 사람이 바로 바나바였다. 바나바는 원래 이름이 '요셉'이었으나, 사도들이 그를 '바나바'로 불렀다. 이 이름의 뜻은 '위로(comfort)의 아들'(υἱὸς παρακλήσεως [휘오스 파라클레쎄오스])이다. '위로'의 헬라어 '파라클레시스'에서 보혜사로 번역된 '파라클레토스'(παράκλητος)가 나왔다. 바나바는 보혜사 성령으로 충만하여 다른 사람을 위로하고 돕는 일을 잘했던 것 같다.

그러나 '바나바'는 '권면(exhortation)의 아들'로 번역할 수 있다. '바'는 아람어 '바르'(בַּר)이고, '나바'는 '예언'을 뜻하는 아람어 '네부아'(נבואה) 또는 히브리어 '나비'(נָבִיא)와 관련이 있는 것으로 보이는데, 예언자처럼 하나님의 말씀으로 사람들을 권면한다는 뜻을 담고 있다. 그렇다고 그가 말을 잘하는 사람이었다고 보기는 어렵다. 바울과 바나바가 루스드라에서 선교할 때 사람들이 바나바는 제우스로, 바울은 헤르메스로 불렀는데, 바울이 말을 잘했기 때문이다. 바나바가 말을 잘하는 게 아니었다.

바나바는 자기의 밭을 팔아 그 돈을 사도들의 발 앞에 갖다 놓았다. 바나바는 레위인이었다. 레위인은 땅을 개인적으로 소유할 수 없었다. 그래서 여기서 바나바가 판 밭은 그가 태어난 구브로에 있던 그의 소유를 가리킨다고 보기도 한다.[15] 한편 일부 학자는 이 규정이 신약 시대에는 통용되지 않았으며, 레위인들도 개인적으로 재산을 소유할 수 있었다고 주장한다. 실

---

15 Joseph A. Fitzmyer, *The Acts of the Apostles*, 322.

제로 제사장 가문이었던 예레미야도 숙부 살룸의 아들 하나멜로부터 베냐민 땅 아나돗에 있는 밭을 은 17세겔을 주고 산 적이 있다(렘 32:7-9). 쉬텔린(G. Stählin)은 레위인이었던 바나바가 가지고 있었던 밭이란 그의 부모나 조부모가 무덤으로 사용하려고 했던 밭이었을 것으로 추측한다.[16] 그렇다면 바나바는 자신의 무덤으로 사용할 땅까지 팔아 교회에 바친 셈이 된다. 바나바의 헌금 행위는 비록 두 렙돈이지만 자신의 전부를 바친 가난한 과부(막 12:41-44)에 비견될 수 있을 것이다. 바나바를 비롯한 초대 교회 성도들은 어떻게 내 것을 내 것이라고 주장하지 않을 수 있었을까?

무엇보다 예루살렘 성도들이 '큰 은혜'(33절)를 받았기 때문이다

예루살렘 교인들은 큰 은혜를 받았다. '큰'으로 번역된 헬라어는 '메갈레'다. 1메가, 2메가 할 때 그 메가가 이 단어에 들어 있다. 예루살렘 교인들은 메가톤급 은혜, 큰 은혜를 받았다. 큰 은혜를 받자 자기 것을 자기 것이라고 주장하지 않고 나누고 싶은 마음이 생긴 것이다. 가난한 자를 보자 돕지 않고서는 못 배기는 마음이 생긴 것이다. 큰 은혜를 받으면 나누고 싶어진다! 나눔의 비결, 가난 해결의 비결이 바로 여기에 있다.

사람이 이기심을 줄이고 다른 사람에게 베푸는 일 쉽지 않다. 그것은 메가 은혜를 받아, 그 은혜가 우리의 이기심을 덮어버려야 한다. 나눔과 섬김의 삶은 휴머니즘에서 비롯될 수도 있다. 예수님을 믿지 않는 분들도 나눔의 삶을 사시는 분이 계신다. 우리도 휴머니즘이, 측은지심(惻隱之心)이 동기

---

16 G. Stählin, *Die Apostelgeschichte*, 82; C. K. Barrett, *A Critical and Exegetical Commentary on the Acts of the Apostles*, Vol. 2 (London: T&T Clark International, 2004), 169에서 참조.

가 되어 남을 도울 수 있다. 그러나 믿는 자들이 이기심을 극복하고 내 것을 고집하지 않을 수 있는 정도까지 나가려면 하나님의 크신 은혜가 임해야 한다. 한편 하나님의 큰 은혜를 받았다고 하면서 여전히 나눔의 삶을 실천하지 못하고 있다면 자신의 신앙을 돌아보아야 한다.

재산을 자기 것으로 고집하지 않으며 나눔의 삶을 살았던 이유는 하나님의 놀라운 역사(병치유와 같은 이적)를 경험했기 때문이다

이들이 큰 은혜를 받은 것은 "사도들이 큰 권능으로 주 예수의 부활을 증언"(4:33)하는 것을 보았기 때문이다. 여기서 큰 권능은 능력 있는 말씀 선포와 이적을 행하는 것을 말한다. 사도행전 2장에서도 예루살렘 성도들의 물질 나눔을 언급하기에 앞서 "사도들로 말미암아 기사와 표적이 많이 나타나니"(43절)라고 언급되어 있다. 성령의 능력으로 기적이 일어나는 것을 보자 성도들은 큰 은혜를 받았고, 그래서 재산을 팔아 교회에 바칠 수 있었던 것이다. 그들에게 새로운 세계, 영적인 능력의 실재가 나타나자 이제까지 그들이 이 세상에서 추구했던 것에 더 이상 미련을 둘 필요가 없었던 것이리라. 성령의 은혜와 능력을 체험하면 이기심에서 벗어나게 된다. 탐욕으로부터 자유롭게 된다. 자발적으로 헌신하게 된다. 내 지갑을 열어 하나님 나라를 위해 사용하게 된다.

오늘날에도 성령의 권능이 나타날 수 있는지에 대해서는 다양한 견해가 있지만, 필자는 긍정적으로 본다. 이와 관련하여서는 애즈베리 신학교에서 신약을 가르치는 크레이그 키너(Craig Keener) 교수가 2011년에 쓴 *Miracles*라는 책(노동래 역, 『오늘날에도 기적이 일어날 수 있는가?』, 새물결플러스, 2022)을 참조할 수 있다. 이 책에는 기적에 관한 다양한 철학적, 신학적 견해는 물론 실제 기적의 사례를 전하고 있다. 사실 저자인 키너 교수가 놀라운 기적을 체험했다. 그의 처형이 죽었다가 살아났다. 하나님은 사도행전의 경우처럼 선교를 위해 기적을 행하신다. 리 스트로벨이 쓴 『기적인가 우연인가』(두란노, 2018)라는 책을 보면 오늘날 무슬림 세계에서 하나님께서 꿈과 환상을 통해 역사하고 계심을 소개하고 있다. 무슬림들은 꿈을 매우 중요하게 생각한다. 또 전 세계 무슬림의 50%가 문맹이다. 그래서 하나님은 꿈과 환상을 사용하여 선교하고 계시다. 초자연적 현상이나 꿈을 경험한 뒤에 이슬람교를 떠나 기독교에 들어선 무슬림은 수없이 많다.

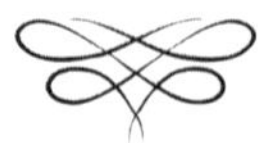

5장

아나니아와 삽비라의 죽음 (1-11절)

거짓말과 위선

초대 예루살렘 교회에 '아나니아'라는 사람이 있었다. '아나니아'(헬라어 발음은 하나니아스)는 구약에서는 '하나냐'로 나온다. "여호와는 은혜로우시다"라는 뜻이다. 그의 아내 '삽비라'는 '아름답다'는 뜻으로 청옥과 같은 보석을 가리킨다. 정말 아름답고 멋진 이름이다. 하지만 이 두 사람은 사탄으로 충만했다.

사도행전 1장부터 4장에 이르기까지 초대 예루살렘 교회는 성령충만, 은혜충만 그 자체였다. 비록 종교 지도자들이 베드로와 요한을 핍박하고, 교회를 위협했지만 기도하면 잘 극복했다. 하지만 적은 내부에 있었다. 외부의 박해는 오히려 성도들을 기도하게 했다. 사탄은 외부의 박해로 되지 않으니 탐욕을 통해 성도들을 유혹했다. 여기에 아나니아와 삽비라 부부가 넘어간 것이다.

먼저, 이들은 자신들의 소유를 판 값 전부를 사도에게 바치지 않고, 일부만 드렸음에도 불구하고 전부인 것처럼 거짓말을 했다. 이 부부가 소유를 팔아 일부만 헌금한 것이 이들의 잘못이 아니다. 소유를 팔아 얻은 돈 전부 가운데 일부를 바치면서도 마치 전부를 바치는 것처럼 거짓말한 것이 이들이 범한 죄였다. 그러나 하나님은 이들에게 재산을 다 팔아서 바치라고 강요하지 않으셨다. "땅이 그대로 있을 때에는 네 땅이 아니며 판 후에도 네 마음대로 할 수가 없더냐"(5:4). 땅은 팔기 전에도 아나니아와 삽비라의 것이고, 판 이후에도 그 돈은 그들의 것이다. 그들이 절반만 내야겠다고 생각하면 절반만 내면 된다. 각각 마음에 정한 대로 자원해서 하면 된다. 하나님은 전부를 내라고 강요한 적이 없다. 하나님은 그들의 소유권, 처분권을 존중해 주신다. 왜 이들은 거짓말을 했나? 헌금을 해서 체면은 세워야겠고, 판 돈 전체를 드리기는 아까웠던 것이 아닐까?

또 다른 문제는 그들의 위선이다. 바나바와 다른 사람들이 자기 재산을 팔아 교회에 헌금하는 것을 보고, 아마도 아나니아와 삽비라도 체면상 헌금해야 한다고 생각했을 것이다. 어쩌면 바나바가 자기 밭을 팔아 전액을 교회에 바치자, 그가 교회로부터 인정받는 사람이 된 것을 보고, 아나니아와 삽비라가 질투심에서 또는 자기도 그런 칭찬을 듣고 싶어서 헌금을 하고자 했을지도 모른다. 그러나 재산을 판 돈을 전부 내기는 아까웠기 때문에(탐욕!) 일부만 교회에 내면서 마치 전부를 바치는 것처럼 행세했던 것일 수도 있다.

사탄이 마음에 가득 차다! (사탄충만)

그런데 성경은 아나니아와 삽비라가 거짓말을 하게 된 이유는 사탄이 그들의 마음에 가득 찼기 때문이라고 말한다(3절). 초대 예루살렘 교회는 성령 충만한 교회였다. 그러나 성령이 함께 하는 교회라도 그 성도들이 사탄의 시험으로부터 제외되는 것은 아니다. 사탄은 끝없이 교회를 분열시키고, 교회의 거룩함을 더럽히려고 한다. 아나니아와 삽비라도 예수 믿고 성령을 받았을 것이다. 하지만 사탄에게 마음을 빼앗겼다. 욕심 때문이었다. 예수 믿고 난 후에도 마음을 뺏길 수 있다. 그래서 날마다 말씀과 기도로 자신을 돌아보며 회개해야 한다.

성령을 속이다

베드로는 아나니아와 삽비라의 행동을 "성령을 속이는 일"(3절)이요 "주의 영을 시험하는 일"(9절)이라고 꾸짖는다. 또 4절에서는 "사람을 속인 것이 아니라, 하나님을 속인 것이다"라고 질책한다. 아나니아와 삽비라의 행동은 그저 사람을 속인 것이 아니라, 교회의 주인이신 성령 하나님을 속이는 일이었다. 사탄이 우리를 미혹하여 거기에 넘어가면, 사탄의 지배를 받으면 우리는 우리가 남몰래 행하는 나쁜 짓, 나쁜 말 등을 하나님이 모르실 것이라고 착각한다. 어찌 보면 참으로 미련한 생각이 아닐 수 없다. 그런데 사탄에게 마음을 빼앗기면 그렇게 된다.

그런데도 거짓말을 하는 이유는 거짓말을 해도 별일이 없기 때문이다. 나쁜 일 할 때마다 즉각 심판이 임하면 절대 나쁜 짓 안 한다. 하지만 지금 당장 아무 일도 없다고 계속 아무 일이 없는 것은 아니다. 하나님은 우리가 헌금을 떼어먹을 때마다 아나니아와 삽비라를 즉각 심판하듯이 그렇게 심판하지 않으신다. 하지만 하나님은 반드시 심판하신다. 죽은 후에는 심판이 있다. 하나님이 우리에게 주시는 은혜란 하나님을 두려워하는 마음을 갖는 것이다. 죄를 깨닫게 해주시는 것이 은혜다.

부부의 합작품

우리는 예루살렘 교회의 첫 범죄자가 된(적어도 성경의 기록에 따르면) 이들의 범죄가 두 사람의 합작품이었다는 사실에 주목해야 한다. 성경은 이 사실을 강조한다.

> [1] 아나니아라 하는 사람이 그의 아내 삽비라와 더불어(σύν [쉰]) 소유를 팔아 [2] 그 값에서 얼마를 감추매 그 아내도 알더라(συνειδυίης [쉬네이뒤이에스]) 얼마만 가져다가 사도들의 발 앞에 두니 (1-2절)

두 사람의 범죄와 관련하여 '…함께'를 뜻하는 '쉰'을 반복하여 사용하고 있다. 이것은 두 사람이 공범이었음을 강조한다. 이 두 부부는 죽이 잘 맞았다. 남편이 하는 나쁜 일에 아내가 맞장구를 잘 쳐주었다. 아내가 하는 나쁜 일에 남편도 맞장구를 잘 쳤다. 아나니아나 삽비라 둘 가운데 하나만이라도 깨어있었더라면 그들은 하나님으로부터 벌을 받아 같은 날에 죽는 비극은 없었을 것이다. 배우자가 나쁜 일을 하면 맞장구를 치지 말고 맞짱을 떠야 한다. 하와가 선악과를 따먹었고 난 뒤, 아담에게 주었을 때 아담은 주저하지 않고 받아먹었다. 만약 그때 아담이 하와에게 "이 사과 선악과가 아니냐? 하나님이 먹지 말라고 하지 않았느냐"라고 하면서 하나님께 같이 가서 용서를 빌었다면 인간의 역사는 달라졌을 것이다.

또 삽비라의 경우 베드로가 회개의 기회를 주었다.

분명히 베드로는 기회를 줬지만 삽비라는 끝까지 숨겼다. 결국 아나니아와 삽비라 모두 하나님의 즉각적 심판을 받아 엎드러져 혼이 떠났다. 하나님은 교회가 깨지고, 그 거룩함이 훼손되는 것을 막기 위해 불가피하게 아나니아와 삽비라에게 죽음이라는 무서운 징벌을 내리셨다. 한편으로 생각하면 하나님이 너무 하신 게 아닌가 하는 생각도 든다. "아니, 헌금 좀 떼어먹었다고 해서 즉사시켜 버린 것은 너무 한 것 아닌가?" "그러면, 오늘날에도 십일조 떼어먹으면 즉각 하나님이 심판하시나?"

하나님이 아나니아와 삽비라를 준엄하게 심판하신 이유는 두 사람이 교회에 금전적 손해를 끼쳐서가 아니다. 교회의 거룩성과 공동체성을 훼손했기 때문이다. 아나니아와 삽비라는 예수의 피와 성령의 거룩케 하시는 역사로 세운 교회를 기만했다. 하나님이 세우신 사도들의 권위도 능멸했다. 사도들의 발 앞에 헌금을 가져왔으면서도 사도 앞에서 버젓이 거짓말을 했다. 하나님은 교회가 깨지고, 그 거룩함이 훼손되는 것을 막기 위해 불가피하게 아나니아와 삽비라에게 죽음이라는 무서운 징벌을 내리셨다. 건강한 세포를 살리기 위해서 암세포를 제거해야 하듯이 하나님은 외과 수술을 단행하신 것이다. 두 사람이 죽자 청년들이 즉시 시신을 메고 나가 장사했다. 잠시라도 이들의 시신을 교회에 두지 않았다. 이 일로 인하여 온 교회와 이 일에 대해 듣는 사람들이 하나님을 크게 두려워하게 되었다(5, 11절).

하지만 교회의 거룩성, 교회의 공동체성을 지키자 하나님의 능력이 다시 나타났다. 이 두 사람에 대한 준엄한 심판이 있은 후에 다시 사도들은 능력을 행하고 마음이 하나가 된다. 사람들이 교회를 칭송한다. 예수 믿고 주께로 나오는 자들이 더 많아졌다. 5장 12~16절이 이것을 보여준다. 교회의 능력은 거룩함, 순결함에 있다. 예수의 보혈로 씻어야 한다. 성령으로 거룩하게 되어야 한다.

사도들의 능력과 담대함 (12-42절)

사도들은 사람들이 보는 앞에서 많은 기적들을 행하였고, 이것을 보고 예수님을 믿게 되는 사람들이 점점 늘어났다. 특히 사람들은 베드로의 능력을 신뢰했다. 사람들은 병든 사람을 메고 거리에 나가 침대와 요 위에 누이고 베드로가 지날 때 혹 그의 그림자라도 덮이면 나을까 기대할 정도였다. 이렇게 예루살렘 부근의 수많은 사람들까지 모여들어 병든 자, 귀신이 들린 자 모두 나음을 얻게 되었다.

종교 지도자들의 시기

종교 지도자들은 백성들이 사도들을 좋아하게 되자, 그들을 시기했다. 가뜩이나 사도들이 전하는 복음의 내용이 마음에 들지 않은데, 거기다가 사도들이 백성들에게 인기를 얻고 있어서 그들을 시기했던 것이다. 예수님도 시기를 받으셨다. 빌라도는 종교 지도자들이 왜 예수님을 죽이려고 하는지 그들의 마음을 잘 알고 있었다. 그것은 바로 시기심이었다. "이는 그가 대제사장들이 시기로 예수를 넘겨준 줄 앎이러라"(막 15:10). 여기서 그는 빌라도 총독이다. 빌라도는 대제사장들이 예수님을 왜 고발했는지 그 속내를 알고 있었다. 예수님이 놀라운 이적을 행하시고, 권세 있는 가르침을 베풀자 수많은 사람들이 따랐고, 이에 따라 예수님의 명성이 높아졌다. 종교 지도자들은 자신들이 차지해야 할 명성, 권위를 빼앗기자 예수님을 시기했다. 그래서 사사건건 예수님이나 제자들에게 트집을 잡았다. 예수님이 귀신의 왕 바알세불에게 사로잡혔다고 거짓 소문도 퍼뜨렸다. 그래도 예수님에 대한 명성이 사그라지지 않자, 결국 그들은 예수님을 죽이기로 한 것이다.

사도들 역시 마찬가지였다. 베드로가 성전 미문에서 구걸하던 날 때부터 걷지 못한 사람을 일으키는 것은 물론 사도들이 많은 이적을 행하자 백성들이 이들을 칭송했다. 백성들의 칭송은 사도행전에서 2장 43, 47절 및 5장 12~13절에서 반복해서 나온다. 그러자 종교 지도자들이 시기심이 마음에 가득하여 사도들을 잡아다가 옥에 가두었다(17-18절). 사도행전이 말하는 교회는 성령충만하여 예수의 증인으로 살자, 적대 세력들로부터 시기를 받고 박해를 당한다. 예수 믿는다는 이유로 시기 받고 고난받을 때 내가 예수님을 따라간다고 생각하며 기뻐하자. 사탄이 손을 대지 않아도 알아서 망해 가는 교회란 얼마나 창피한가?

투옥과 기적의 탈옥, 다시 성전으로

종교 지도자들은 사도들을 잡아 옥에 가두었다. 그러나 하나님은 천사를 보내 사도들을 탈출시켰다. 하나님이 천사를 보내 구해주실 줄 누가 알았겠는가? 아마 사도들도 예상하지 못했을 것이다. 나중에 사도행전 12장에 가면 베드로가 투옥되어 처형을 기다릴 때도 한밤중에 천사가 그를 구해준다. 그런데 천사가 사도들을 탈출시킨 후 납득하기 어려운 말을 한다. "가서 성전에 서서 이 생명의 말씀을 다 백성에게 말하라"(20절). 다시 성전에 들어가면 다 시 잡힐 게 뻔하다. 또 옥에 갇힐 것이다. 그런데도 천사는 사도들에게 성전 에 들어가서 외치라고 한다. 왜 하나님은 또 잡힐 것을 뻔히 아시면서도 사 도들을 성전으로 보내셨는가? 종교 지도자들이 영향력이 좀 덜 한 곳에 가서 복음을 전할 수도 있지 않은가? 몇 가지 이유를 생각해 볼 수 있을 것이다.

**첫째, 성전에서는 매일 제사가 드려졌기 때문에
사람들이 새벽 일찍부터 모여들었다.**

바울이 선교 여행을 할 때, 그는 주로 유대인의 회당에 먼저 들렀다. 그 곳에 사람들이 모여 있었기 때문이다. 따라서 전도 전략상 성전이 효과적 이었다.

둘째, 물러서지 말라는 하나님의 훈련이다.

성전에는 그들을 박해하는 종교 지도자들이 있었다. 피하고 싶은 곳이 바 로 성전이다. 그러나 하나님은 그곳으로 보내신다. 시련 속에서 물러서지 않고 복음을 전하는 담대한 신앙을 배우게 하기 위해서다. 하나님의 도우심 은 복음을 위한 고난을 피하게 하는 것이 아니라, 고난을 이기게 하는 것이 었다.

**셋째, 사도들이 전해야 할 말씀은 바로
'이 생명의 말씀'이기 때문이다(20절).**

'생명의 말씀'이라고 하지 않고 '이 생명의 말씀'이라고 표현한 것을 주의 하라. '이 생명'은 바로 예수의 생명이다. 예수님만 생명이다. 예수의 입에서 나오는 말씀들이 생명이다. "살리는 것은 영이니 육은 무익하니라 내가 너희에게 이른 말은 영이요 생명이라"(요 6:63). 예수님의 말씀에는 성령께서 역사하신다. 성령은 생명의 영이시다. 그래서 말씀은 우리를 살린다. 또 예수님의 말씀은 영생의 말씀이다. 이 말씀을 들어야 영생을 얻는다. 그래서 기를 쓰고 이 생명의 말씀을 전해야 한다.

주님의 말씀에 순종하여 사도들은 이른 아침 성전에 들어가서 그곳에 모인 사람들을 가르쳤다. 좀 쉬고 나서 할 수도 있었을 터인데, 감옥에서 나오자마자, 그리고 천사의 지시가 떨어지자마자 지체하지 않고 사람들이 모여들기 시작하는 이른 아침부터 복음을 전했던 것이다. 이내 그들은 체포되어 산헤드린 공회 앞에 세워졌다. 그러나 이들의 위협적인 분위기 속에서도 베드로를 비롯한 사도들은 담대하였다. 예수의 이름으로 백성들에게 가르치지 말라는 종교 지도자들의 위협 앞에서도 그들은 앞서 그랬던 것처럼 이렇게 말한다. "사람보다 하나님께 순종하는 것이 마땅하니라"(29절). 얼마나 단호하고도 결연한 모습인가?

자, 다시 종교 지도자들 앞에 선 베드로와 사도들은 이렇게 복음을 전한다.

30 너희가 나무에 달아 죽인 예수를 우리 조상의 하나님이 살리시고 31 이스라엘에게 회개함과 죄 사함을 주시려고 그를 오른손으로 높이사 임금과 구주로 삼으셨느니라 32 우리는 이 일에 증인이요 하나님이 자기에게 순종하는 사람들에게 주신 성령도 그러하니라 하더라 (30-32절)

"우리는 이 일에 증인이라! 성령도 이 일에 증인이시다!" 교회는 증인 공동체다. 예수님이 말씀하신 대로 성령이 임하시면 내 증인, 즉 예수의 증인으로 살게 된다. 여기서 이 일이란 30절, 31절의 내용, 즉 예수의 십자가에서 죽으심, 하나님이 살리심(부활), 예수의 임금되심과 구주되심(승귀), 이 모든 구원의 사역을 가리킨다. 그런데 이 모든 일은 우리로 하여금 회개하고 죄 사함을 받게 하시기 위해서 이뤄진 일이다. 예수님이 왜 십자가에 죽으셨나? 회개하고 죄 사함을 받아야 하나님의 진노를 면할 수 있기 때문이다. 예수님이 왜 부활하셨나? 우리가 회개하고 죄 사함을 받아 우리도 부활의 영광에 참여할 수 있게 하기 위해서다. 예수님은 왜 우리의 임금이요 구주신가? 회개하고 죄 사함을 받아서 더 이상 죄가 우리를 다스리지 않고, 예수님이 우리를 다스리는 삶을 살게 하기 위해서다. 십자가와 부활과 성령의 통치는 오직 회개하고 죄 사함을 받은 자들이 경험한다.

가말리엘을 통해 사도들을 구하시는 하나님

사도들은 하나님이 천사를 보내어 감옥에 구금된 자신들을 구출한 것을 체험했다. 하나님이 우리를 도우시고 지키신다는 것을 그들은 몸소 경험한 것이다. 그래서 사도들은 더욱 담대할 수 있었을 것이다. 반면에 종교 지도자들은 이같은 사도들의 담대한 모습을 보고 종교 지도자들은 화가 치밀었다. 심지어 이들을 죽이려고 했다(33절). 마가복음에 따르면 바리새인들은 예수님의 갈릴리 사역 초기부터 살해를 모의했다("바리새인들이 나가서 곧 헤롯당과 함께 어떻게 하여 예수를 죽일까 의논하니라", 막 3:6).

감옥에 갇힌 사도들은 하나님의 지켜주심을 경험한다. 그리고 담대하게, 기쁨으로 복음을 전한다. 반면에 권력을 가지고 이들을 탄압하는 종교 지도자들은 시기하고, 당황하고, 걱정한다, 두려워한다, 화낸다. 사람을 죽이려고까지 한다. 권력 있고, 돈 있어도 하나님이 함께하지 않으시면 시기와 걱정 속에 살아간다. 내 말을 듣지 않는 사람들 때문에 화가 치밀어 오르고, 그들을 죽이고 싶은 마음으로 살아간다. 우리의 행복을 결정짓는 것은 힘이 있느냐 없느냐가 아니다. '내가' 힘이 없어도 '내게' 능력 주시는 분 안에 거하면 된다. 그러면 당당할 수 있다.

산헤드린 공의회는 너무 화가 나서 사도들을 죽이려고 했지만, 이때도 하나님이 역사하셨다. 당시 존경받는 종교 지도자요 바울의 스승이었던 가말리엘이 일어나 이를 제지한다(34-39절). 가말리엘은 전에 있었던 드다와 유다의 예를 들었다. 주후 44~46년경 드다(Theudas)가 자신을 예언자라고 과시하며 많은 사람들을 모았지만 결국 그는 죽고 추종자들도 일부 잔존 세력이 있었으나 흩어져 버렸다. 그러나 사도행전 5장은 주후 30년대 중반이다. 가말리엘이 말하는 '드다'는 동명이인의 다른 인물인 것 같다. 37절에 등장하는 '갈릴리의 유다'는 주후 6년("호적할 때에", 37절)에 세금부과를 위한 인구조사에 반대하여 사람들을 데리고 봉기했었다.[17] 사도행전 21장 38절을 보면 천부장이 바울에게 "그러면 네가 이전에 소요를 일으켜 자객 사천 명을 거느리고 광야로 가던 애굽인이 아니냐"라고 묻는다. 이 애굽인이 가말리엘이 언급한 유다와 동일인으로 보인다. 유다 역시 그가 죽임을 당한 후 추종자들이 흩어졌다.

가말리엘이 두 사람의 사례를 든 목적은 만약 사도들이 하는 일이 하나님에게서 난 것이 아니라 사람에게서 비롯된 것이라면 내버려두어도 망하게 될 것이며, 반대로 사도들이 하는 일이 하나님에게서 난 것이라면 유대 종교 지도자들이 그들을 핍박하는 일은 하나님을 대적하는 일이 될 것이라

17　대럴 벅 저, 전용우 역, 『BECNT 사도행전』 (서울: 부흥과개혁사, 2018), 319-320.

는 논리다. 가말리엘의 말을 들은 산헤드린 공회는 그의 말에 따라 사도들을 풀어주었다. 하나님이 가말리엘을 통해 도우신 것이다. 하나님은 천사를 보내어 구출하시는 기적적인 방법으로 우리를 돕기도 하시고, 예비하신 사람을 통해 여러분을 돕기도 하신다.

누가 하나님의 도우심을 경험할 수 있나? 하나님께 순종하는 자다. 순종하면 하나님의 도우시는 역사를 체험하게 되고, 그러면 담대하게 된다. 5장에서도 종교 지도자들이 사도들을 채찍질하고 난 뒤 예수의 이름으로 말하지 말라고 명령하고서는 풀어준다. 그러나 사도들은 예수님의 이름을 위해 모욕당하는 것이 합당하다고 기뻐했다. 그리고 뻔히 핍박이 있을 것을 알고서도 날마다 성전에서, 집에서 예수님이 그리스도이심을 쉬지 않고 전했다. 여기서 우리는 순종과 담대함이 상승작용을 하게 되는 도식을 발견할 수 있다. 사도들이 복음을 전하라는 말씀에 순종한다. 그러면 고난이, 핍박이 온다. 그러나 하나님이 이들을 구해주신다. 하나님의 보호하심을 체험하게 되는 것이다. 그러면 하나님의 지켜주심을 체험한 사도들은 더욱 담대해져서 하나님께 더욱 순종한다. 하나님께 순종하라. 순종할 때 우리를 도우시는 하나님을 만나게 될 것이다. 그것이 바로 우리의 담대함의 비결이다.

6장

사도들이 과부 구제를 해결하는 방법 (1-7절)

갈등의 이유

사도들은 말씀을 선포하고, 가르치며(2:42 "사도의 가르침을 받아"), 전도하는 일을 했다. 형편이 어려운 성도들을 구제하는 일에도 관여하였다. 성도들 가운데 부유한 자가 자기 재산을 팔아 헌금을 사도들에게 가져왔다는 말씀(4:34-37; 5:1-11 참조)은 사도들이 구제 사업을 직접 챙겼음을 암시한다. 그런데 사람들이 점점 더 많아지면서 문제가 생기게 된 것 같다(1절). 사람이 늘어나자, 사도들이 의도치 않게 소홀히 하거나, 실수하는 부분이 생긴 것이다. 초대 예루살렘 교회라고 해서 아무 문제가 없던 교회가 아니었다.

당시 초대 예루살렘 교회는 크게 두 종류의 사람으로 구성되어 있었다. 먼저 히브리파 유대인으로서 이스라엘에서 태어나 당시 모국어인 아람어를 하던 유대인들을 말한다. 헬라파 유대인이란 이스라엘 밖에서 태어나 당시 국제 공용어인 헬라어와 헬라 문화에 익숙해 있던 사람들이다. 그런데 헬라파 과부들이 구제를 받는 데에 있어서 공평치 못한 대우를 받았고, 이 일로 인해 불만이 생겼던 것이다.

공교롭게도 아나니아와 삽비라도 돈 문제, 과부 구제도 돈 문제였다. 교회의 시험거리 가운데 가장 큰 것이 바로 재정 관리임을 알 수 있다. 그러나 중요한 것은 초대 교회가 어떻게 이 갈등을 해결해 갔는가 하는 것이다.

역할 분담을 통해 협력과 조화를 꾀하는 교회

사도들은 구제 사업에 문제가 생겼음을 알고, 자신들이 모든 것을 직접 챙기는 것은 적절치 못하다고 생각했다. 그래서 그들은 구제 사업은 별도의 사람에게 맡기고 자신들은 기도와 말씀 전하는 일에만 전념할 것이라고 말한다. 그리고 구제 사역을 선출된 7명의 사람에게 맡긴다. 스데반, 빌립, 브로고로, 니가노르, 디몬, 바메나, 니골라. 이들은 모두 헬라파 유대인들이었다. 다만 니골라는 유대교에 입교한 안디옥 사람이라는 설명이 추가되어 있는데(5절), 아마도 이방인이었다가 유대교를 믿게 된 것으로 보인다(그렇다면 이방인으로서 할례를 받고 제사를 드렸을 것이다). 굳이 니골라에 대해 이런 설명을 추가한 것을 보면 나머지 6명은 유대인이었기 때문일 것이다. 성도들은 이들을 사도들 앞에 세웠다(6절). 이것은 사도들의 권위로 임명되었음을 뜻한다. 또 성도들은 이들을 위해 기도하고 안수했다. 개역개정성경은 사도들이 7명을 위해 기도했다고 번역했지만, 본문은 단순히 복수 3인칭으로만 되어 있어 사도들이 아닌 성도들이 혹은 이들 모두가 7명을 위해 안수 기도했다고 번역할 수 있다. 하지만 7명을 안수하는 데 성도가 다 안수했다는 것도 무리가 있으니, 사도들이 안수한 것으로 보는 게 맞다. 나중에 사마리아인들이 빌립을 통해 복음을 믿었을 때도 베드로와 요한 두 사도가 가서 안수했다(8:14-17).

사도들은 이 문제를 역할 분담을 통해 해결했다. 이 역할 분담은 사도들이 자신들의 주된 사명이 무엇인가를 새롭게 자각함으로써 이뤄질 수 있었다. 기도와 말씀 사역이 사도의 본분이라고 생각했고, 다른 업무는 자신들이 아닌 다른 사람이 할 수도 있음을 인정하고 역할을 분담했던 것이다. 교회는 함께 이뤄가는 공동체다. 하나님은 나를 통해서만 역사하는 게 아니다. 우리를 통해 역사하시고자 한다.

사도들이 '기도'와 '말씀 사역'에 전념하겠다고 한 것은 기도와 말씀에 비해 구제가 덜 중요하다는 뜻은 결코 아니다. 구제도 말씀 전하는 일도 모두 섬김 혹은 봉사다. 1절의 '구제', 또 4절에서 '말씀 사역'에서 '사역' 모두 헬라어로 섬김 혹은 봉사를 뜻하는 '디아코니아'(διακονία)이고, 2절의 '접대를 일삼다'에서 '일삼다' 역시 '섬기다'를 뜻하는 '디아코네인'(διακονεῖν)이 사용되고 있다. 2절의 '접대'로 번역된 헬라어 '트라페자이스'(τραπέζαις)는 재정 출납업무를 뜻하기도 한다. 즉 사도들은 말씀으로, 일곱 명은 음식 분배와 관련한 재정 업무를 담당하였던 것이다. 구제나 말씀 전하는 것이나 그 본질은 '섬김'이란 점에서 동일하다. 은사와 직분은 다르더라도 본질은 하나님을 섬기고, 사람을 섬긴다는 점에서 똑같다. 각자의 은사와 상황에 따라 섬기면 된다. 모든 그리스도인은 섬기는 사람, 봉사하는 사람이어야 한다. 예수님이 섬기는 분이셨기 때문이다.

앉아서 먹는 자가 크냐 섬기는 자가 크냐 앉아서 먹는 자가 아니냐 그러나 나는 섬기는 자로 너희 중에 있노라 (눅 22:27)

구제를 담당할 사람을 선발하는 기준

그런데 흥미로운 점은 사도들이 구제를 담당할 사람으로서 실무적인 일에 적합한 재능이나 경험이 있는 자가 아니라, '성령과 지혜'가 충만한 자를 추천하라고 성도들에게 말한 점이다(3절). 5절에서는 '믿음과 성령'이 충만한 자로 나온다(5절). 재능과 경험이 전혀 고려되지 않았다고는 볼 수 없겠지만, 재능과 경험보다도 성령과 지혜가 충만한가를 먼저 보았다는 뜻일 것이다.

성령충만한 사람을 뽑은 이유는 교회 전체가 성령충만했기 때문이다. 오순절에 마가의 다락방에서 기도하고 있던 120명의 성도가 다 성령의 충만함을 받았으니 교회의 출발이 성령충만이었던 셈이다. 초대 교회는 성령공동체였다. 성령충만은 교회를 섬기기 위해 기본적이고 필수적인 기준이다. 교회는 영적인 기준이 우선시되는 곳이다. 요즘 기업들도 실력과 경험만을 기준으로 하여 사람을 뽑지 않는다. 그 사람의 인품을 본다. 다른 사람들과 잘 협력할 수 있는지, 어려움을 잘 이겨낼 수 있는지 등을 본다. 교회는 더욱더 신앙적인 기준이 우선되어야 한다. 교회의 모든 일은 하나님의 영광을 위해서 하는 것이기 때문이요, 또 교회 일은 하나님이 원하시는 방식대로 해야 하기 때문이다. 이 두 가지는 실력과 경험이 있다고 해서 되는 일이 아니다. 믿음과 성령이 충만해야 가능하다. 하나님의 뜻을 분별하고, 하나님께만 영광 돌리는 마음이 교회 일에 가장 중요하다.

베드로도 이렇게 말한다. "만일 누가 말하려면 하나님의 말씀을 하는 것 같이 하고 누가 봉사하려면 하나님이 공급하시는 힘으로 하는 것 같이 하라 이는 범사에 예수 그리스도로 말미암아 하나님이 영광을 받으시게 하려 함이니 그에게 영광과 권능이 세세에 무궁하도록 있느니라 아멘"(벧전

4:11).

베드로는 성도가 봉사할 때 하나님이 공급하시는 힘, 즉 성령의 능력으로 하라고 말한다. 그래야 하나님께서 영광을 받으신다. 성령충만하지 않으면 봉사할 때 주님의 뜻을 구하기보다 내 고집대로 하려고 한다. 그러다 보면 분란이 생긴다. 봉사하는 사람들끼리 싸운다.

더군다나 구제는 재정과 관계되기 때문에 더욱더 신앙이 좋은 사람을 뽑아야 했을 것이다. 아나니아와 삽비라가 돈 때문에 급사하는 벌을 당하지 않았던가? 이 쓰라린 기억을 갖고 있던 사도들로서는 돈 때문에 시험에 들지 않을 믿음 좋은 사람을 뽑으려고 했을 것이다.

수리아 안디옥 교회가 크게 부흥하자 예루살렘 교회는 바나바를 보내 지도하게 했다. 왜 하필 바나바였는가? 그가 자기 소유의 밭을 팔아 그 돈을 사도에게 바쳐서 사도들에게 좋은 점수를 따놓았기 때문인가? 아니다. 바나바는 착한 사람이요 성령과 믿음이 충만한 자였기 때문이다(11:24).

말씀의 능력, 교회가 놀랍게 성장하다

이렇게 지혜롭게 문제를 해결하자 하나님의 말씀은 더욱 왕성해졌다. 아마도 사도들이 기도와 말씀 사역에 전념했기 때문이다. 교회의 문제가 해결되었기 때문이다. 교회 성장은 기도와 말씀, 그리고 갈등을 해결하는 시스템의 구축이 있을 때 가능함을 알 수 있다.

이렇게 하나님의 말씀이 더욱 왕성해지고, 예수님을 믿는 제자들의 수가 심히 많아지는 이 현상은 예수님이 '씨 뿌리는 자의 비유'(눅 8:4-15)를 통해 말씀하셨던바, '씨'로 비유된 말씀이 자라 30배, 60배, 100배의 결실을 하게 되는 일이 실현되고 있음을 뜻한다. 하나님의 말씀이 왕성해지고, 제자들의 수가 심히 많아지는 이 현상은 이집트에 있던 이스라엘 백성들의 수가 엄청나게 많아지는 일과 언어적으로 일치한다는 사실에 주목해야 한다. 사도행전 6장 7절에서 사용되고 있는 '왕성하다'(αὐξάνω [아욱사노])와 '심히 많아지고'(πληθύνω [플레튀노])가 출애굽기 1장 7절에서도 사용되고 있으며, 이스라엘의 역사를 언급한 스데반의 설교에서도 동일하게 사용되고 있다.

> 이스라엘 자손은 생육하고 불어나 번성하고 매우 강하여 온 땅에 가득하게 되었더라 (출 1:7)
> 하나님이 아브라함에게 약속하신 때가 가까우매 이스라엘 백성이 애굽에서 번성하여 많아졌더니 (행 7:17)

사도행전 7장 17절에 따르면 이스라엘 백성들의 수가 많아진 것은 하나님이 아브라함에게 하신 약속, 즉 "내가 너로 큰 민족을 이루고 네게 복을 주어 네 이름을 창대하게 하리니 너는 복이 될지라"(창 12:2)라는 약속이 성취되고 있는 것이다. 그렇다면 하나님의 말씀이 왕성하여 제자들의 수가 많아졌다는 사도행전 6장 7절의 말씀은 하나님이 아브라함에게 하신 약속이 초대 예루살렘 교회를 통해, 특히 시도들의 말씀 사역을 통해 이뤄지고 있음을 보여주는 것이다. 하나님이 아브라함에게 약속하신 '큰 민족'은 하나님의 말씀(예수 그리스도의 복음)을 믿는 자들의 수가 많아지는 것이다![18]

---

18 Robert C. Tannehill, *The Narrative Unity of Luke-Acts: A Literary Interpretation*, Vol. 2: *The Acts of the Apostles* (Grand Rapids: Fortress, 1994), 82. 사도행전 6장 7절에 사용된 σφόδρα(스포드라, '심히')는 출애굽기 1:7, 12, 20에서 이스라엘 백성의 수가 급속히 늘어나는 것을 묘사하는 데 사용되고 있다.

실제로 성령충만한 일곱 집사를 세우자
하나님은 예루살렘 교회에 큰 부흥을 주셨다.

하나님의 말씀이 점점 왕성하여 예루살렘에 있는 제자의 수가 더 심히 많
아지고 허다한 제사장의 무리도 이 도에 복종하니라 (7절)

이미 예루살렘 교회는 믿는 사람들이 많아지고 있었다("그때에 제자가 더 많
아졌는데…", 6:1). 그러던 중 교회에 문제가 생겼고, 원망이 있었지만 지혜롭게
대처하자 교회는 부흥했다. 단순히 교회에 오는 사람의 숫자가 늘어나는 데
그치는 게 아니었다. '제자의 수'가 늘어났다. 성령 받고 예수의 증인으로 살
아가는 제자가 많아졌다는 말이다.

또 7절을 보면 예수님을 믿게 된 사람들 가운데 제사장들이 있었다. 한두
명이 아니라 '허다한 제사장들'이 믿게 되었다. 이 제사장들은 예수의 부활
을 증언했다고 하여 사도들을 핍박했던 제사장 그룹들과는 구분되는 제사
장 그룹일 것이다. 사도들을 핍박했던 제사장들은 당시 성전 체제의 지배자
들로서 제정일치 사회구조 속에서 권력과 부를 향유했던 자들이다. 하지만
모든 제사장이나 레위인이 다 부자였던 것은 아니다. 예수님 시대에 제사장
과 레위인들의 숫자는 약 18,000명 내외로 추정되는데,[19] 이들 가운데 예루
살렘에 상주하는 귀족 제사장들은 부유했다. 대제사장들(현직 및 은퇴한 대제사
장 모두)이나 성전 맡은 자(4:1. 성전 경비를 책임 진 제사장)를 정점으로 하여 이들
은 성전 제의 경제를 장악하고 있었다. 그러나 예루살렘이 아닌 지방에 있

---

19 요아힘 예레미아스, 편집부 역, 『예수시대의 예루살렘』 (서울: 한국신학연구소, 1988), 264-
   265.

는 일반 제사장들은 대개 가난했다. 누가복음 1장에 나오는 세례 요한의 아버지 사가랴는 제사장이었는데, 아마도 잘 살지 못했던 제사장들이었던 같다. 아마도 이들은 상대적 박탈감 속에서 불만이 있던 터에 모든 성도가 재물을 나누고 함께 살아가는 예루살렘 교회의 모습을 보고 예수님을 믿게 된 것 같다. 복음은 유대교 종교 지도자였던 제사장들까지도 변화시키는 능력이 있었다.

스데반의 복음 증거 사역 (8-15절)

사도들이 기도와 말씀을 가르치고 전하는 일을 맡았지만, 사도들만 말씀을 전한 것은 아니었다. 오히려 사도행전은 스데반이 말씀을 전하는 일에 앞장섰음을 보여주고 있다. 먼저 스데반은 큰 기사와 표적을 사람들 앞에서 행했다. 기사(奇事)란 놀라운 일이란 뜻으로서, 이적 혹은 기적이란 뜻이다. 표적도 이적과 유사한 의미다. 빌립 역시 사마리아에 가서 전도할 때 표적과 큰 능력을 행했다(8:6-7, 13).

또한 스데반은 '자유민의 회당'에 속한 사람들과 논쟁을 벌였다. '자유민의 회당'에 속한 사람들이란 구레네, 알렉산드리아, 길리기아와 아시아 등지에서 이스라엘로 온 유대인들을 말한다. 즉 이들은 디아스포라 유대인들로서 헬라어와 헬라문화에 익숙한 사람들이다. 이들과 논쟁을 벌인 사람들은 히브리파 유대인이었던 사도들이 아니었다. 이들은 헬라어에 능통하지 않았다. 그래서 헬라어를 잘했고, 헬라문화에 익숙한 스데반이 이들과 논쟁하게 된 것으로 보인다. 은사와 능력에 따라 일을 담당했던 것이다.

원래 스데반을 포함한 7명은 사도들을 대신하여 구제하는 일을 담당하기 위해 선출되었다. 그러나 지금 스데반은 이적을 행하고 복음을 변증한다. 복음 전도는 사도들만의 전유물이 아니다. 사도들의 고유 업무가 아니다. 모든 성도가 해야 할 일이다. 사도들은 기도와 말씀사역에 우선적 사명이 있으나, 성령의 지혜와 능력으로 예수님을 증거하는 일은 누구나 할 수 있고, 해야 마땅하다. 일곱 집사들은 '우리는 긍휼 사역만 하면 돼'라고 생각하지 않았다. 직분의 구분은 있으나 복음을 전하고, 성령의 능력을 드러내 보이는 것은 모든 성도에게 해당한다. 이것이 진정한 의미의 평신도 사역이 아닐까?

지혜와 성령으로 말하다

스데반과 논쟁을 벌인 사람들은 그를 이길 수 없었다. 스데반이 지혜와 성령으로 말했기 때문이다. 스데반의 지혜는 단순히 똑똑하다, 말 잘한다, 지식이 많다는 뜻이 아니다. 복음에 대한 깊은 지식과 확신을 말한다. 사도행전 7장을 보면 스데반이 산헤드린 공회 앞에서 즉 그를 죽이려는 유대 종교 지도자들 수십 명 앞에서 설교한다. 무려 52절이다. 아브라함부터 시작하여 예수님에 이르기까지 이스라엘의 역사를 구체적으로 언급하며 설교한다. 성경에 대한 깊은 지식이 없으면 불가능하다. 예수님은 제자들에게 이렇게 약속하신 바 있다.

내가 너희의 모든 대적이 능히 대항하거나 변박할 수 없는 구변과 지혜('소피아')를 너희에게 주리라 (눅 21:15)

예수님이 약속하셨던 구변과 지혜가 성령을 통해서 스데반에게 주어진 것이다. 이렇게 스데반은 성령충만하여 큰 기사와 표적을 행할 뿐만 아니라 지혜로 복음을 변증하고, 대적자들을 물리칠 수 있었다.

스데반의 지혜는 예수님의 지혜를 따르는 것이었다. 누가복음은 예수님이 어린 시절 지혜가 충만했음을 두 차례나 언급하고 있다.

> [40] 아기가 자라며 강하여지고 지혜('소피아')가 충만하며 하나님의 은혜가 그의 위에 있더라 [47] 듣는 자가 다 그 지혜('쉬네시스')와 대답을 놀랍게 여기더라 [52] 예수는 지혜('소피아')와 키가 자라가며 하나님과 사람에게 더욱 사랑스러워 가시더라 (눅 2:40, 47, 52)

또한 누가복음은 예수님을 지혜로 묘사하는 '지혜 기독론'이 나타난다(눅 7:35; 11:49). 예수님의 지혜에 관한 이와 같은 강조는 구약의 배경에서 볼 때, 예수님이 메시아임을 암시한다. 이사야 11장 1~2절은 메시아에 대해 이렇게 예언하고 있다.

> [1] 이새의 줄기에서 한 싹이 나며 그 뿌리에서 한 가지가 나서 결실할 것이요 [2] 그의 위에 여호와의 영 곧 지혜와 총명의 영('프뉴마 소피아스 카이 쉬네세오스')이요 모략과 재능의 영이요 지식과 여호와를 경외하는 영이 강림하시리니

이사야는 여호와의 영, 곧 성령께서 지혜와 총명의 영으로 메시아에게 임하실 것이라고 예언했다. 예수님은 성령충만하셔서 지혜가 충만하셨던 것이다. 누가복음 2장 40절과 52절 사이에 기록된 소년 예수님에 관한 일화는 예수님이 성전에 있는 선생들과 문답을 하셨어도 전혀 주눅 들지 않고, 오히려 그 지혜로 성전의 선생들, 곧 유대 종교 지도자들을 압도했음을 보

도하고 있다.

예수님에게 임하신 성령께서 제자들에게 충만히 임하셨을 때 그들 역시 복음을 대적하는 세력들을 능히 맞서 이길 수 있었던 것이다. 그 대표적인 인물이 바로 스데반이었다. 스데반은 성령과 지혜가 충만했던 7명 가운데 가장 대표적인 사람이었다. '지혜'(σοφία [소피아])는 사도행전 네 차례(6:3, 10; 7:10, 22)에 사용되고 있는데, 모두 스데반과 관련되어 있다. 7장 10절은 요셉의 지혜, 7장 22절은 모세의 지혜를 말하고 있는데, 이 모두가 스데반의 설교 속에 등장한다. 스데반의 지혜는 그저 학교 공부, 세상 공부 잘하는 지혜가 아니라 하나님의 뜻을 분별하고 하나님의 뜻에 따라 살아갈 수 있게 하는 지혜를 말한다.

대적들, 거짓과 술수로 맞서다

스데반을 당해낼 수 없었던 자유민의 회당에 속한 자들은 거짓과 술수로 대항했다. 진리를 말하는 지혜 앞에서 악의 세력은 늘 거짓과 술수를 사용하는 법이다. 그들은 사람들을 매수하여 스데반이 모세(=모세율법)와 하나님을 모독하는 말을 했다는 거짓말을 하게 했다.

예수님을 죽이려고 한 종교 지도자들이 거짓 증언자들을 내세워 거짓말을 하게 한 것과 똑같지 않은가? 더군다나 예수님이 신성모독죄로 사형 언도를 받은 것처럼(막 14:64), 지금 스데반도 신성모독죄로 고발당하고 있다 (7:11). 이처럼 스데반은 예수님처럼 죽게 된다. 심지어 마지막 말까지도 말이다("주여, 이 죄를 그들에게 돌리지 마옵소서", 7:60).

스데반과 논쟁했던 자들은 백성과 장로와 서기관들을 충동시켜 스데반을 잡아 공회 앞에 세웠다. 거짓 증인들은 스데반이 이 거룩한 곳, 즉 성전

과 율법을 거슬러 말했으며, 이것은 나사렛 예수로부터 시작되었다고 말한
다. 성전과 율법, 이 두 가지는 유대교를 지탱하는 두 개의 기둥이었다. 스데
반은 예수님처럼 유대교의 근본을 무너뜨리는 사람으로 고소를 당하고 있
는 것이다.

묵 상 천사의 얼굴

　그러나 스데반은 모함과 살해의 위협 속에서 기가 죽거나 두려워하지 않
았다. 공회에 앉은 사람들이 스데반의 얼굴을 보니 그의 얼굴이 '천사의 얼
굴'과 같았다. 천사의 얼굴 모양을 가졌다는 것이 아니라, 하나님의 영광이
빛나는 얼굴이 되었다는 것이다. 스데반의 얼굴을 본 이스라엘 종교 지도자
들은 놀랐을 것이다. 어떻게 이 살기등등한 사람들 앞에서 저토록 아름답고
평화스러운 얼굴을 할 수 있을까?

　우리말에서 '얼굴'이란 '얼'이란 '정신, 마음'을 뜻한다. '굴'은 '꼴'에서 왔
다고 한다. '모양새'라는 뜻이다. 따라서 얼굴은 '마음 혹은 정신의 모양새'
라는 뜻이 된다. 스데반은 성령이 충만한 사람이었다. 스데반이 성령충만하
다는 것을 6장과 7장이 계속 강조하고 있는데(6:3, 5, 8, 10; 7:55) 지혜, 믿음, 은
혜, 권능이 함께 언급된다. 이 모두 성령충만한 자의 모습이다.

　스데반은 얼굴도 예수님을 닮았다. 바울은 예수님의 얼굴에 있는 하나님
의 영광을 언급했다. 계시록도 주 예수의 얼굴이 해가 힘 있게 비취는 것 같

다고 묘사한다(계 1:16). 모세도 십계명 돌판을 받고 산에서 내려올 때, 하나님을 대면한 것으로 인해 하나님의 영광의 광채가 모세의 얼굴에 옮겨졌다. 그래서 사람들이 모세를 대면할 수 없어 모세는 수건을 써야만 했다. 하지만 그리스도 예수 안에서는 수건을 벗은 얼굴로 주의 영광을 볼 수 있다. 주의 영, 곧 성령이 계시기 때문이다. 성령이 계신 곳에는 자유가 있다. 우리가 주의 영광을 보게 되고, 그와 같은 형상으로 변화하여 영광에서 영광에 이르는 것은 종말에 있을 것이다. 그날에는 우리가 주님을 얼굴과 얼굴을 대하여 볼 것이다. 그날은 주님을 온전히 알 수 있는 날이다(고전 13:12).

하지만 이런 종말론적 소망은 성령을 받은 성도에게서 실현될 수 있지 않을까? 기독교 성화(聖畫)를 보면 예수님이나 사도들의 얼굴 뒤에 후광이 있는데, 이는 하나님의 영광이 함께 하는 사람으로서 영적 권위를 나타낸다. 이런 점에서 성화(聖化)는 예수의 얼굴을 닮아가는 것이다. 전도는 말로만 하는 것이 아니라 얼굴로 하는 것이다.

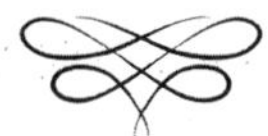

7장

공회 앞에 끌려간 스데반을 거짓 증인들이 고발하자 대제사장이 그에게 이것이 사실이냐며 물었다. 그러자 스데반은 긴 설교를 시작한다.

아브라함을 불러내시다 (2-8절)

그의 설교는 아브라함부터 시작하여, 야곱, 요셉, 모세, 여호수아, 다윗과 솔로몬에 이르기까지 구약의 역사를 관통한다. 7장 2절부터 53절까지 무려 52절의 분량이다. 사도행전에 나오는 여러 설교 가운데서 제일 길다. 그의 설교는 아브라함부터 시작한다.

스데반이 이르되 여러분 부형들이여 들으소서 우리 조상 아브라함이 하란에 있기 전 메소보다미아에 있을 때에 영광의 하나님이 그에게 보여 (2절)

스데반은 아브라함에게 나타나신 하나님을 '영광의 하나님'이라고 말한다. 나중에 스데반은 설교를 마치고 순교하기 직전에 성령충만하여 하늘을 우러러 하나님의 영광과 예수님을 보았다(7:55). 스데반에게 하나님은 영광의 하나님이셨다.

영광의 하나님은 아브라함을 메소보다미아(=갈대아 우르)와 하란에서 각각 불러내셔서 가나안 땅으로 '옮기셨다'(4절). 또한 하나님은 그의 자손들을 애굽으로 '옮기셨고', 다시 그들을 가나안 땅으로 '옮기셨다'. 성도의 삶은 '옮기시는 하나님'에 순종하는 삶, 정체되지 않고 하나님이 인도하시는 그곳으로 나아가는 삶이다. 아브라함이 살았던 메소보다미아는 우상을 섬기는 곳이었기 때문이다. 실제로 아브라함의 아버지 데라와 할아버지 나홀은 그곳에서 다른 신들을 섬겼다(수 24:2).

그래서 하나님은 아브라함에게 그 땅을 떠나 "내가 네게 보일 땅으로 가라"(3절)고 말씀하신 것이다. 아무리 그 땅이 좋아 보여도 우상숭배의 땅은 떠나야 한다. 신앙은 '사람의 땅'에서 떠나 '하나님이 보여주시는 땅'으로 가는 것이다. 하나님이 보여주시는 땅이 꼭 살기 좋아서가 아니다. 거기서 하나님을 섬기기 위해서다(7절). 하나님을 섬길 때만 참 자유하기 때문이다. 그래서 하나님은 이스라엘을 종살이하던 애굽에서 인도해 내사 가나안으로 인도하신 것이다. 하나님이 우리를 부르신 이유는 분명하다. 하나님을 내 삶의 주인으로, 우주의 왕으로 고백하며 높이는 삶을 살게 하기 위해서다. 하나님은 지금 나를 어디로 옮기려고 하실까? 나에게는 믿음으로 순종하며 그곳으로 나아갈 결단이 있나? 하나님이 나를 어디로 옮기시든지 먼저 그분을 예배할 것을 결단하자. "내 주 예수 모신 곳이 그 어디나 하늘나라!"

그러나 아브라함이 가나안 땅에 들어갔지만, 가나안 땅이 즉시로 아브라

함의 소유가 된 것은 아니었다. 오히려 하나님은 그에게 '발붙일 만큼의 땅'
도 유업으로 주시지 않으셨다(5절). 가나안 땅은 아브라함이 아니라 400여
년 후 그의 자손이 차지하게 된다. 하나님의 약속을 믿고 살아가는 자는 그
약속이 반드시 자신이 살아있을 때 이루어지기를 욕심내지 않는다. 오히려
자신의 현실은 하나님의 약속과 정반대일 수 있지만, 하나님의 약속은 하나
님이 정하신 그 때에 이루어질 것을 믿고 살아간다.

스데반은 이삭과 야곱에 대해서는 매우 간단하게 언급한다. 이삭은 할
례와 관계하여 말할 뿐인데, 그것도 주체는 아브라함이다. 하나님은 아브
라함에게 '할례의 언약'을 주셨다(8절). 하나님은 아브라함에게 명하여 남자
아기가 태어나면 팔 일 만에 할례를 행하라고 하셨다(창 17:10-14). 하나님이
택하셔서 언약을 맺은 백성이라는 표시였다. 하지만 스데반은 51절에서
육신의 할례는 받았어도 마음과 귀에 할례를 받지 못한 이스라엘 백성을 질
타한다.

예수님의 삶을 예시한 요셉 (9-16절)

스데반이 이스라엘의 역사 속에서 주목한 두 번째 인물은 요셉이었다. 스
데반이 이삭과 야곱보다 요셉을 더 많이 언급한 이유는 그가 예수님의 삶을
보여주었기 때문인 것 같다. 요셉이 형제들의 '시기로' 애굽에 팔렸던 것처
럼, 예수님도 당시 종교 지도자들의 '시기로' 빌라도에게 넘겨졌다(막 15:10 참
조). 하나님이 요셉과 함께하셔서 그를 모든 환란에서 건져내시고 애굽의 치
리자로 세우신 것처럼, 하나님은 예수님을 삼 일 만에 부활시키시고 우주의
통치자로 세우셨다. 요셉이 흉년으로 인해 먹을 것을 구하는 자들에게 양식

을 주었던 것처럼, 예수님은 그를 믿는 모든 자에게 생명의 양식을 주셨다. 하나님은 이미 요셉을 통해 예수님의 삶을 예시하셨지만, 예수님 당시 종교 지도자들은 오히려 예수님을 거부하고 죽였다. 그러나 스데반은 지나간 역사 속에서 하나님의 계시를 읽을 수 있었다. 이것은 스데반이 성령과 지혜로 충만했기 때문이다(6:3). 성도의 말씀 묵상은 성령의 깨닫게 하시는 역사가 없다면 불가능하다. 요셉 역시 하나님께서 "애굽 왕 바로 앞에서 은총과 지혜를 주시매"(10절) 바로가 그를 애굽의 통치자로 세웠다. 이렇게 요셉과 스데반은 하나님이 주신 지혜를 받은 사람이다. 물론 우리 예수님도 지혜가 충만하셨다(눅 2:40, 47, 52; 10:21 참조).

모세의 삶에 나타난 하나님의 때 (17-29절)

스데반은 애굽으로 내려온 야곱의 자손들이 번성하여 많아졌고 이로 인해 그들이 애굽 사람들로부터 괴롭힘당한 것을 "하나님이 아브라함에게 약속하신 때가 가까웠기 때문"(17절)이라고 말한다. 하나님이 아브라함에게 말씀하신 것이 이루어진 것이다(6절). 모세가 "나이 사십이 되어"(23절) 자기 동족 이스라엘을 생각하게 된 것도 하나님의 섭리였다. 모세는 당시 애굽의 학문을 다 배웠고 말과 행사가 능하여서 하나님이 자신을 통해 이스라엘을 구원하실 것이라고 생각했다(23-25절). 그러나 현실은 그렇지 않았다. 오히려 그는 자기 동족으로부터 외면당하고, 바로의 추격을 받아 도망치는 신세가 될 뿐이었다. 하나님이 이스라엘을 구원하시는 방법은 그것이 아니었다. 하나님은 '모세의 손'을 통해 구원해 주시지 않고, '모세의 손에 들린 하나님의 지팡이'(출 4:20)를 통해 역사하셨다.

하나님은 모세가 40년 동안 미디안 땅에서 도피 생활을 한 후, "40년이 찼을 때"(30절) 비로소 그를 부르셨다. 하나님은 "때가 찼을 때" 독생자 예수님을 이 땅에 보내셨다(갈 4:4). 예수님도 "때가 찼을 때"(막 1:15) 비로소 하나님의 복음을 전파하기 시작하셨다. 성경은 시간이 '지나갔다'라고 말하지 않고, '찼다'라고 말한다. 성경에서 말하는 시간은 그저 지나가는 시간이 아니라, 하나님이 정하신 그 때를 목표로 채워지는 시간이다. 신앙이란 하나님이 정하신 때가 있음을 믿고, 소망 가운데 기다리는 것이다.

정하신 때에 자신을 보이시는 하나님 (30-34절)

모세가 미디안 땅으로 도주한 지 40년이 되었다. 하나님이 정하신 때가 되자, 하나님은 모세에게 나타나 '보이셨다'(30절). 마찬가지로 하나님은 갈대아 우르에 있던 아브라함을 하란으로 이끌어내실 때가 되자, 하나님은 그에게 나타나 '보이셨다'(2절). 또한 바울이 교회를 핍박하였지만, 그를 이방인의 사도로 삼기 위해 부활하신 주님은 그에게 나타내 '보이셨다'(26:16). 바울이 2차 선교 여행지를 자기 생각대로 다니고 있을 때, 주님은 환상으로 그분의 뜻을 '보이셨다'(16:9).

하나님은 그분이 정하신 때가 되면, 그분의 뜻을 알리기 위해 우리에게 나타내 보이신다. 말씀으로, 환상으로, 하나님의 사람들을 통해 그분을 드러내 보이신다. 하나님은 언제까지나 숨어계시거나 침묵하시는 분이 아니시다. 우리가 환란 가운데서도 소망을 가지는 이유가 여기에 있다.

모세에게 나타나신 하나님은 이스라엘 백성들을 출애굽 시키실 당신의 계획을 말씀하신다. 이스라엘 백성은 '내 백성'(34절)이기에 하나님은 그들을 구원하시겠다는 말씀이었다. 하나님은 당신의 백성이 당하는 괴로움을 정녕히 '보고', 탄식하는 소리를 '듣고' 우리를 '구원하려고' '내려오신다'(34절). 하나님의 눈과 귀는 언제나 우리를 향해 열려있다. 그분은 우리를 구원하시기 위해 기꺼이 내려오실 준비가 되어 있다. 하나님의 아들 예수 그리스도는 이 땅에 내려오신 하나님이셨다.

진정한 지도자는 하나님이 세우심 (35-38절)

모세가 애굽에 있을 때 서로 싸우던 이스라엘 사람들을 말리자, 그들은 누가 너를 관원과 재판장으로 세웠느냐며 모세를 비웃었다(27절). 그러나 마침내 하나님은 그를 이스라엘의 '관리'(=지도자)와 '속량하는 자'(=구원자)로 세우셨다(35절). 하지만 모세에게 이 역전이 나타나기까지 40년이 필요했다. 모세가 자기를 믿었을 때 그는 사람들의 조롱거리가 되었지만, 그가 40년간 철저히 자신을 낮추는 훈련을 거치자 하나님은 그를 세우셨다. 하나님이 세우신 모세의 모습은 구체적으로 4가지였다.

첫째, 그는 40년 동안 이스라엘 백성들을 인도하면서 기사와 표적을 행한 능력의 사람이었다. 둘째, 그는 장차 오실 예수님을 예언한 선지자였다(37절. 3:22 참조). 셋째, 그는 하나님과 이스라엘 백성 사이에서 중보자 역할을 담당하였다. 넷째, 모세는 '생명의 도', 곧 하나님의 율법을 이스라엘 백성에게 전해주었다. 이런 4가지 모세의 모습은 예수님의 삶을 미리 보여주는 것이며, 또한 예수님을 믿는 자가 지향해야 할 모습이다.

이렇듯 모세가 탁월한 지도자였지만, 그러나 이스라엘 백성들은 그에게 순종하지 않았다. 그들의 마음은 오히려 애굽을 향하였다. 불순종은 그 마음이 죄악 된 과거를 그리워할 때 시작된다. 하나님이 약속하신 가나안 땅을 더 이상 바라보지 않게 된다. 이들의 마음이 애굽을 향하게 된 것은 모세가 십계명을 받기 위해 시내산에 올라가서 내려오지 않았기 때문이다. 자신들을 인도한 지도자가 눈에 보이지 않자, 그들은 불안해졌다. 그래서 눈에 보이는 우상을 만들었고 자기 손으로 만든 그 우상을 보고 기뻐하였다. 인간의 어리석음은 눈에 보이는 것에 집착하는 것이며, **하나님의 손으로 쓰신 계명을 거부하고, 대신에 자기 손으로 만든 것으로 대체하는 것이다.**

하나님은 우상을 숭배하는 이스라엘을 심판하셨다. 그들로부터 돌이키사 내버려두셨다(롬 1:24, 26, 28 참조). 그 결과 이스라엘 백성은 더욱더 심각한 우상숭배에 빠져들었고, 결국 그들은 바벨론 제국에 의해 멸망 당하여 포로로 잡혀갔다. 우상숭배의 결과는 파멸이다.

스데반이 성전을 비판한 이유 (46-53절)

광야 시절에 이스라엘 백성들이 제사를 드렸던 장막은 솔로몬 시대에 성전으로 바뀌었다. 성전은 분명 하나님이 허락하셔서 세워졌지만, 문제는 이스라엘 백성들이 하나님은 오직 예루살렘 성전에서 드려지는 제사만 받으신다고 생각한 데 있다. 그것은 결국 하나님을 성전 안에, 또 이스라엘 안에 가두는 일이었다. 그러나 성전은 물론이고 광대한 하늘과 땅이라도 하나님을 담을 수는 없다. 성전을 지은 솔로몬도 그렇게 고백했다(왕상 8:27). 하나님이 성전 안에만 계시다는 이 생각이 깨뜨려지지 않고서는 땅끝까지 이르러 복음을 증거하는 일은 불가능했다. 스데반이 설교의 마지막 부분에서 성전을 비판한 이유가 여기에 있다. 또한 이스라엘 백성들, 특히 종교 지도자들의 문제는 완악한 마음이었다.

> 목이 곧고 마음과 귀에 할례를 받지 못한 사람들아 너희도 너희 조상과
> 같이 항상 성령을 거스르는도다 (51절)

그들은 자신의 조상들이 구약 선지자들의 말을 듣지 않고 박해한 것처럼 의인 예수님을 죽인 자들이다(52절). 이러한 죄는 다름 아닌 '성령을 거스르는 것'이다. '거스르다'를 뜻하는 헬라어 '안티핍토'(ἀντιπίπτω)는 신약에서 오직 이곳에만 사용된 단어로서, '반대하다'(oppose), '저항하다'(resist)라는 뜻이다. 이사야 선지자 역시 하나님의 자비에도 불구하고 반역한 이스라엘 백성들의 범죄에 대해 '주의 성령을 근심하게 하였다'(사 63:10)고 비판했다. 마음이 완악한 사람은 성령의 음성을 듣지 못하므로 항상 성령을 거스를 수밖에 없다. 그 결과는 폭력과 살인이다(52절). 마음이 완악하면 천사가 율법을 전해준다고 해도 소용없다. 율법은 성령의 음성을 들을 수 있는 가난한 심령을 가진 자가 지킨다. 성경은 이런 사람을 일컬어 마음과 귀에 할례받은 자라고 말한다(51절).

스데반의 이 연설을 들었을 바울도 회심한 이후 스데반과 같은 주장을 한다. 육신의 할례를 받았다고 해서 아브라함의 자손이 아니며, 율법을 지켜야 하나님의 택하신 백성이고, 할례는 마음에 해야 함을 주장했다(롬 2:25-

29). 할례를 행할 때 생명과 번식을 상징하는 남자 성기의 포피를 칼로 베어 내듯이 성령께서 욕심으로 가득 찬 내 마음을 칼로 베어 피를 흘려야 한다(렘 4:4 참조).

나중에 고넬료가 성령을 받을 때 베드로와 함께 온 '할례받은 신자들'이 이방인에게도 하나님께서 성령을 부어 주시는 것을 보고 놀랐다(10:45). 예루살렘 교회의 할례받은 신자들도 처음에는 베드로가 무할례자인 고넬료의 집에 들어가 함께 먹었다며 비난했지만, 베드로의 이야기를 듣고 하나님께 영광을 돌리며 "하나님께서 이방인에게도 생명 얻는 회개를 주셨도다"(10:18)고 말한다. 즉 무할례의 문제가 성령으로 해결된 것이다. 하지만 바울과 바나바가 1차 선교 여행을 다녀온 뒤 바리새인 신자들이 수리아 안디옥 교회에 와서 "모세의 법대로 할례를 받지 아니하면 능히 구원을 받지 못하리라"(15:1)고 하면서 심각한 갈등이 빚어졌다. 결국 예루살렘 공의회를 통해 해결된다(아래 15장 참조).

스데반은 '지혜와 성령으로' 말했으며(6:10), '성령충만하여 하늘을 우러러 주목하여 하나님의 영광과 및 예수께서 하나님 우편에 서신 것을'(7:55) 보는 자였다면, 스데반이 전한 복음을 듣고도 전에 예수님을 죽인 것처럼 스데반까지 죽인 자들은 성령을 거스르는 자들이었다. 하지만 부활하신 예수님은 성령을 순종하는 제자들에게 부어 주시고, 나아가 복음을 듣고 회개하는 자들에게 선물로 주신다.

스데반이 비판한 대로 이스라엘 종교 지도자들은 진정 목이 곧고 마음이 완악한 자였다. 그들은 스데반의 말을 듣고 마음에 찔렸지만 회개하기는커녕 스데반을 향해 이를 갈았다. 베드로의 설교를 들은 사람들이 마음에 찔림을 받고 "우리가 어찌할꼬" 하며 구원의 길을 물었던 것(2:37)과는 대조적이다. 하나님께 용서받기 위해서는 찔림을 받는 것으로 부족하다. 용서를 구하는 겸손함이 있어야 한다. 스데반은 자신을 해치려 하는 자들 앞에서 담대하였다. 성령충만하였기 때문이다. 박해의 상황에서도 성령충만할 수 있다.

성령충만하면 상황이 아니라 하늘을 바라본다(52절). 그저 무심코 눈을 들어 하늘을 바라본 게 아니라, 스데반은 성령 충만하여 하늘을 우러러 주목하였다. 사도 요한 역시 마찬가지였다. 그는 복음을 전하다가 밧모섬에 유배되었다. 밧모섬은 돌섬이었다. 세상과 단절되어 열악한 환경에서 살 수밖에 없었다. 그러나 척박한 바로 그곳에서 그는 성령에 감동되어 하늘의 열린 문을 통해 천상 세계를 보았다(계 4:1-2). 에스겔도 바벨론 제국에 포로로 잡혀 온 상황에서 하늘의 하나님을 보았다. "서른째 해 넷째 달 초닷새에 내가 그발 강가 사로잡힌 자 중에 있을 때 하늘이 열리며 하나님의 모습이 내게 보이니"(겔 1:1).

스데반이 바라본 하늘에는 예수님이 하나님 우편에 '서서' 계셨다. 예수님은 곧 순교할 스데반을 바라보며 가만히 앉아계실 수 없었던 것은 아닐까? 스데반이 끝까지 믿음을 잃지 않도록 응원하시기 위해서, 곧 순교할 그의 영혼을 맞아 주시기 위해 일어서 계신 것은 아닐까? 그렇다면 스데반의 죽음은 참으로 영광된 죽음이다. 나를 맞이하기 위해 일어서신 예수님을 바라보며 죽는 죽음이야말로 우리가 꿈꾸는 죽음이다. 예수님을 바라본 스데반은 예수님처럼 자기를 죽이는 사람들을 용서하며 죽었다. 예수님처럼(59-60절) 말이다. 그래서 그의 죽음이 더욱 빛난다. 사울의 회심은 스데반의 거룩한 죽음이 있었기에 가능했을 것이다.

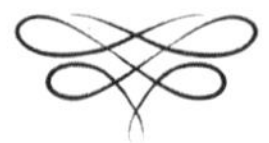

8장

사도행전 8장은 빌립의 전도를 기록하고 있다. 빌립의 전도는 사도행전 1장 8절에서 예수님이 말씀하신, 복음의 전파 경로(성령의 임재와 권능 받음 → 예루살렘 → 온 유대 → 사마리아 → 땅끝) 중 사마리아 전도가 성취되는 과정을 보여준다. 사도행전 8장 이전까지 예루살렘에 있던 초대 교회의 선교는 예루살렘을 벗어나지 못했다. 아마도 초대 교회 교인들은 예수님이 말씀하신바, 복음이 땅끝까지 이르러 전파되어야 함을 잊고, 예루살렘을 벗어나지 않았던 것 같다. 아니면 복음이 예루살렘을 넘어 다른 지역에까지 전파되어야 함을 알고 있었으나, 실천을 차일피일 미루었는지도 모른다. 또 다른 이유를 생각해 보자면, 아마도 사도들과 예루살렘 교회는 예루살렘을 전부 복음화시키고 난 다음에 사마리아로 나아가려 했을는지 모른다. 그러나 오늘날까지도 예루살렘은 여전히 완전히 복음화되지 않았다. 국내 전도와 국외 선교는 함께 병행되어야 할 사역이지 전(前)과 후(後)로 나눠지지 않는다.

이런 상황에서 하나님은 환란을 통해 이들을 예루살렘이라는 좁은 울타리를 넘어 다른 곳으로 가서 전도하게 하셨다. 첫째, 스데반의 순교다. 둘째, 스데반의 순교 후 예루살렘 교회에 닥친 '큰 핍박'이었다. 이 핍박에 앞장선 사람이 바울이었다. 3절에 따르면 그는 교회를 '잔멸'(殘滅)하였다. 예수 믿는 사람의 집을 찾아다니며 성도들을 체포하여 투옥하였다.

빌립, 사마리아 성을 전도하다 (4-5절)

그러나 하나님은 예루살렘 교회에 닥친 큰 핍박까지도 당신의 뜻을 이루기 위해 사용하셨다. 스데반의 죽음은 아마도 초대 교회 교인들에게 적지 않은 충격이었을 것이다. 날마다 기적적인 성장을 하고 있었던 초대 교회에게 스데반과 같이 '은혜와 권능과 성령이 충만한'(6:8, 10) 지도자가 순교를 당한 것은 그들에게 실망과 좌절을 주기에 충분한 사건이었을 것이다. 설상가상으로 스데반의 순교 뒤에 초대 교회에 큰 핍박이 일어났다. 적지 않은 수의 기존 신자들이 떨어져 나갔을 것이다.

그러나 이러한 시련은 복음을 땅끝까지 전하기 위해 하나님이 주신 시련이었다. 하나님은 핍박을 통해 이들을 '나가서 전도하는 자'로 만든 것이다. 하나님은 땅끝까지 이르러 복음이 전파될 때까지 우리를 계속해서 밀어내신다. 나가게 만드신다. 자발적으로 나가지 않으면, 핍박을 통해서라도 나가게 하신다. 결코 현실에 안주하지 않도록 하신다. 핍박으로 인해 흩어진 사람들은 무엇을 하였는가?

⁴ 그 흩어진 사람들이 '두루' 다니며 복음의 말씀을 전할새 ⁵ 빌립이 사마

리아 성에 내려가 그리스도를 백성에게 전파하니 (4-5절)

우리는 여기서 초대 교회 교인들의 위대한 신앙을 볼 수 있다. 그들은 자기들에게 닥친 박해에 굴복당하지 않았다. 오히려 그 박해 속에서 자신들이 해야 할 일을 깨닫게 되었다. 자신들의 소명은 예수님의 말씀대로 예루살렘에 머무는 것이 아니라, 온 천하에 두루 다니면 복음을 전하는 것임을 알게 된 것이다. 고난 속에서 그 고난의 의미를 발견한 사람들에게 고난은 놀라운 축복일 수가 있다.

빌립은 박해 가운데서 자신이 해야 할 일을 깨달았던 사람들 가운데 대표적인 한 인물이었다. 신약성경에서 '빌립'(Φίλιππος [필립포스])이란 이름을 가진 인물은 세 명이다. 첫째, 헤롯 대왕과 클레오파트라 사이에서 태어난 분봉왕 빌립이다. 그는 헤롯 안티파스의 이복형제요, 헤로디아의 전 남편이었다. 둘째 인물은 열두 사도 가운데 한 명인 빌립이다. 셋째 인물이 사도행전 8장에 나오는 빌립이다. 빌립은 소위 7명의 집사 가운데 한 사람으로서 믿음과 성령이 충만한 사람이었다.

사도행전 저자가 흩어진 사람들 가운데 빌립에 대해 집중적으로 묘사하고 있는 이유는 그가 예수님이 예언하신 사마리아에 가서 전도했기 때문이다. 빌립은 예루살렘과 유대 지역을 넘어 정결법적으로 부정한 사마리아 지역을 찾아가서 놀라운 성령의 능력으로 복음을 전파하고 이적을 일으켜 사마리아 사람들을 주님께로 돌아오게 했기 때문이다. 8장은 빌립의 사마리아 전도가 성공했음을 보도하고 있는데, 이것은 사마리아 전도가 하나님의 뜻임을 보여준다.

 사마리아

누가복음과 사도행전에는 '사마리아'에 대한 언급이 다른 성경책에 비해 유독 많다. 대표적으로 '선한 사마리아인의 비유'(눅 10:30-37)가 있다. 이 비유에서 당시에 가장 정결한 사람으로 알려진 제사장과 레위인이 아니라 유대인으로부터 괄시를 당하던 사마리아인이 선한 이웃의 모범으로 제시되고 있다. 놀라운 일이다. 그렇다면 사마리아인은 누구인지 먼저 살펴보자.

사마리아인은 누구인가?

사마리아인은 북이스라엘 오므리 왕조(아합왕이 대표적인 인물이다) 시대의 수도 사마리아를 중심으로 에브라임 지파와 므낫세 지파 지역에 거주하던 북이스라엘의 후손들이다. 지금은 1,000명도 안 되는 소수 인구가 팔레스타인 서안 지구의 나블루스(Nablus)와 텔아비브 근처의 이스라엘 도시인 홀론에 거주한다.

사마리아인들은 유대인들이 아니라 바로 자신들이 고대 이스라엘의 참된 신앙의 계승자라고 생각했다. 유대인들이 예루살렘 성전을 중심으로 형성된 신앙공동체였다면, 사마리아인들은 그리심산과 거기에 세워진 성전을 중심으로 형성된 신앙공동체로서, 유대인과는 다른 자신들만의 모세 오경을 가지고 있었다. 모세만을 유일한 선지자로 인정한다. 종말에 일종의 메시아인 '타헵'(Taheb)이라는 모세와 같은 예언자가 나타나 죽은 자를 부활시키고 의인에게는 상을, 악인은 심판할 것이라고 믿는다.

사마리아 오경은 히브리 성경의 토라(모세오경)와 거의 유사하지만, 일부 구절에서 차이가 있다. 사마리아인들은 자신의 이름이 '사마리아' 땅에 거주하는 사람이란 뜻이라기보다 '율법을 지키는 사람'이란 뜻에서 유래한 것으로 보기도 한다.[20] 사마리아인에 따르면 그리심산은 아벨이 처음으로 제단을 만들었던 곳으로서 세상의 중심(세상의 배꼽)에 해당한다. 또 하나님이 아브라함에게 이삭을 바치라고 명령하신 곳도 바로 그리심산이다. 그리심산은 세상에서 가장 오래되고 가장 높은 산으로서 노아의 홍수 때도 그 정상이 잠기지 않은 유일한 산이다. 사마리아인들은 그리심산의 세 개 거룩한 곳에 제단과 성소를 만들었고, 지금도 여기서 절기를 지내는데, 특히 매년 유월절이 되면 모든 사마리아인이 그리심산 정상에 모여 흰옷을 입고, 대제사장의 집례하에 양을 제물로 바치는 제사를 수천 년 동안 지켜온 방식으로 거행한다.

하지만 요한복음 4장을 보면 사마리아 여인이 예수님께 "우리 조상들은 이 산에서 예배하였는데 당신들의 말은 예배할 곳이 예루살렘에 있다"(요 4:20)고 말한다. 이렇게 어디서 예배를 드리느냐의 문제를 두고 사마리아인과 유대인은 서로를 원수처럼 여겼다. 사마리아 오경에 따르면 모세는 에발산이 아니라(신 27:4) 그리심산에 제단을 만들라고 말했다. 사마리아 오경에 따르면 십계명 중 제 7계명(간음하지 말라. 출 20:14; 신 5:18) 다음에 그리심산에 제사를 드릴 제단을 쌓으라는 명령이 포함되어 있다.

요한복음 8장 48절을 보면 유대인들이 예수님을 비난할 때 "우리가 너를 사마리아 사람이라 또는 귀신이 들렸다 하는 말이 옳지 아니하냐"고 말

---

20 Robert T. Anderson, "Samaritans", *ABD* (New York: Doubleday, 1996), 5:941.

한다. 여기서 예수님을 사마리아 사람으로 말한 것은 당시 사마리아 사람을 이단시했던 유대인들의 반감을 보여준다. 그러나 예수님은 예루살렘 성전에서 유대인들이 드리는 예배(=제사)와 그리심산 성전에서 사마리아인이 드리는 예배 모두를 거부하고 '신령과 진정', 즉 '진리의 영'으로 예배하는 것이 중요하다고 설파하심으로써 예배의 본질은 장소가 아닌 어떤 영으로 드리는가에 있음을 가르쳐 주셨다(요 4:21-24).

유대인과 사마리아인의 갈등은 몇 가지 역사적 사건을 통해 심화하여 서로를 원수처럼 여기게 됐다. 어쩌면 이슬람교에서 수니파와 시아파가 서로 적대시하는 것과 유사하다. 성경에 나와 있는 유대인과 사마리아인의 갈등은 바벨론 포로 생활에서 돌아와 성전을 건축할 때 산발랏과 같은 사마리아인들이 방해한 사건을 들 수 있다. 나중에 사마리아인들은 그리심산에 자기들의 성전을 건축했는데, 주전 128년 하스모니안 왕가의 힐카누스에 의해 파괴된다. 반대로 주전 2세기 초에 오니아스(Onias) 대제사장 시절에는 사마리아인들이 유대를 침략하여 유대인들을 노예로 잡아가기도 하였다. 심지어 사마리아인들이 무교절에 예루살렘 성전에 들어와 인간의 뼈를 뿌려 성전을 더럽히기도 했고, 예루살렘으로 가려고 사마리아를 통과하던 갈릴리 순례자들이 살해당하기도 했다. 이에 유대인들이 사마리아 마을을 불태우고 사람들을 학살하는 등 보복하였다. 유대인들은 회당에서 기도할 때 사마리아인들을 저주하며 그들이 영생을 얻지 못하게 해달라고 했으며, 사마리아인의 음식을 먹는 것은 돼지고기를 먹는 것과 같다고 생각했다.[21]

21　오덕호, 『값진 진주를 찾아서』 (서울: 한국성서학연구소, 2002), 407-408.

누가복음에 나타난 사마리아인

누가복음에서 사마리아(인)는 세 차례 등장한다. 첫 번째 본문은 누가복음 9장 51~56절이다. 예수님이 예루살렘을 향해 올라가시기로 굳게 결심을 한 직후에 사마리아인의 한 마을로 들어가려고 하셨다. 그러나 그 마을 사람들은 "예수께서 예루살렘을 향하여 가시기 때문에"(9:53) 예수님을 받아들이지 않았다. 무슨 말일까? 앞서 말한 대로 사마리아인들은 예루살렘 성전 제의를 거부했다. 그들은 그리심산에서 드리는 제사만을 인정했다. 사마리아인들은 (제사를 드리기 위해) 예루살렘을 향해 가는 순례객들을 잘못된 곳에 가서 제의를 드리는 이단들로 봤다. 예수님과 그의 일행도 다를 바 없었던 것이다. 그래서 예수님과 제자들을 거부한 것이다. 이에 분개한 야고보와 요한은 예수님께 하늘로부터 불이 저들에게 내려 멸하도록 하자고 제안한다.

그러나 예수님은 이들을 '꾸짖으셨다'. '꾸짖다'로 번역된 헬라어 '에피티마오'(ἐπιτιμάω)는 누가복음에서 주로 예수님이 귀신(4:35, 41; 9:42)이나 질병(4:39), 바람과 물결(8:24. 악의 세력을 상징), 제자들의 무지나 완악함(9:21, 55; 17:3; 18:15)을 꾸짖을 때 사용되는 단어다. 여기서도 사마리아까지 아끼시는 주님의 마음을 알지 못하는 제자들의 완악함, 그리고 자신들과 적대적 관계에 있는 사마리아인들에 대한 잔인함을 꾸짖고 계시다. 어떤 고대 사본에는 "너희는 무슨 정신으로 말하는지 모르는구나 인자는 사람의 생명을 멸망시키러 온 것이 아니요 구원하러 왔노라"는 말이 첨가되어 있다. 이런 예수님의 태도는 사마리아를 적대시한 유대인의 태도와 명백히 대조되는 평화적인 입장이다.

사마리아인이 등장하는 가장 유명한 본문은 '선한 사마리아인의 비유'(눅 10:30-37)일 것이다. 비유에서는 사마리아인이 강도 만난 사람을 돕는 선한 이웃으로 제시된다. 정결한 제사장과 레위인은 비난받을 대상이 되고, 부정한 사마리아인은 선한 이웃의 모범적 인물로 나타난 것은 당시의 통념을 뒤집는 것이다. 예수님의 비유는 당시의 기존 통념을 깨는(혹은 뒤엎는) 성격이 있다. 비유는 기존 질서에 도전하고 가치의 전복을 꾀한다. 비유는 평범한 일상을 이야기하지만 예상치 못한 전환을 통해 인간 실존의 근본에 도전한다. 이러한 비유의 성격은 '선한 사마리아인의 비유'에서도 나타난다. 흔히 이 비유는 어려움에 처한 이웃을 자기가 가진 모든 것으로 도와야 한다는 교훈으로 알려져 있다. 그러나 이 비유에서 간과해서는 안 될 사항은 모범적 이웃으로서 '사마리아인'이 등장했다는 사실이다. 만약 예수님이 이 비유를 통해 어려움에 처한 이웃을 사랑하라는 교훈을 가르치려고 했다면 굳이 사마리아인이 등장할 이유가 없다. 사마리아인 대신에 평신도 유대인이 등장해도 그런 교훈을 줄 수 있다. 또 제사장이나 레위인 대신에 평범한 유대인이 등장해도 그러한 교훈을 주는 데 무리가 없다.

유대인 예수님에 의해 유대인 청중에게 들려진 이 이야기에 등장한 사마리아인은 당시 사회-종교적 소외자로서 의도된 것이다. 사마리아인과는 상종조차 하지 않았던(요 4:9) 유대인들에게 '사마리아인'이란 단어와 '이웃'이란 단어는 동일한 한 사람에게 적용될 수 없는 모순의 단어였다. 그러나 이 비유는 청중에게 그 두 단어를 결합하도록 도전한다. 존경을 받고 선하다고 여겨진 종교 지도자들은 나쁜 사람으로 등장하고, 부정할 대로 부정하고 저주받은 사람으로 여겨진 사마리아인이 좋은 사람이 되었을 때 이 세계는 도전받고 있는 것이다. 하나님의 나라는 인간의 의식 속으로 갑자기 뚫고 들어오며, 이전의 가치들, 폐쇄된 선택들, 기존의 판단과 결론들에 대한 전복

(뒤집기)을 요구한다.

그러면 '선한 사마리아인의 비유'의 경우 이 비유가 비판하는 기존 가치는 무엇이고 새롭게 주장하는 가치는 무엇인가? 그것은 사랑 혹은 긍휼('레헴'. 사마리아인은 강도 만난 사람을 "보고 긍휼히 여겨" 가까이 다가가 도움을 베푼다)이 종교적 거룩함보다 앞선다는 것이다. 제의적으로 부정한 사마리아인은 긍휼을 베풂으로써 선한 이웃이 되었다. 반대로 제의적 정결 면에서 거룩했던 제사장과 사마리아인은 사랑을 베풀지 않았다. 하나님의 나라는 긍휼이 앞선다. 예수님은 이것을 삶으로 보여주셨다. 문둥병자가 다가와 고쳐 달라고 했을 때 당시 관습대로 그를 쫓아내기는커녕 그의 손을 잡으시고 치유해 주신 것, 죽은 야이로의 딸의 손을 잡고 일으켜 세우신 것이 그 대표적인 사례다. 예수님이 당시 정결법을 거부한 이유는, 정결을 경시하셨기 때문이 아니다. 정결보다 더욱 소중한 것은 긍휼이요 사랑임을 가르쳐 주시기 위함이었다. '정결 지도'(purity map)에 따라 사람을 분류하면, 사람들은 서로 분리되고 소원해질 수밖에 없다. '내 이웃'의 범주가 좁아질 수밖에 없다. 깨끗한 사람은 자신의 정결함을 유지하기 위해서 더러운 자를 멀리해야 한다. 깨끗한 사람끼리 모여야 하고, 더러운 자들은 사회에서 소외된다.

그러나 예수님은 종교 지도자들의 정결 개념을 거부하고 '마음'의 정결을 내세우셨다. 예수님은 '하나님의 거룩한 자'로서 정결 지도에 구획된 경계선들을 넘어가, 부정한 자로 여겨졌던 자들(병든 자들, 시체 등)을 만나고, 치유해 주셨다. 예수님은 종교 지도자들과는 달리 부정한 자들을 피함으로써 자신의 정결함을 지킨 것이 아니라, 성령이 임한 자로서 자신의 거룩함을 퍼뜨린 것이다. 이러한 예수님의 삶은 구원의 은총이 모든 경계와 차별을 넘어 임한다는 것을 보여주는 것이요, 그가 선포한 하나님 나라의 포용성과 보편성을 드러내 주는 것이다. 종교 지도자들이 경계선을 지킴으로써 그들의 권력을 확보했다면, 예수님은 경계선을 넘어가고, 부정한 자들을 찾아 나섬으로써 하나님의 능력을 드러내고, 하나님의 권위를 가진 자요 성령이 임한 자신의 모습을 보여준 것이다.[22]

　　다음으로 '사마리아인 문둥병자 이야기'(눅 17:11-19)가 있다. 예수님이 예루살렘으로 가시기 위해 사마리아와 갈릴리 사이로 지나가시다가 한 마을에 들어가셨는데, 10명의 나병 환자들을 만나셨다. 이들은 예수님을 보고 자신들을 불쌍히 여겨달라고 외쳤고, 예수님은 "가서 제사장들에게 너희 몸을 보이라"고 말씀하셨다. 10명의 나병환자들이 예수님의 말씀대로 제사장에게 갔다. 정말 예수님의 말씀대로 가는 도중에 몸이 깨끗해졌다. 그런데 오직 한 사람 사마리아인 나병환자만이 자기 병이 나은 것을 보고 큰 소리로 하나님께 영광을 돌렸다. 그리고 예수께 찾아와 예수의 발아래 엎드려 감사를 드렸다. 누가복음에서 '~을 보고 하나님께 영광을 돌리다'라는 표현은 하나님의 구원을 경험한 자들이 보이는 전형적인 행동이다(눅 2:20). 그렇다면 사마리아인 문둥병자가 하나님께 영광을 돌리며 예수님을 찾아간 것은 예수님이 하나님의 구원을 베푸시는 메시아인 것을 깨달은 것이다. 또 이런 행동은 예수님을 신으로 예배하는 행위다. 사마리아인은 자신의 병 치유를 통해 진정한 경배(예배)라 예루살렘 성전이나 그리심산에서 드리는 예배가 아니라 하나님의 구원을 주시는 예수님을 경배하는 것임을 깨달은 것이다.

22　정결법과 경계선 넘어가기에 대해서는 졸저, 『마가복음』 (서울: 홍성사, 2021), 51-53을 보라.

사도행전에 나타난 '사마리아(인)'

사도행전에서 '사마리아(인)'는 1장 8절과 8장(5회), 9장 31절, 15장 3절에 언급되고 있다. 자세한 내용은 이 책 해당 본문에서 언급하고 여기는 간략히 살펴보자. 먼저, 예수님은 복음 전파의 경로를 예루살렘과 온 유대와 사마리아와 땅끝을 언급하셨고, 사도행전은 이 모든 곳에 복음이 어떻게 전파됐는지를 전해준다. 예수 그리스도를 통해 이뤄지는 하나님의 나라가 유대인(예루살렘과 유대)으로부터 출발하지만, 거기에 국한되지 않고 사마리아에도 이뤄져야 한다. 스데반 순교 후 흩어진 사람들 가운데 빌립 이야기를 8장 한 장을 할애하며 소개하는 이유는 그가 남들이 꺼리는 사마리아에 갔기 때문이다. 빌립의 전도는 대성공이었다. 베드로와 요한도 사마리아에 내려와 안수기도하자 사마리아인들도 성령을 받았다. 사마리아의 오순절 사건이 일어난 것이다. 사도 요한은 한 때 사마리아의 한 마을을 불로써 멸망시키기를 바랐던 사람이었지만, 이제는 성령의 불을 내린 사람이 됐다.

9장 31절에서도("그리하여 온 유대와 갈릴리와 사마리아 교회가 평안하여 든든히 서가고 주를 경외함과 성령의 위로로 진행하여 수가 더 많아지니라") 사마리아가 언급되는데, 이 구절은 요약문으로서 앞서 있었던 사건에 대한 요약 혹은 다음에 나올 내용에 대한 미리 제시의 역할을 한다. 빌립의 사마리아 전도, 그리고 베드로의 유대 전도를 통해 유대와 갈릴리와 사마리아에 교회가 세워지고 든든히 서갔다.

마지막 네 번째 본문은 15장 3절이다("그들이 교회의 전송을 받고 베니게와 사마리아로 다니며 이방인들이 주께 돌아온 일을 말하여 형제들을 다 크게 기쁘게 하더라"). 베니게는 스데반의 순교 후 흩어진 자들이 찾아가 그곳에 있는 유대인에게 말씀을 전하여 생긴 교회의 성도들을 말한다. 사마리아는 빌립의 전도로 생긴 사마리아 교회다. 이렇게 사마리아 교회는 수리아 안디옥 교회의 목회자요 선교사인 바울 및 바나바가 들러 선교 보고를 할 만큼 교회 간에 연대가 있었음을 보여준다.

빌립, 놀라운 능력으로 사마리아를 선교하다 (6-13절)

빌립은 놀라운 능력의 전도자였다. 그가 내려간 사마리아성은 악의 세력에 사로잡힌 곳이었다. 마술사 시몬(Simon Magus)이 사마리아 성을 장악하고 있었다. 여기서 말하는 마술은 오늘날 우리가 TV 등을 통해 볼 수 있는 고도의 눈 속임수 마술이 아니라, 사탄에게 속한 자로서 사탄의 힘을 이용하여 이적을 행하고, 점성술을 행하던 자다. 그는 마술을 행하여 사마리아 백성을 '오랫동안' 놀라게 했다(9, 11절). 모든 사람이 시몬의 말을 청종했다(10, 11절). 시몬은 교만한 자였다. 스스로 큰 자라 말할 뿐 아니라, 낮은 사람부터 높은 사람까지 모든 사람이 다 그를 크다고 생각했다. 그가 행하는 능력을 하나님의 능력으로 착각하고 있을 정도였다(9, 10절). 가짜도 오랫동안 진짜처럼 행세하면 진짜처럼 여겨진다. 사람들이 맹목적으로 따른다. 그래서 관습, 관행이 무서운 것이다.

이렇게 시몬의 큰 능력에 사로잡혔던 사마리아 사람이 빌립의 전도를 통해 예수님을 믿고 세례까지 받았다. 빌립은 "하나님 나라 및 예수 그리스도의 이름에 관하여 전도"(12절)할 뿐만 아니라 '표적과 큰 능력'(6, 13절)을 행했기 때문이다. 그는 표적을 행하고, 더러운 귀신들을 내쫓고 중풍병자와 못 걷는 사람들을 고쳤다(7절).

마술사 시몬도 빌립이 행한 표적과 큰 능력을 보고 '놀랐다'(13절). 시몬이 행한 거짓 능력을 보고 사마리아 사람들이 '놀랬던' 것처럼 말이다. 마술사 시몬도 능력이 있었다. 그러나 빌립은 그 시몬을 제압한 더 큰 능력을 보여줬다. 이 능력은 성령의 능력이었다. 왜냐하면 빌립은 '성령과 지혜', '믿음과 성령'이 충만한 사람이었기 때문이다. 성도란 성령의 능력으로 세상의 거짓 능력을 드러내고 참된 하늘의 능력을 보이는 자다. 성령충만한 성도는 이 세상을 마술로 현혹하며 사람들을 사로잡고 있는 자들을 이길 수 있다.

우리 조상들은 집 지키는 귀신을 '신주' 혹은 '성주'(成造)라고 불렀는데, 신주를 잘 모시는 일이 중요하다고 생각했다. 그래서 집 지키는 귀신에게 바칠 쌀을 넣는 항아리를 '신줏단지'라고 불렀다. 부인들이 끼니마다 식사를 준비하면서 식구 수대로 쌀 한 숟가락씩 신줏단지에 넣으면서 가족의 건강과 출세를 위해 성주님께 빌었다고 한다. '신줏단지 모시듯 한다'는 말이 여기서 비롯됐다. 그런데 우리나라에 복음이 전해지면서 예수님을 믿는 부인들이 생겨났는데 이들은 신줏단지를 버리는 대신, 기독교적으로 바꾸었다. 신줏단지로 사용하던 항아리 바깥에 십자가를 그린 후에 '주 단지'(Lord's Pot)라 불렀던 것이다. 그리고 이 단지에 모은 쌀을 목회자의 생활이나 가난한 자를 위해 교회에 바쳤으니, 그것이 성미였다.[23]

성령충만하여 복음을 전하는 성도가 있는 곳에 '큰 기쁨'이 있게 된다(8절). 스데반의 순교 후 예루살렘 교회에는 '큰 박해'(1절)가 있었다. 그러나 그 박해를 통해 성도들이 흩어져 전도함으로써 사마리아에 복음이 전해졌고, '큰 기쁨'이 있게 되었다. 그렇다면 예루살렘 교회의 큰 박해는 다른 곳의 큰 기쁨을 위한 아름다운 고통이었다고 할 수 있지 않을까?

---

23 이덕주, 『이덕주 교수가 쉽게 쓴 한국 교회 이야기』 (서울: 신앙과지성사, 2017), 163-167.

사마리아 사람들이 빌립을 통해 복음을 듣고 누린 그 기쁨은 예수님이 탄생하실 때 천사들이 목자들에게 한 예언의 성취다. "천사가 이르되 무서워하지 말라 보라 내가 **온 백성에게 미칠 큰 기쁨의 좋은 소식을 너희에게 전하노라**"(눅 2:10). 예수님은 큰 기쁨의 좋은 소식이다. 예수 믿는 성도가 가는 곳에 큰 기쁨이 있는 것, 하나님이 우리를 부르신 목적이 여기에 있다.

마술사 시몬이 사마리아를 지배할 때, 그곳에도 기쁨이 있었을 것이다. 그러나 그건 거짓 기쁨, 위장된 평화다. 사마리아인들은 그런 거짓 기쁨이 전부인 줄 알고 살아왔다. 그러나 빌립을 통해 예수 그리스도를 믿게 되고, 성령의 능력을 보자 그들이 지금까지 누린 기쁨과 비교할 수 없는 큰 기쁨이 임했다.

빌립이 사마리아에 가서 선포한 내용은 "하나님 나라와 및 예수 그리스도의 이름"(12절)이었다. 바울이 선교하는 내내 전한 내용 역시 하나님 나라였다(19:8; 20:25; 28:23, 31). 예수님의 공생애가 하나님 나라 선포와 실현이었듯이 사도행전의 시작 역시 예수께서 부활하신 후 승천하시기 전까지 '하나님 나라의 일'을 말씀하시는 것이었고(1:3), 마지막은 바울이 로마의 셋집에서 하나님 나라를 전파하고 주 예수 그리스도를 가르치는 것이었다. 이것은 사도행전의 전체 주제가 하나님의 나라임을 구조적으로 보여준다.

베드로와 요한을 통해 성령이 사마리아인에게 임하시다 (14-17절)

빌립의 전도를 통해 사마리아 사람들은 하나님의 말씀을 받아들였다는 소식이 예루살렘 교회에 전해졌다. 이 소식을 듣고 예루살렘 교회는 베드로와 요한을 사마리아로 보냈다. 베드로와 요한은 그곳에 도착해서 사마리아 사람들이 성령 받기를 기도했는데(15절), 그들은 주 예수의 이름으로 세례를 받았지만, 성령이 아직 그들에게 임하지는 않았기 때문이다(16절).

사도 요한은 예수님이 이 땅에 계셨을 당시 예수님과 제자들을 영접하지 않은 사마리아의 한 마을을 불로써 멸망시키기를 바랐던 사람이었다(눅 9:51-55). 그러던 그가 사마리아인들에게 안수하여 성령의 은사를 받게 하였다. 요한이 변한 것이다. 성도는 남을 저주하는 삶에서 성령으로 충만케 하는 삶으로 부름을 받았다.

여기서 잠시 까다롭지만 한 번쯤 생각해 볼 신학적 문제를 살펴보자. 사마리아 사람들에게는 왜 나중에야 성령이 임하신 것일까? 빌립은 하나님 나라와 예수 그리스도의 이름을 전했고, 사마리아 사람들은 이것을 믿고 주 예수의 이름으로 세례도 받았다(12, 16절). 그런데 어떻게 성령이 그들에게 임하지 않았던 것일까? "하나님의 영으로 말하는 자는 누구든지 예수를 저주할 자라 하지 아니하고 또 성령으로 아니하고는 누구든지 예수를 주시라 할 수 없느니라"(고전 12:3)고 하지 않았나?

어떤 이는 시몬의 사례에서 볼 수 있는 것처럼 사마리아 성도들의 믿음이 온전하지 않았기 때문이라고 말한다.[24] 그러나 앞서 말한 대로 사마리아 교인들은 빌립이 전한 정통 복음(!)인 하나님 나라와 예수 그리스도를 믿었고, 주 예수의 이름으로 세례를 받았다. 또 일부 학자는 에베소의 어떤 제자들이 요한의 세례만을 받았던 것처럼, 사마리아 성도들도 예루살렘 교회에서 행해지는 세례와는 다른 빌립의 세례를 받았노라고 주장하기도 한다.[25] 그러나 이 주장을 뒷받침할 아무런 증거가 없다.

---

24 이한수, 『신약은 성령을 어떻게 말하는가』 (서울: 이레서원, 2001), 264 이하 참조.
25 Fitzmyer, *The Acts of the Apostles*, 406 참조.

박영돈 교수는 유대인과 사마리아인의 오랜 반목이라는 역사적 상황에 주목한다. 만약 사마리아인에게 빌립이 전도하고 세례를 주었을 때 성령이 임하셨다면, 그래서 예루살렘 교회에서 사도들이 사마리아에 내려와 안수할 필요가 없었다면 사마리아 교회는 굳이 사이가 좋지 않은 유대인들이 모인 예루살렘 교회와 함께하지 않고, 별도로 독자적 행보를 했을 것이고, 결국 예루살렘파와 사마리아파로 분열되었을 것으로 추측한다.[26]

그러면 사마리아 교인들은 어떻게 예수님을 믿을 수 있었을까? 여기서 박영돈 교수는 구약 성도들이나 오순절 성령을 받기 전 예수님의 제자들에게 임한 성령과 예수 그리스도의 십자가와 부활로 열린 구원의 새 시대의 영이요 부활하시고 영광을 받으신 예수 그리스도께서 보내시는 영을 구분한다. 구약 성도들에게도 제삼위이신 성령이 임했고, 오순절 성령 강림 전 제자들 역시 성령이 임했으나 그때 성령은 예수의 구속 사역 이전의 영이다. 예수의 제자들은 "성령의 옛 시대에서부터 새 시대로 넘어가는 과도기적 상황"[27]에 있었는데, 이 땅에 오신 예수님을 믿을 때 성령이 그들에게 임하셨지만, 그들은 교회의 시대로 진입하면서 새 시대의 영을 다시 한번 경험하게 되었다는 것이다. 두 영이 본질적으로 동일하나 구속사의 전개 과정에서는 구분이 된다는 것이다. 이런 제자들의 경험은 '시대 전이적 사건'으로서, 오순절 이후 교회의 시대를 살아가는 사람들에게는 규범적이지 않다.[28] 사마리아 교인들이 예수님을 믿을 때 성령이 역사하신 것은 분명하며, 그것은 오순절 성령 체험 이전 성령이 제자들에게 임하신 것과 같은 방식으로 이해해야 한다고 주장한다. 그러면서 "성령의 신비하고 특별한 사역을

26　박영돈, 『일그러진 성령의 얼굴』 (서울: IVP, 2011), 203-207.
27　앞의 글, 197.
28　앞의 글, 197.

인간의 논리로 완벽하게 설명하는 데는 한계가 있다는 점을 솔직히 인정할
수밖에 없다"[29]고 고백한다.

박 교수의 주장은 성령이 아니고서는 예수를 주라 할 수 없다는 바울의
성령 신학과 사도행전의 성령 신학을 일관성 있게 설명하려는 데서 나온 고
육지책(苦肉之策)이다. 빌립의 사마리아 선교가 예루살렘이 파송한 두 사도
베드로 및 요한에 의해 완성된 것은 사실이다. 나중에 시리아 안디옥 교회
가 세워질 때도 마찬가지였다. 스데반의 박해로 흩어진 사람들 가운데 구브
로와 구레네 출신 몇 사람이 안디옥에서 헬라인들에게 주 예수를 전파하자
주의 손이 그들과 함께하셔서 수많은 사람들이 주를 믿게 되었다. 이 소식
을 들은 예루살렘 교회는 바나바를 안디옥으로 보냈다. 바나바는 안디옥에
서 이뤄진 모든 일이 다 하나님의 은혜로 이뤄진 일인 것을 알게 됐다.

**사마리아와 안디옥에 교회가 생겨날 때 예루살렘에서 사도가 내려간 것
은 예루살렘의 사도적 권위를 내세우려는 의도도 있겠지만, 사도가 아닌 자
들과 사도들의 협력을 통해 선교가 이뤄져가고 있음을 보여주는 목적이 강
하다. 또한 사마리아와 이방인들도 하나님이 구원하시기 원하신다는 것을,
그래서 땅끝까지 이르러 복음을 전해야 한다는 것을 유대인 중심의 예루살
렘 교회가 받아들였음을 보여준다.** 이렇게 하여 에스겔이 예언한바 유다(예
루살렘)와 이스라엘(사마리아)이 하나님의 손 안에서 하나가 되는 일(겔 37:15-28)
이 성령을 통해 이뤄진 것이다.

또한 베드로가 고넬료를 찾아갔을 때 베드로 및 그와 동행한 유대인 성
도들이 고넬료와 그의 집에 모인 이방인에게 성령이 부어지는 것을 직접 목
격하고 놀라워했던 것처럼(10:45), 그래서 이 사실을 베드로가 예루살렘 교

---

29 앞의 글, 206.

회에 보고하여 하나님께서 이방인에게도 생명 얻는 회개를 주셨다는 것을 깨달은 것처럼(11:18), 하나님께서는 일단 사마리아인들에게 빌립을 통해 예수 그리스도를 믿는 구원의 경험을 선사하셨지만, 성령 체험은 유대 기독교인을 대표하는 두 사도 베드로와 요한을 통해 주심으로써 유대인이 경멸하던 사마리아인도 하나님이 받으셨음을 확신시켜 주시려고 했던 것일 수도 있다.[30]

불의에 매인 시몬 (18-24절)

베드로와 요한이 안수하여 사마리아인들이 성령을 받자, 이것을 본 시몬은 두 사도에게 돈을 주어 그 능력을 사고자 하였다. 아마 자신이 안수하여 성령이 사람들에게 임하면 자신도 사도처럼 높아질 것이고, 돈도 벌 수 있을 것으로 생각한 것 같다. 성령모독죄다. 이에 베드로는 안수하여 내린 성령이 '하나님의 선물'이라고 말하며(20절) 그를 꾸짖었다.

> [22] 그러므로 너의 이 악함을 회개하고 주께 기도하라 혹 마음에 품은 것을 사하여 주시리라 [23] 내가 보니 니는 악독이 가득하며 불의에 매인 바 되었도다 (22-23절)

자신이 안수하여 성령을 내리게 하는 능력을 얻고자 했던 것은 자신이 높아지고 또한 사람들로부터 돈을 취하기 위함이었다. 하나님을 이용하여

---

30 이한수, 『신약은 성령을 어떻게 말하는가』, 270.

재물을 얻으려고 한 것이다. 이런 시몬의 생각은 '악한 것'이었고, 시몬은 그 마음에 악독이 가득한 자요, 여전히 '불의에 매인 자'였다. 빌립의 전도를 받아 세례까지 받았지만, 실상 그는 사탄으로부터 해방되지 못했던 것이다. 여전히 시몬은 마술사로서의 옛사람을 온전히 벗어버리지 못한 것이다. 마술사가 무엇인가? 마술을 통해 돈을 얻는 사람이다. 그래서 베드로는 "이 도(=복음)에는 네가 관계가 없다"(21절)고 말했다.

베드로는 불의에 매여 성령을 사려고 한 시몬에게 "네 은과 네가 함께 망할지어다!"(20절)라고 저주를 선포한다. 앞서 아나니아와 삽비라는 돈과 함께 망한 대표적인 사람들이다(5:1-11). 그래서 바울은 이렇게 말한다.

> 9 부하려 하는 자들은 시험과 올무와 여러 가지 어리석고 해로운 욕심에 떨어지나니 곧 사람으로 파멸과 멸망에 빠지게 하는 것이라 10 돈을 사랑함이 일만 악의 뿌리가 되나니 이것을 탐내는 자들은 미혹을 받아 믿음에서 떠나 많은 근심으로써 자기를 찔렀도다 (딤전 6:9-10)

부자가 되겠다는 것이 잘못은 아니다. 하지만 부에 대한 열망 때문에 시험에 들 수 있다. 어리석고 해로운 욕심에 떨어질 수도 있다. 결국 파멸과 멸망에 이를 수 있다. 하나님에게는 값을 받고 팔 '상품'이 없고 오직 은혜로 주시는 '선물'만 있을 뿐임을 기억하자. 우리는 그분과 거래할 자격이 애당초 없다. 그저 하나님이 주시는 것을 선물로 알고, 감사함으로 받아야 한다. 세상에서는 장사해서 돈을 벌어야 하지만, 교회에서는 하나님이 은혜로 주시는 것을 받고 나눠야 한다.

그러나 베드로는 마지막으로 시몬에게 기회를 준다. 그의 악함을 회개하고 주님께 죄 사함을 얻기 위해 기도하라고. 이에 시몬은 저주가 자신에게 임하지 않도록 나를 위해 기도해 달라고 베드로에게 부탁한다. 이에 대한 베드로와 요한의 대답이 성경에는 기록되어 있지 않다. 베드로를 통해 저주를 면하려는 이런 시몬의 모습은 재앙을 당한 바로가 모세에게 자신을 위해 기도해달라고 부탁한 것과 유사하다. "청컨대 나의 죄를 이번만 용서하고 너희 하나님 여호와께 구하여 이 죽음만을 내게서 떠나게 하라"(출 10:17. 그밖에 출 8:8, 28; 9:28). 그러나 바로는 위기를 모면하면 또다시 마음이 완악해졌다. 그렇다면 누가는 시몬 역시 바로와 같은 사람이었다고 말하고자 했던 것은 아닐까? 마치 곧 벌을 받게 되어 두려워하는 막다른 골목에 몰린 범인이, 비록 눈물을 흘리더라도 진심으로 자신의 죄에 대해 뉘우친 것이 확실하지 않은 것처럼, 시몬도 그랬을지도 모른다.

한 사본에 따르면 시몬이 심히 울었다고 한다. 이것은 그가 진심으로 회개한 것으로 보기보다는, 사탄이 성령에게 패배하여 흘린 분루(憤淚)라고 보기도 한다. 『욥의 유언서』(*Testament of Job*) 27장에 보면 사탄이 욥을 넘어뜨리려고 했지만 실패하자 분해서 눈물을 흘리고 떠났다. 그렇다면 시몬이 심히 울었다고 한 사본이 보여주는 바는 사탄의 패배와 사도의 승리를 보여주는 것이다.[31] 시몬은 한 때 자칭 '큰 자'라고 했고, 사마리아 사람들을 지배하였다. 그러나 지금은 사도 베드로 앞에서 그에게 자신을 위해 주님께 기도해 달라고 불쌍한 자로 떨어진 것이다.

---

31 Susan R. Garrett, *The Demise of the Devil: Magic and the Demonic in Luke's Writings* (Grand Rapids: Fortress Press, 1989), 72-74.

베드로와 요한의 사마리아에서 한 일에 대해 저자는 "두 사도가 주의 말씀을 증언하여 말한 후 예루살렘으로 돌아갈새 사마리아인의 여러 마을에서 복음을 전하니라"고 묘사한다. 빌립의 사마리아 전도 이야기를 시작하면서 저자가 "그 흩어진 사람들이 두루 다니며 복음의 말씀을 전했다"(4절)라고 말한 것과 상응한다. 즉 사마리아 전도는 빌립에 의해 시작되었고, 사도들에 의해 더욱 공고하게 된 것이다. 25절의 주어에 대해 개역개정성경은 '두 사도'라고 번역했는데, 헬라어로는 '그들'이 된다. 여기에는 베드로와 요한은 물론이고 빌립도 포함될 수 있다. 다음 이야기가 빌립이 예루살렘에서 있는 상황을 전제하고 있는 것을 보면 빌립도 두 사도를 따라 예루살렘으로 올라가면서 함께 사마리아 여러 마을을 전도했다고 볼 수 있다. 그렇다면 사마리아 전도는 빌립 혼자서 시작해서 사도들과 빌립의 연합 사역으로 마무리되었다고 볼 수 있다. 다시 한번 말하지만 사도 요한이 사마리아 여러 마을을 다니며 복음을 전한 것은 놀랍다. 그는 사마리아 마을에 불이 내리기를 원했던 인물이 아니었던가?

빌립, 땅끝에서 온 내시를 전도하다

여기서 빌립은 에디오피아 내시에게 복음을 전한다. 내시의 나라인 '에디오피아'는 오늘날 커피로 유명한 에디오피아가 아니라 수단 북부 지역에 있던 고대 메로에(Meroe) 왕국이다.[32] 그는 이방인에다가 신체적으로 흠이 있는 내시였다. 정결법상 부정하디 부정한 자였다. 빌립은 정결하지 못한 사마리아에 가서 복음을 전한 최초의 인물이었다. 그는 마음이 열린 사람이었다. 그래서일까? 성령 하나님은 부정한 에디오피아 내시를 전도하기 위해 빌립을 부르셨다. 그에게 직접 지시하셔서 내시를 구원하셨다.

빌립은 최초의 사마리아 전도자였을 뿐만 아니라 내시를 전도함으로써 이방 선교의 서막을 알리는 사람이 되었다. 고대 그레코로마의 민간전승에 따르면, 고대 에디오피아는 지구상에서 사람이 거주할 수 있는 가장 먼 곳으로 명성이 나 있었다. 사도행전 10장에 등장하는 고넬료 역시 이방인이고, 그에게 성령이 임하셨지만, 그는 팔레스타인 땅에 와서 살고 있었다.

성령이 친히 주관하시는 전도

빌립의 전도는 철저히 성령의 인도함을 받은 전도였다. 빌립에게 가사(예루살렘으로부터 약 80킬로미터 떨어져 있음)로 내려가는 광야길을 가라고 지시한 분도 성령이었고(26절), 병거에서 이사야의 글을 읽고 있는 내시에게 다가가라

---

32 1960년대 아프리카가 유럽 여러 나라들로부터 독립하면서 아프리카 교회 역시 자신들에게 선교사를 파송해준 유럽 교회로부터 독립한다. 일부 교회는 유럽 교회가 제국주의적 교회라고 보고 토착화된 기독교를 형성한다. 이것을 '아프리카 독립 교회'(African Independent Churches, AICs)라고 한다. '아프리카 시원 교회'(African Initiated Churches), '아프리카 제정 교회'(African Instituted Churches)라고 부르기도 한다. 표현은 달라도 이들 신앙을 아프리카의 '에티오피아 신앙'이라고 부른다. 여기서 에티오피아는 커피나 마라톤으로 유명한 아프리카의 한 국가만을 가리키는 것이 아니라 반투계 흑인이 사는 사하라 이남(Sub-Sahara) 지역을 가리키며, 이 지역의 토착화된 기독교 신앙을 '에티오피아 신앙'이라고 부른다. '아프리카'가 아프리카 대륙 전체를 가리키는 용어가 된 것은 오래되지 않았다. 고대 로마 시대 때 '아프리카'라는 말은 고대 카르타고가 위치한 오늘날의 튀니지 일부, 나아가 사하라 이북의 북아프리카 지역을 지칭했다. 이재근, 『세계복음주의 지형도』(서울: 복있는사람, 2015), 253-255.

고 빌립에게 지시한 분도 성령이었으며(29절), 빌립이 내시에게 세례를 준 후 빌립을 다른 곳으로 인도하신 분도 역시 성령이었다(39절). 이러한 세심한 성령의 인도하심은 이방인의 구원이 성령의 뜻임을 보여준다(빌립을 인도한 성령이 각각 다르게 언급되고 있다. 26절에서는 '주의 사자'로, 29절에서는 '성령'으로, 39절에서는 '주의 영'으로 언급되고 있다. 하지만 명칭은 달라도 주체는 성령이시다).

아울러 우리는 성령의 지시에 순종한 빌립의 모습을 놓쳐서는 안 된다. 어느 날 갑자기 주의 사자가 나타나 밑도 끝도 없이 '가사'로 내려가는 광야 길로 가라고 지시한다. 그러나 빌립은 묵묵히 순종하였다. 그 반대는 요나였다. 켈틱 기독교의 슬로건 가운데 '골방과 작은 배'(the cell and the coracle)가 있다. 골방은 머무름(staying)을, 작은 배는 떠남(going)을 상징한다. 성도는 먼저 기도의 골방에 머물러야 한다. 하나님과 깊은 교제를 나눠야 한다. 하지만 주님이 보내시면 순종하여 가야 한다. 타이타닉호와 같은 안전하고 호화로운 유람선이 아니라, 바람과 파도에 금방이라도 뒤집힐 것 같은 작은 배, 그래서 주님만 의지할 수밖에 없는 형편없는 배를 타고 가야 한다. 그들은 주님이 바람과 파도를 다스리심을 믿었다. 주님이 원하시는 곳에 도착하게 하실 것이라고 확신했다. 그곳이 어디든 복음을 전했다. "저 멀리 뵈는 나의 시온성"이란 찬양 가사처럼 말이다.

저 멀리 뵈는 나의 시온성 오 거룩한 곳 아버지 집
내 사모하는 집에 가고자 한 밤을 세웠네
저 망망한 바다 위에 이 몸이 상할지라도
오늘은 이 곳 내일은 저 곳 주 복음 전하리

빌립, 예수를 가르쳐 복음을 전하다

빌립은 성령의 인도로 내시에게 다가갔다. 내시가 이사야를 읽고 이해하기 어려워하는 것을 보고 그 뜻을 풀이해 주었다. 전도하는 사람이 성경을 잘 알아야 하는 것은 두말할 나위가 없을 것이다. 우리는 "지도하는 사람이 없으니 어찌 깨달을 수 있느뇨"라는 내시의 말을 가슴 아프게 들어야 한다. 내시에게는 성경에 대해 알고 싶은 마음이 있었다. 그래서 성경을 읽었다. 그러나 쉽게 이해되지 않는 부분이 있었다. 얼마나 답답했을까? 누가 그 뜻을 속 시원하게 해결해 준다면 좋을 텐데.

내시는 성경에 관심이 많았을 뿐만 아니라, 예루살렘에까지 와서 예배드릴 만큼(27절) 유대교에 관심이 많았던 사람이다. 어쩌면 내시는 사마리아인처럼 혼혈 유대인이었을 가능성이 있다. 혹은 이방인으로서 완전히 유대교로 개종한 자는 아니었으나, 유대교에 관심이 많아 성경도 읽고, 예루살렘에 와서 예배드리던 자였다고도 볼 수 있다.

이런 상황에 있는 내시에게 빌립이 다가가 그가 이해하기 어려워했던 이사야 선지자의 글을 풀이해주고, 예수를 가르쳐 복음을 전했다(35절). 내시가 자진해서 세례를 받겠다고 나서게 되었다. 세례를 받겠다는 의지는 예수님을 믿겠나는 결단의 표현이 아니겠는가? 빌립이 성경을 풀이해 주지 않았더라면, 내시는 어쩌면 예수님을 믿을 수 없었을지 모른다. 하나님은 성경을 알고 싶은 마음은 있으나 풀이해주는 사람이 없어 속태우던 내시를 긍휼히 여겨서 빌립을 보내셨다. 더군다나 내시는 당시 유대교 정결법상 가장 부정하다고 여겨진 이방인, 게다가 신체적 결함이 있는 내시였다. 그러나 하나님은 이방인 내시를 구원하기 위해 빌립을 보내셨던 것이다. 그런 것처럼 하나님은 그 한 사람을 구원하기 위해 우리를 보내신다. 하나님이 나를 보내시고자 하는 그 한 사람은 누구인지 묵상해 보자. 그리고 주님이 가라 하시면 가서 복음을 잘 설명할 수 있는 실력을 갖추고 있는지 자신을 돌아보자.

에디오피아 내시와 엠마오로 가던 두 제자 이야기(눅 24:13-35)는 아래와 같이 공통점이 있다. 예수께서 엠마오 두 제자에게 기독론적 관점에서 성경을 설명해주신 것처럼 성령충만한 빌립 역시 내시에게 성경을 풀이해 준다.

엠마오로 가던 두 제자	에디오피아 내시
예루살렘에서 엠마오로 가던 길	예루살렘에서 가사로 가던 길
예수님이 성경을 해석해 줌	빌립이 성경을 해석해 줌
성경 내용은 예수의 고난에 관한 것	성경 내용은 예수의 고난에 관한 것
예수님이 떡을 떼어줌(성찬식)	빌립이 내시에게 세례를 줌
예수님이 갑자기 사라짐	주의 영이 빌립을 데리고 감

빌립의 순종과 복음전도로 에디오피아의 큰 권세를 가진 내시가 예수님을 믿게 되었다. 그 내시는 에디오피아 전도에 상당히 공헌하였을 것이다. 내시는 에디오피아 여왕 간다게의 재산을 관리하는 재무장관이었기 때문이다. '간다게'는 개인의 이름이 아니라, '국왕의 어머니'(=태후)를 가리키는 직함 혹은 명칭 같다. '바로'(=파라오)가 이집트 왕을 가리키는 이름인 것과 똑같다.

전도자 빌립

내시를 전도한 후 빌립의 행적은 더욱 멋있다. 빌립은 내시를 전도한 후에 성령에 이끌리어 "아소도에 나타나 여러 성을 지나다니며 복음을 전하고 가이사랴에" 이른다(39절). 빌립은 성령의 인도하심에 따라 내시를 전도하였다. 그러고 나서 다시 성령의 인도하심에 따라 복음이 선포되어야 할 곳에 가서 성실하게 복음을 전하는 삶을 계속했다. 그래서 성경은 그를 '전도자'(εὐαγγελιστής [유앙겔리스테스])라고 불렀던 것이다. "이튿날 떠나 가이사랴에 이르러 일곱 집사 중 하나인 전도자 빌립의 집에 들어가서 유하니라"(21:8). 빌립은 '전도자'라는 호칭이 가장 잘 어울리는 사람이다.

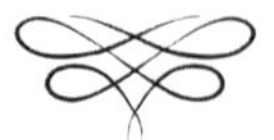

9장

사울, 다메섹에서 주님을 만나다 (1-9절)

예수님을 만나기 이전의 바울

사도행전은 크게 두 인물의 행적을 보여주고 있다. 전반부는 베드로이고, 후반부는 바울이다. 베드로가 예수님의 수제자로 3년 동안 따라다녔던 것과는 달리 바울은 오히려 예수 믿는 성도들을 박해하던 자였다. 그는 스데반을 죽이는 데 앞장섰다. 사람들이 스데반을 돌로 쳐 죽이기 전에 그의 옷을 벗겨서 사울에게 가져다준다. "성 밖으로 내치고 돌로 칠새 증인들이 옷을 벗어 사울이라 하는 청년의 발 앞에 두니라"(7:58).

당시에 스데반 주위에는 많은 사람들이 있었다. 종교 지도자들도 있었다. 그런데 스데반을 고발한 거짓 증인들이 스데반의 옷을 사울의 발 앞에 두었다는 것은 그가 스데반의 죽음에 주동자였음을 암시한다. 더군다나 그는 청년이었다. 나이 많은 종교 지도자들이 있었지만, 일종의 행동대장을 담당한 사울이 핵심 인물이었다. 스데반을 죽인 후에는 교회를 잔멸(8:3)하려고 가가호호 찾아다니며 예수 믿는 자는 남녀를 막론하고 잡아다가 투옥하였다.

그 결과 예루살렘 교회 성도들이 뿔뿔이 흩어졌다. 사울 때문에 교회가 풍비박산이 난 것이다. 그러자 사울은 흩어진 성도들을 잡겠다고 나섰다. 성도들이 다메섹(Damascus)으로 도피해 있다는 소식을 들은 사울은 대제사장에게 가서 일종의 체포영장을 받아서 다메섹을 향해 갔다. 다메섹은 예루살렘에서 북동쪽으로 약 240km 떨어져 있다. 인천에서 강릉까지의 거리다. 이 먼 거리를 마다하지 않고 예수 믿는 것들을 다 잡아넣겠다고 갔다. 그만큼 열정이 있었다.

사울은 "여전히 위협과 살기가 등등"(1절) 했다. '등등하여'(ἐμπνέω [엠프네오])의 문자적 의미는 '들이마시다'이다. 사울은 위협과 살기를 들이마셨다. 죽이겠다고 씩씩거렸다. 예수 믿는 성도들을 박해하는 그의 열정은 식을 줄 몰랐다. 그는 성도들을 고문하면서 강제로 예수님을 저주하는 말을 하게 했다(26:11). 나중에 예수 믿기 이전의 자신을 이렇게 설명한다. "13 내가 전에는 비방자요 박해자요 폭행자였으나 … 15 죄인 중에 내가 괴수니라"(딤전 1:13, 15). 위협과 살기가 등등함, 심히 분노함(=격분), 핍박과 살해, 분노에 가득 차 "누군가를 죽이고 싶은 얼굴"을 한 바울. 걸리기만 해봐라! 가만두지 않으리라!

사울이 이렇게 열심히 성도를 핍박한 이유는 그것이 하나님을 위한 열심이라고 생각했기 때문이다. 그는 자신을 "하나님께 대하여 열심이 있는 자"(22:3)고 확신했다. 사울이 보기에 예수를 따르는 자들은 이단 사이비였다. 그들은 십자가에 비참하게, 무기력하게 죽은 예수님을 메시아로 믿었는데 오히려 신명기 21장 23절은 "나무에 달린 자마다 저주 아래 있는 자"라고 말한다. 따라서 십자가에 죽은 예수는 하나님의 저주를 받아 죽은 자이지, 결코 메시아일 수 없다고 사울은 믿었다. 사울은 예수 믿는 자들을 확고한 신념을 가지고서 핍박했던 것이다. 잘못된 열정은 위험하다. 종교적인 문제만이 아니다. 자녀 교육에 있어서 가장 큰 문제 가운데 하나는 무엇인가? 지나친 교육열이 아닌가? 교회에 문제를 일으키는 성도는 지나치게 열심히 일하는 분이다. 누군가 이런 말을 했다. "가장 선한 일을 가장 악한 의도로 할 수 있는 존재가 인간이다. 가장 거룩한 일을 가장 세속적인 마음으로 할 수 있는 존재가 인간이다."

사울의 회심

위협과 살기가 등등하였던 사울이 어떻게 변했는가? 그가 다메섹으로 가던 도중에 주님이 그에게 나타나셨다. 다메섹은 예루살렘에서 북동쪽으로 약 240km 떨어진 곳에 있는 고도(古都)다. 사도행전에서 바울의 회심 사건은 9장을 포함하여 모두 3차례 언급된다. 나머지 두 번(22:1-16; 26:13-18)은 바울 자신의 간증이다. 또한 바울은 부활하신 예수님이 베드로, 열두 제자, 그리고 야고보와 모든 사도에게 보이신 후에 자신에게도 보이셨다고 증언한다(고전 15:8. "맨 나중에 만삭되지 못하여 난 자 같은 내게도 보이셨느니라"). 고전 9장 1절에서도 자신이 주님을 보았음을 언급한다("내가 자유인이 아니냐 사도가 아니냐 예수 우리 주를 보지 못하였느냐").

회심(回心)의 문자적인 뜻은 '마음을 돌이키다'이다. 일반적으로 회심은 예수님을 모르던 사람이나 예수님을 대적한 사람, 때로는 예수님을 알고 있고 또 교회 생활도 하지만 형식적으로 믿는 성도가 어떤 계기로 자신의 잘못을 뉘우치고 마음을 돌이켜 예수를 믿고 예수님을 향해 나아가는 방향 전환을 뜻한다. 사울은 예수님을 따르는 자들을 결박하여 예루살렘으로 잡아오려고 다메섹으로 가는 길이었다. 그는 대제사장으로부터 다메섹에 있는 회당에 가져갈 공문을 받아서 갔다. 이 공문은 요즘 식으로 말해 체포영장이라기보다는 회당 관계자들에게 도움을 받기 위한 공문으로 보인다. 당시 예수 믿는 유대인들은 회당에도 출입했기 때문에 색출해 내는데, 회당 지도부의 협조가 필요했을 것이다. 그러나 그는 다메섹 도상에서 예수를 만나고, 예수를 따르는 길로 들어선다. 회심은 가던 길을 돌이켜 예수의 길을 걷는 것이다. 가던 길을 돌이켜서, 유턴하여 하나님께로 가는 방향 전환이 회심이다. 내가 가던 땅의 길을 버리고 내 앞에 열린 하늘의 길을 걸어가는 것이 회심이다.

개역개정성경은 예수 믿는 성도를 "그 도를 따르는 사람"(9:2)이라고 번역했고, NIV는 '그 길에 속한 사람들'(any who belonged to the Way)이라고 번역했다. 둘 다 좋은 번역이다. 그 길은 예수님의 길이다. 예수님은 길이요 진리요 생명이시다. 즉 진리의 길이요 생명의 길이시다. 인생은 길을 걷는 것이다. 어떤 길을 걷느냐가 그 사람을 보여주고, 하나님은 그 길을 심판하신다. "무릇 의인들의 길은 여호와께서 인정하시나 악인들의 길은 망하리로다"(시 1:6).

물론 우리는 예수의 길을 걸어가면서도 한눈팔기도 한다. 여전히 죄를 짓는다. 그때마다 잘못을 뉘우치고 주님의 용서를 받아 다시 주님의 길을 걸어가는 것이 회개다. 이 회개는 평생 해야 한다. 회심은 평생 한 번 하지만, 회개는 평생 해야 한다. 예수님을 믿을 때 있었던 첫 번째 회개를 회심이라고 부를 수 있겠다. 회심이 곧 회개이고, 평생에 한 번이면 족하다고 주장하는 이단이 구원파다.

홀연히 찾아오신 주님

회심은 우리가 주님을 찾아가 만나는 것이 아니라 주님이 예고 없이 갑자기 나를 찾아오셔서 거부할 수 없는 은혜를 주실 때 일어난다. 회심은 주님의 주권으로 이뤄지는 은혜의 사건이다. 사울 역시 그랬다. 9장 3절을 보면 사울이 다메섹 근처에 왔을 때 '홀연히' 하늘로부터 빛이 바울 주위를 비췄다. '홀연히'는 '갑자기'(suddenly)라는 뜻이다. 주님의 역사는 인간의 예상과 기대를 뛰어넘는다. 오순절 마가의 다락방에 성령이 임하신 사건은 하나님 아버지의 약속이지만, 홀연히 하늘로부터 임하셨다(2:2). 회심은 단순히 앞으로 내가 잘해야지 하는 의지적 결심이 아니다. 주님이 주권적으로 찾아오셔서 은혜를 베푸셔야 한다.

장로교의 아버지라고 할 수 있는 쟝 칼뱅(1509-1564)도 그랬다고 한다. 그는 청년 시절 세상 학문인 인문주의 학문(세네카)에 심취했다. 하지만 마음의 평안을 찾지 못했다. 그는 성경 말씀에 집중하기로 하고 성경 연구를 계속해 간다. 그러던 중 갑자기 진리의 빛이 비쳤다. 그는 시편 주석 서문에서 이렇게 밝히고 있다.

하나님께서 **갑작스러운 회심**으로 내 마음을 압도하셨다. 나는 즉시 새로운 길을 달려가고자 하는 간절한 소원이 불타올랐고 다른 공부를 소홀히 하지는 않았지만 그것을 예전처럼 맹렬히 추구하지 않았다.

'갑작스러운 회심'(*Subita Conversio*)이란 그가 영적으로 목말라하고 있을 때 하나님이 주권적으로 그의 마음을 압도하셨음을 뜻한다. 그러자 지금까지 달려온 길을 돌이켜 즉시 새로운 길을 달려가려는 간절한 소원이 불타올랐다. 말씀 연구와 기도를 통해 하나님을 더 알고, 더 사랑하는 것 외에는 별다른 흥미를 느끼지 못했다. 이것이 회심한 자의 특징이다.

빛으로 찾아오신 주님

바울은 다메섹으로 가던 길에 이 빛은 '하늘로부터 큰 빛'(22:6)이었고, 정오 무렵이었다. 사울은 이 빛 때문에 일시적으로 실명하게 된다. 중동 지역 정오의 햇볕은 뜨겁고 밝다. 그 태양 빛보다 더 밝은 빛이 그를 둘러 비추었을 때 사울은 변화되었다. 이 빛은 자연의 빛이 아니라 주님에게서 나오는 영광의 광채일 것이다.

> 어두운 데에 빛이 비치라 말씀하셨던 그 하나님께서 예수 그리스도의 얼굴에 있는 하나님의 영광을 아는 빛을 우리 마음에 비추셨느니라 (고후 4:6)

태초에 하나님이 천지를 창조하실 때 제일 먼저 창조하신 것이 빛이다. 이 빛은 태양 빛이 아니다. 태양은 나중에 넷째 날 창조되었다. 창조의 빛이 있고 난 후 태양 빛이 있게 되었다. 이 태고의 빛이 하나님의 영광의 광채임을 비울은 고린도후서 4장 6절에서 암시한 것이다. 이 세상은 태양 빛이 없으면 살 수 없다. 그러나 사람은 태양 빛으로만 살 수 없다. 해가 수억 번 뜨고 지더라도 세상은 세상일 뿐이다. 처음 세상이다. 그러나 예수 믿으면 우리는 태양 빛의 세상이 아니라 하나님의 영광의 광채 속에서 산다. 선지자 이사야는 이렇게 말했다.

> 19 다시는 낮에 해가 네 빛이 되지 아니하며 달도 네게 빛을 비춰지 않을

것이요 오직 여호와가 네게 영영한 빛이 되며 네 하나님이 네 영광이 되리니 [20] 다시는 네 해가 지지 아니하며 네 달이 물러가지 아니할 것은 여호와가 네 영영한 빛이 되고 네 슬픔의 날이 마칠 것임이니라 (사 60:19-20)

하나님은 우리를 어둠의 세력에서 이끌어내어 하나님의 광명한 나라에서 살게 한다. 세상이 어둠인 이유는 하나님의 영광이 없기 때문이다. 어둠은 빛이 없기 때문에 있는 것이다. 빛이 있는 순간 어둠은 사라진다. 하나님의 영광의 광채가 없는 세상은 어둠일 수밖에 없다. 회심은 어둠 속에서 살아온 것을 깨닫고 주님의 영광의 빛 속으로 들어가는 것이다. 하나님의 영광에 이르지 못한 죄인이 예수 믿어 하나님의 영광에 이른다(롬 3:23). 바울은 자신의 소명 역시 어둠에 있는 자들을 빛으로 인도하는 것이라고 믿었다.

그 눈을 뜨게 하여 어둠에서 빛으로, 사탄의 권세에서 하나님께로 돌아오게 하고 죄 사함과 나를 믿어 거룩하게 된 무리 가운데서 기업을 얻게 하리라 하더이다 (26:18)

베드로도 우리의 구원을 어둠에서 빛으로 들어가는 역사로 말하면서, 그 빛을 '그의 기이한 빛'(his wonderful light)이라고 말한다(벧전 2:9). 찬송가 428장은 주님의 빛 가운데 사는 희열을 이렇게 노래하고 있다. "내 영혼에 햇빛 비치니 주 영광 찬란해 이 세상 어떤 빛보다 이 빛 더 빛나네 주의 영광 빛난 광채 내게 비춰 주시옵소서 그 밝은 얼굴 뵈올 때 나의 영혼 기쁘다."

회심과 소명

예수님은 사울이 어떤 삶을 살아왔고, 어떤 삶을 살고 있는지를 깨닫게 해주셨다.

> 4 땅에 엎드러져 들으매 소리 있어 가라사대 사울아 사울아 네가 어찌하여 나를 핍박하느냐 하시거늘 5 대답하되 주여 뉘시오니이까 가라사대 나는 네가 핍박하는 예수라 (9:4-5)

"사울아 사울아." 두 차례나 연이어 이름을 부르는 데에서 주님의 안타까운 심정이 느껴진다. 그런데 사울과 같이 가던 다른 사람들은 소리는 나는데, 무슨 소리를 알지 못했다. 오직 사울만 들을 수 있었다. 주님은 사울에게 "네가 어찌하여 나를 핍박하느냐"고 물으셨다. 사울은 지금까지 예수 믿는 자들을 핍박하는 것이 하나님을 위해 사는 것이라고 생각했다. 그런데 자기가 핍박하는 자들이 믿는 그 예수님이 빛 속에 나타나신 것이다. 사울은 자신이 지금까지 헛되이 살아왔음을 알게 되었다.

예수의 음성을 듣기 전까지 우리는 진리를 모른 채 산다. 예수님의 질문을 들이야 한다. 내 삶의 근본적인 문제를 묻는 물음을 들어야 한다. 아담과 하와가 범죄 한 후 하나님은 아담을 부르셔서 이렇게 물으셨다. "네가 어디 있느냐?"(창 3:9). 또 가인이 아벨을 죽은 후 하나님은 가인에게 물으셨다. "네 아우 아벨이 어디 있느냐?"(창 4:9). 우리는 거울 앞에 서기 전에 나 자신의 모습을 볼 수 없다. 우리는 예수님 앞에 서기 전에 나의 참된 모습을 알 수 없다. 주님께 엎드러지라. 그것이 바로 참된 자아를 발견하는 길이다. 그때부터 허상을 좇는 삶이 아니라, 참된 진리의 삶을 살게 되는 것이다.

또 예수님을 만나면 내가 어떤 사람으로, 무엇을 하며 살아가야 할지를 알게 된다(9:6). 예수님은 아나니아를 통해 바울에게 소명을 주셨다.

> 15 주께서 이르시되 가라 이 사람은 내 이름을 이방인과 임금들과 이스라엘 자손들에게 전하기 위하여 택한 나의 그릇이라 16 그가 내 이름을 위하여 해를 얼마나 받아야 할 것을 내가 그에게 보이리라 하시니 (15-16절)

주님은 사울을 주의 이름을 전하기 위한 그릇으로 택하셨다. 그릇은 무엇을 담는 수용성을 상징한다. 바울은 로마서 9장에서 우리가 죄인이기에 하나님의 진노를 담을 진노의 그릇이었지만 예수 그리스도 덕분에 하나님이 긍휼히 여기사 영광을 받기로 예비하신 긍휼의 그릇이 되었다고 말한다. "이 그릇은 우리니 곧 유대인 중에서 뿐 아니라 이방인 중에서도 부르신 자니라"(롬 9:24). 바울은 우리가 비록 천한 질그릇이지만 보배 예수를 담았기에 소중한 그릇이며, 하나님의 크신 능력이 우리에게 나타난다고 말한다(고후 4:7). 금그릇이냐, 은그릇이냐가 중요하지 않다. 주님이 직접 택하셔서 사용하시는 그릇이라는 사실이 중요하다. 그러나 바울이 예수님이 택하신 그릇으로 소명을 감당하기 위해선 예수님의 이름을 위해 많은 해를 받아야만 했다. 그래서 그는 복된 사람이다(마 5:10-12 참조).

순종은 주님의 비전을 현실화시킨다

주님이 빛으로 나타나시자 바울은 땅에 풀썩 쓰러졌다. 살기 등등하여 성도들을 잡으러 가던 그가 쓰러졌다. 이뿐만 아니라 눈이 멀게 되어 다른 사람의 손에 이끌려 다메섹으로 들어갔다. 이끄는 사람이 없으면 어디도 갈 수 없는 처지가 된 것이다. 그의 교만함이 꺾인 것이다.

사울은 다메섹의 직가(直街, Straight Street)라는 거리에 있는 유다의 집에서 머물고 있었다. 직가는 다메섹 성의 동문에서 서쪽으로 1.6km 뻗은 대로다. 사울은 유다의 집에서 3일 동안 먹지도 마시지도 않았다. 그가 받은 충격이 얼마나 큰지 식음을 전폐한 것이다. 그는 금식하며 기도했다(11절). 3일의 시간은 사울의 옛 자아가 완전히 죽는 시간이었다. 잘못된 열심을 가지고 마치 하나님을 위해 살아온 것처럼 착각했던 지난날의 삶, 다른 사람을 박해하고 죽이는 삶을 회개했을 것이다.

요나도 그랬다. 요나가 사흘 동안 물고기 뱃속에 있었다. 요나는 물고기 뱃속을 스올의 뱃속이라며, 자신이 죽은 것이나 다름없다고 말한다(욘 2:2). 불순종하던 요나가 3일 동안 물고기 뱃속에서 회개하며 기도했다. 그러자 주님이 기도를 들으시고 살려주신다. 이 3일이 우리에게 있어야 한다. 예수님도 당신께서 3일 동안 무덤에 계신 것을 요나가 물고기 뱃속에 있었던 사건에 비유하셨다(마 12:40 참조). 하지만 예수님은 부활하셨다. 우리도 옛 자아가 죽는 이 3일이 있어야 한다.

한편 주님은 다메섹에 살고 있던 '아나니아'라는 제자에게 환상 중에 나타나신다. 아나니아의 히브리어 이름은 하나냐다. 다니엘의 세 친구 중에 사드락이라는 바벨론식 이름의 주인공이 하나냐다. 이름의 뜻은 "하나님은 자비로우시다"이다. 주님은 환상 중에 아나니아를 찾아오셨다. 일상에서 환상은 한 개인이 보는 비현실적인 일을 말하지만, 사도행전에서 환상은 성령의 역사 가운데 하나다. 오순절에 성령의 충만함을 받은 베드로는 요엘 선지자를 인용하며 "말세에 내가 내 영을 모든 육체에 부어 주리니 너희의 자녀들은 예언할 것이요 너희의 젊은이들은 환상을 보고 너희의 늙은이들은 꿈을 꾸리라"(2:17)고 했다. 성령을 받은 증거 중의 하나가 환상을 보는 것이다. 이런 배경에서 보면 아나니아는 성령충만한 사람이었음을 암시한다. 사도행전에 환상을 본 사람은 고넬료와 베드로와 바울이다. 고넬료는 제9시에 기도할 때 환상 중에 하나님의 사자를 본다(10:3). 한편 욥바의 무두장이 시몬의 집에 머물던 베드로 역시 기도할 때 황홀한 중에 환상을 보았다(11:5). 바울도 마게도냐인의 환상을 보고 주님의 뜻을 깨닫는다(16:9-10). 또 바울이 고린도에서 전도할 때 환상 중에 주님이 위로하는 음성을 듣는다(18:9). 이렇게 보면 아나니아는 베드로와 바울 못지않게 성령충만한 사람이었음을 알 수 있다. 아래에서 보겠지만 아나니아는 사울에게 안수하여 성령으로 충만하도록 도운 사람이었다.

환상 중에 나타나신 주님은 아나니아에게 그가 어디에 있는지 정확히 알려주셨다. 직가라는 거리의 유다의 집에 머무는 다소 사람 사울. 그가 기도하는 중에 있는데 아나니아가 자기를 찾아와서 안수하여 시력이 회복되는 것을 보았다고 말씀하신다. 가만히 보라. 주님이 말씀하신 내용은 아직 이루어지지 않은 미래의 사건이다. 이 사건이 실제로 현실 속에 이루어지기 위해서는 아나니아의 순종이 있어야 한다. 주님은 아나니아가 순종할 것을 믿고 말씀하신 것이다.

그러나 아나니아는 처음에 거부하였다. 자신이 여러 사람을 통해 들었던 사울에 관한 소문을 주께 말씀드린다. 사울이란 사람은 예루살렘에서 성도들에게 적지 않은 해를 끼친 사람이며, 다메섹에 온 이유도 성도를 결박하려고 온 것이라고 말이다. 그런데 왜 하필이면 그런 자에게 나를 보내십니까? 이런 말이다. 그러나 결국 아나니아는 주님의 말씀에 순종한다. 어떻게 아나니아는 주님의 말씀에 순종할 수 있었을까? 사울을 향한 주님의 비전을 들었기 때문이다. 주님은 사울을 복음 전도자로 삼겠다고 말씀하신다.

아나니아는 사울의 과거를 보았다. 성도들을 핍박한 사울의 과거를 볼 때에 아나니아는 사울을 용서할 수 없었고, 그에게 가라는 명령을 받아들이기 어려웠다. 그 명령이 주님의 명령이라도 말이다. 그러나 주님은 사울의 과거를 보지 않았다. 사울의 미래를 보셨다. 사울이 복음을 담대히 전할 것이고, 복음을 전하다가 많은 해를 받겠지만 끝까지 충성할 것이라고 주님은 기대하신 것이다. 인간관계는 흔히 그 사람이 나에게 유익을 주느냐, 그렇지 않느냐에 따라 결정된다. 그러나 예수님을 믿는 우리는 사람들과 관계를 맺을 때, 그 사람을 향한 하나님의 비전에 주목해야 한다.

예수님은 베드로를 비롯한 제자들에게 "내가 너희를 사람 낚는 어부가 되게 하겠다"시며 그들의 미래를 보셨다. 특히 예수님은 베드로에게 "네가 요한의 아들 시몬이니 장차 게바라 하리라"(요 1:42)고 말씀하시며, 베드로가 장차 교회의 게바, 반석이 될 것을 신포하셨고, 그대로 이뤄졌다. 결국 아나니아는 주님의 말씀에 순종하여 사울을 찾아간다. 사울이 회복되고 성령충만하기까지 한 사람 아나니아의 순종이 있었음을 기억하자.

아나니아는 사울을 찾아가 이렇게 부른다. "형제 사울아." 헬라어 원문에는 '사울 형제여'(Σαοὺλ ἀδελφέ [사울 아델페])라고 되어 있다. 한번 생각해 보자. 아직 눈이 보이지 않던 사울에게 누군가 찾아오더니 자신을 '형제'라고 부른다. 죄인 중의 괴수였던 사울을 형제로 불러주다니! 사울의 가슴이 뭉클

하고 눈물이 났을 것 같다. 사도행전에서 형제는 예수 그리스도를 믿는 성도를 지칭한다. 아나니아는 사울을 용서하고 받아들인 것이다.

그리고 그는 "주 곧 네가 오는 길에서 나타나셨던 예수께서 너로 다시 보게 하시고 성령으로 충만하게 하신다"(17절)고 말하고 사울에게 안수한다. 아나니아는 자신이 아니라 자기를 보내신 예수님이 사울을 다시 보게 하심을 분명히 밝힌다. 그러자 즉시 사울의 눈에서 비늘 같은 것들이 벗어져 다시 보게 되었다. 이후 사울은 다메섹에서 담대히 복음을 전하고, 나중에는 안디옥 교회의 파송을 받아 선교 여행을 다니며 교회를 개척한다. 그 교회에 편지를 써서 그 가운데 13개가 하나님의 말씀이 되었다. 이후로 아나니아는 사도행전에서 등장하지 않는다. 다만 바울이 자신의 회심을 간증할 때 잠시 언급될 뿐이다(22:12).[33]

아나니아는 주님이 사울을 위해 예비하신 사람이었다. 우리도 마찬가지다. 여러분에게 아나니아는 누구였나? 사울에게 아나니아는 사울의 회심이 진짜임을 보증하는 사람이었다. 아나니아는 "율법에 따라 경건한 사람으로 다메섹에 사는 모든 유대인들에게 칭찬을 듣는"(22:12) 사람이었다. 사울이 다메섹에 있는 제자들과 함께 며칠 있는 동안(19절) 아나니아가 보증을 서 주었을 것이다.

주님은 다메섹 도상에서 사울에게 장차 할 일을 직접 말씀하지 않으시고 아나니아를 통해 하셨다. 이유가 뭘까? 만약 주님이 직접 사울에게 사명을 말씀하셨다면 사울의 회심을 사람들이 믿지 않았을 것이다. 위장 회심이 아닌지 의심할 수 있다. 하지만 주님이 다메섹에서 경건한 사람으로 잘 알려

33　조호진, 『아델페 아나니아: 원수에게 세례를 베푼 사람』(서울: 홍성사, 2019)은 사도행전 9장에 기록된 아나니아와 사울의 만남을 문학적 상상력과 행간을 읽고 상황을 재구성하는 탁월한 능력으로 섬세하게 기술한 좋은 책이다. 일독을 권한다.

진 아나니아에게 사울을 찾아가라고 하셨기에 아나니아는 사울이 회심했음을 알게 됐다. 즉 아나니아는 사울의 회심에 대한 보증인이다. 나중에는 바나바가 사울의 보증인이 되어준다.

주님을 만나고, 아나니아가 나서니 사울에게 다메섹이 달라보였다. 원래 사울에게 다메섹은 불온한 성도들이 있는 곳이었다. 그러나 지금은 성도와 교제를 나누고 복음을 전파하는 곳이 되었다. 예수님을 만나면 내가 변하고, 내가 변하면 세상이 달라져 보인다. 세상이 원망과 수고의 장소가 아니라 나를 위해 예비해 두신 사람을 만나는 은혜의 장소가 될 수 있다.

사울이 아나니아의 안수를 받아 성령충만하게 되자 즉시 사울의 눈에서 비늘 같은 것이 벗어져 다시 보게 되었다. 정확히 말하면 '비늘들' 복수형이다. 사울의 눈엔 많은 비늘들이 있었다. 이것이 떨어져나가야 한다. 자기 의라는 비늘, 하나님을 위한 열심이라고 하지만 결국 나를 위한 욕심의 비늘 등 등이다. 전에 사울의 눈엔 예수는 하나님의 저주를 받아 죽은 사람이었다. 그러나 비늘들이 벗겨지고 성령충만하여 보니 예수는 하나님의 아들이요 그리스도셨다(9:20, 22). 엠마오로 가던 두 제자도 그랬다. 그들은 눈이 가려져 처음에는 부활하신 예수님을 알아보지 못하는 가운데 예수님의 말씀을 듣고 예수님과 식사를 하면서 눈이 열렸다.

즉시 예수를 전파하다 (19b-22절)

사울은 아나니아에게 안수를 받은 후 건강이 회복되었고, 다메섹에 있는 제자들과 함께 며칠을 지냈는데, 아마도 이때 예수님에 관한 이야기를 들었을 것이다. 사울은 '즉시' 각 회당에서 전도하기 시작했다. 복음에 대한 열정은 그를 가만 놔둘 수 없었던 것이다.

사울이 전도하러 간 곳은 다메섹에 있는 회당들이었다. 당시 예수 믿는 유대인들은 회당에도 출입했기 때문에 색출해 내는데, 회당 지도부의 협조가 필요했을 것이다. 그런데 지금 상황이 완전히 바뀌어서 사울은 예수를 전하기 위해 회당에 갔다! 회당에 있던 사람들이 놀랐을 것이다. 최고의 전도는 확실하게 변화된 나의 모습을 보여주는 것이다. 사울은 예수가 하나님의 아들이심을 전파하고(ἐκήρυσσεν [에케뤼쎈], 20절), 예수가 그리스도라 증언했다(συμβιβάζων [쉼비바존], 22절). '전파하다'는 일방적인 선포에 가깝다. 담대히 선포하는 것이다. 그러나 '증언하다'는 말은 성경에 관한 해박한 지식을 가지고서 예수님이 그리스도이심을 증명해 냈다는 뜻이다. 사울의 전도는 갈수록 능력을 발휘하였고("사울은 힘을 더 얻어", 22절), 많은 유대인을 당혹하게 했다.

사울, 살해의 위협에 처하다 (23-25절)

사울이 담대하게 예수님이 하나님의 아들이요 그리스도심을 전하기를 '여러 날이 지났다'. 23절의 '여러 날'은 많은 날을 뜻한다. 사울의 전도가 꽤 오랫동안 이뤄졌음을 의미한다. 결국 유대인들은 그를 죽이기로 공모했다. 여기서 '죽이다'(ἀνελεῖν [아네레인])는 동사의 명사형은 스데반의 죽음(ἀναίρεσις [아나이레시스])을 사울이 마땅히 여겼다고 할 때 사용된 단어다(8:1).

스데반을 죽이는 데 앞장섰던 사울이 유대인들에 의해 살해의 대상이 된 아이러니한 상황이 발생한 것이다. 그들은 그를 죽이려고 밤낮으로 성문을 지켰다. 바울은 이 사실을 알고 밤중에 도망친다. 다메섹에 사는 성도들을 잡아 죽이려고 했던 사울이 거꾸로 다메섹에 사는 유대인들로부터 살해 위협을 당하게 되어 야반도주한 것이다. 이런 일은 그가 예루살렘에 올라가서도 있게 된다. 바울이 예루살렘에 올라가서 헬라파 유대인들과 변론했을 때 그들이 바울을 죽이려고 힘썼다(9:29). 흥미롭게도 스데반 역시 헬라파 유대인들과 논쟁을 벌였고(6:8-9), 이후에 스데반은 사람들에게 돌에 맞아 죽는다. 그 자리에 사울이 있었다. 그가 주동자였다. 그러던 사울이 이제 자신이 죽인 스데반의 길을 따라가고 있는 것이다! 하나님이 하시는 일은 너무도 오묘하다.

바울이 예루살렘에 가서 예루살렘 교인들을 만났지만 아무도 그를 반기지 않았다. 아무도 그가 예수님의 제자가 되었다고 믿지 않았다. 혹 위장 회심이 아닌지 의심하며 그를 두려워했다(26절). 그러나 그때 바나바가 바울을 맞이해준다. 27절에 '데리고 가다'의 헬라어 '에피라보메노스'($\dot{\epsilon}\pi\iota\lambda\alpha\beta\acute{o}\mu\epsilon\nu o\varsigma$)는 '꼭 잡다', '맞아들이다'라는 뜻이다. 바나바는 그를 사도들에게 데리고 갔다. 그가 길에서 주님을 본 것과 주께서 그에게 말씀하신 일, 그리고 바울이 다메섹에서 예수의 이름으로 담대히 말하던 것을 말했다.

바나바가 왜 바울을 믿어주었는지 성경은 말하고 있지 않다. 주님께서 아나니아에게 나타나신 것처럼 바나바에게도 나타나셨던 것은 아닐까? 아니면 어떤 경로를 통해 다메섹에 있는 아나니아나 성도들로부터 소식을 들었을 가능성이 높다. '믿어주는 한 사람', '받아주는 한 사람'이 새로운 역사를 만든다.

이후 바나바가 바울을 이끌어주는 모습은 계속된다. 바울이 예루살렘에서 열심히 전도하다가 살해 위협을 피해 다소로 내려간다. 다소에 있는 그를 다시 불러들인 사람도 바나바다. 또 수리아 안디옥에 이방인들로 구성된 교회가 생기자, 예루살렘 사도들이 바나바를 지도자로 파송했다. 이때 바나바는 다소에 있는 바울을 데려왔다. 아마도 바나바는 사울이 다소에서 이방인에게 복음을 전해 본 경험이 있기 때문에 이방인으로 구성된 안디옥 교회를 잘 목회할 수 있을 것으로 생각했던 것 같다.

바나바는 사울을 영광의 자리에 '데리고' 오는 자였다. 바나바는 사울을 통해 이루실 주님의 뜻을 알았고, 또 사울의 열정적 선교와 가르치는 능력을 높이 샀던 것 같다. 두 사람은 안디옥에서 함께 1년간 사역하였고, 후에 안디옥 교회 파송 선교사로 이방 선교를 담당하게 된다. 주님의 비전을 위해 함께 동역하는 삶은 참으로 귀하고 아름답다. 주님은 사명을 맡긴 자를 위해 함께 할 동역자를 보내주신다. 나중에 바울은 디모데, 디도, 실라, 누가 등 여러 동역자를 만나 함께 선교한다.

박해 속에서도 부흥하는 교회 (31절)

그리하여 온 유대와 갈릴리와 사마리아 교회가 평안하여 든든히 서 가고
주를 경외함과 성령의 위로로 진행하여 수가 더 많아지니라 (31절)

31절은 요약문이다. 지금까지 말씀을 요약하고 앞으로 있게 될 이야기를 미리 결론적으로 보여준다. 스데반의 순교 후 예루살렘 교회에 큰 핍박

이 있었으나 오히려 복음이 더 멀리 전파되고 교회가 세워져 든든히 서 갔다. 온 유대, 갈릴리, 사마리아 이 지명들은 사도행전의 핵심 구절인 1장 8절에 나오는 그 지명이다. 예수님의 말씀대로 이뤄져 가고 있는 것이다. 사마리아 전도는 빌립에 의해 이뤄졌고(8장), 유대 지역은 요약문 바로 다음에 나오는 9장 32~43절에 나오는데, 베드로가 룻다에서 애니아를 고치고, 욥바에서 다비다를 다시 살리는 이야기다. 이렇게 유대와 갈릴리와 사마리아 등 전 지역에 교회가 세워지고 든든히 서 갔다. 숫자도 많아졌다. 그 비결은 주를 경외함과 성령의 위로였다. 신앙이란 주님을 경외하는 것이다. 예수님이 우리의 주인 되심과 그분의 섭리를 인정하고 순종하는 교회에 부흥을 주신다.

31절에 '성령의 위로'는 성령충만, 성령의 은사 등과 비교할 때 상대적으로 낯선 표현이다. 성경에서 성령의 위로라는 말은 여기만 나온다. 하지만 본래 성령은 위로의 성령이시다. '위로'의 헬라어는 '파라클레시스'($\pi\alpha\rho\acute{\alpha}\kappa\lambda\eta\sigma\iota\varsigma$)인데, 여기서 보혜사를 뜻하는 헬라어 '파라클레토스'($\pi\alpha\rho\acute{\alpha}\kappa\lambda\eta\tau o\varsigma$)가 나왔다. 위로자, 돕는 자, 상담자라는 뜻이다. 보혜사의 본질적 역할이 위로다. 예수님은 이 땅을 떠나시기 전에 제자들이 고난 당할 것을 알고 계셨고, 그래서 보혜사를 약속하셨다. 보혜사 성령께서 위로하시기에 교회는 박해 속에서도 평안을 잃지 않을 수 있었을 것이다. 성령의 위로는 말 그대로 지치고 상한 마음을 위로하고 힘을 주는 것을 말하기도 하지만, 성령의 위로는 교회를 지키기 위해 행하시는 모든 사역이다.

성령의 위로는 복음 전도자와 교회를 보존하시는 사역이다. 복음을 전하는 자가 낙심하면 복음을 제대로 전하지 못한다. 성령께서 위로하시고 용기를 주신다. 그래서 우리가 주저앉거나 뒤로 후퇴하는 게 아니라 가야 할 곳으로 나가게 하신다. 교회는 성령의 위로가 있어서 앞으로 나가는 것이다(31

절, "성령의 위로로 진행하여"). 바울이 고린도에서 복음을 전할 때 믿지 않는 유대
인들이 바울에게 대들고 위협했다. 그도 두려웠다. 고린도를 떠나 다른 곳
으로 가야겠다고 생각했다. 하지만 밤에 주님이 환상 가운데 나타나셔서 말
씀하신다.

> 9 밤에 주께서 환상 가운데 바울에게 말씀하시되 10 내가 너와 함께 있으매
> 어떤 사람도 너를 대적하여 해롭게 할 자가 없을 것이니 이는 이 성중에
> 내 백성이 많음이라 하시더라 (18:9-10)

주님의 위로에 힘입어서일까? 바울은 고린도에서 1년 6개월을 머물며
하나님의 말씀을 전했다. 이후에도 성령은 바울이 예루살렘에 올라가 체포
되어 산헤드린 공회 앞에 서서 모욕과 심문을 받을 때도 그에게 나타나 바
울 곁에 서서 '담대하라'고 그를 위로하셨다(23:11). 바울이 로마로 호송되던
중 폭풍을 만났을 때도 하나님은 '두려워말라'며 위로하셨다(27:23-24). 바울
이 복음을 전하는 중에 많은 시련을 당했지만, 끝까지 사명을 감당할 수 있
었던 이유는 성령의 위로가 있었기 때문이다. 그는 위로의 하나님을 이렇게
찬양한다.

> 3 찬송하리로다 그는 우리 주 예수 그리스도의 하나님이시요 자비의 아버
> 지시요 모든 위로의 하나님이시며 4 우리의 모든 환난 중에서 우리를 위로
> 하사 우리로 하여금 하나님께 받는 위로로써 모든 환난 중에 있는 자들을
> 능히 위로하게 하시는 이시로다 (고후 1:3-4)

복음 전도자 베드로 (32절)

오순절에 성령충만함을 받은 이후 베드로는 '복음전도자'의 삶을 살았다. 예수님의 수제자요 예루살렘 교회의 대표적 사도였지만, 그는 예루살렘에만 머물며 '관리자'로서 살지 않았다. 그는 빌립이 전도한 사마리아로 가서 그곳 성도들을 성령충만케 하였고, 거기서 떠나 예루살렘으로 돌아갈 때도 사마리아 여러 동네를 다니며 복음을 전했다(8:25). 유대 지역 역시 베드로는 '사방으로 두루 행하였다'(9:32). 베드로는 "우리는 오로지 기도하는 일과 말씀 사역에 힘쓰리라"(6:4)고 약속했던 것처럼, 복음을 전하기 위해 발로 뛰는 사람이었다. 즉 사도들에게 말씀 사역은 설교를 준비하고 전하는 것이라기보다 복음을 전하는 사역이었다.

룻다의 애니아를 고치다 (32-35절)

또 베드로는 곳곳에 있는 성도들을 돌보는 '목자'였다. 그가 예루살렘에서 북서쪽으로 약 40km 떨어진 곳에 위치한 룻다에 간 것도 그곳에 있는 성도들을 위로하며, 믿음을 굳게 하기 위해서였을 것이다. 초대 교회가 성령의 위로 가운데 부흥할 수 있었던 것은(9:31) 베드로처럼 양 떼를 돌보기 위해서라면 어느 곳이라도 찾아가는 목자가 있었기 때문일 것이다. 베드로는 부활하신 예수님이 그에게 마지막으로 세 번이나 부탁하신 말씀("내 양을 먹이라", 요 21:15-17)을 잊지 않았다.

베드로가 찾아간 룻다에는 '애니아'라는 남자가 있었다. 그는 8년 전에 중풍에 걸려 그 후로 꼼짝하지 못한 채 지내고 있었다. 처음에 가족들은 그가 다시 일어설 수 있을 것이라는 기대를 버리지 않았을 것이다. 가족들은 애니아를 격려하였을 것이다. 그러나 한 해, 두 해가 지나도 병이 호전될 기미가 보이지 않았다. 점점 가족들은 희망을 버리게 되지 않았을까? 그러나 주님을 그를 포기하지 않으셨다. 그래서 베드로를 보내셨다.

우리는 베데스다 못가에 있던 38년 된 병자를 기억한다(요 5장). 38년 된 병자, 그에게는 베데스다 못가에 들어가면 병이 나을 것이라는 기대는 있었으나, 아무도 도와주는 이가 없었다. 천사가 가끔 내려와 연못가의 물을 움직이게 하는데, 이때 제일 먼저 들어간 사람은 어떤 병이라도 다 나았다. 좌절 가운데 살아가고 있었다. 모든 사람이 그 사람을 포기하였다. 그러나 예수님은 그를 포기하지 않으셨다. 그를 불쌍히 여기시고 그를 일으켜 세우셨다.

베드로는 이런 예수님을 따라 애니아를 포기하지 않았다. 포기하지 않고 이렇게 선포한다.

³⁴ 베드로가 이르되 애니아야 예수 그리스도께서 너를 낫게 하시니 일어나 네 자리를 정돈하라 한대 곧 일어나니 ³⁵ 룻다와 사론에 사는 사람들이 다 그를 보고 주께로 돌아오니라 (34-35절)

"예수 그리스도께서 너를 낫게 하신다!" 베드로는 자신이 아니라 예수님이 고치신다는 걸 분명히 했다. 또 그는 애니아에게 "일어나 네 자리를 정돈하라"고 선포했는데, 여기서 네 자리란 애니아가 8년 동안 누워 있던 자리다. 아픔과 절망의 자리다. 그 자리를 청산하라. 정리하라. 이제부터는 새 출발이라는 뜻이다. 예수 그리스도께서 완전히 낫게 하시니, 새로운 인생이 시작될 것이다. 과거의 삶을 정리하라!

베드로의 말에 애니아가 '곧' 일어났다. 그러자 룻다는 물론 인근 사론에 사는 사람들이 다 그를 보고 주께로 돌아왔다.

베드로의 애니아 치유는 예수께서 친구들이 데려온 중풍병자를 치유한 사건(막 2:1-12)과 유사하다. 아래에서 살펴볼 다비다를 다시 살린 이야기도 그러하다. 성령충만한 베드로가 하는 일은 예수님이 하신 일을 따르는 것이었다.

다비다를 포기하지 않은 베드로(36-42절) : 계속되는 예수행전

애니아가 살고 있던 룻다로부터 약 16Km 떨어진 곳에 '욥바'라는 마을이 있었다. 거기에는 신약성경에서는 유일하게 '여제자'라고 불릴 만큼 신실한 믿음의 여성도가 있었다. 그녀의 이름은 히브리어로 '작은 양'이란 뜻의 '다비다'였다. 그녀는 '도르가'라는 헬라식 이름으로도 불렸다. 그녀는 선행과 구제를 많이 하여 사람들로부터 칭찬을 듣는 신실한 성도였다. 특히 남편을 잃고 물질적으로 궁핍하고, 심적으로 외로움 속에 있는 과부들을 위해 속옷과 겉옷을 지어주는 아름다운 일을 하며 살아갔다. 그러나 어느 날 다비다는 죽게 된다. 성경은 그가 왜 갑자기 죽었는지 이유를 말해주지 않는다. 그것이 관심사가 아니기 때문이다.

다비다로부터 큰 사랑을 받았던 과부들은 다비다의 죽음으로 인해 큰 슬픔에 빠졌다. 원래 이스라엘에서는 사람이 죽으면 당일 해가 지기 전에 장사를 지낸다. 동굴에 안치한다. 하지만 사람들이 다비다를 장사 지내지 않고 시신을 씻은 후 다락방에 안치했다. 성경은 그 이유에 대해 분명하게 말하지 않지만, 욥바에서 멀지 않은 곳에 능력의 사도 베드로가 있다는 소식을 사람들이 들었기 때문인 것 같다. 혹시 베드로라면 살릴 수도 있지 않을까 하는 기대감으로 그들은 사람 2명을 보냈다. 그들은 베드로를 찾아가서 다비다라는 여인의 아름다운 삶에 관해 이야기한다. 그가 얼마나 외로운 과부들을 사랑하고, 도와주었는지. 그 다비다가 죽었다는 소식을 베드로에게 전하면서 당장 가서 그를 살려달라고 간청한다(내가 죽었을 때도 사람들이 내가 얼마나 좋은 일을 했는지, 믿음의 삶을 살았는지를 이야기하며 죽음을 아쉬워할 수 있으면 좋겠다).

베드로는 이 황당한 일 앞에서 당황했을 것이다. 애니아는 그래도 목숨이 살아 있었으니까, 포기하지 않을 수 있었다. 병든 자는 고쳐도 어떻게 죽은 자를 다시 살릴 수 있단 말인가? 그러나 베드로는 포기하지 않았다. 욥바로 그의 발걸음을 향했다. 그에게는 예수 이름의 권세를 믿었기 때문이 아닐까? 베드로는 예수님이 야이로의 딸을 살리시고, 죽은 지 나흘이나 된 나사로를 다시 살리신 것을 보았다. 그는 십자가에서 죽은 지 사흘 만에 다시 살아나셔서 자신에게 나타나셨던 예수님을 보았다. 예수님은 '부활이요 생명'이시기에 그분을 의지한다면 죽은 자도 살아날 것을 베드로는 믿었을 것이다.

베드로는 시신이 있는 다락방에 올라갔다. 그곳에는 다비다의 사랑을 받은 과부들이 모여 울고 있었다. 비통함이 다락방 전체를 감싸고 있었다. 그가 다비다를 다시 살리는 과정을 보노라면 예수님이 야이로의 딸을 살리신 것이 생각난다. 베드로는 사람을 다 내보내고 홀로 무릎을 꿇고 기도한다. 예수님도 야이로의 집에 가서 애곡하는 사람들을 내보내시고 아이 부모와 3명의 제자만 데리고 아이 시신이 있는 곳에 들어가신 것(막 5:40)과 유사하다. 또 예수님이 야이로의 딸을 향해 '소녀야 일어나라'(아람어로 타리다 쿰 [Talitha koum])고 말씀하신 것처럼, 베드로도 다비다를 향해 '다비다야 일어나라'(타비다 쿰 [Tabitha koum])라고 외쳤을 것이다(흥미롭게도 '리'가 '비'로 바뀌었을 뿐 철자가 같다). 예수님이 소녀의 손을 잡으신 것처럼, 베드로도 다비다를 잡아 일으켜 세웠다.

앞서 베드로가 룻다의 애니아를 고친 사건과 다비다를 다시 살린 일은 베드로를 비롯한 사도들은 예수님이 하신 일을 그대로 행하고 있으며, 이는 예수 안에 계신 성령이 사도들에게 임했기 때문이다. 사도행전은 계속되는 예수행전이요, 성령행전이다.

나아가 구약과도 연결이 된다. 베드로가 다락방에서 다비다를 다시 살린 것처럼 엘리야는 과부의 죽은 아들이 죽자, 시신을 안고 자기가 거처하는 '다락방에' 올라가 여호와께 부르짖어 간절히 기도하자 하나님이 기도를 들으시고 그를 살려주셨다(왕상 17:22). 엘리야의 제자 엘리사 역시 수넴 여인의 아이가 죽자, 아이를 자기가 거처하던 위층 방, 즉 다락방에 데리고 가서 다시 살렸다. 다락방은 기도로 생명을 살리는 공간이다. 생명의 역사는 예수님에게 수렴되어 제자들을 통해 다시 확산되어 간다. 예수님은 다락방에서 제자들과 마지막 만찬을 가지셨다. 다락방은 생명의 양식을 먹는 곳이다. 제자들은 마가의 다락방에 모여 간절히 기도하자, 성령이 충만하게 임하셨다. '엘리야-엘리사-예수-제자들' 그 배후에는 생명의 영이신 성령이 계신다.

베드로가 다비다의 손을 잡아 일으켜 세우고 성도들과 과부들을 불러 다비다가 살아난 것을 보여주었다. 그러자 이 일이 온 욥바에 알려져 많은 사람들이 주를 믿게 되었다(9:41-42).

무두장이 집에 머무는 베드로 (43절)

이어지는 43절을 보면 베드로는 다비다를 살린 후 욥바에 여러 날 머물렀다. 그가 머문 집은 시몬이라는 이름의 무두장이 집이었다. 무두장이는 가죽 제품을 만드는 사람이다. 그는 직업상 죽은 동물을 매일 만질 수밖에 없었고, 그런 이유로 제의적으로 매우 부정한 사람으로 멸시받았을 것이다. 죽은 짐승을 가지고 가죽 제품을 만드는 과정에서 악취가 풍겼기 때문에 피장이의 일터는 마을 밖에 있는 게 일반적이다. 베드로가 왜 하필이면 무두장이 시몬의 집에 머물렀는지 그 이유는 알 수 없지만, 매우 의외다. 죽은 다비다를 다시 살렸으니 사람들이 얼마나 떠받들었을까? 너도나도 베드로를 모시고 싶었을 것이다. 하지만 베드로는 가장 천한 시몬의 집에 머물렀다. 이것은 가장 멸시 받았던 세리 삭개오의 집에 머물렀던 예수님과 닮지 않았나? 예수님이 삭개오를 구원하기 위해 그의 집에서 하루 유하셨던 것처럼 베드로도 그런 것이 아닐까? 생명의 역사는 오직 영혼을 구원하려는 열정으로 가득 찬 사람, 하나님의 복음을 전할 수 있다면 어느 곳이라도 찾아가는 사람을 통해 일어난다.

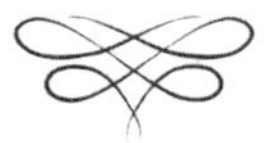

10장

베드로가 머물고 있었던 욥바에서 북쪽으로 약 51km 떨어진 곳에 위치한 가이사랴는 지중해 동쪽 연안의 도시로, 헤롯 대왕이 인공적으로 만든 항구 도시다. 수리아 안디옥, 이집트의 알렉산드리아와 함께 지중해의 3대 항구로 꼽힐 만큼 큰 항구 도시다. '가이사랴'(Caesarea)라는 도시명은 로마 황제를 뜻하는 '가이사'에 여성형 어미를 붙인 형태로, '황제의 도시'라는 뜻이다. 예수께서 제자들에게 "너희는 나를 누구라 하느냐"라고 물으셨던 빌립보 가이사랴 역시 황제의 도시지만, 항구 도시 가이사랴와는 다른 곳이다. 가이사랴라는 황제 칭호를 붙이려면 일정 규모 이상이 되어야 했고 도시 주요 지점에 로마 황제를 위한 신전이 있어야 했다. 실제로 가이사랴는 로마제국의 수도 로마를 축소해 놓은 것처럼 이곳엔 로마 황제의 신전은 물론 원형으로 된 야외 경기장 혹은 야외 공연장인 콜로세움이 있었다. 로마제국의 본국 이탈리아에서 관리들이 올 때 지중해를 거쳐 이 항구 도시로

들어오면 헤롯은 여기서 로마의 고위 관리들을 맞이하고, 연회를 베풀고, 콜로세움에서 공연을 보곤 했다. 로마 총독과 그의 군대도 평상시에는 이곳에 주둔하고 있었고, 유월절 등 주요 절기 때 예루살렘으로 올라갔다.

이 가이사랴에 고넬료(Cornelius)라는 백부장이 살고 있었다. 고넬료와 베드로가 만나 성령이 고넬료와 그의 지인들에게 임하는 '이방인의 오순절 사건' 이야기가 10장 1절부터 11장 18절까지 총 66구절에 걸쳐 나온다. 시간상으로는 4일 동안 있었던 일이다("고넬료가 이르되 내가 나흘 전 이맘 때까지…", 10:30). 사도행전의 주인공인 베드로와 사울, 그리고 스데반이나 바나바 등을 제외하면 고넬료에 관한 이야기는 사도행전에 매우 많은 분량을 차지하고 있다. 고넬료는 과연 어떤 인물이기에 사도행전이 이토록 중요하게 다루고 있는 것일까? 고넬료가 성령충만함을 받은 최초의 이방인이기 때문이다.

사도행전은 하나님의 구원 사역과 관련하여 최초의 인물과 사건을 전해준다. 7명의 집사 가운데 스데반과 빌립만 자세히 소개되는 이유는 스데반이 최초의 순교자이기 때문이며, 빌립은 예루살렘과 유대 지경을 넘어 최초로 사마리아에 가서 복음을 전한 사람이기 때문이다. 9장에 나오는 다비다는 여제자로 불린 최초의 사람이고, 사도가 살린 최초의 인물이다.

사실 고넬료가 성령충만함을 받은 최초의 이방인이 된 것은 의외다. 먼저 고넬료는 로마 군대의 백부장, 즉 100명의 부하를 거느린 군대 장교였다. 하지만 일반 로마 장교와는 달랐다. 그는 '하나님을 경외하는 자'였다. 여기서 '하나님을 경외하는 자'란 당시에 이방인으로 이스라엘의 하나님을 믿고 경건한 삶을 사는 사람을 뜻하는 용어다. 자신은 물론 온 집안 식구가 하나님을 경외했다. 당시에 가장이 하나님을 믿으면 집안의 모든 식구가 따라서 하나님을 믿었다.

고넬료는 로마제국의 군인이다. 당시 로마 사람들은 로마 황제를 신의 아들로 믿고 경배했는데, 로마 황제가 아니라 하나님이 왕 중의 왕이심을 믿는다는 것은 매우 어렵고도 위험한 일이다. 당시 로마제국은 최강 대국이다. 이스라엘은 로마의 지배를 받는 약소국이다. 제국의 장교가 약소국의 신을 믿는다면 결코 자신의 신상에 좋을 리 없었을 것이다. 또 당시 로마 백부장의 연봉은 약 3,750데나리온으로 일반 군인 연봉의 16~17배였으며, 백부장 중에서도 가장 높은 계급에 속한 백부장은 7,500데나리온의 연봉을 받았다고 한다. 사회적 지위, 재산 등에 있어서 그가 아쉬울 것이 없었다. 하지만 고넬료는 손해를 감수하고서라도 하나님을 경외했다. 하나님은 이것을 기뻐하셨으리라.

또한 그는 구제를 많이 하고, 하나님께 항상 기도했었다. 당시 유대인의 종교적 관행에 따라 하루에 세 번 정기적으로 기도했다는 말 같다. 구제와 기도는 금식과 더불어 당시 유대교에서 의로운 삶의 증거였다(마 6장 참조). 그래서 그는 '의인'(10:22) 혹은 '의를 행하는 사람'(10:35)으로 언급되고 있으며, 비록 이방인이었지만 유대 온 족속이 그를 칭찬했다(10:22).[34]

---

34 "가이사랴는 헤롯 왕에 의해 재건되었고(『유대고대사』 15:331-341) 팔레스타인에서 예루살렘 다음으로 큰 도시였지만, 대부분의 주민들은 헬라인들이었다(『유대전쟁사』 3:409). 곧 헬라인들이 다수였다. 그래서 유대인들과 헬라인들 사이에 분쟁이 자주 있었다. 그럴 때에는 소요를 진압하고자 가이사랴에 주둔하는 로마의 보조부대(Roman auxiliary)가 출동하였다. 이들은 주로 수리아에서 징집된 수리아인들이지만 헬라인들에게 돈으로 매수되어 유대인들에게 적대적인 행동을 하였다(『유대전쟁사』 2:266-270). 결국 AD 66년에 가이사랴에서 유대인들과 헬라인들 사이에 갈등이 폭발하였고, 이것이 유대-로마 전쟁으로 이어졌다(『유대전쟁사』 2:284-308). 유대인들이 자신들의 땅에서 다수 이방 헬라인들로부터 억압과 멸시를 받고 있는 처지에서, 로마의 백부장이 자신들을 위해 헌신적으로 후견인 역할을 해주니 유대인들에게는 큰 힘이 되었고 또한 심적으로도 위로가 되었을 것이다. 그렇기 때문에 온 유대인들은 고넬료의 후원에 감사하여 그의 명예를 더욱 칭찬함으로(10:22) 수혜자로서의 도덕적 의무를 다하였다." 류호성, "문화적 시각에서 바라본 고넬료의 이야기(행 10:1-11:18)", 「신약논단」 제27권 제2호(2020년 여름): 426-427.

그의 구제와 기도는 하나님 앞에 상달되어, 하나님이 기억하고 계셨다. 헬라어 본문을 직역하면 '그의 구제와 기도가 하나님 앞에 상달되어 '기념물'(μνημόσυνον [므네모쉬논])이 되었다는 뜻이다. '기념물'은 레위기에 등장하는 제사 용어다(레 2:2, 9, 16; 5:12 등). 고넬료가 제9시(오후 3시)에 환상을 본 것(10:3) 역시 오후 3시에 드리는 '타미드' 제사(오전 9시와 오후 3시에 성전에서 드려짐) 시간임을 암시하기 위한 것으로 보인다. 유대인 제사장이 성전에서 제사를 드리는 것처럼, 이방인 백부장은 가정에서 기도를 드린 것이다. 비록 고넬료가 이방인이어서 성전에 가서 제사를 드릴 수 없었지만, 그의 경건한 삶은 성전 제사와 다를 바 없는 온전한 삶이었다.

베드로도 그랬다. 그는 제6시(낮 12시)에 기도하려고 지붕에 올라갔다. 정오 12시는 공적 기도를 위해 정해진 시간은 아니지만, 하루에 세 번씩 기도하는 다니엘과 같은(단 6:10) 경건한 유대인들은 그 시간에도 기도했다. 이때 베드로는 하나님이 주신 환상을 보는데, '일어나 잡아먹으라'는 하늘의 음성을 듣는다. 여기서 '잡아먹다'는 제사장이 성전에서 희생 제물을 죽여 제사를 드린 후 식탁에서 먹는 행위를 가리킨다. 여기서 주목할 점은 베드로가 지금 대단히 부정한 직업인 피장이 시몬의 집에 있다는 사실이다. 그뿐만이 아니다. 베드로가 고넬료가 보낸 이방인을 자신이 묵고 있는 유대인의 집에 들이고, 본인도 이방인 고넬료의 집에 찾아가 며칠을 묵으며 식탁교제를 나눴다. 이같은 서술은 복음이 전해지고, 성령이 임한 사람들에게 유대인과 이방인 사이의 구별이 없어졌으며, 성령이 임한 사람들이 거하는 집은 성전의 기능을 대체함을 암시한다.[35]

---

35 정용성, "고넬료 이야기의 사회 공간적 함의 (행 10:1-11:18)", 「헤르메네이아 투데이」 16 (2001년 8월), 37-52.

고넬료의 경건한 삶에 대해 하나님은 환상으로 응답하셨다. 하나님은 환상 중에 천사를 통해 직접 고넬료에게 지시하셨다. '환상'으로 번역된 '호라마'(ὅραμα)는 신약에서 총 12회 나타나는데(마 17:9; 행 7:31; 9:10, 12; 10:3, 17, 19; 11:5; 12:9; 16:9, 10; 18:9) 그중 11번이 사도행전에 집중적으로 나온다. 물론 '호라마' 외에도 '호라시스'(ὅρασις) 등도 사용된다. "젊은이들은 환상을 보고"(2:7)에서 '환상'의 헬라어는 '호라시스'다. 사도행전에 나오는 대표적인 환상으로 아나니아가 사울에 관한 주님의 음성을 들은 장면(9:10-17), 베드로가 하늘에서 내려온 부정한 짐승을 보고 하늘의 음성을 들은 환상(10:17, 19; 11:5), 바울이 본 마게도냐인 환상(16:9-10), 바울이 고린도에서 사역할 때 본 주님의 위로와 독려 환상(18:9-10), 바울이 예루살렘에 올라가서 산헤드린 공회 앞에 선 날 밤에 본 주님의 위로와 독려 환상(23:11), 바울이 유라굴로 광풍을 만났을 때 알렉산드리아호에서 본 주님의 위로와 독려 환상(27:23-24) 등이 있다.

이처럼 환상은 사도행전의 주인공인 베드로와 바울에게 나타나는데, 이런 점에서 이방인 고넬료가 환상 중에 하나님의 사자를 본 것은 고넬료가 매우 중요한 인물임을 시사한다. 게다가 누가는 고넬료가 "환상 중에 밝히 보았다"(10:3)고 언급함으로써 그의 환상이 하나님이 주신 분명한 환상임을 강조한다.

필자는 오늘날에도 하나님은 꿈과 환상과 음성을 통해 당신의 뜻을 알리기도 하신다고 믿는다. 무슬림들에게 하나님은 꿈과 환상을 통해 역사하고 계시고, 실제로 기적이나 꿈을 경험한 뒤에 이슬람교를 떠나 기독교에 들어선 무슬림은 수없이 많다고 한다. 무슬림들은 꿈을 매우 중요하게 생각한다. 미국 복음주의 역사학자 마크 놀에 따르면 아프리카의 그리스도인들은 예수님이 꿈과 환상을 통해 자신들에게 말씀하시는 것을 자연스럽게 받아

들인다. 또 아프리카 그리스도인들의 1/5에서 많게는 1/3이 예언을 한다.[36]

  하지만 성경 66권은 하나님이 그분의 뜻을 알도록 주신 완전한 말씀이다. 꿈, 환상, 치유 등을 통해 주님을 만나도 반드시 성경을 읽고 깨달아야 한다. 성경은 읽지 않고 꿈, 환상을 통해 직통계시를 받으려고 하면 안 된다. 또 하나님의 뜻을 알고자 하고, 거기에 순종하는 마음이 중요하다. 그래야 하나님이 역사하신다. 오늘 말씀에서도 베드로는 환상이 사라진 후 이 환상이 무슨 뜻인지 생각했다. 그때 마침 고넬료가 보낸 사람들이 그가 묵고 있는 무두장이 시몬의 집에 도착한다. 이때 성령께서 베드로에게 말씀하신다. 성령께서 사람을 보냈으니 그 사람들과 함께 가라고. 베드로는 이에 순종한다. 그리고 결국 베드로는 이튿날 그들을 따라 고넬료의 집에 가서 말씀을 전하고 성령이 고넬료 등에게 임하신 것이다. 하나님이 고넬료에게 환상을 보여주시는 것도 베드로를 보내 복음을 듣게 하고 성령을 부어 주시기 위함이었다. 하나님의 최고 선물은 성령충만이다(눅 11:13 참조). 고넬료가 더욱 높은 지위에 오르게 한다거나 그에게 많은 재물을 주는 것이 아니었다.

  하나님은 베드로와 고넬료의 만남을 위해 치밀하게 역사하셨다. 먼저 하나님은 천사를 보내어 고넬료에게 환상 중에 나타나셨다. 천사는 고넬료의 기도와 구제를 칭찬한 후, 그에게 지시를 하나 내린다. 욥바에 있는 베드로에게 사람을 보내서 고넬료의 집으로 데리고 오라는 것이다. 베드로를 통해 말씀을 들으라는 뜻이었다(10:22, 33). 고넬료는 천사의 말대로 집안 하인 둘과 부하 가운데 경건한 사람 하나를 불러 지시를 내리고 베드로에게 보낸다.

---

36 크레이그 S. 키너 저, 노동래 역, 『오늘날에도 기적이 일어날 수 있는가? (하권)』 (서울: 새물결 플러스, 2022), 1652.

고넬료가 보낸 사람들이 욥바에 가까이 왔을 즈음 하나님은 베드로에게도 환상을 보여주셨다. 베드로는 환상 가운데 하늘로부터 내려온 짐승들을 보고, 또 하늘로부터 그것들을 잡아먹으라는 소리를 듣는다. 그러나 그는 이 말씀을 거부한다. 부정한 짐승을 먹는 것은 당시 유대인들이 지켜야 했던 음식 정결법을 어기는 일이었기 때문이다. 베드로의 입장은 매우 단호했다. 세 번씩이나 베드로는 하늘의 음성을 거부한다. 기도하러 올라간 베드로가 하나님의 음성을 거부하는 사태가 벌어진 것이다. 베드로가 성령충만함을 받아 많은 역사를 이루었지만, 그러나 그는 여전히 음식 정결법에 관한 한 자유롭지 못했다. '하나님께서' 깨끗하게 하신 것을 베드로는 율법에 얽매어 그것을 받아들이지 못했다.

때로 우리도 성령 안에서 온전히 자유롭지 못한 채, 율법을 고집하는 완고함을 보일 때가 있다. 기도는 내가 하나님을 설득하는 시간이 아니라, 내가 하나님으로부터 설득당하는 시간이요, 내 생각을 내려놓고, 하나님의 뜻을 받아들이는 시간이다. 우리는 하나님이 천사를 보내어 고넬료에게 그분의 뜻을 알려주셨던 것은 고넬료가 기도할 때라는 것, 마찬가지로 베드로가 하나님이 보이신 환상을 본 것도 그가 기도할 때였음을 주목하자. 하나님은 기도하는 자에게 그분의 뜻을 계시하신다.

베드로는 자신이 본 환상이 무슨 뜻인지 생각하고 있었다. 그의 의문은 곧 풀렸다. 성령께서 베드로에게 그를 찾으러 온 두 사람이 있으며, 그들의 말대로 함께 따라가라고 말씀하셨다. 성령께서는 이방 선교의 서곡을 알리는 에디오피아 내시를 전도하기 위해 빌립을 인도하셨다(8:26, 29, 39). 지금 성령께서는 로마 백부장 고넬료에게 복음을 전하기 위해 베드로를 인도하고 계신 것이다.

베드로는 성령의 지시에 순종하여 자신을 찾으러 온 사람들을 만났다. 베드로는 그들이 이방인이라는 것을 알게 되었고, 자신이 본 환상이 무엇을 의미하는지 알게 됐다. 유대인들은 이방인을 속된 사람으로 규정하고, 그들과 교제하지 않았지만, 하나님은 이방인을 깨끗하게 하셨다는 것을 베드로는 깨닫게 된 것이다. 그러나 베드로가 왜 하나님이 이들을 보냈는지 온전히 깨달은 것은 아니었다. 다만 그들을 받아들이라는 성령의 음성을 들었기에 그는 순종한다. 베드로는 그들을 불러들여 하룻밤을 묵게 하였다. 이튿날 그들을 따라 이방인 고넬료의 집으로 찾아갔다. 50km가 넘는 먼 거리를 마다하지 않고 찾아갔다. 사실 유대인이 이방인의 집에 찾아가는 것은 율법을 어기는 일이었다(28절). 당시 유대교 정결법에 따르면 유대인은 거룩한 하나님의 백성이기 때문에 부정한 이방인과 교제하면 안 되기 때문이다. 그러나 베드로는 하나님의 뜻을 알았기에 그 율법을 버리고 하나님의 뜻에 즉시 순종했다. 고넬료 역시 천사의 지시를 듣자 '곧' 이에 순종하였다(33절). 고넬료의 순종과 베드로의 순종이 이방인에게도 복음을 전하셔서 성령으로 충만하게 하시려는 하나님의 뜻을 이룬 것이다. 물론 이 모든 일의 배후에 성령의 인도하심이 있었다.

고넬료는 천사의 지시에 따라 자기 종을 베드로에게 보내어 그를 초청하게 했다. 그리고 그는 자신의 가족과 친지들, 그리고 친구들을 불러 모아 놓고 베드로를 기다렸다(24절). 고넬료가 얼마나 하나님의 은혜를 기대하는지 엿볼 수 있다. 나중에 고넬료 덕분에 그의 집안과 친구들은 복음을 듣고 성령의 임재를 경험하게 된다. 고넬료는 축복의 통로였다. 고넬료의 친구들 가운데는 예수님에 대해 소문을 듣고 관심을 가지고 있던 사람도 있었겠지만, 그렇지 않은 사람도 있었을 것이다. 고넬료가 자기 집에 초대하니까 왔던 사람도 있지 않을까? 그런데 그들에게도 성령이 임하셨다. '얼떨결에' 베드로의 설교를 듣고 성령의 임재를 체험하게 된 사람도 있었을 것이다. 그들은 고넬료라는 친구 잘 둔 덕에 성령을 체험한 것이다.

고넬료의 말씀에 대한 사모함과 겸손함은 계속된다. 고넬료는 베드로가 자기 집에 들어오자, 발 앞에 엎드리어 절을 했다. 당시 이스라엘을 지배하고 있던 로마제국의 장교가 피지배국의 일개 인물에게 절을 하다니! 그러나 고넬료는 베드로를 보내신 주님을 경배하고 싶었으리라. 고넬료의 이 같은 겸손함은 그가 하나님을 경외하는 자임을 보여준다. 고넬료는 잘 오셨다는 말로 베드로가 온 것을 진심으로 환영하였다. 그러나 고넬료가 사모한 것은 베드로라는 한 인물이 아니라, 그를 통해 선포될 주님의 말씀이었다. "이제 우리는 주께서 당신에게 명하신 모든 것을 듣고자 하여 다 하나님 앞에 있나이다!"(33절). 고넬료는 말씀을 사모하고 순종할 준비가 되어 있는 사람이었다. 이런 고넬료에게 성령이 부어지지 않으면 누구에게 부어져야 한단 말인가?

베드로는 고넬료의 말을 듣고 하나님을 새롭게 이해하게 되었다. 당시에 유대인들은 하나님이 율법을 받은 자신들만 사랑하신다고 착각했다. 그러나 하나님은 유대인이냐 이방인이냐 하는 외적인 것을 보시지 않고, 하나님을 경외하는 마음과 그 마음에 따라 사는 삶을 보신다. 고넬료는 바로 그런 인물이었기에 하나님이 그를 받으신 것이다. 그러나 하나님이 그를 받으신 것이 그가 구원받았음을 의미하는 것은 아니다. 그는 예수 그리스도를 믿어야 했다. 그래서 베드로가 예수 그리스도를 선포한 것이다. 우리 주변에도 선하게 사는 자들이 있다. 하나님이 그들을 기쁘게 여기셔서 복음을 들을 수 있도록 기도하자.

베드로가 증거한 예수님은 만유의 주님이시다. 모든 민족과 만물의 주님이다. 예수님은 화평의 복음을 전하셨다. 예수님 안에서만 화평(=샬롬)을 누릴 수 있다(36절). 예수님은 요한의 물세례 사역 이후에 시작되셨으니, 요한은 예수님의 선구자다. 요한은 물세례지만, 예수님은 성령세례다.

하나님이 나사렛 예수에게 성령과 능력을 기름 붓듯 하셨으매 그가 두루 다니시며 선한 일을 행하시고 마귀에게 눌린 모든 사람을 고치셨으니 이는 하나님이 함께 하셨음이라 (38절)

하나님은 예수님에게 성령과 능력을 기름 붓듯 하셨다. 한국 교계에서 '성령의 기름 부으심'이란 말을 사용하는데, 근거가 된 성경 본문이 사도행전 10장 38절이다. 성령을 주셨다고 하면 되지, 왜 기름을 부으셨다고 표현했을까? 구약에서 '기름 부음'(anointing)은 크게 2가지를 뜻한다.

먼저, 기름 부음은 거룩하게 구별한다는 뜻이다. 민수기 7장 1절을 보면 "모세가 장막 세우기를 끝내고 그것에 기름을 발라 거룩히 구별"했다. 하나님의 장막은 거룩하다. 거룩한 곳에 기름을 발라 구별하는 것이다. 하나님은 예수 믿는 성도들을 구별하셨다. 그 증거가 성령의 기름부으심이다. 바울도 고린도후서 1장 21~22절에서 성령의 기름부으심은 인치심이라고 말한다.

21 우리를 너희와 함께 그리스도 안에서 굳건하게 하시고 우리에게 기름을 부으신 이는 하나님이시니 22 그가 또한 우리에게 인치시고 보증으로 우리 마음에 성령을 주셨느니라 (고후 1:20-22)

이 말씀을 보면 하나님께서 우리에게 기름을 부으셨다. 우리를 구별하셔서 성령을 주셨다는 말이다. 하나님은 우리에게 성령의 기름을 부으셔서 우리가 하나님의 백성임을 인치신다. 확증하신다. 예수 믿는 성도는 할례가 아니라, 물세례도 아니고, 성령으로 세례를 받아야 진짜다. 세례 증서나 교인 증명서가 내가 하나님의 성도임을 증명하는 게 아니다. 성령의 기름부으심이 있어야 한다.

또 성령의 기름부음은 임명하고 능력을 주신다는 뜻이다. 원래 기름 부음은 구약에서 선지자나 왕이나 제사장을 세울 때 감람유를 부어 임명하는 의식에서 유래한 말이다. 하나님은 기름 부음을 받은 자에게 맡기신 임무를 감당할 힘을 주신다. 능력 혹은 은사(헬라어로 카리스마)는 '기름부으심'(헬라어로 크리스마)에서 온다. 순서가 중요하다. '크리스마'가 있고, '카리스마'가 다음이다. 기름 부음을 받은 사람을 히브리어로 '메시아'라고 하고, 메시아를 헬라어로 그리스도라고 한다. 예수님은 성령의 기름부음을 받으신 메시아시다. 예수 믿는 사람을 '그리스도인'이라고 하는데, 직역하면 '기름 부음을 받은 사람'이란 뜻이다. 예수님은 성령으로 충만하셔서 마귀에게 눌린 모든 사람을 고치셨다. 하나님이 함께하시기 때문이다. 성령의 기름부으심은 하나님이 함께하신다는 결정적 증거다.

이방인에게도 성령이 임하심 (39-48절)

베드로는 계속해서 예수님이 십자가에서 죽으신 것과 부활하신 것을 말했다. 사도행전은 특별히 예수의 부활을 강조한다. 또한 그는 부활하신 예수님이 일부 제자들에게만 나타나셨다고 말한다. 그들은 예수님이 부활하신 후 그분과 함께 음식을 나눈 사람들이었다. 따라서 그들은 예수님이 분명히 신령한 몸을 입으시고 다시 사셨음을 확신할 수 있었다. 부활의 확신을 가진 사람만이 예수님을 담대히 전할 수 있다.

이들은 하나님이 예수 그리스도의 증인으로서 미리 택하신 자들이었다 (41절). 구원의 역사를 이루기 위한 모든 것은 다 하나님의 섭리 가운데 진행된다. 우리는 그분의 부르심에 감사하며 순종할 뿐이다. 증인으로 택함을 받은 그들은 예수님이 종말에 재판장(=심판주)이 되시며, 그분이 재판장 되시기에 그분을 믿는 자만이 죄 사함을 받을 수 있다고 증언하였다. 39절에서 43절까지 증인이란 말이 2번(39, 41절), 증언이란 말이 2번(42, 43절) 나온다. 우리는 예수를 증언하는 증인이다. 예수님이 승천하시기 전에 "오직 성령이 임하시면 땅끝까지 이르러 내 증인이 되리라"라고 하시지 않았나? 성령을 받으면 우리는 내 증인, 즉 예수의 증인으로 살아간다.

베드로가 설교를 마치자 성령이 말씀 듣는 모든 사람에게 임하셨다. 성령은 복음이 선포되는 자리에 임하신다. 성령을 받은 그들은 방언을 하기 시작했다. 그들이 방언으로 말한 내용은 '하나님을 높이는 것'이었고, 곁에 있던 자들이 알아들을 수 있었다. 가장 아름다운 방언은 성령의 임재 안에서 하나님을 높이는 말이요 찬양이다. 예수님을 믿은 유대인들뿐만 아니라 이방인들에게도 성령이 내린 것은 "말세에 내가 내 영으로 모든 육체에게 부어 주리라"(2:17)는 하나님의 약속이 실현되어 가고 있음을 보여준다.

베드로와 고넬료의 만남이 중요한 이유는 이방인에게 성령이 부어졌기 때문이다. 베드로가 설교를 마치자 성령이 고넬료를 비롯하여 그곳에서 말씀을 듣는 모든 사람에게 부어졌는데, 당시 고넬료 집엔 고넬료와 고넬료의 식구들은 물론 친척들과 가까운 친구들이 초대되어 와 있었다. 많은 사람들이 모여 있었고(10:27) 이들 모두가 성령을 충만히 받은 것이다. 오순절에 마가의 다락방에 모여 있던 120여 명에게 성령이 임한 사건과 비슷하지 않나? 방언하는 것까지 같다. 마가의 다락방에 성령이 임하신 것이 유대인의 오순절이라면 고넬료와 그의 가족과 친구들에게 성령이 임하신 것은 '이방인의 오순절'이라고 할 수 있겠다. 베드로는 성령 받은 이방인들에게 세례를 베푼다. 빌립이 내시에게 세례를 베푼 것처럼.

당시 팔레스타인에 많은 이방인 가운데 왜 하필이면 고넬료에게 성령이 임하셨을까? 물론 하나님이 고넬료를 택하여 그에게 성령을 부어 주신 것은 하나님의 주권적 선택이다. 그러나 고넬료는 하나님을 경외하여 하나님께 순종하는 사람이었기 때문일 것이다(10:2). 이방인이었던 고넬료는 하나님을 경외했다. 자신만 아니라 온 집안 식구가 하나님을 경외했다. 심지어 그의 부하까지도 경건했다("부하 가운데 경건한 사람 하나를 불러", 10:7). 고넬료가 경건하니 부하도 경건한 사람이 됐다. 고넬료의 경건은 앞서 언급한 것처럼 항상 기도하고, 구제도 많이 하는 삶으로 표현되었다.

사도행전의 이야기 전개상 베드로가 고넬료를 방문할 무렵 "온 유대와 갈릴리와 사마리아 교회가 평안하여 든든히 서 가고"(9:31) 있었다. 사도행전

1장 8절에 따른 복음의 확장 경로에 따르면 이제 남은 것은 땅끝, 즉 이방 지역이다. 이방인의 사도로 수고할 사울도 회심했다(9장). 예루살렘을 찾아온 에디오피아 내시를 빌립이 전도한 것은 이방 선교의 서곡이었다.

고넬료 전도의 의의는 국내의 이방인은 물론이요 국외 이방인 선교의 신학적 장애물이 제거되었다는 사실이다. 고넬료 사건을 통해 베드로와 예루살렘 교회 교인들(유대 기독교인들)은 하나님은 사람을 유대 정결법적 관점에서 볼 때 부정한 이방인을 깨끗하게 하셨다(10:15, 28)는 사실을 알게 되었다. 베드로가 고넬료가 보낸 사람을 받아들이고, 또 고넬료의 집에 갈 수 있었던 것도 이 사실을 깨달았기 때문이다(이 사실은 성령의 지시에 순종함으로써 깨닫게 된 것도 기억해야 한다). 실제로 베드로는 고넬료의 집을 단순히 방문만 하고 끝난 것이 아니었다. 며칠을 더 머물렀다(10:48). 당연히 음식을 같이 먹었다(11:3). 이 일로 인해 베드로는 예루살렘 교회 유대인 성도들에게 비난까지 받았다. 마치 예수님이 세리와 죄인들과 식탁교제를 나누시자 서기관과 바리새인들이 비난했던 것처럼 말이다(눅 15:1-2).

하나님은 외모로 보지 아니하시고 하나님을 경외하고 의를 행하는 사람은 다 받으시는 분이시다(10:34-35)는 것을 알게 되었다. 심지어 이방인들에게도 거룩한 영 성령을 부어 주심으로써 생명 얻는 회개를 주셨다(11:15-18)는 사실을 깨닫게 되었다. 베드로는 이 점을 예루살렘 회의 때도 다시 한번 밝힌다.

7 많은 변론이 있은 후에 베드로가 일어나 말하되 형제들아 너희도 알거니와 하나님이 이방인들로 내 입에서 복음의 말씀을 들어 믿게 하시려고 오래 전부터 너희 가운데서 나를 택하시고 8 또 마음을 아시는 하나님이 우리에게와 같이 그들에게도 성령을 주어 증언하시고 9 믿음으로 그들

의 마음을 깨끗이 하사 그들이나 우리나 차별하지 아니하셨느니라 (15:7-9)

여기서도 하나님은 마음을 아시는 분이시다. 하나님은 그들에게 복음의 말씀을 들어 믿게 하셔서 그들의 마음을 깨끗하게 하셨다. 성령을 부어 주셨다. 유대인과 차별하지 않으셨다. 이렇게 하여 유대인 성도는 이방인과 자유롭게 어울리며 전도할 수 있으며, 이런 이방 선교가 하나님의 뜻임을 깨닫게 된 것이다.

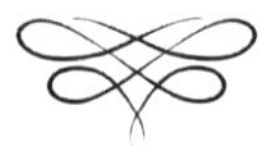

11장

베드로를 통해 이방인 고넬료와 그의 집안이 하나님의 말씀을 받았다는 소식이 예루살렘 교회 사도들과 성도들에게 전해졌지만, 이들은 이 소식을 듣고 하나님께 감사한 것이 아니라 오히려 베드로를 비난했다. 그들은 아직 이방인 선교가 하나님의 뜻임을 깨닫지 못하고, 유대인이 이방인과 접촉해서는 안 된다는 율법에 얽매여 있었기 때문이다. 베드로는 자기를 비판하는 성도들에게 그동안 일어났던 일들의 자초지종을 차근차근 설명해 주었다(4절, '차례로'). 베드로는 예수님의 수제자요 예루살렘 교회의 핵심적 지도자였다. 또 베드로가 고넬료를 만난 것은 분명 성령의 인도하심 가운데 이루어진 일이었다. 그러나 베드로는 버럭 화를 내며 자신의 권위로 사람들의 비난에 대응하지 않았다. 하나님이 자신에게 어떻게 역사하셨는지, 그동안 자신과 고넬료에게 있었던 일들이 성령의 지시 가운데 이루어진 일이었음을 말한다. 우리가 살면서 오해를 받을 수 있다. 그때 차분할 수 있는 비결은 내가 한 일이 성령의 인도하심 속에 이뤄진 일을 확신하는 것이다. 그러면 자신감이 생긴다. 이 자신감 속에서 차분하게 설명하면 성령께서 사람들을 잠잠케 하실 것이다.

베드로를 비난한 예루살렘 교회의 유대인 성도들이 베드로의 자세한 설명을 듣고 잠잠해졌다(18절). 예루살렘 교회 성도들은 베드로가 방탕하여 유대법을 어기고 고넬료와 함께 먹고 마시는 일을 한 것이 아니라 하나님께서 베드로를 통해 이방인을 구원하시려는 것을 알게 된 것이다. 예루살렘 교회 성도들 역시 식탁 정결법에 익숙해 있어서 예수님을 믿어도 식탁 정결법을 지켜야 한다고 생각했었다. 그러나 그들은 베드로의 간증을 듣고서 식탁 정결법에 얽매여 이방인을 찾아가지 않는 것, 그들에게 복음을 전하지 않는 것은 옳지 않음을 알게 되었다. 이방인들도 구원받는 것이 하나님의 뜻임을 알게 되었던 것이다. 그리고 베드로를 비난했던 자들이 베드로의 말을 듣고 잠잠해졌을 뿐만 아니라 하나님을 찬양한다. 하나님의 놀라운 뜻을 깨달았기 때문이다. 나를 오해하여 비판하는 사람들에게 온유하게 설명할 수 있기를 기도하라.

말씀 선포 속에 임하시는 성령 (15-18절)

천사가 고넬료를 시켜 베드로를 초청케 한 목적은 "너와 네 온 집의 구원 얻을 말씀(ῥήματα [레마타])"을 듣게 하기 위해서였다(14절). 고넬료와 그의 집 안에 성령이 내리기에 앞서 하나님의 말씀이 선포되고, 이들이 이 말씀을 받아들였다. 개론에서 말한 것처럼 사도행전은 말씀행전이다.

11장 1절은 고넬료와 그의 집에 있던 사람들에게 일어난 일에 대해 "하나님의 말씀을 받았다"고 말한다. 말씀과 성령의 임재는 불가분의 관계에 있다. 성령충만함을 받기 위해 무엇보다 우리는 말씀 앞에 나가야 한다. '받았다'는 말은 듣고 받아들였다, 환영했다는 뜻이다. 하나님이 주시는 것을 잘 받는 수용성이 중요하다. 말씀도 받고, 은혜도 받고, 성령도 받아야 한다.

이 말씀은 구원을 얻게 하는 말씀이다. 말씀이 선포되고 성령이 임재할 때 회개의 역사가 일어나며, 그럴 때 비로소 생명(=구원)을 얻을 수 있게 된다(18절).

그들이 이 말을 듣고 잠잠하여 하나님께 영광을 돌려 이르되 그러면 하나
님께서 이방인에게도 생명 얻는 회개를 주셨도다 하니라 (18절)

고넬료는 하나님을 경외하는 마음도 있었고, 기도와 구제도 많이 하여 의를 행하고 있었다. 대단하다. 하지만 이것만으로 안 된다. 말씀을 듣고, 예수를 믿어야 한다. 그래야 구원받는다. 바울이 비시디아 안디옥에서 전도할 때 회당에 들어갔는데, 그곳에 있던 사람들에게도 이렇게 말한다. "형제들아 아브라함의 후손과 너희 중 하나님을 경외하는 사람들아 이 구원의 말씀을 우리에게 보내셨거늘"(13:26). 여기서 아브라함의 후손은 이스라엘 사람이고, 하나님을 경외하는 사람들은 이방인으로서 구약의 하나님을 믿는 사람들이다. 아브라함의 후손도, 하나님을 경외하는 이방인도 예수 그리스도로 말미암은 구원의 말씀을 들어야 한다.

베드로는 성령이 고넬료와 그의 집에 있던 사람들에게 임하는 것을 보고 예수님이 승천하시기 전에 하셨던 말씀이 생각이 났다(16절). 사도행전 1장 4~5절의 말씀이다.

[4] 사도와 함께 모이사 그들에게 분부하여 이르시되 예루살렘을 떠나지 말고 내게서 들은 바 아버지께서 약속하신 것을 기다리라 [5] 요한은 물로 세례를 베풀었으나 너희는 몇 날이 못 되어 성령으로 세례를 받으리라 하셨느니라 (1:4-5)

원래 예수님께서 하셨던 이 말씀에서 '너희'는 예수님의 제자들이다. 이들은 전부 유대인들이었다. 그런데 베드로가 지금 와서 보니 '너희'에는 이방인들도 속해 있었음을 깨닫게 되었다. 신앙이 성숙해 간다는 것은 하나님이 주시는 선물(성령충만)은 나만 위한 것이 아니라 모든 이를 위한 것임을 깨달아 가는 것이다. 하나님은 성령충만이란 선물을 유대인만이 아니라 이방인에게도 주시기 원하셨고, 이 하나님의 뜻을 막을 수 없음을 베드로는 깨달았던 것이다(17절).

안디옥 교회의 탄생과 부흥의 이유 (19-21절)

스데반의 순교 후 예루살렘 교회에 임한 큰 박해로 인해 대부분의 성도가 사방으로 흩어지게 되었는데 이들 가운데서 일부는 하나님이 유대인은 물론 사마리아와 이방인도 구원하기를 원하신다는 것을 알고 그곳으로 갔다. 빌립은 사마리아로 갔다. 유대인은 사마리아인을 혐오하고 멸시했다. 반대로 사마리아인들은 유대인을 싫어했다. 빌립도 유대인이었다. 그가 헬라파 유대인이어서 다양한 민족에게 상대적으로 개방적이었겠지만, 더 본질적인 이유는 그가 성령충만하여 내가 좋고 싫은 것보다 성령이 이끄는 데로 간 것이다. 하나님은 이런 빌립을 기뻐하셨다. 빌립 한 사람 때문에 사마리아는 복음을 듣고 구원을 받았다. 또 그는 성령의 음성에 순종하여 이방인이자 내시였던, 그래서 유대 정결법의 관점에서 부정한 사람인 에디오피아 내시에게 가서 복음을 전하고 세례까지 줬다. 사도행전이 다른 많은 사람 중에서 유독 빌립의 행적을 8장을 한 장 전체를 할애한 이유가 여기에 있다.

11장 19절은 빌립처럼 유대인이 아닌 사람들에게 복음을 전했던 무명의 사람들을 소개한다. "그런데 그 때에 그 흩어진 사람들은" 빌립을 소개하는 8장 4절의 시작과 정확하게 일치한다. 스데반의 순교로 일어난 환난 때문에 흩어진 사람들이 베니게(=페니키아), 구브로(=키프로스), 그리고 안디옥까지 건너가 복음을 전했다. 여기서 안디옥(Antioch)은 예루살렘에서 북쪽으로 약 480km 떨어진 곳에 있던 수리아(시리아)의 수도였다. 오늘날 튀르키예 동남쪽 '안타키아'를 말한다.

로마제국 전에 있었던 헬라제국의 셀류코스 1세가 자기 아버지 '안티오쿠스'(Antiochus)를 기리기 위해 '안디옥'이란 이름의 도시를 6개나 건설했는데, 시리아 안디옥과 비시디아 안디옥이 사도행전에 등장한다. 그런데 흩어진 사람들 가운데 베니게, 구브로, 안디옥에 와서도 유대인에게만 말씀을 전했다. 흩어진 사람들이 유대인이었기에 이들은 이방인 지역에 와서도 그곳에 사는 유대인에게만 말씀을 전했던 것이다. 그러나 그중에 구브로와 구레네 출신 몇 사람이 안디옥에 가서 헬라인, 즉 유대인이 아닌 이방인들에게도 주 예수를 전했다. 이들은 하나님이 이방인도 구원하기를 원하신다는 것을 믿었기 때문이다.

하나님이 이방인도 구원받기를 원하신다? 당연하지 않나? 하지만 당시에는 달랐다. 앞서 베드로가 고넬료의 집에 찾아가서 복음을 전한 일에 대해 예루살렘 교회의 사도들과 성도들이 베드로를 비난하지 않았던가? 하지만 그들은 베드로의 간증을 듣고서 "하나님께서 이방인에게도 생명 얻는 회개를 주셨도다!"(11:18)며 이방인에게 가서 복음을 전하여 생명 얻게 하는 것이 하나님의 뜻임을 깨달았다.

그리고 19절이 "그때"로 시작한다. '그때'라고 번역된 헬라어 '멘 운'(μὲν οὖν)은 앞의 내용과 연결된다. 하나님이 이방인도 구원하기를 원하신다는 것을 예루살렘 성도들도 깨닫게 되었고, 흩어진 자들 중에도 그렇게 믿었던 사람들이 있어서 복음을 전했더니 하나님이 역사하셨다는 말이다.

주의 손이 그들과 함께 하시매 수많은 사람들이 믿고 주께 돌아오더라 (21절)

주의 손이 함께 하신다는 말은 이방인에게 복음을 전하는 것이 주님이 원하는 일이었고, 그래서 주께서 능력을 보이셨다는 뜻이다. 주님의 손이 누구와 함께하셨는가? 이방인의 구원이 주님의 뜻임을 믿고 복음을 전한 사람들이다. 우리는 이들의 이름을 모른다. 그들은 베드로처럼 사도도 아니었다. 빌립처럼 일곱 집사도 아니었다. 다만 이방인도 구원하시는 것이 하나님의 뜻임을 믿고 주 예수를 전한 소수의 몇 사람들이었다. 주의 손은 바로 이들과 함께하셨다. 수많은 사람들이 예수가 주님 되심을 믿고 주님께 돌아왔다. 성경에서 주의 손은 주님의 능력을 상징한다. 시편 102장 25절(히 1:10에서 인용됨)에 따르면 주님은 당신의 손으로 하늘을 만드셨다.

이렇게 하여 안디옥 교회가 탄생한 것이다. 예루살렘 교회가 유대인 성도로만 구성되었다면, 안디옥 교회는 이방인으로 구성된 최초의 교회였다. 13장에 가면 안디옥 교회는 바울과 바나바를 선교사로 보낸다. 안디옥 교회는 흩어져 이방인들에게 복음을 전한 사람들에 의해 세워졌고, 선교에 앞장섰다. 사도행전은 땅끝까지 이르러 예수의 증인이 되는 일을 보여주고 있다. 그리스도인이란 "땅끝까지 이르러 내 증인이 되리라"는 말씀에 순종하는 자들이다. 그러면 주의 손이 반드시 함께하실 것이다. 선교 역사, 'ACTS 29'는 이런 사람들이 써 가는 것이다.

예루살렘 교회가 바나바를 안디옥에 파송하다 (22-26절)

안디옥에서 많은 이방인들이 복음을 믿고 주께 돌아왔다는 소식이 예루살렘 교회에 전해졌다. 이에 예루살렘 교회는 바나바를 안디옥 교회의 담임목사 격으로 파송한다. 예루살렘 교회가 바나바를 안디옥에 파송할 수 있었던 것은 그들이 베드로의 간증을 듣고, 하나님은 이방인도 구원하시길 원하신다는 것을 깨달았기 때문이다.

하필 바나바가 파송된 이유는 안디옥에서 이방인에게 복음을 전한 사람들 가운데 구브로 사람들이 있는데, 바나바의 고향 구브로였기 때문이었던 것 같다. 아마 바나바는 당시 이방인들의 언어인 헬라어를 할 줄 알았을 것이다.

바나바가 안디옥에 와 보니 정말 많은 이방인이 복음을 듣고 주께로 돌아왔다. 그것은 한 마디로 '하나님의 은혜'였다. "그가 이르러 하나님의 은혜를 보고 기뻐하여 모든 사람에게 굳건한 마음으로 주와 함께 머물러 있으라 권하니"(11:23). 바나바는 "착한 사람이요 성령과 믿음이 충만한 사람"이었다. 일곱 집사도 성령과 믿음이 충만한 사람이었는데, 바나바 역시 그랬다. 비록 바나바는 사도도 아니었고, 일곱 집사도 아니었지만 영적 수준은 사도급이었다. 성령과 믿음이 충만한 바나바가 교회를 이끌자 "큰 무리가 주께 더하여졌다"(24절). 이것은 단순히 교회가 양적으로 성장했음을 말하는 데 그치지 않는다. 바나바는 사람들을 자신에게로 이끌지 않았다. 주님께로 인도했다. 23절에서도, 바나바는 안디옥 성도들에게 "주와 함께 머물러 있으라고 권면"했다. 어떤 상황에서도 주님을 바라보고 그분만 의지하라는 뜻이다.

안디옥에 와서 선교한 사람들이 전한 내용 역시 주 예수였다. 예수가 주님이시다. 예수가 주님이라는 주장은 매우 위험한 믿음이다. 큰일 날 소리다. 목숨이 위태로울 수 있다. 로마제국에서 주님은 로마 황제다. 그런데 그리스도인은 황제가 아니라 예수를 주님이라고 믿는다. 그래서 바나바는 '굳건한 마음으로' 주와 함께 머물러 있으라고 권한 것이다.

바나바가 다소에 있던 사울을 안디옥으로 데리고 온 것도 같은 맥락에서 이해할 수 있다. 사람은 영광을 혼자서 차지하고 싶은 마음이 있다. 하지만 바나바는 동역하는 사람이었다. 그런데 왜 하필 그는 바울을 택했을까? 안디옥 교회는 계속해서 부흥하고 있었기에 지도자가 부족했다면 예루살렘 교회에 부탁하여 사도들 가운데 한 분이나 다른 사람들을 보내달라고 할 수도 있었을 것이다. 그러나 바나바는 당시에 유명한 지도자도 아니었던 사울을 안디옥으로 '데리고' 왔다(11:26). 아마도 바나바는 사울이 다소에서 이방인에게 복음을 전해 본 경험이 있기 때문에 이방인으로 구성된 안디옥 교회를 잘 목회할 수 있을 것으로 생각했던 것 같다.

하지만 바나바는 사울을 데리고 왔다. 왜 바울이었을까? 바나바는 주님이 이방 선교를 위해 바울을 택하셨음을 알았기 때문이다. 바울이 예루살렘에 가서 예루살렘 교인들을 만났지만 아무도 그를 반기지 않았다. 그때 바나바가 바울을 맞이해준다. 바나바는 사울이 다메섹으로 가던 길에서 주님을 본 것을 알았다. 부활하신 예수님이 그에게 말씀하신 것도 알았다. 또 사울이 다메섹에서 예수의 이름으로 담대히 말하던 것도 알았다(9:26-27). 바나바는 주님께서 사울을 이방 선교를 위해 택하신 사람(9:15)인 것을 알았던 것 같다. 바나바는 사울을 안디옥에 데리고 오는 것이 주님의 뜻임을 확신했을 것이다. 그래서 그는 안디옥에서 약 180km가량 떨어진 다소까지 직접 가서 사울을 데리고 왔다. 바나바는 사울을 통해 이루실 주님의 뜻을 알았고, 또 사울의 열정적 선교와 가르치는 능력을 인정했던 것이다. 이 두 사람은 안디옥에서 함께 1년간 사역하였고, 후에 안디옥 교회 파송 선교사로 이방 선교를 담당한다.

이처럼 바나바는 철저히 주님 중심으로 생각하고 교회를 이끌어 갔다. 안디옥 교회는 바나바와 사울이 성령충만하여 이끌어 갔다. 바나바와 사울은 1년 내내 안디옥 교회의 많은 성도들을 가르쳤다. 주님의 비전을 위해 함께 동역하는 삶은 참으로 귀하고 아름답다. 그러자 '비로소'(πρώτως [프로토스]), 즉 '최초로' 사람들이 안디옥 성도들을 '그리스도인'이라고 불렀는데, 헬라어 '크리스티아노스'(Χριστιανός)는 '그리스도에게 속한 사람들' 혹은 '그리스도의 추종자들'이라는 뜻으로 신약성경에 총 3회 나온다(행 11:26; 26:28; 벧전 4:16). 그만큼 안디옥 교인들은 자기 정체성이 분명했던 성도들이었음을 보여준다. 그들은 바나바의 권면대로 굳은 마음으로 주님께 붙어있었고, 또 바나바와 사울의 가르침을 열심히 배우고 여기에 순종하는 삶을 살았기 때문일 것이다.

성령의 음성에 순종하는 안디옥 교회 (27-30절)

안디옥 교회에서 바나바와 사울이 동역하며 열심히 목회하고 있을 때,

예루살렘에서 선지자들이 내려와서 예언했다. 주후 1세기 예루살렘 교회나 바울이 세운 교회들에는 선지자들이 있었다. 에베소서 4장 11절에 따르면 하나님께서 교회에 리더로 세운 사람들이 있는데, 사도, 선지자, 복음전도자, 목사와 교사였다. 선지자는 성령의 감동을 받아 그때그때마다 교회에 하나님의 뜻을 전해주는 사람이다. 예루살렘에서 안디옥에 내려온 선지자들 가운데 '아가보' 선지자가 성령의 감동을 받아 예언을 했다. 천하에 큰 흉년이 들 것이라고. 실제 그의 말대로 글라우디오(Claudius) 황제(41-54년 재위)가 다스리던 때, 주후 48년에 로마제국에 큰 흉년이 들었다.

안디옥 교회는 아가보 선지자의 예언을 통해 성령의 음성을 들었다. 고난의 때가 있을 것이니 준비하라는 음성이었을 것이다. 요셉이 이집트에 있을 때 하나님께서 바로에게 꿈을 꾸게 하셨다. 요셉만이 이 꿈을 해석해 냈다. 7년 동안 대풍년이 있을 것이나 그 후엔 7년 흉년이 있을 것이니 잘 대비하라는 것이다. 요셉이 이렇게 해석할 수 있었던 것은 그가 하나님의 영 성령에 감동된 사람이었기 때문이다. 그렇다고 지금도 성령께서는 미래의 재난과 사고를 미리 알려주신다는 의미는 아니다. 하지만 성령의 음성을 듣는 사람은 성령의 인도함을 받고 대비한다.

또 안디옥 교회는 큰 흉년이 닥칠 때 혼자만 살지 말고 서로 도우라는 음성을 들었다. 흉년은 유대 예루살렘에만 든 것이 아니다. 안디옥 교회가 있는 수리아에도 흉년이 들었다. 하지만 안디옥 교회는 예루살렘 교회의 가난한 성도들을 돕기 위해 헌금을 했다. 이 헌금을 11장 29절은 '부조'(扶助)라고 표현했는데, 헬라어로는 '디아코니아'(διακονία)다. '디아코니아'의 원래 뜻은 섬김, 봉사다. 안디옥 교회는 구제헌금을 바나바와 사울의 손을 통해 예루살렘 교회의 장로들에게 전했다. 안디옥에서 예루살렘까지 480km 가량 된다. 서울-부산 거리보다 더 멀다. 이 먼 거리를 감수하고 예루살렘 교회를 도왔던 것이다. 이런 사람이 바로 그리스도인이다. 예루살렘 교회가 신생 교회인 안디옥 교회에 훌륭한 지도자를 파송함으로써 도왔다면, 안디옥 교회는 큰 흉년으로 인해 어려움에 처한 예루살렘 교인들에게 물질적인 도움을 주어 도왔다.

성령충만하면 성령의 음성을 듣는다. 성령의 음성은 섬기라는 것이다. 섬김이 당연한 것 같으나, 내가 힘들 때 다른 사람 생각하고, 내가 힘들게 번 돈으로 구제하는 일 쉽지 않다. 하지만 성도들이 성령충만하자 재물이 있는 사람들은 가난한 자들을 위해 자기 재물을 팔아 헌금을 드렸다. 바나바 역시 자기 소유의 밭을 팔아 헌금을 드린 사람이다(4:36-37). 안디옥 교회는 성령의 음성을 듣고 순종하는 영적 분별력과 실천력이 있었다.

묵 상 주의 손

주의 손은 하나님의 능력을 뜻한다. 주님은 당신의 손가락으로 하늘을 만드셨다(시 8:3). 흑인 영가(Negro Spirituals) 중에 「하나님은 온 세상을 당신 손 안에 갖고 계시다」(He's Got the Whole World in His Hand)라는 노래가 있다. 천지를 창조하신 그 손이 함께 하시니 놀라운 역사가 일어나는 것이다. 비록 안디옥에 가서 예수님을 전한 사람들은 불과 몇 사람이었지만 주의 손이 함께 하자 수많은 사람들이 예수가 주님 되심을 믿고 주님께 돌아왔다. 겸손은 자기는 부족하다고 빼는 태도가 아니다. 자신의 부족함을 인정하지만, 하나님께 나아가지 않는다면, 구하지 않으면 열등의식이요 좌절이요 체념이다. 그래서 열등의식과 겸손은 구분되어야 한다. 그래서 베드로는 "하나님의 능하신 손 아래에서 겸손하라"(벧전 5:6)고 한 것이다.

故 마더 테레사 수녀가 이런 말을 한 적이 있다. "나는 단지 그분의 손에 쥐어진 작은 연필에 불과합니다"(I am just a little pencil in his hand). 우리는 작은 연필은커녕 곧 버려야 할 몽당연필이다. 그러나 그 연필이 주님의 손에 쥐어지면 놀라운 역사가 나타날 것이다. 어렸을 때 글씨 연습을 할 때 아빠의 손이, 엄마의 손이 어린 자녀의 손을 잡으면 멋있게 쓸 수 있는 것처럼 말이다. 놀랍게도 연필 한 자루로 140리(약 56km)나 되는 길이의 선을 그을 수 있다고 한다. 4만 5천 단어를 쓸 수 있다고 한다. 두 자루의 연필만 있으면 작가는 한 편의 장편 소설을 쓸 수 있고, 화가는 화랑 하나를 가득 채울 스케치를 그려낼 수 있다고 한다. 주님 손에 쥐어진 연필이 되자. 주님이 우리를 통해 감동적인 복음의 이야기를 쓰시도록 하자. 주님이 우리를 통해 아름다운 복음의 그림을 그리시게 하자.

그러면 주님은 우리의 손에 당신의 능력을 드러내실 것이다. 나 자신의 손이 주님의 손처럼 능력의 손이 될 것이다. 사도행전은 이것을 말한다. 주님은 사도들의 손을 통해 놀라운 기적을 행하셨다(5:12). 또한 바울과 바나바가 이고니온에서 선교할 때도 "주께서 그들의 손으로 표적과 기사를 행하"(14:3)셨다. 바울이 에베소에서 선교할 때도 "하나님이 바울의 손으로 놀라운 능력을 행하게 하"(19:11)셨다.

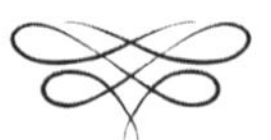

12장

12장의 구조

먼저 12장은 아래서 볼 수 있듯이 '인클루시오'(*inclusio*) 구조로 되어 있다는 사실에 주목하자.

바나바와 사울이 부조를 위해 안디옥에서 예루살렘으로 가다 (11:27-30)

헤롯이 예루살렘에서 교회를 박해하다 (12:1-5)
주의 천사가 베드로를 구해 내다 (12:6-17)
헤롯이 가이사랴에서 주의 천사에 의해 죽다 (12:18-23)

바나바와 사울이 예루살렘에서 안디옥으로 귀환하다 (12:24-25)

12장 1절이 "그 때에"로 시작하는 것도 12장이 앞의 11장 19~30절과 관계된다는 뜻이다. 즉 이방인 교회인 안디옥 교회는 부흥하고 도움을 주는 반면에 예루살렘 교회는 큰 기근에다가 설상가상으로 스데반에 이어 세베대의 아들 사도 야고보까지 순교했고, 베드로마저 죽을 위기에 처해 있었다. 결국 베드로는 하나님의 도우심으로 감옥에서 나온 뒤 마리아의 집에 가서 성도들과 만난 다음 예루살렘을 떠나 다른 곳으로 간다(17절). 이제 예루살렘 교회는 사도행전 전반부의 주인공 베드로도 없고, 사실상 주의 형제 야고보 1인 체제로 운영된다. 그리고 13장부터 안디옥 교회가 바나바와 사울을 선교사로 파송하면서 본격적으로 이방 선교가 시작된다. 이제 주인공은 베드로에서 바울이 된다. 본격적인 이방 선교가 시작되는 것이다. 예루살렘 교회는 박해와 순교를 당하는 중에 간절히 기도하고, 하나님은 이들의 기도를 들으사 베드로를 살려주시고, 헤롯을 응징하신다.

헤롯과 유대 백성의 사악함 (1-5절)

교회가 이방 선교로 인해 부흥하던 그때 큰 시련이 닥쳐왔다. 헤롯 왕이 예루살렘 교회의 지도자들을 친 것이다. 성경에서 헤롯이란 이름의 왕이 몇 명 등장한다. 예수님이 탄생하실 때 동방박사를 만난 왕은 헤롯 대왕이다. 그가 죽은 후 3명의 아들(아켈라오스, 안티파스, 빌립)이 분할 통치했다. 분할된 지역만을 다스리는 왕을 분봉왕이라고 한다. 주후 41년 이 3명의 시대가 끝나고 헤롯의 손자 헤롯 아그립바 1세가 전체 팔레스타인을 통치한다. 이 사람이 사도행전 12장에 등장하는 헤롯 왕이다. 헤롯 대왕이 주전 4년에 죽었다고 보면 헤롯 대왕 이후 45년 만에 팔레스타인 전체를 다스리는 힘 있는 왕이 등장한 것이다. 그는 로마 황제들의 신임도 받았다. 칼리굴라 황제가 자신의 황제상을 예루살렘에 세우려고 할 때 아그립바 1세는 칼리굴라를

설득하여 철회하게 한 것으로 전해진다.[37]

원래 그의 이름은 마르쿠스 율리우스 아그립바 1세(주전 11년에 출생하여 주후 44년에 사망)이고, 재위 기간은 37~41년이다. 사도행전 25~26장에 나오는 아그립바는 그의 아들이며, 아그립바 2세라고 부른다. 누가가 굳이 그를 '헤롯 왕'이라고 한 것은 헤롯 대왕과 연계시키기 위함으로 보인다. 헤롯 대왕이 아기 예수를 죽이려고 했던 것처럼, 또 다른 헤롯 왕이 교회를 말살하려고 한다. 헤롯 안티파스 역시 하나님이 보낸 선지자요 예수님의 선구자인 세례 요한을 참수했다. 그는 빌라도와 더불어 교회를 핍박하는 자로 언급된다("세상의 군왕들이 나서며 관리들이 함께 모여 주와 그의 그리스도를 대적하도다 하신 이로소이다 과연 헤롯과 본디오 빌라도는 이방인과 이스라엘 백성과 합세하여 하나님께서 기름 부으신 거룩한 종 예수를 거슬러", 4:26-27).

아그립바 1세는 정치적 입지를 강화하기 위해 유대인들의 환심을 사고자 했던 것 같다. 먼저 그는 세베대의 아들이요 요한의 형제인 야고보를 죽였고, 유대인들은 기뻐했다. 그는 자신의 통치력 강화를 위해 다수의 유대인이 싫어하는 신흥 종교인 기독교의 지도자 베드로마저 죽이려고 그를 체포했을 것이다. 헤롯 왕이 베드로를 잡은 때가 유대인들이 예루살렘에 많이 모이는 무교절이었고, 또 유월절 후에 베드로를 백성 앞에 끌어내고자 한 것은 교회의 박해를 통해 정치적 인기를 얻으려고 행한 정치적 연출이었다. 아그립바 1세는 12장에서 헤롯 왕으로 언급되지만, 다른 문헌에는 헤롯으로 언급되지 않고 아그립바로만 언급된다.[38] 그러나 누가는 헤롯으로 언급함으로써 유아를 대량 살상한 헤롯 대왕과 세례 요한을 참수한 헤롯 안티파

---

37 박찬웅, "사도행전 12장에 나타난 아그립바 1세의 박해와 죽음에 대한 연구", 「신학논단」 제99집 (2020. 3. 30.), 45-46.
38 앞의 글, 60.

스를 연상시키려고 한 것 같다.

베드로를 비롯한 사도들이 '민간에', 즉 백성들 가운데 표적과 기사를 많이 행하여 예루살렘은 물론 예루살렘 부근의 많은 사람들이 주께로 나왔었는데(5:12-16), 이제 유대인들은 완전히 교회에 대해 적대적인 세력이 되었다. 이제 복음은 이방인에게로 넘어가게 될 것이다. 13장에 들어서면서 예루살렘 교회가 아닌 이방인들로 구성된 안디옥 교회에 초점이 맞추어지고, 이 교회가 바울과 바나바를 이방 선교사로 파송하여 본격적으로 이방인 선교에 나선 것을 보도하는 이유가 여기에 있다. 하나님은 그의 신비스러운 섭리 가운데서 유대인의 완악한 마음, 그로 인한 예루살렘 교회에 닥친 박해까지도 온 세계를 향해 구원의 복음이 전해지는 사건의 계기로 만드셨다.

헤롯의 박해로 인해 사도 요한의 형제였던 사도 야고보는 순교했고, 베드로는 감옥에 갇혔다가 주님의 도우심으로 풀려났다. 이 둘의 운명이 다른 것은 주님이 각자에게 주신 사명이 다르기 때문이다. 순교(殉敎)하든 살아남아 선교(宣敎)하든 하나님이 정하시는 대로 충성하면 된다. 베드로도 야고보가 순교한 뒤 대략 17년 후인 주후 65년경에 순교한다. 교회 전승에 따르면 야고보의 형제인 요한은 주후 90년대까지 살았다.

그런데 야고보의 순교는 왜 이리도 간단하게 말하고 넘어갈까? 여기에 대해 여러 추측이 있는데, 아마도 앞서 7장에서 스데반의 순교에 대해 자세히 언급했기 때문일 것으로 보인다. 스데반이 순교한 의미와 다를 바 없기 때문에 간략히 처리했다고 보는 입장이다. 야고보 순교 후 그 자리를 대신할 사도를 뽑지 않은 것은 비록 야고보는 죽었지만 그의 자리는 대체될 수 없기 때문이다. 가룟 유다의 경우 예수님을 배반했기 때문에 그의 사도직이 원인 무효가 되었지만, 야고보는 영광스러운 죽음을 맞이했기 때문에 그의 자리는 누가 대신할 수 없다.

사실 야고보는 그의 형제 요한과 함께 세상의 영광을 구했던 사람이었지 않은가? 예수님께 찾아가 주의 영광 중에 자신들을 주의 좌우편에 각각 앉게 해달라고 요청하지 않았나? 하지만 하나님은 야고보를 순교한 최초의 사도가 되게 하셨다. 그렇게 하여 하나님 보좌에 앉히셨다.

이기는 그에게는 내가 내 보좌에 함께 앉게 하여 주기를 내가 이기고 아
버지 보좌에 함께 앉은 것과 같이 하리라 (계 3:21)

'이기는 자'는 세상에서 출세하는 사람이 아니다. 박해 속에서도 로마 황제 숭배에 참여하지 않고 끝까지 믿음을 지킨 성도다. 이기는 자에게 예수님은 당신의 보좌에 함께 앉게 해주시겠다고 약속하신다.

베드로를 구원하시는 하나님의 역사 (6-12절)

옥에 갇힌 베드로는 도저히 탈출할 수 없는 상황이었다. 베드로가 갇힌 감옥은 성전 북동쪽 구석에 있는 '안토니아 망루'(Tower of Antonia)였을 것이다. 바울 역시 이곳에 갇혔을 것이다(21:34-23:30). 당시에 로마인들은 저녁 6시부터 다음 날 아침 6시까지 12시간을 4등분하여, 저녁 6~9시를 1경, 9~12를 2경, 12~3시를 3경, 3~6시를 4경으로 불렀다. 4인조 감시병이 4개 조로 나누어 교대로 베드로를 감시하되, 한 조가 12시간 내내 감시하면 집중력이 떨어질 수 있기 때문에, 3시간마다 다른 4인 1조의 감시병들이 베드로를 감시한 것이다. 또 베드로는 두 군인 틈에서 두 사슬에 매여 누워 있었다. 그만큼 헤롯 아그립바 왕은 베드로를 철저히 감시했다. 베드로가 전

에 기적적으로 탈옥한 경험도 있고, 또 그가 능력이 많다는 것을 알고 있었기 때문일 것이다. 이처럼 베드로가 탈옥한다는 것은 인간의 눈으로 볼 때 불가능했다.

베드로 역시 탈출은 불가능하다고 생각했던 것 같다. 그가 누워 자고 있었던(6절) 것은 낮에 고문을 당하여 지쳐 쓰러져 잠든 것이라고 볼 수도 있지만, 그가 자포자기하고 더 이상 어떤 기도도 하지 않았음을 보여준다. 반대로 그가 주님의 도우심을 믿었기에 태평하게 잤다고 해석하기도 한다.

하지만 주의 천사가 홀연히 나타나 옥중에 광채가 빛났다(7절). 여기서 '홀연히'라는 말은 '갑자기', '기대치 않게'라는 뜻이지만 헬라어 원문은 '보라'(ἰδου [이두])다. '보라'는 중요한 말이나 사건, 특히 인간의 기대를 뛰어넘는 하나님의 놀라운 역사가 나타날 때 여기에 집중하라는 뜻으로 사용된다. 천사가 그의 옆구리를 '쳐서' 깨웠는데(7절), '치다'의 헬라어 '파타쏘'(πατάσσω)는 주의 천사가 헤롯을 '치셨다'(23절)와 같은 단어라는 점에서 베드로를 책망하는 행위로 볼 수 있다. 실제로 '파타쏘'는 주로 재앙이나 징벌을 뜻하는 단어다. 천사는 베드로를 깨우며 "급히 일어나라 띠를 띠고 신을 신으라"(7, 8절)고 지시하는데, 이것은 이스라엘 백성이 애굽을 떠날 때의 모습이다. "너희는 그것을 이렇게 먹을지니 허리에 띠를 띠고 발에 신을 신고 손에 지팡이를 잡고 급히 먹으라 이것이 여호와의 유월절이니라"(출 12:11).

베드로가 하나님이 천사를 보내어 구원하신 것을 탈옥하고 나서야 비로소 주께서 천사를 보내 자신을 구원하신 걸 깨달은 것(11절)도 베드로가 탈옥이 불가능할 것이라고 생각했음을 보여준다. 베드로는 앞서 감옥에 갇힌 바 있었는데, 이때 주님의 사자가 나타나 사도들을 탈옥시켜 주었다(6:17-20). 그러나 이런 경험이 있음에도 불구하고 베드로는 천사가 나타나 자기를 탈옥시키고 있음을 믿지 못했다. 그만큼 헤롯 왕의 핍박이 심했다는 증거다. 베드로도 이번만큼은 죽게 될 것이라고 생각했을 것이다. 성령의 충만함을 입고 여러 이적을 행하며, 놀라운 능력으로 복음을 전한 베드로도 모진 박해 앞에서 낙담했다. 그러나 성도들이 간절히 기도하자, 하나님은 여기에 응답하셨다. 주님의 사자가 베드로를 감옥에서 구해낸 것이다.

　주의 천사가 나타나자 베드로를 결박한 모든 것이 다 풀렸다. 천사가 베드로를 데리고 감옥을 나와 시내로 통하는 쇠문에 이르렀을 때는 문이 저절로 열렸다. 그냥 문이 아니라 육중한 쇠문이라도 우리를 구원하시는 하나님 앞에서는 무용지물이다. 하나님은 베드로를 기적적으로 탈출시킴으로써 헤롯과 유대인들의 기대를 여지없이 무너뜨리셨다. 세상의 군왕들이 하나님이 택하신 자를 대적하며 모의할 때 하늘에 계신 주님은 그들을 비웃으신다. 그들을 질그릇처럼 부수신다(시 2:5, 9). 이 사실을 깨달은 베드로가 이렇게 고백한다.

이에 베드로가 정신이 들어 이르되 내가 이제야 참으로 주께서 그의 천사를 보내어 나를 헤롯의 손과 유대 백성의 모든 기대에서 벗어나게 하신 줄 알겠노라 하여 (11절)

　하나님은 헤롯의 손에서 벗어나게 하셨다. 헤롯의 손에는 칼이 들려 있었다. 칼로 야고보를 죽였고 베드로까지 죽이려 했으나 좌절됐다. 기도하는 성도는 하나님의 손이 붙들고 계시기 때문이다. 또 하나님은 유대 백성의 모든 기대에서 벗어나게 하셨다. 불신 유대 백성은 교회를 핍박했고, 헤롯이 자신들의 기대에 부응하여 사도들을 죽이려고 한 것을 기뻐하였다. 그들은 베드로까지 죽을 것이라고 기대했다. 하지만 하나님이 베드로를 구해주셨다. 하나님을 대적하는 그 어떤 인간의 기대, 계획도 좌절된다. 성공하더라도 반드시 망한다. 그러니 하나님께 맡기자. "너희 염려를 다 주께 맡기라 이는 그가 너희를 돌보심이라"(벧전 5:7).

처형 전날 구출하신 이유

베드로는 7~8일 동안 감옥에 있다가 처형되기 전날 밤에 구출되었다. 헤롯이 베드로를 당장 처형하지 않았는데, 이유는 마침 그때가 무교절이 시작되는 시점이었기 때문이다. 무교절과 유월절은 출애굽의 은혜를 기억하고 감사하는 절기다. 이 절기 중에 피를 흘리는 것은 적절치 않다고 생각했을 것이다. 헤롯은 7일간의 무교절이 끝나기를 기다렸다. 유월절까지 합하면 8일이다. 왜 주님은 처형되기 전날에 가서야 베드로를 구출해 주셨을까? 미리 구해주시면 안 되는가? 성경이 구체적으로 말하고 있지 않아 단정적으로 말할 수는 없지만, 이렇게 추측해 볼 수 있다.

먼저 예루살렘 교회 성도들이 간절히 기도하라는 훈련일 수 있다. 베드로에게는 모든 걸 주님께 맡기고 주님만 의지하라는 훈련일 수 있다. 그러나 베드로는 영적으로 잠들어 있었고, 천사가 나타나 구출하여 낸 후에야 비로소 정신을 차린다. 즉 베드로는 자신이 구원받을 수 있다고 믿지 못했다. 때로 주님은 기다림을 통해 주님만 의지하는 믿음의 훈련을 시키신다. 노아의 방주에 사람과 동물들이 다 들어간 후 곧바로 홍수가 나지 않고 7일이 지나서야 시작된 것("칠 일 후에 홍수가 땅에 덮이니", 창 7:10)도 같은 이유일 것이다. 곧 홍수가 날 줄 알고 배에 탔는데, 7일이 다 되어가도 비가 오지 않았다면 노아와 그 가족들의 심정은 어떠했을까? 아마 배 밖에선 사람들이 조롱했을 것이다. 노아와 그의 가족들은 하루 이틀 사흘이 지날수록 의심이 생길 수도 있다. 그러나 노아와 그의 가족들은 7일을 잘 견뎌냈다. 방주에는 조타 장치가 없다. 방주에는 하늘을 향해 있는 창밖에 없다. 구원의 방주에 탄 사람들은 오로지 하나님의 인도하심만 믿고 가는 사람들이다. 우리가 할 일은 깨어 기도하는 것이다. 베드로처럼 자포자기하여 영적으로 잠들어 있다면, 주의 천사의 음성을 들어야 한다. 깨어나야 한다. 깬 사람은 옷을 입는다. 영적으로 깨어 진리의 허리띠를 띠고, 평화의 복음의 신을 신고 주께서 가라시면 언제든지 떠날 수 있도록 준비를 하자.

기도는 많았으나 믿음은 하나뿐이었다 (13-17절)

천사의 도움으로 감옥에서 나온 베드로는 성도들이 모여서 기도하고 있는 곳으로 갔다. 그곳은 '마가라 하는 요한'의 어머니 마리아의 집이었다 (12:12). 마리아의 집에 성도들이 모여 베드로를 위해 철야하며 기도하고 있었다. 그러나 정작 베드로가 왔을 때, 이 사실을 믿었던 사람은 단 한 사람 어린 여자아이뿐이었다. 모든 성도가 간절히 기도는 하였지만, 요한의 형제 야고보가 칼로 죽임을 당하는 등 헤롯 왕의 핍박이 워낙 심했고 또 인간적으로 볼 때 베드로가 옥에서 나온다는 것이 불가능해 보였기 때문에 성도들은 과연 자신들의 기도가 응답될지 의심했던 것 같다. 성도들은 베드로가 풀려날 수 없을 것이라고 생각하고, 그가 감옥 안에서 신앙을 지키다가 순교하도록 기도했을지도 모른다. 베드로는 전에 예수님을 3번 부인한 적이 있지 않았나? 이처럼 베드로도 주의 천사가 나타나기 전까지, 또 성도들도 베드로를 직접 볼 때까지 희망을 포기하고 있었던 상황이었다.

그러나 단 한 사람은 흔들리지 않는 믿음으로 기도하였다. 이 어린 소녀는 베드로를 눈으로 보지 않고 그의 음성만 들었어도 하나님이 그를 구출해 내었음을 믿을 수 있었다. 다른 모든 사람은 이 소녀의 믿음을 받아들이지 못하였고, 오히려 그가 미쳤다고 말했다. 그들은 믿지 않는 자들이 아니라 다름 아닌 함께 기도했던 성도들이었기에 이 소녀는 자신이 헛소리를 들었나 하고 한발 물러날 수도 있었을 것이다. 그러나 소녀는 '참말이라'며 '힘써' 말했다. 자기주장을 굽히지 않았다. 그러자 어른들은 "그러면 베드로의 천사이겠지"라고 말하며, 여전히 불신했다. 당시 유대인들은 하나님을 믿는 백성에게는 수호천사가 있다고 믿었다. 예수님도 이렇게 말씀하셨다. "삼가 이 작은 자 중의 하나도 업신여기지 말라 너희에게 말하노니 그들의 천사들이 하늘에서 하늘에 계신 내 아버지의 얼굴을 항상 뵈옵느니라"(마 18:10).

당시에 아이는 온전한 인격체로 취급받지 못했다. 아이의 말과 행동은 유치한 것으로 여겨졌다. 더군다나 이 아이는 남자도 아닌 여자아이였으며(당시에 여자는 남자보다 못한 존재로 여겨졌다), 그것도 신분이 비천한 하녀였다. 사회에서 가장 하찮은 존재였던 것이다. 그런데 '로데'라는 이름('작은 장미'라는 뜻)의 이 아이만큼은 하나님께 대한 순수한 믿음을 갖고 베드로 사도를 위해 기도했음이 드러났다. 하나님의 뜻이라면 우리가 기도한 대로 베드로는 살아날 것이다. 아무리 상황이 어렵더라도! 하나님은 이 어린아이 한 사람이 드린 믿음의 기노를 들으시고 베드로를 살려주신 것은 아닐까?

때로 하나님의 역사가 나타나는 데는 한 사람의 기도로 충분하다. 그 사람이 비록 신분이 높고 막강한 힘을 가진 사람이 아니라 연약하고 비천한 여자 하녀 아이라고 할지라도 하나님은 100% 당신을 신뢰하는 사람의 기도라면 반드시 역사하신다. 그 사람의 나이, 지위, 재물, 교회 생활의 연수는 하나님의 역사에 아무런 영향을 미치지 못한다. 오직 하나님에 대한 견고한 믿음만 있으면, 기도하는 자가 비록 어린 소녀라고 할지라도 하나님은 응답하신다.

성경에는 어린아이가 하나님의 기적을 일으키는 역할을 하는 사례가 여럿 있다.

대표적으로 열왕기하 5장에 나오는 나아만 장군의 치유 이야기에 등장하는 한 어린 여종이다. 아람의 군대 사령관 나아만이 어떻게 피부병이 낫게 되었나? 엘리사 덕분이다. 그러나 나아만이 이 병을 고치기 위해 엘리사를 찾아가게 된 계기는 다름 아닌 나아만의 부인을 시중들었던 어린 여종이었다. 아람 군대가 이스라엘을 침략했을 때 포로로 잡아 온 아이였다. '크고 존귀한 자'였던 나아만을 엘리사에게로 이끈 사람은 '아주 하찮은 작은 아이'였다. 이 어린 여종이 "선지자 엘리사가 당신의 나병을 고치리이다!"라고 얼마나 확신에 차서 말했던지 나아만은 이 아이가 말한 것을 믿고 왕을 찾아가 허락을 받는다. 성경에 나오는 두 사람의 대화를 가만히 읽어보면 웃긴다. 성경을 근거로 필자가 좀 각색해 봤다. "임금님, 제가 이스라엘에 좀 갔다 와야겠다." "왜?" "저희 집에 이스라엘에서 온 어린 여종이 하나 있는데, 사마리아에 신통한 선지자가 있다고 하네요. 그 사람을 찾아가서 치료 좀 받게요." "그래? 그럼 가야지. 내가 이스라엘 왕에게 편지를 써 주겠네."

우스운 일이 아닌가? 강대국의 두 권력자인 왕과 군대 사령관이 기껏해야 포로로 잡아 온 어린 여종의 말을 믿고 군대를 이끌고 이스라엘로 간다. 자칫 전쟁을 하자는 뜻으로 비칠 수도 있는 일이었다. 실제로 이스라엘 왕은 그렇게 이해했다. 물론 나아만의 입장에서는 지푸라기라도 잡고 싶은 심정이었을 터이지만 그러나 상식적으로 말이 되지 않는 대화다. 하나님이 나아만을 엘리사에게로 인도하시기 위해 이들을 어리석게 만든 것은 아닐까?

흥미롭게도 나중에 나아만이 요단강에서 일곱 차례 몸을 씻고 깨끗해졌을 때 성경은 그의 피부가 어린아이의 피부처럼 깨끗해졌다고 말한다(왕하 5:14). 여기서 어린아이를 뜻하는 히브리어 '나아라'는 앞서 나아만 장군에게 엘리사를 찾아가도록 권했던 어린 여자아이와 같은 히브리어다. 이것은 나아만이 어린 여종의 말을 믿고 따랐을 때 그 여자아이의 말 그대로 하나님이 이루셨음을 뜻한다. 어린 여종이 나아만을 직접 고친 것은 아니었다. 그저 엘리사에게 하나님의 능력이 임한 것을 확신하고 엘리사를 소개해준 것뿐이다. 확신을 가지고 말이다! 하나님은 어린 여종도 사용하신다. 순전한 믿음의 사람이라면 말이다.

반면에 어린 여종과는 달리 힘깨나 있다는 어른들은 믿음이 없었다. 당시 이스라엘 왕은 나아만의 나병을 고쳐 달라는 아람 왕의 친서를 받아들고 자기 옷을 찢으며 분노했다. "내가 하나님이냐? 내가 어떻게 사람을 죽이고 살릴 수 있겠느냐?"며 씩씩댈 뿐이었다. 어린 여종은 북이스라엘의 수도 사마리아에 있는 선지자가 있으며, 그가 틀림없이 고칠 수 있으리라고 확신했지만, 한 나라의 왕은 자기 나라에 엘리사라는 위대한 선지자가 있음을 생각하지도 못했다.

또 오병이어의 이적 역시 한 아이가 바친 보리떡 다섯 개와 물고기 두 마리를 통해 이뤄졌다. 이 아이가 떡 다섯 개와 물고기 두 마리를 예수님께 드린 것에 대해 안드레는 "그것이 이 많은 사람에게 얼마나 되겠사옵나이까"(요 6:9)라며 별 도움이 되지 않는다고 생각했지만, 그러나 보리떡 다섯 개와 물고기 두 마리가 예수님의 손에 쥐어졌을 때, 5,000명이 넘는 사람들이 배불리 먹고 남는 놀라운 이적이 일어났다. 주님의 이적은 어린아이를 통해서도 일어난다. 그래서 다윗은 이렇게 찬양한다. "주의 대적으로 말미암아 어린아이들과 젖먹이들의 입으로 권능을 세우심이여 이는 원수들과 보복자들을 잠잠하게 하려 하심이니이다"(시 8:2).

헤롯 아그립바 1세는 잔인한 사람이었다. 그는 정치적 목적을 위해서 야고보를 죽였고, 베드로를 옥에 가두었으며, 베드로의 탈옥에 대해 책임을 물어 보초병들을 죽였다. 20절을 보면 헤롯이 두로와 시돈 사람들을 대단히 노여워했는데, 그 이유는 팔레스타인에서 생산된 곡식을 두로와 시돈이 싹쓸이하다시피 구매하는 바람에 이스라엘 서민들이 먹을 게 없었기 때문이다. 수로보니게 여인을 예수님이 개라고 모욕한 것은 당시 이스라엘 사람들이 가지고 있었던 두로와 시돈에 대한 악감정의 배경에서 이해해야 한다. 그런데 헤롯 아그립바가 왕이 되면서 두로와 시돈에 대한 곡물 수출을 금지하여 백성들의 지지를 얻었다. 반면에 두로와 시돈 사람들은 아그립바 왕에게 잘 보여야 했다. 22절에서 두로와 시돈 사람들이 그가 행한 연설을 듣고 신의 소리라고 격찬한 것은 이런 배경에서다.

그는 교만한 자였다. 헤롯 아그립바 1세는 베드로의 탈옥 사건 이후 유대를 떠나 가이사랴로 간다. 주후 1세기 유대 역사가 요세푸스의 『유대 고대사』에 따르면 헤롯은 황제 글라우디오가 영국으로 건너가 벌인 전쟁에서 승리하고 귀환한 것을 축하하는 축제에 참여하려고 가이사랴로 갔다. 주후 44년 8월 1일, 그날은 글라우디오 황제의 생일이기도 했다. 이날 헤롯 아그립바 1세는 은실로 짠 왕복을 입고 원형극장의 무대 위에 등장했다. 햇빛을 받은 그의 왕복이 눈부시게 빛났고, 그의 연설이 시작되자 사람들은 환호했다. 청중 가운데 두로와 시돈 사람들이 있었는데, 그들은 헤롯의 연설을 듣고 "이것은 신의 소리요 사람의 소리가 아니라"라고 외치며 그를 신격화했다.

헤롯은 사람들이 자신을 신으로 높이자 우쭐해졌다. 헤롯은 유대인의 왕이었다. 당연히 그는 여호와 하나님을 알고 있었다. 그러나 사람들이 자신을 높이는 것을 즐겼다. 사람들이 자신을 신으로 높였을 때 그는 하나님께 영광을 돌리지 않았다. 그 벌로 그는 벌레에 의해 안에서부터 밖으로 먹혀 죽고 말았다.

헤롯이 영광을 하나님께로 돌리지 아니하므로 주의 사자가 곧 치니 벌레에게 먹혀 죽으니라(23절)

여기서 벌레는 성경에서 이곳에만 사용된 단어여서 정확한 의미를 알 수는 없는데, 그는 치사율이 높은 바이러스에 감염되어 죽었을 것으로 추측된다. 요세푸스의 글을 보면 그는 며칠간 심한 복통 끝에 죽었다고 한다. 하나님은 하나님이 받으셔야 할 영광을 사람이 가로채면 심판하신다. "나는 여호와이니 이는 내 이름이라 나는 내 영광을 다른 자에게, 내 찬송을 우상에게 주지 아니하리라"(사 42:8).

헤롯이 죽었다고 할 때 사용된 헬라어(ἐκψύχω [엑프쉬코])는 하나님께 바칠 돈을 감추고 거짓말을 했던 아나니아와 삽비라가 죽었을 때도 사용된 그 단어다. '혼이 떠나가다'라는 뜻이다. 사도행전에서 이 단어는 아나니아와 삽비라, 그리고 헤롯이 죽을 때만 사용되었다. 하나님은 하나님을 속이는 자, 교회를 박해하는 자, 교만한 자를 응징하신다. 하나님은 교회 안팎에서 교회를 무너뜨리려 하고, 대적하는 세력에 대해 반드시 심판하신다. 하나님은 성령을 속인 아나니아와 삽비라를 죽음으로 응징하셨다(5:1-11). 또 하나님은 바울의 선교를 방해한 박수 엘루마를 응징하셨다(13:4-12). 하나님은 교만한 자를 대적하신다(벧전 5:5). 거만한 자를 비웃으신다(잠 3:34). 이 땅과 하늘의 어떤 악한 세력도 하나님의 뜻을 막을 수는 없다. 사도행전 독자의 입장에서는 당시 있었을 로마 황제 신격화 역시 하나님의 심판을 받을 것이라고 느꼈을 것이다.

사도행전 12장은 야고보의 죽음으로 시작하여 그를 죽인 헤롯의 죽음으로 끝이 난다. 그러나 이 두 사람의 죽음은 너무 다 다르다. 야고보의 죽음은 허망한 죽음이 아니다. 순교다. 반면에 헤롯의 죽음은 하나님의 응징이다. 이 땅에 살 때 헤롯은 야고보보다 더 많은 권력과 부를 누리며 살았다. 그러나 그는 하나님의 심판을 받아 죽었다.

요약문: "하나님의 말씀은 흥왕하여 더하더라" (24절)

헤롯 아그립바 1세에 대한 응징 이야기가 끝난 후 누가는 "하나님의 말씀은 흥왕하여 더하더라"(24절)는 짤막한 요약문을 제시한다. 감동적인 말씀이 아닐 수 없다. 특히 '흥왕하다'($\alpha\mathring{v}\xi\acute{\alpha}\nu\omega$ [아욱싸노])는 씨 뿌리는 자의 비유에서 옥토에 뿌려진 씨가 왕성하게 자라 30, 60, 100배 열매 맺는 것을 묘사하는 단어이기도 하다. 어떤 박해가 있어도 하나님의 말씀은 죽지 않는다. 하나님이 악한 자를 응징하시고, 말씀은 흥왕한다. 베드로조차 체념하여 영적으로 잠들어 있어도, 교회가 기도하지만 하나님의 놀라운 역사까지는 기대하지 못하는 수준에 있다고 해도, 하나님의 말씀은 자체 생명력으로 뻗어나간다. 하나님의 말씀은 인간의 조건과 상황이 어떠해도 관계없이 흥왕한다. '스스로 자라나는 씨'(막 4:26-29)처럼 말이다.

'마가라 하는 요한' (25절)

마가 요한은 바나바의 조카다. '요한'은 유대식 이름 '요하난'을 헬라식으로 발음한 것이고, 마가는 헬라식 혹은 로마식 이름이다. 마가 요한은 바나바의 조카였는데, 바나바가 레위인이었기 때문에 마가 요한의 가족 역시 레위인이었을 가능성이 높다.

마가 요한은 사도행전에서 12장 12절에서 처음 등장한다. 베드로가 감옥에 갇혔을 때 성도들이 모여 기도했던 장소가 바로 마가 요한의 어머니 마리아의 집이었다. 마가 요한은 야고보가 순교하고, 베드로가 감옥에 갇혔다가 기적적으로 탈출한 것을 보고 들었을 것이다. 사도행전 1장과 2장에 나오는 오순절 다락방 역시 그의 어머니 마리아의 집이라고 하면 그는 오순절 성령 강림 사건도 목격했을 것이다. 이렇게 마가 요한은 초대 예루살렘 교회에서 일어난 주요 사건들의 목격자다. 하지만 바나바는 예루살렘 교회가 위험한 것을 알고(베드로도 다른 곳으로 피신하지 않았나?) 마가 요한을 안디옥으로 데려간 것 같다.

이후에 마가 요한은 바나바와 사울이 안디옥 교회 파송 선교사로 떠날 때 수행원으로 동행한다. 바나바의 개인적인 결정이었던 것 같다. 하지만 마가 요한은 밤빌리아 버가에서 다시 예루살렘으로 돌아간다. 결국 이 일이 화근이 되어 나중에 바나바와 사울이 다툰다.

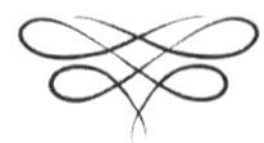

13장

성령의 음성에 순종하는 안디옥 교회 (1-3절)

안디옥 교회의 지도자들 (1절)

안디옥 교회를 섬겼던 지도자들은 다양한 사람들로 구성되어 있었다. 먼저 바나바는 레위지파 출신으로 고향이 '구브로'(키프로스[Cyprus])다. 예루살렘 교회가 안디옥에 파송했던 사람으로, 안디옥 교회 1대 지도자다. '니게르'라 불린 '시므온'은 북아프리카 출신의 사람이었던 것 같다. '니게르'란 '검다'는 뜻의 라틴어다. 혹자는 이 사람이 예수님의 십자가를 대신 지고 갔던 구레네 사람 시므온으로 보기도 한다(막 15:21). '루기오' 역시 오늘날 북아프리카 리비아의 한 도시인 구레네 출신이었다. '마나엔'은 분봉왕 헤롯 안티파스와 같은 유모의 젖을 먹으며 자란 귀족이었다. 사울은 교회를 핍박한 전력이 있었다. 이렇게 다양한 사람들이 지도자였지만 이들은 안디옥 교회를 통해 이루실 주님의 비전에 순종함으로써 하나가 될 수 있었다.

1절에 따르면 이들은 선지자와 교사였다. '선지자'는 성령께서 주시는 감동에 따라 교회가 나가야 할 방향을 말해주고, 주님의 뜻을 일러주는 역할을 담당했으며, '교사'는 말씀을 가르치는 역할을 담당했을 것이다. 안디옥 교회는 성령의 음성을 듣는 일과 말씀을 배우는 일에 힘썼던 교회였다.

성령의 음성을 듣다 (2절)

어느 날 안디옥 교인들은 성령의 음성을 들었다. "내가 불러 시키는 일을 위하여 바나바와 사울을 따로 세우라"는 음성이었다. 이들이 성령의 음성을 들을 수 있었던 것은 주님을 예배하며 금식하였을 때였다(2절). '주를 섬기다'라는 말은 주님을 예배한다는 뜻이다. 살아있는 예배는 우리 교회를 향한 하나님의 뜻을 깨닫는 시간이다. 특히 안디옥 교인들은 '금식하며' 예배드렸다. 금식의 목적은 간절한 마음으로 기도하기 위함이요, 오로지 하나님께만 집중하기 위함이다. 그래서 안디옥 교인들은 성령의 음성을 들을 수 있었던 것이다. 이들은 성령의 음성을 듣고 나서 다시 금식하며 기도했다.

요한계시록 2~3장에는 아시아의 일곱 교회에게 주는 메시지가 나온다. 항상 이렇게 끝난다. "귀 있는 자는 성령이 교회들에게 하시는 말씀을 들을지어다"(계 2:7, 11, 17, 29; 3:6, 13, 22). 우리는 예수 믿고 성령으로 거듭났기 때문에 성령의 음성을 듣는 귀가 있다. 하지만 성령의 음성을 듣고자 하는 의지가 있어야 한다. 안디옥 교회는 금식하며 예배할 만큼 성령의 음성을 듣고자 했다. 진실되게 예배하면 성령이 하시는 말씀을 들을 수 있다. 귀를 기울여도 들리지 않으면 욕심의 문제를 생각하라. 내 욕심이 강해서 성령의 음성이 들리지 않는다. 또 성령의 음성은 주님의 때(타이밍)가 될 때 들을 수 있다. 젊은 10대나 20대에게 건강 조심하라고 해봤자 귀에 잘 들어오지 않는다. 하지만 50대, 60대가 되면 혈압, 당뇨 등 건강 문제가 귀에 쏙쏙 잘 들어온다. 그럴 때가 됐기 때문이다.

2절을 보면 성령께서 하신 말씀에 두 가지 주요 동사가 있다. 첫째, '불러 시킨다'이다. 하나님은 바나바와 사울을 선교사로 택하셨고 때가 되어 부르셨다. 둘째, '따로 세우다'라는 단어다. 헬라어로는 '아포리조'인데, 바울서신에서는 '택정하다'로 나온다(롬 1:1; 갈 1:15). '아포리조'(ἀφορίζω)는 "구분/구별하다"(set apart)라는 뜻인데, 하나님께서 많은 민족 중에서 이스라엘을 그의 백성으로 따로 세우셨다고 할 때(레 20:26)나, 특별한 사명을 위하여 레위족을 구별하실 때도(민 8:1) 사용했다. 또는 짐승이나 곡식의 처음(출 13:12; 민 15:20) 것을 구별하여 하나님께 드리는 것을 의미한다.

안디옥 교회는 성령의 음성에 순종했다. 바나바와 바울은 안디옥 교회 초창기부터 줄곧 교회를 이끌어온 핵심 지도자였다. 따라서 이 두 사람을 파송한다는 것은 결코 쉬운 결정이 아니었을 것이다. 어쩌면 교회를 염려하는 마음으로 이 두 사람의 파송에 반대하는 자들도 있었을지도 모르겠다. 이런 상황에서 안디옥 교회는 다시 금식하며 기도했다. 성령의 음성에 순종하는 힘은 바로 여기에 있었다. 그들은 안디옥 교회를 세우신 분도, 부흥케 하신 분도 성령이심을 믿으며 바나바와 바울을 그리고 그 두 사람이 없는 안디옥 교회를 온전히 성령께 맡긴 것이리라.

이들의 순종은 전 세계를 향한 주님의 비전을 이루는 첫걸음이 되었다. 명실공히 안디옥은 이방 선교의 전초 기지가 되었고, 예루살렘에서 시작된 복음이 세계를 향해 나가게 됐다. 당시 안디옥은 로마 및 알렉산드리아와 더불어 로마제국의 3대 도시로 불릴 만큼 세계적인 도시였다. 하나님께서는 당시 주류 문화에 있던 안디옥 도시의 한 교회를 택하심으로 이방 선교에 박차를 가하신 것이다. 성령의 음성을 듣고 순종하는 교회가 하나 님이 역사하시는 도구가 된다. 안디옥 교회는 바나바와 사울에게 안수하 고 보냈다. 안수는 구별하여 세운다는 의미와 성령이 함께하심을 간구한 다는 뜻이다.

성령의 보내심을 받아 구브로에 가다 (4-12절)

보내심을 받은 자들 (4절)

바나바와 바울 두 사람은 안디옥에서 서쪽으로 약 26km 떨어진 실루기 아로 가서 거기서 배를 타고 구브로로 갔다. 구브로는 예루살렘에서 남서 쪽으로 약 96km 떨어져 있다. 길이 224km, 폭 96km로 지중해에서 세 번 째로 큰 섬이다. 오늘날은 키프로스 공화국이다. 키프로스 공화국은 그리 스 정교회를 믿는 사람들이 약 90%라고 한다. 기독교 국가라고 할 수 있 다.

4절을 보면 바나바와 사울이 구브로에 간 것은 성령께서 보내신 것이다. 구브로가 바나바의 고향이기 때문에(4:36) 바나바가 이 곳에 가기를 원했던 것 같다. 하지만 성경은 성령께서 보내셨다고 말한다. 믿는 자들은 "내가 여 기에 왔다"고 말하기보다 "하나님이 나를 이곳으로 보내셨다"라고 말한다. 이것을 파송 의식이라고 한다. 파송 의식은 내가 지금 서 있는 곳이 결코 우 연히 오게 된 것이 아니며, 하나님의 계획하심과 인도하심 가운데 오게 된 것이라는 신앙고백이다.

파송 의식은 또한 사명 의식이다. 내가 지금 서 있는 곳은 내가 하나님의 뜻을 이루기 위한 곳이라는 생각이다. 내가 지금 여기에 있는 이유는 하나님의 뜻을 이루기 위해 하나님이 나를 보내셨다고 생각할 때 내가 서 있는 곳에서 최선을 다하게 된다. 왜 삶에 싫증이 나는가? 왜 열정이 없나? 성령의 보내심을 받았다는 파송 의식이 없기 때문이다. 물론 파송 의식이 있어도 지치고 싫증날 때가 있지만, 그걸 극복하는 힘은 파송 의식, 사명 의식이다.

성도는 보내심을 받은 사람들이다. 부활하신 예수님이 제자들에게 하신 말씀, "아버지께서 나를 보내신 것 같이 나도 너희를 보내노라"(요 20:21)에 따르면 우리는 다 보내심을 받은 사람들이다. 사도의 헬라어 '아포스톨로스'(ἀπόστολος)는 원래 보내심을 받은 사람이란 뜻이다. 어떤 특별한 사명을 가지고 누군가를 대신해서 파송된 사람, 그 사람이 사도인 것이다. 그런 점에서 세상에 보내심을 받은 우리 모두가 사도다. "그리스도가 없는 가슴마다 선교지이고, 그리스도가 있는 가슴마다 선교사다"라는 말이 있지 않은가?

주일예배의 마지막 순서는 파송이다. 파송의 찬송을 부르고, 축도를 한다. 안디옥 교회가 바나바와 바울을 안수하고 떠나보낸 것처럼, 하나님은 목회자를 통해 여러분을 축복하고 성령의 능력이 임하기를 안수하고 세상에 파송하는 것이다. 성도가 살아가는 세상은 먹고 살아가기 위해 일하는 일터요 생활 터전이지만, 동시에 선교지다. 성도는 세상에 파송되어 살아가는 생활 선교사다.

엘루마를 저주하다 (5-12절)

바나바, 사울, 그리고 마가라 하는 요한은 살라미의 유대인의 여러 회당에서 하나님의 말씀을 전한다. 이때 마가라 하는 요한이 수행원으로 섬겼다. 앞서 12장에서 설명한 것처럼 바나바는 자신의 조카 요한을 예루살렘으로부터 안디옥에 데리고 왔었다. 선교 여행을 떠날 때 바나바는 자신이 데려온 마가 요한을 안디옥 교회에 두고 갈 수가 없어 대동한 것으로 보인다.

구브로섬을 횡단하며 '바보'라는 곳에 이른다. 그곳에는 구브로의 총독(proconsul) 서기오 바울이 있었다. 그는 로마의 속주인 구브로의 최고 행정관이자 군사령관이었다. 1877년에 구브로의 도시 솔리(Soli)에서 발견된 라틴어 비문에는 '프로콘술 서기오 파울루스'라는 이름이 새겨져 있다. 그는 주후 45~53년경에 활동한 인물로 기록되어 있다. 이 기록을 통해 사도행전의 역사적 신빙성과 바울 행적의 연대기를 추정할 수 있다.

이곳에서 그들은 '바예수'('예수의 아들'이란 뜻)라고도 하고 '엘루마'라고도 하는 유대인 거짓 선지자이자 마술사를 만난다. 그는 당시 구브로의 총독이었던 서기오 바울과 함께 있을 만큼 정치권력에 가까운 마술사였다. 아마 서기오 바울에게 마법을 통해 여러 조언과 도움을 주었을 것이다. 그런데 총독 서기오 바울이 바나바와 사울을 불러 하나님의 말씀을 듣고자 하자, 그는 이들을 방해하는 정도가 아니라 대적하여 총독이 복음을 믿지 못하도록 힘썼다. 선교는 영적 전쟁이다.

이에 사울은 성령이 충만하여 마술사 엘루마를 '주목하여'(우리말: '뚫어지게') 쳐다보았다. 적을 피하지 않고 똑바로 응시한 것이다. 세계적인 권투 선수끼리 시합할 때, 시합 전에 사람들 앞에서 두 사람이 만난다. 언론에서 나와 사진도 찍고 인터뷰도 한다. 이때 두 사람은 상대방을 두 눈 부릅뜨고 본다. 기 싸움 하는 것이다. 사람들이 싸울 때는 반드시 상대편을 똑바로 쳐다본다. 영적 전쟁에서도 성령충만하면 적의 눈을 회피하지 않는다. 응시한다.

그리고 사울은 엘루마의 정체를 드러냈다. 엘루마는 '모든 거짓과 악행이 가득한 자'요, '마귀의 자식'이며, '모든 의의 원수'이고, '주의 바른 길을 굽게 하는 자'라고 꾸짖었다. 엘루마는 '바예수', 즉 '예수의 아들'(예수는 여호와는 구원이시다)이 아니었다. 그는 '마귀의 자식'이었다. 영적 전쟁에서 우리가 해야 할 일은 세상 사람들이 속고 있음을 드러내야 한다. 거짓 영의 실체를 까발려야 한다.

사울은 그에게 저주를 선포한다. 주의 손이 그 위에 있어 얼마 동안 앞을 보지 못하는 맹인이 될 것이라고 말이다. 그러자 즉시 그에게 안개와 어두움이 임하여 앞을 보지 못하게 된다. 총독을 마법으로 인도한 사람이 눈이 멀어 자기를 인도할 사람을 구하는 모습은 복음의 능력 앞에서 사탄의 무기력함을 보여준다. 사실 바울도 다메섹에서 예수님을 만나 일시적으로 눈이 멀었던 적이 있었지 않은가? 이것은 바울이 예수님을 믿기 전에 사탄의 하수인이었음을 암시한다. 그러나 엘루마는 주의 바른 길을 굽게 하였으나, 바울은 주님을 만난 후 직가(곧은 길!)로 인도됐다. 엘루마는 안개와 어두움이 임하여 눈이 멀게 되었으나, 바울은 밝은 빛에 의해 눈이 멀게 되었으나 결국 빛으로 나오게 되었다.

저자 누가는 바울의 1차 선교 여행의 첫 번째 사건으로 바울과 바예수의 대결을 제시함으로써 바울이 장차 사탄보다 더 강력한 권위, 즉 성령의 권위로써 악의 세력을 물리칠 것을 암시한다. 바울이 영적 전쟁에서 승리한 이유는 그가 성령충만하였기 때문이다. 성령충만한 바울(9절)이 거짓과 악행으로 가득한 엘루마(10절)를 물리쳤던 것이다.

서기오 바울 총독은 바울이 마술사를 이긴 것을 보고 복음을 믿게 되었다. 동시에 총독은 바울을 통해 주님의 가르침을 듣고 놀랍게 여겼다. 이 영적 대결을 통해 거짓 선지자를 물리친 바울이 참된 선지자임이 드러났다. 그래서일까? 이후부터 바울과 바나바의 이름 순서도 바울이 앞선다. 바울의 영적 권위가 인정을 받은 것이다.

그러나 사울의 이름이 바울로 바뀐 것도 총독 서기와 바울과 친밀한 관계, 즉 후원자와 피후원자의 관계를 맺게 되었음을 반영했기 때문으로도 볼 수 있다. 바울이 이후에 간 곳이 비시디아 안디옥인 것도 이런 점에서 생각할 수 있다. 비시디아 안디옥은 서기오 바울과 관련된 비문들이 발견되어 이 지역에 서기오 바울 가문의 영토가 있었을 것으로 추측하기도 한다. 혹시 서기오 바울이 사울에게 그곳으로 가라고 추천한 것은 아닐까?[39] 그러나 원래부터 히브리식 이름인 사울과 헬라식 이름인 바울을 가지고 있었을 것으로 보기도 한다.

비시디아 안디옥에서의 선교 (13-52절)

비기에서 마가 요한이 돌아가다 (13절)

바울 일행이 버가에 이르렀을 때 마가 요한은 더 이상 선교 일정을 함께 하지 못하고 예루살렘에 돌아갔다. 그 이유에 대해 성경이 언급하고 있지 않아서 정확히 알 수 없지만, 몇 가지 추측이 가능하다. 13절부터 바울이 일

---

39 박영호, 『사도행전 선교적 읽기』 (서울: IVP, 2024), 178-9.

행의 리더로 부각이 된다. 13절 이전에는 '바나바와 사울'이라고 표현했는데, 13절부터는 '바울과 및 동행하는 사람들'로 표현한 것은 선교팀 안에서 리더의 위치가 바나바에서 바울에게로 옮겨진 것을 암시한다. 이에 대해 바나바의 사촌이었던 마가가 불만을 가졌을 수도 있다.

또 바울 일행은 버가에서 비시디아 안디옥으로 갔는데, 약 200km 되는 먼 거리였고, 안디옥은 해발 1,080m 고지에 있었다. 당시에 이 경로를 따라가려면 매우 험준한 타우루스(Taurus) 산맥을 넘어야 했다. 강도들도 출몰하여 위험한 곳이었다. 바울이 이런 어려움에도 불구하고 왜 굳이 비시디아 안디옥으로 가려고 했는지 정확히 알 수 없지만 당시 안디옥이 남갈라디아의 주요 도시로서 많은 유대인들이 정착해 살고 있었기 때문에 그곳에 가려고 했던 것 같다.[40] 앞서 언급한 대로 서기오 바울의 요청도 있었을 가능성이 있다. 마가 요한은 이러한 선교 여행 일정을 받아들일 수 없어서 중도 포기한 것 같다.

바울, 비시디아 안디옥 회당에서
하나님의 구원 역사를 선포하다 (14-29절)

바울은 비시디아 안디옥에 도착하여 안식일이 되자 그곳에 있는 회당을 찾아가 예배를 드렸다. 거기에는 이스라엘 사람들과 하나님을 경외하는 사람들(이스라엘의 하나님을 섬기고자 하는 이방인들)이 있었는데, 바울은 이들에게 복음을 전했다.

13장 17절에서부터 41절까지 25절에 걸쳐 바울은 구약에 나타난 하나

---

40 유상섭, 『나의 사랑하는 책 사도행전』 (서울: 성서유니온 선교회, 2017), 222.

님의 구원 역사를 요약한다. 앞서 스데반도 아브라함부터 시작되는 이스라엘의 역사를 언급하면서 복음을 전한 바 있다(7:2-53). 바울은 하나님께서 역사의 주인이 되셔서 그의 백성 이스라엘을 구원하신다는 '구속사적 설교'를 한 것이다.

먼저, 하나님은 우리를 그분의 백성으로 '택하셨다'(17절). 바울은 하나님이 아브라함 이삭 야곱 등 그들의 조상들을 택하신 것으로부터 이스라엘의 역사가 시작되었다고 말한다. 우리도 하나님께서 예수 그리스도 안에서 창세 전에 택하셨다(엡 1:4). 택하심을 받아 하나님의 자녀가 된 것은 전적인 하나님의 주권적 선택이요 은혜다. 모든 시작은 우리가 하나님의 택함을 받은 것으로부터 시작된다.

둘째, 하나님은 그의 백성을 '높여' 큰 권능으로 인도하신다. 당시 이스라엘은 애굽에서 나그네 신세였다. 그들은 하나님이 약속하신 땅을 차지하여 하나님의 백성답게 살아가야 한다. 그래서 하나님은 그들을 큰 권능으로 인도하셨다. 홍해를 건너게 하시고, 하늘의 만나로 먹이시고, 반석에서 물이 터져 나와 마시게 하셨다.

셋째, 하지만 이스라엘 백성은 광야 40년 생활에서 여러 악행을 저질렀다. 그때마다 하나님은 그의 백성의 악한 소행을 '참으셨다'.

넷째, 하나님은 약속의 땅을 '기업으로 주신다'. 기업은 아버지가 자녀에게 물려주는 유산이다. 예수 그리스도를 힘입어 하나님의 자녀가 되었기에 우리는 그리스도와 함께 하나님의 상속자다.

다섯째, 하나님은 이스라엘을 지도하고 구원할 사사를 주셨고, 백성들이 왕을 구하자 원치 않으셨지만 허락하셔서 사울을 왕으로 주셨다. 하지만 40년 만에 폐하시고 다윗을 왕으로 '세우셨으니', 다윗은 하나님의 마음에 맞는 사람이었기 때문이다. 하나님은 다윗의 후손에서 이스라엘을 위한 구주를 세우셨으니, 그분이 바로 예수님이시다.

이것은 이미 구약의 선지자들과 예수님의 선구자 세례 요한을 통해 증언되었다. 그러나 이스라엘 사람들, 특히 종교 지도자들은 안식일마다 선지자의 글을 읽고 외웠지만(27절), 예수님이 그들의 구주가 됨을 알지 못한 채 오히려 그분을 십자가에 죽였다. 우리도 주일마다 설교를 듣지만, 우리를 향한 하나님의 뜻을 옳게 분별하지 못할 수 있다. 그렇기 때문에 성령의 깨닫게 하시는 은혜를 구해야 한다.

역설적이게도 유대 종교 지도자들이 예수를 정죄하고 죽인 것은 선지자들의 말을 이루는 것이었다. 하나님은 인간의 어리석은 행동까지도 그분의 뜻을 이루는 데 사용하신다. 그분의 섭리는 오묘하고도 깊어 인간이 감히 헤아리지 못한다.

부활을 약속하시고 이루시는 하나님 (30-37절)

바울이 비시디아 안디옥 회당에 있는 자들에게 전한 복음은 예수님의 십자가와 부활이었다. 오순절 날 베드로가 행한 설교의 핵심 역시 예수님의 십자가와 부활이었다(2:25-32 참조). 바울과 베드로 모두 시편 16편 8절("주의 거룩한 자로 썩음을 당하지 않게 하시리라")을 인용한 것까지 일치한다. 전하는 사람과 방법, 그리고 시대와 장소가 달라도 복음의 핵심은 동일하다.

특히 바울은 예수님의 부활을 강조한다(사도행전은 부활을 더 강조한다). 먼저 예수님의 부활은 하나님께서 구약의 이스라엘 백성들에게 약속하신 것이었다(32, 33절). 바울은 다윗과 예수님을 비교한다. 이스라엘이 그토록 추앙하는 다윗도 비록 하나님의 뜻을 좇아 섬기는 삶을 살았지만, 그는 부활하지 못했다. 썩음을 당했다(36절). 그러나 하나님은 예수님을 다시 살리셨기에 그분은 썩음을 당하지 않았다(37절). 예수님 자신이 생명이셨고, 생명을 주시는 분이기 때문이다. 그렇다면 선택은 분명하다. 이스라엘 사람들은 다윗이 아니라 예수님을 믿어야 한다. 우리가 예수님을 우리의 구원자요 주님으로 섬기는 이유도 동일하다. 그분은 죽음을 이기시고 부활하셔서 우리에게 영원한 생명을 주시는 분이기 때문이다.

예수님이 우리의 구주가 되는 이유 (38-42절)

바울이 회당에 있던 자들에게 이스라엘의 역사를 언급하고, 또 예수님의 십자가와 부활을 전한 목적은 분명하다. 예수님을 믿는 자마다 그를 힘입어 죄를 용서받는다는 것, 의롭게 된다는 것이다. 죽음을 이기시고 부활하신 예수님만이 우리의 죄를 사하실 수 있다. 죄는 죽음의 독침(고전 15:54-56 참조)이기 때문에 죽음을 이긴 자라면 능히 죄도 이길 수 있다. 이스라엘 사람들은 모세의 율법을 지킴으로써 의로움을 얻고자 했지만 실패했다(39절). 이제 하나님이 의로움을 얻는 방법을 주셨으니, 그것은 곧 죽음을 이기신 예수님을 믿는 것이다.

만약 사람들이 하나님께서 행하신 이 일을 멸시하여 믿지 않는다면 망할 것이다(41절). 실제로 비시디아 안디옥에 살던 일부 유대인들은 바울을 비방했다(45절). 그러나 다른 사람들은 바울이 전한 복음을 듣고 더욱 말씀을 사모하게 되었다(42절). 하나님이 택하신 자들의 특징은 말씀을 더 듣고 싶어하는 마음에 있다.

바울을 시기하는 유대인들, 완악한 유대인들 (43-52절)

바울의 설교를 들은 사람들 가운데 많은 수가 바울과 바나바를 따랐으며, 이 두 사람은 그들에게 말씀으로 권면하였다. 바울은 그들에게 '항상 하나님의 은혜 가운데 있으라'고 말한다. 말씀을 듣고도 더 듣고 싶어 하는 것, 그래서 말씀을 전한 자와 듣는 자가 '계속해서' 말씀으로 사귐을 갖는 것이야말로 하나님의 은혜가 임한 증거다. 우리가 늘 하나님의 은혜 가운데 있을 수 있는 비결은 지속적인 말씀의 사귐이다.

비시디아 안디옥 성에 살던 거의 모든 사람이 하나님의 말씀을 사모하게 되었지만, 그러나 일부 유대인들은 그렇지 않았다. 그들은 바울이 복음의 시각에서 구약성경을 새롭게 해석하고, 예수 그리스도를 구주로 전하자 이에 반박하고 비방하였다. 그러나 이들의 반박은 건전한 토론이 아니었으니 그들은 바울에 대한 시기로 가득했기 때문이다(45절). 앞서 말한 것처럼 유대 종교 지도자들이 예수님을 빌라도에게 넘겨줄 때에도 시기 때문이었다 (막 15:10).

유대인들은 하나님의 택하신 백성이었기 때문에 비록 그들이 예수님을 죽였어도 하나님은 이방인보다도 그들에게 먼저 복음을 전하게 하셨지만, 유대인들은 하나님이 주신 마지막 은혜마저도 거부했다. 하나님이 주신 특권을 거부하는 인간의 완악함이야말로 인간이 얼마나 어리석은지를 보여 준다.

그래서 바울은 하나님의 말씀을 버린 유대인들 대신에 이방인에게로 향한다고 하면서 이사야 49장 8절을 인용한다. "주께서 이같이 우리에게 명하시되 내가 너를 이방의 빛으로 삼아 너로 땅끝까지 구원하게 하리라 하셨느니라 하니"(47절).

유대인들이 바울을 시기하여 말씀을 반박하고 비방한 것과는 달리, 이방인들은 기뻐하면서 하나님의 말씀을 찬송하고 믿었다. 이들은 하나님께서 "영생을 주시기로 작정된 자"(48절)였다. 그러자 주의 말씀이 그 지방에 두루 퍼지게 되었다(49절). 말씀의 역사는 말씀을 기뻐하는 자들 가운데서 일어나는 것이다.

그러나 바울을 시기했던 유대인들은 복음의 계속되는 성공을 보고서 완악함을 회개하지 않고, 오히려 사람들을 선동하여 바울과 바나바를 핍박하였고, 결국은 그들을 성에서 쫓아냈다. 바울 일행은 그곳을 떠나면서 완악한 유대인들을 향하여 발의 티끌을 떨어 버리고 이고니온으로 갔다. 예수님은 제자들을 전도하러 내보내시면서 "너희 말을 듣지도 아니하거든 거기서 나갈 때에 발 아래 먼지를 떨어버려 저희에게 증거를 삼으라"(막 6:11)고 말씀하셨다. 여기서 발의 먼지를 떨어버린다는 것은 복음을 전한 자와 복음을 거부한 자가 상관없음을 보여주는 상징적 행위다. 복음을 전한 자는 복음을 전한 것으로 자신의 책임을 다한 것이다. 복음을 받아들이지 않아 나중에 심판을 받는 자들은 자신이 책임을 져야 한다. 이러한 박해 속에서도 예수님을 믿게 된 제자들은 기쁨과 성령으로 충만하였다(52절).

14장

바울 일행은 비시디아 안디옥에 떠나 이고니온(오늘날 튀르키예의 고냐 [Konya])로 갔다. 이고니온은 클라우디우스 황제가 '클라우디우스 황제의 이고니온'(Claudiconium)이라고 할 만큼 중요한 도시였다. 거기서도 비시디아 안디옥에서처럼 먼저 회당에 들어가 복음을 전한다. 개역개정성경에는 번역이 되어 있지 않지만, 헬라어 성경엔 '자신만의 방식에 따라, 이전에 하던 대로'(κατὰ τὸ αὐτό [카타 토 아우토])라는 말이 있다. 회당을 찾아가서 복음을 전하는 것이 바울의 전도 방식이었다. 다음 행선지인 루스드라에서는 회당에 갔다는 말이 없는데, 아마 그곳에 유대인들이 거의 없어서 회당 자체가 없었던 것 같다.

바울은 이곳에서 복음을 전했다. 누가는 바울이 무슨 내용을 전했는지는 말하지 않고, 다만 '허다한 무리'의 유대인과 헬라인이 믿었다고만 전한다. 이들이 무엇을 믿었는지 목적어가 없지만 문맥상 바울이 전한 복음을 믿었을 것이다. '허다한 무리'는 사도행전에서 여기만 나온다. 신약 전체에서 3회(막 3:7; 눅 23:27)만 나온다.

여기서도 복음을 대적하는 유대인들이 있었다. 이들은 자기들만 말씀에 불순종하는 것에 그치지 않고, 이방인들을 선동하여 성도들에 대해 나쁜 감정을 갖게 했다. 복음이 전파될수록 이에 비례하여 악의 세력들의 반격도 거세졌다. 그러나 바울과 바나바는 포기하지 않았다. 오히려 오랫동안 머물렀다.

바울과 바나바가 얼마나 오래 있었는지는 알 수 없다. 하지만 한 가지는 확실하다. 주님이 떠나라고 할 때까지 머물렀다. 6절을 보면 바울과 바나바가 도망했다고 한다. 죽음이 두려워서 도망친 게 아니다. 이고니온에서 머물 만큼 머물렀고, 주님이 가라고 해서 떠난 것이다. 그들이 박해에도 불구하고 오래 머물 수 있었던 것은 주님을 힘입었기 때문이다. 아무리 힘들어도 주님이 있으라는 곳에 있으면 주님이 힘을 주신다. 주를 의지하니 주님이 담대함을 주셔서 복음을 전할 수 있었고, 주님은 그들의 손으로 기적을 행하게 하셨다. 주님이 행하시는 이적은 한가로운 상황에서 나타나는 게 아니다. 선교를 위한 영적 전쟁의 상황에서 나타나기 마련이다. 이적은 두 사도가 전한 복음(은혜의 말씀, 3절)이 진실되다는 것을 확증해 주었다. 바울과 바나바는 이고니온으로부터 남남서 방향으로 약 36km 떨어진 곳에 있는 루스드라로 갔다. 그곳에서도 사람들에게 복음을 전했다.

루스드라에서 1 : 나면서 걷지 못한 장애인을 고치다 (8-10절)

바울과 바나바가 루스드라에서 복음을 전할 때 거기에는 태어나면서 걷지 못하는 장애인이 있었다. 그 장애인도 바울이 말하는 것을 들었다. 바울이 자신의 말을 듣고 있는 장애인을 주목하여 보니, 그에겐 구원받을 만한 믿음이 있었다. '구원받을 만한 믿음'이란 예수 이름으로 병이 나을 수 있다는 믿음이다. 이 사람이 나이가 얼마인지는 알 수 없지만, 그는 태어날 때부터 장애인으로 살았다. 고칠 수도 없었고, 고칠 엄두도 내지 못했다. 다른 사람들도, 장애인 본인도 그렇게 생각하며 살았다. 그러던 어느 날 장애인은 웬 낯선 사람이 하는 이야기를 듣게 되었다. 점점 더 몰입하게 됐다. 복음을 들으니 기대가 생겼다. 일어나고 싶다는 열망이, 고칠 수 있다는 믿음이 생겼다. 병에서, 저주스러운 인생에서 구원을 받을 수 없다는 체념 속에 살던 사람이 복음을 듣자 구원받을 수 있다는 믿음이 생긴 것이다. 믿음은 복음을 들음에서 난다!(롬 10:17)

바울은 그에게 큰 소리로 "네 발로 바로 일어서라!"(10절). 그러자 태어날 때부터 두 발로 걸어본 적이 없던 앉은뱅이가 똑바로 일어서고, 뛰어다니는 이적이 일어났다. 이 사건은 베드로와 요한이 성전 미문에 있던 날 때부터 앉은뱅이를 치유한 기적과 매우 유사하다. 이 기적도 역시 예수의 이름을 믿는 믿음으로 가능했다(3:16). 믿음은 우리를 주저앉히는 세상을 박차고 일어서게 하는 힘이다. 믿음은 경험해 보지 못한 세계를 여는 열쇠다. 믿음은 사람은 할 수 없지만, 하나님은 하실 수 있다는 신뢰다.

루스드라에서 2: 바울과 바나바를 신으로 모시려고 하다 (11-18절)

사람들이 바울이 행한 이적을 보고 바나바와 바울을 신으로 모시려고 하자, 두 사도는 옷을 찢으면서 이들을 제지했다. 바울과 바나바는 자신들이 복음을 전하는 목적은 이렇게 사람을 신으로 모시는 일이 헛된 일이니, 그 일을 버리고 만물을 지으시고 살아계신 하나님께 돌아오게 함이라고(15절) 분명히 말한다. 계속해서 바울은 천지의 창조주이신 하나님이 어떻게 그분의 살아계심을 증언하셨는지 말한다. 하나님은 하늘로부터 비를 내려 주시고, 곡식이 결실하게 하셔서 먹을 것을 주셨다. 우리 마음에 기쁨을 주셨다. 이 모든 선한 일을 하신 분은 바로 살아계신 하나님이시다. 이 말을 하고 겨우 사람들을 말려 자기들에게 제사하지 못하게 했다.

베드로와 요한도 마찬가지였다. 두 사도가 성전 미문에 앉아 구걸하며 살던 태어날 때부터 걷지 못하는 장애인을 고치자, 사람들이 이 두 사람을 주목했다. 하지만 베드로는 이 기적은 자신들의 권능과 경건 때문에 이뤄진 것이 아님을 분명히 밝혔다(3:12). 믿음의 사람은 하나님께서 모든 것을 하셨고, 하나님만이 영광 받으셔야 한다고 주장한다. 하나님이 받으셔야 할 찬송과 영광을 가로채는 사람은 반드시 하나님의 심판을 받을 것이다. 세베대의 아들 야고보를 죽이고, 베드로마저 죽이고자 했던 헤롯 아그립바 왕은 사람들이 자기를 신으로 높였을 때, 영광을 하나님께 돌리지 않았다. 그러자 하나님이 그를 치셨다. 교만은 패망의 선봉이다(잠 16:18).

바울과 바나바가 길을 되돌아간 이유 (19-23절)

바울과 바나바를 통하여 복음이 능력 있게 전해질수록, 이에 대항하는 유대인들의 박해도 점점 거세졌다. 비시디아 안디옥과 이고니온에서 바울과 바나바를 핍박한 유대인들이 루스드라까지 찾아왔다. 비시디아 안디옥에서 루스드라까지 무려 180km가량 되고, 이고니온에서 루스드라까지는 약

36km다. 이 머나먼 길을 찾아올 만큼 유대인들의 저항은 극렬했다. 이들은 바울을 돌로 쳐서, 바울은 거의 죽을 지경에 이르렀지만, 하나님은 돌에 맞아 죽은 줄로만 알았던 바울을 일으켜 세우셨다. 마치 죽은 자가 부활한 것처럼 바울은 다시 일어났고, 묵묵히 다음 선교지 더베에 가서 복음을 전하여 많은 사람들이 믿게 됐다.

그런데 바울과 바나바는 더베를 끝으로 1차 선교 여행의 최종 목적지를 마감한 후 다시 왔던 길을 되돌아갔다. 이것은 매우 특이한 사실이다. 당시에 더베에서 로마제국이 닦아 놓은 간선도로를 타고 가면 다소를 거쳐 수리아 안디옥 교회로 곧장 갈 수 있었기 때문이다(아래 참조). 바울은 제2차 선교 여행을 시작할 때 이 경로를 택한다(15:41; 16:1).

수리아 안디옥 교회 ⇨ 수리아 ⇨ 길리기아 (다소) ⇨ 더베 ⇨ 루스드라

바울과 바나바가 되돌아간 곳은 그들이 박해를 받은 곳이요, 그들을 죽이려고 한 유대인들이 있는 곳이다. 그러나 이 두 사람은 되돌아갔다. 이유가 무엇일까? 그곳에는 위로와 격려가 필요한 성도들이 있었기 때문이다. 그들이 혹 핍박 가운데서 믿음을 잃어버리지나 않을까 염려해서 찾아간 것이다. 바울과 바나바가 더베에서 왔던 길을 다시 돌아가지 않고, 곧장 수리아 안디옥 교회로 왔었어도 누가 뭐랄 사람이 없다. 할 만큼 했다고 볼 수 있다. 하지만 바울과 바나바는 자신의 안전이 아니라, 얼마 전 복음을 들은 성도들의 믿음이 최우선 관심사였다. 그래서 돌아간 것이다.

바울은 그들을 찾아가 예수 믿은 지 불과 몇 개월 되지 않은 제자들의 마음을 굳건히 했다. 믿음을 떠나지 말고, 믿음에 머물러 있어야 한다고 권했다. 하나님 나라에 들어가려면 많은 환난을 겪어야 하나, 주님이 지켜주

실 것이라고 권면한다. '환난'의 헬라어 '틀립시스'(θλίψις)는 원래 알곡에서 겨를 분리해 내는 탈곡기를 뜻한다. 성도에게 고난은 불순물과 불필요한 것을 걸러내는 탈곡기와도 같다. 그리고 믿음 좋은 장로들을 택하여 돌보게 한다. 무엇보다 성도들이 믿는 주님께서 돌봐 주시길 부탁드리는 기도를 드렸다.

베드로도 그랬다. 성경에 나오는 이야기는 아니지만, 1905년 노벨 문학상을 받은 폴란드의 작가 H. 셍키에비치가 쓴 『쿼바디스』에서 베드로는 네로 황제의 핍박이 극에 달했을 때, 로마를 빠져나온다. 그러나 가던 길에서 주님을 만나게 된다. 그때 베드로가 주님께 묻는다. "쿼 바디스 도미네(*Quo Vadis Domine*)" "주여, 어디로 가시나이까?" 주님이 대답하신다. 나는 십자가에 못 박히기 위해 로마로 가고 있다고. 베드로가 대답했다. 아니, 주님, 또다시 못 박히시겠다구요? 주님이 말씀하신다. 그렇다 베드로야. 나는 다시 못 박힐 것이다. 그때 베드로는 정신을 차리고 걸음을 돌려 로마로 간다. 베드로는 주님을 사랑하기 때문에 죽을 것을 알고 로마로 향했다. 베드로는 주님이 사랑하시는 성도들을 위해 다시 로마로 간 것이다.

버가에서 말씀을 전하다 (24-25절)

바울과 바나바는 왔던 길을 다시 돌아가 밤빌리아의 버가에 이른다. 밤빌리아는 오늘날 터키 남쪽 지중해 연안 지역이며, 버가는 이곳의 주요 도시였다. 바울 당시 크게 융성한 도시였다. 이들은 버가에서 말씀을 전한다. 13장 13~14절에 따르면 바울 일행이 '버가'에 이르렀을 때 그곳에서 복음을 전했다는 언급이 없이 비시디아 안디옥으로 갔다고만 되어 있다. 왜 이

때는 전하지 않았는지 알 수 없으나, 다시 돌아가는 길에는 버가에서 말씀을 전했다. 하지만 버가에서 말씀을 전하다는 표현이 분사 형태로 되어 있는 것으로 보아 저자 누가는 여기에 강조점을 둔 것 같지는 않다.

수리아 안디옥으로의 귀환과 선교 보고 (26-28절)

바울과 바나바는 그들을 파송한 수리아 안디옥 교회로 다시 돌아왔다. 바울과 바나바가 소아시아의 각 성에서 장로들을 주님께 '부탁한' 것처럼 (23절), 안디옥 교회 역시 두 사도들을 하나님의 은혜에 '부탁하고'(26절) 선교사로 파송했었다. 만약 어린 자녀를 외국으로 보낼 때 그 외국에 부모가 잘 아는 사람이 있다면 그 사람에게 자녀를 부탁할 것이다. 하나님의 일은 그 일이 어떤 것이든지 간에 하나님의 은혜에 맡겨야 한다.

하나님의 은혜에 맡기면 어떤 일이 일어나나? 바울과 바나바가 선교하는 곳마다 모든 사람이 예수님을 믿게 되었나? 그렇지 않다. 이 두 사람은 선교 일정 내내 안전했나? 그렇지 않다. 바울은 루스드라에서 돌에 맞아 죽을 뻔 했다. 하나님의 은혜에 맡겨도 고난은 있지만 하나님의 은혜가 고난 중에도 지켜주신다. 담대하게 복음을 전하게 하신다.

바울과 바나바는 자신들이 행한 모든 일이 하나님이 함께하셔서 이루어진 일이라고 말한다. 하나님의 일은 하나님이 함께하심으로 이루어진다. 무엇을 했느냐가 중요하지 않다. 그 일에 하나님이 함께하셨는가가 우리의 판단 기준이 되어야 한다. 나중에 바울과 바나바가 예루살렘 교회에 가서 거기서도 하나님이 함께하신 일을 보고했다.

[4] 예루살렘에 이르러 교회와 사도와 장로들에게 영접을 받고 **하나님이 자기들과 함께 계셔 행하신 모든 일**을 말하매 … [12] 온 무리가 가만히 있어 바나바와 바울이 **하나님께서 자기들로 말미암아** 이방인 중에서 행하신 표적과 기사에 관하여 말하는 것을 듣더니 (15:4, 12)

안디옥에서나 예루살렘에서나 바울과 바나바는 자신의 선교가 하나님이 하셨음을 일관되게 말한다. 예수님의 선교도 마찬가지로 하나님 아버지와 성령께서 함께 하셨다.

하나님이 나사렛 예수에게 성령과 능력을 기름 붓듯 하셨으매 그가 두루 다니시며 선한 일을 행하시고 마귀에게 눌린 모든 사람을 고치셨으니 이는 **하나님이 함께 하셨음이라** (10:38)

선교는 하나님이 하신다. 그래서 선교는 하나님의 선교일 수밖에 없다.

또 바울과 바나바는 하나님께서 어떻게 이방 사람들에게 믿음의 문을 여셨는지 보고했다. 이 말은 이방인들이 예수를 믿도록 마음의 문을 여셨다는 뜻으로 해석할 수도 있지만, 이방인들도 예수를 믿기만 하면 구원으로 들어가는 문을 여셨다는 뜻으로 해석하는 것이 더 좋다. 하나님이 바울과 바나바를 통해서 하신 일은 이방 사람들에게도 구원의 문을 활짝 열어놓으신 것이다. 물론 마음의 문을 여는 것도 중요하다. 바울은 이렇게도 말한 바 있다.

또한 우리를 위하여 기도하되 하나님이 전도할 문을 우리에게 열어 주사 그리스도의 비밀을 말하게 하시기를 구하라 내가 이 일 때문에 매임을 당

하였노라 (골 4:3)

  골로새 교인들에게 전도할 문을 하나님이 열어주시도록 기도를 부탁했다. '전도할 문'에 해당하는 헬라어 단어를 직역하면 '말씀(로고스)의 문'이다. 말씀을 전할 때 대상자의 마음이 열리도록 기도를 부탁한다는 말이다. 바울은 골로새서를 쓸 당시 전도의 베테랑이었지만, 기도하지 않고서는 마음이 열리지 않음을 잘 알고 있었다. 전도할 문이 열리지 않는다는 것을 알고 있었기 때문이다.

15장

15장은 사도행전에서 거의 중앙에 자리한다. 1~14장까지 사용된 단어 수와 15~28장에서 사용된 단어의 수가 거의 비슷하다.[41] 15장이 없는 사도행전은 "성혼 선포가 없는 결혼식"과도 같다고 말할 만큼[42] 15장은 사도행전의 신학에서 중요한 내용을 담고 있다. 오늘 말씀은 예루살렘 공의회(Jerusalem Council)라고 부르는 회의가 열려 누구나 믿음으로만 구원을 받는다는 매우 중요한 결정을 했다. 공의회는 한 지교회의 회의가 아니라 전체를 대표하는 회의라는 뜻이다. 기독교 역사에서 수 차례의 공의회가 있었고, 공의회에서 주요한 교리를 결정했다. 대표적으로 주후 325년, 기독교 공인 이후 최초의 공의회인 니케아 공의회는 삼위일체론을 확립했다. 당시에 예수님은 성부 하나님과 동등한 신이 아니라 하나님이 만드신 최초의, 또 최고의 피조물이라고 주장하는 아리우스파가 있었다. 이들은 이단으로 단

---

41 Fitzmyer, *The Acts of the Apostles*, 538.
42 유상섭, 『사도행전』, 251.

죄됐다. 공의회는 매년 개최되지 않고 필요할 때마다 개최됐다.

혼합주의를 경계하라 (1-3절)

수리아 안디옥 교회는 주로 이방인들로 구성된 교회였기에 유대인들이 지키던 율법으로부터 자유로웠다. 또 그들은 바나바와 바울을 통해 오직 예수님을 믿는 믿음으로만 구원을 받을 수 있다고 배웠다. 주님이 안디옥 교회를 이방 선교의 전초 기지로 삼은 것도 이런 이유에서였다.

그런데 바리새파 출신의 예루살렘 성도(5절) 일부가 안디옥 교회에 와서 예수님을 믿는 믿음만 가지고는 구원을 받을 수 없으며, '모세의 법대로' 이방인도 할례를 받아야 한다고 주장했다. 할례는 이스라엘 민족이 자신들이 이방 민족과는 구분되는, 하나님이 구원하신 백성임을 드러내는 표시였다. 그들은 이방인이 예수님을 믿어도 할례를 받아야 한다고 주장한 것이다.

그 근거는 '모세의 법'이다. '법'으로 번역된 헬라어 '에토스'(ἔθος)는 '노모스'와는 구분되는 문화, 관례를 뜻한다. 그래서 새번역성경은 '모세의 관례'로 번역했고 더 정확한 번역이다. 모세 오경이 할례를 규정하고 있지만, 누가는 할례를 문화적 차원으로 이해한 것이다. 하지만 만약 율법이든 관례든 할례를 지켜야 한다면 복음이 변질된다. 그것은 다른 복음이다.

또한 그들은 할례만이 아니라 모세가 가르쳐준 다른 율법도 지켜야 구원을 얻는다고 말했다(5절). 예수 믿은 후에도 바리새적인 근성(根性)이 남아 있었던 것이다. 바울이 전한 복음은 오직 믿고 세례를 받으면 구원을 받고, 성령을 선물로 받는다는 기쁜 소식이다. 예수 그리스도 안에서 할례는 (성령)세례로 대체된다. 이제 예수 믿는 유대인들에게 할례는 하나의 '관례'요 '문화'다. 예수 믿는 유대인 부모가 자기 아들에게 할례를 행해도 무방하다. 관례이기 때문이다. 오늘날 예수 믿는 유대인들(Messianic Jews)은 자녀에게 할례를 행하기도 한다. 하지만 할례를 하지 않았다고 해서 구원을 받지 못한다고 하면 그것은 본질을 훼손하는 일이다.

예루살렘 교회에서 온 성도들과 바울-바나바 간의 논쟁은 심각했다("적지 아니한 다툼과 변론", 2절). 나중에 예루살렘 공의회가 열렸을 때도 "많은 변론이 있었다"(7절). 바리새파 성도들의 주장이 만만치 않았던 것이다. 다른 문제가 아니라 어떻게 우리가 구원을 받는가 하는 신앙에서 가장 중요한 문제를 놓고 예수님을 믿는 성도들끼리 충돌했기에 이것을 보는 안디옥 교인들은 혼란했을 것이다. 안디옥 교회로서는 이같은 갈등을 근본적으로 해결할 필요가 있었다. 예루살렘 교회에서 내려온 형제들의 입장이 그들 몇 명만의 의견인지, 아니면 예루살렘 교회의 입장인지 확인할 필요를 느꼈을 것이다.

그래서 안디옥 교회는 바울과 바나바, 그리고 몇 명의 형제들을 예루살렘 교회로 보내 예루살렘 교회의 지도자인 사도들과 장로들이 이 문제에 대해 어떻게 생각하는지를 알아보기로 했다. 이렇게 하여 예루살렘 공의회라고 불리는 회의가 개최되었으며, 15장은 이 회의를 보도하고 있다.

안디옥 교회는 우리는 우리식대로 믿을 터이니 당신들은 관여하지 말라고 그들을 배척하지 않았다. 그들은 논의를 통해 서로를 이해하며 교회의 하나됨을 지키려고 했다. 교회 안에 갈등이 생길 수 있다. 중요한 것은 그 갈등을 풀어가는 자세이다.

바울과 바나바는 안디옥 교회의 전송을 받고 예루살렘으로 가던 중 베니게(11:19-20)와 사마리아(8장)를 다니면서 "이방인들이 주께 돌아온 일"(3절)을 말한다. 선교 보고, 선교 간증을 한 것이다. 그러자 그곳의 '형제들'이 모두 크게 기뻐했다.

예루살렘 도착한 바울과 바나바는 그동안 자신들이 선교하고 행한 모든 일에 하나님이 함께하셨다고 고백하였지만, 그러나 바리새파 출신의 성도들 역시 자신들의 주장을 굽히지 않았다. 이 갈등에 전환점을 이룬 사람은 베드로였다. 7절에 따르면 "많은 변론이 있은 후에" 베드로가 일어나 말했는데, 베드로의 발언 전에 상당한 격론이 있었음을 알 수 있다. 하지만 베드로의 발언으로 회의의 방향은 오직 믿음으로 구원받는 쪽으로 바뀐다. 베드로는 이렇게 말한다(8-9절).

> 8 또 마음을 아시는 하나님이 우리에게와 같이 그들에게도 성령을 주어 증언하시고 9 믿음으로 그들의 마음을 깨끗이 하사 그들이나 우리나 차별하지 아니하셨느니라 (8-9절)

베드로 역시 유대인이라면 예수님을 믿은 이후에도 여전히 음식 정결법을 지켜야 한다고 생각했던 적이 있었다. 그가 환상 중에 하늘로부터 내려온 부정한 짐승들을 잡아먹으라는 하늘의 음성에 3차례나 거부한 것이 그 단적인 증거다(10:10-16). 그러나 고넬료의 만남을 통해 베드로는 하나님의 뜻을 깨달았다. 그것은 하나님은 우리 마음을 아시고, 성령을 주셔서 마음을 깨끗하게 하신다는 사실이다.

우리가 구원을 받는다는 것은 우리 죄가 사해져서 정결하게 됨을 의미한다. 유대교의 할례, 제사, 율법 모두 그 궁극적인 목적은 정결함이요 거룩함이다. 그러나 하나님이 가장 중요하게 보시는 것은 외적인 정결이 아니라 '마음의 정결함'이다. 하나님은 우리의 마음을 아신다(8절). 그런데 율법으로써는 마음의 정결함을 얻을 수 없다(10절). 오직 주 예수의 은혜를 믿음으로 받아들일 때 성령이 마음에 부어져서 마음이 깨끗하게 될 수 있다(9, 11, 12절). 바울도 성령의 사역에 대해 이렇게 말한다.

> 너희 중에 이와 같은 자들이 있더니 주 예수 그리스도의 이름과 우리 하나님의 성령 안에서 씻음과 거룩함과 의롭다 하심을 받았느니라 (고전 6:11)

하나님은 유대인뿐만 아니라 이방인에게도 '동일하게' 이 기준을 적용하신다. "그들이나 우리나 차별하지 아니하셨느니라"(9절), "우리는 그들이 우리와 동일하게 주 예수의 은혜로 구원받는 줄을 믿노라"(11절). 베드로의 말씀 선포를 통해 성령이 고넬료와 그의 식구들에게 임한 것은 차별하시지 않고 성령을 주셔서 구원하시는 하나님임을 보여주는 대표적인 사례다. 따라서 우리가 할 일은 이방인에게 율법을 요구하는 것이 아니라, 그들에게 복음을 선포하여 그들이 복음을 '듣고' '믿게 하는 것'이다(7절). 하나님은 이 사명을 위해 우리를 부르시고 택하셨다(7절).

또 베드로는 바리새파 성도들이 자신들의 기준(믿음에 율법 준수를 더해야 구원을 얻음)을 안디옥 교인들에게 주장한 것에 대해 자신들은 물론 조상들도 능히 메지 못했던 멍에를 목에 거는 일이라고 비판한다(10절). 율법주의자의 특징이 바로 이것이다. 자기도 제대로 하지 못하면서, 자신도 실천하지 않으면서 남에게 이렇게 살아야 한다고 강요한다. 예수님도 서기관들과 바리새인들의 위선을 이렇게 질타하신 적이 있었다.

또 무거운 짐을 묶어 사람의 어깨에 지우되 자기는 이것을 한 손가락으로

도 움직이려 하지 아니하며 (마 23:4)

**반대로 성령을 받은 사람, 은혜를 받은 사람은 남에게 짐을 지우지 않는
다.** 예루살렘 회의 결과도 그랬다. 핵심적인 것 외에는 그 어떤 것도 부과하
지 않기로 결정한다. 성령의 사람은 부담을 주기는커녕 짐을 덜어주는 사람
이다. 그래서 예수님은 "수고하고 무거운 짐진 자들아 다 내게로 오라 내가
너희를 쉬게 하리라"(마 11:28)고 말씀하셨다. 바울 역시 "너희가 짐을 서로
지라 그리하여 그리스도의 법을 성취하라"(갈 6:2)고 했다. 또 성령의 사람은
오로지 자신과 하나님과의 관계에 집중한다. 남이 말씀대로 살지 못해도 비
판하고 정죄하지 않고 먼저 나를 돌이켜 본다. 그리고 그 사람을 긍휼히 여
기고 기도한다.

나아가 베드로는 남에게 짐을 지우는 것은 하나님을 시험하는 것이라고
까지 말한다(10절). 하나님을 시험한다는 것은 하나님보다 자신을 더 내세운
다는 뜻이다. 내 생각을 지나치게 고집하면 하나님을 시험하는 일이 될 수
있다.

주의 형제 야고보, 회의의 결론을 내리다 (12-21절)

예루살렘 회의에 참석한 모든 사람은 베드로의 연설에 공감하였는지 잠
잠하였다. 이때 바나바와 바울이 "하나님께서 자기들로 말미암아 이방인 중
에서 행하신 표적과 기사에 관하여" 말하자, 무리들이 들었다. 그리고 마지
막으로 주의 형제 야고보가 마치 이 회의의 의장처럼 발언한다.

돌보시는 하나님 (14절)

야고보는 먼저 베드로가 고넬료를 전도한 사건에 대해 하나님이 이방인을 '돌보셨다'고 말한다(14절).

'돌보다'의 헬라어 '에피스켑토마이'(ἐπισκέπτομαι)는 '찾아오다'라는 뜻이다. 세례 요한의 아버지 사가랴가 세례 요한이 탄생한 후 하나님을 찬양하면서 이렇게 고백한다. "찬송하리로다 주 이스라엘의 하나님이여 그 백성을 돌보사 속량하시며"(눅 1:68). 여기서 '돌보다'에 해당하는 헬라어도 '에피스켑토마이'이다. 사가랴는 요한의 탄생을 통해 그 백성을 친히 방문해 주시는 하나님의 은혜를 찬양한 것이다.

'에피스켑토마이'는 예수님이 나인성 과부의 아들을 살리신 것을 사람들이 보고 찬양할 때도("하나님께서 자기 백성을 돌보셨다", 눅 7:16) 사용되고 있다. 예수님이 죽은 아들을 살리셔서 극한 절망과 슬픔 속에 있던 과부를 구원하신 것은 하나님이 그 백성을 친히 방문하사 돌보신 사건이라는 뜻이다. '에피스켑토마이'는 창세기에서 아기를 낳지 못했던 사라에 대해서(창 21:1) 사용되고 있고, 출애굽기에서도 고난 가운데 있는 자기 백성을 돌아보시는 하나님에게 이 단어가 사용된다.

너는 가서 이스라엘의 장로들을 모으고 그들에게 이르기를 여호와 너희 조상의 하나님 곧 아브라함과 이삭과 야곱의 하나님이 내게 나타나 이르시되 내가 너희를 돌보아('에피스코페') 너희가 애굽에서 당한 일을 확실히 보았노라 (출 3:16)

백성이 믿으며 여호와께서 이스라엘 자손을 찾으시고('에페스켑사토') 그들의 고난을 살피셨다 함을 듣고 머리숙여 경배하였더라 (출 4:31)

이렇듯 '에피스켑토마이'라는 단어는 고난받는 인간을 불쌍히 여기셔서 친히 찾아오사 돌보시는 하나님의 사랑을 잘 보여준다. 성령이 임하는 것은 하나님이 나를 찾아오시는 놀라운 일이다. 바울과 바나바를 선교사로 파송하신 것도 이방인들을 찾아가신 것이다. 하나님은 우리를 찾아오신다. 지금부터 140년 전 저 멀리 미국, 캐나다, 호주, 영국 등에서 조선 땅에 선교사들이 찾아온 것은 하나님이 우리를 방문하신 은혜다.

이방인들로 주를 찾게 하는 것이 주님의 뜻이다 (15-18절)

하나님이 이방인을 찾아가신 목적은 이방인들을 하나님의 백성으로 취하시기 위해서다. 14절 '백성'의 헬라어 '라오스'($\lambda\alpha\acute{o}\varsigma$)는 하나님의 택함을 받은 이스라엘에게만 사용되는 단어인데, 야고보는 이방인에게도 적용한다. '라오스'가 이방인에게도 적용된 사례는 사도행전 15장 14절이 처음이다. 하나님은 이스라엘을 그의 백성으로 삼으셨지만, 그들은 하나님의 이름을 위해 살지 않았다. 오히려 우상을 숭배하고 불의를 행하여 거룩하신 하나님의 이름을 더럽혔다(겔 36:23). 그 결과는 파괴와 멸망이었다. 이것을 16절은 '다윗의 무너진 장막'이라고 한다. 하나님이 다윗에게 약속하신 영광의 나라가 무너졌다. 이스라엘이 범죄했기 때문이다.

하나님은 다윗의 무너진 장막을 다시 지어 일으켜 세우신다. 하나님의 재건축은 다윗의 자손으로 오신 예수 그리스도를 통해서 이루신다. 이제 예수 그리스도를 믿는 자는 유대인이든 이방인이든 그분의 백성이 된다. 하나님은 예수라는 성전을 건축하셔서(요 2:21; 엡 2:20-22) 유대인이든 이방인이든 누구라도 와서 하나님을 예배하게 하셨다. 성막이나 성전은 하나님이 거하시는 처소이며, 거기엔 하나님의 영광이 충만하다.

요한은 "말씀이 육신이 되어 우리 가운데 거하시매 우리가 그의 영광을 보니 아버지의 독생자의 영광이요 은혜와 진리가 충만하더라!"(요 1:14)라고 말했는데, 여기서 '거하시매'에 해당하는 헬라어 '스케노오'(σκηνόω)는 '장막을 치다'라는 뜻이다. 즉 말씀이 육신이 되어 우리 가운데 장막을 치셨다는 뜻이다. 이스라엘 백성들이 성막과 성전에서 하나님을 만났듯이, 예수님이 장막이 되어주신다. 예수님은 우리가 하나님을 만날 수 있는 공식 지정 장소다. 예수님의 육신이 성전이다(요 2:21). 출애굽기 역시 마지막 장 40장은 성막에 하나님의 영광이 임하시는 것으로 끝난다. 애굽에서 나오는 해방은 하나님의 영광이 임하는 백성이 되는 것으로 끝난다.

이것은 이미 주전 8세기에 살았던 아모스를 통해서 하나님이 약속하신 것이다. 사실 하나님은 아브라함을 부르실 때부터 모든 민족이 아브라함을 통해 복을 받게 할 것이라고 말씀하셨다. 이스라엘이 그것을 깨닫지 못했을 뿐이다. 따라서 하나님께 돌아오는 이방 사람들을 괴롭게 해서는 안 된다(19절). 그런데 이 일은 지금에 와서야 이뤄진 것이 아니라 이미 예언자들이 예언한 바 있음을 야고보는 깨닫게 됐다. 16~17절은 아모스 9장 11~12절의 인용이다. 17절에서 남은 사람들이란 하나님의 심판을 받은 후 남겨진 이스라엘 백성들을 말한다. 이들과 모든 이방인이 주님을 찾게 될 것이고, 이들이 새 이스라엘이다.

4가지 금지 조항을 이방인에게도 권면하기로 하다 (19-21절)

예루살렘 교회에 모인 지도자들은 유대인이나 이방인이나 차별 없이 예수님을 믿는 믿음으로 구원을 얻을 수 있다는 본질에 의견을 모았다. 또 야고보는 바리새파 성도들이 안디옥 교회에 가서 할례와 율법 준수를 요구한 것은 자신들과 무관하게 이뤄진 그들의 독단적인 결정이었다고 선을 긋는다(24절). 바리새파 성도들이 하나님께 돌아오는 이방인들을 괴롭게 한 사실을 인정하며 재발 방지를 약속한다. 그러나 4가지 조항(우상에게 바쳐졌던 제물, 음행, 목매어 죽인 것, 피)만은 이방인들이 지켜주도록 권고했다.

먼저, '음행'은 당연히 이방인 성도들이라도 지켜야 한다는 데에 대해서 이론이 없었을 것이다. 일부는 여기서 음행은 근친결혼을 가리킨다고 보기도 한다. 당시 이방인들에게 대수롭지 않은 일이었다. 로마 왕족 간에는 근친결혼이 자주 있었다.

둘째, '우상의 더러운 것'은 우상에게 바친 음식을 말한다. 당시 이방인들은 신전에서 신에게 제물을 바치는 일이 일상이었다. 우상에게 바친 제물은 시장에 유통되었기에 유대인들이 비록 이방 신전에 가지 않더라도 일상생활에서 우상에게 바친 고기를 쉽게 대했다. 고린도전서 8~10장은 당시 고린도 교회에서 우상에게 바친 제물 때문에 유대인 성도와 이방인 성도 사이에 갈등이 있었음을 보여준다. 바울은 우상의 제물을 먹을 수 있으나, 믿음이 약한 성도(유대인 성도)를 위해서라면 그 자유를 포기할 수 있어야 한다고 주장한다.

셋째, '목매어 죽인 것'은 목매달아 죽인 짐승이 아니라 어떤 방식으로든지 죽이든 그 피를 적절하게 빼지 않은 짐승을 말하는 것 같다.

넷째, '피'는 피를 직접 마시는 것을 금한다는 뜻으로 보인다.[43]

우상의 더러운 것, 목매어 죽인 것, 피 이 3가지는 제의적 성격이 강한 조항들이다. 이런 조항을 포함하여 이방인에게 요구한 것은 당시 교회의 상황

---

43 유상섭, 『사도행전』, 262-263.

을 감안했기 때문이다. 만약 이방인들은 율법을 전혀 지키지 않아도 되며, 우상에게 바친 제물이든 목매어 죽인 것이든 유대인 성도들이 혐오하는 것 까지 아무거나 다 먹어도 된다고 하면 유대인 성도들의 마음이 매우 힘들어 질 수 있고, 이방인들과 하나가 되기가 어려워질 것이다. 자칫 교회가 분열 될 수 있다. 유대인 성도들이 교회를 떠날 수도 있다.

한국인의 경우 개고기를 먹는 것을 들 수 있겠다. 개고기를 먹는 것은 구원과 아무런 관계가 없다. 그러나 요즘처럼 반려동물을 가족과 같이 여 기는 문화에서 남선교회가 교회 식당에서 보신탕을 먹는다면 교회가 시끄 러울 것이다. 교회가 갈등을 겪고 분열하게 되는 이유는 믿음으로만 구원 받느냐 하는 근본적인 신앙 문제도 있지만 문화적인 충돌이 이유가 될 때 가 많다. 당시 교회 지도자들은 예상되는 교회의 분열을 막기 위해서 4가 지 조항을 이방인들에게 요구할 필요를 느꼈던 것이다. 4가지 조항을 "이 요긴한 것들"이라고 한 것도 이 4가지를 반드시 멀리해야 구원을 받는다 는 뜻이 아니라, 이방인 성도들과 유대인 성도들의 화합과 원만한 교제를 위해 꼭 필요함을 강조하는 것이다. 실제로 바울은 고린도전서에서 우상 에게 바친 제물을 얼마든지 먹을 수 있는 자유가 있다고 말한다(고전 8장, 롬 14:14-15).

회의 결과를 전해줄 사람을 뽑다 (22-29절)

사도회의에 참석한 자들은 회의 결정 사항을 편지에 기록하여, 이 편지를 안디옥을 비롯한 이방인 교회들이 있는 지역으로 보내기로 가결했다. 이 편 지를 가지고 간 사람은 이방인 교회를 대표하는 안디옥 교회의 바울과 바나바, 그리고 유대인을 대표하는 예루살렘 교회의 유다와 실라였다. 유다의 아람어 이름은 '바사바'('안식일의 아들'이란 뜻)이며, 실라는 바울서신에서 실루 아노로 언급된다. 22절에 따르면 이 두 사람은 인도자, 즉 지도자였다.

편지 내용에서 주목할 점은 이방인 교회 성도들을 "이방인 형제들"로 호칭한 것이다. 이방인을 주안에서 형제로 인정한 것이다. "우리 주 예수 그리스도"(25절)라는 표현 역시 유대인과 이방인 모두 우리의 주님이신 예수 그리스도라는 말이다. 당시 일반적인 유대인들은 이방인을 사람 취급하지 않았다. 하지만 예수 그리스도를 믿으니 차별이 사라졌다. 또 예루살렘 공의회는 바나바와 바울이 주 예수 그리스도의 이름을 위하여 생명을 아끼지 아니하였음을 인정하면서 바나바와 바울을 사랑한다고 말한다. 바나바와 바울이 목숨을 걸고 이방 지역에 가서 선교한 것을 치하(致賀)한 것이다.

이렇게 양대 교회(예루살렘 교회와 안디옥 교회)가 함께 대표단을 파견함으로써 교회의 분란을 막고자 했고, 양 교회의 단합 의지를 보여줬다. 야고보는 이것이 바로 성령의 뜻이라고 생각했다.

성령과 우리는 이 요긴한 것들 외에는 아무 짐도 너희에게 지우지 아니하는 것이 옳은 줄 알았노니(28절)

여기서 짐이란 율법을 지키는 것이다. 오직 예수님을 믿는 믿음으로만 구원을 받으며, 율법이라는 짐을 이방인에게 지우지 않는 것이 성령의 뜻이고, 예루살렘 교회의 뜻이라는 것이다.

갈등을 극복하고 하나 되는 교회의 모습 (30-35절)

바울과 바나바, 그리고 유다와 실라가 사도회의의 결정을 담은 편지를 갖고서 안디옥에 내려가 편지를 읽어주었다. 내용을 들은 성도들은 기뻐하였다. 편지가 자신들을 '위로하는 말'이었기 때문이다(31절). 이제 그동안 자신들을 괴롭혔던 문제(예수 믿어도 할례를 받아야 하는가?)가 해결됐다고 생각했을 것이다. 예루살렘 교회 대표로 파송된 유다와 실라는 안디옥 성도들을 격려하고 굳세게 하였다. 또한 안디옥 성도들은 이 두 사람이 떠날 때 진심으로 평안을 빌었다. 이것이 바로 하나 된 교회의 모습이다.

유다와 실라는 자신들을 파송한 예루살렘으로 돌아가고 바울과 바나바는 수리아 안디옥에 머물며 주의 말씀을 가르치고 전파했는데, 이때 이들을 도울 수 있었던 다른 많은 사람들이 있었다(35절). 하나님 나라는 함께 이루어 간다. 가르치고 전파할 수 있는 사람들을 많이 양육해야 한다.

바나바와 바울, 결별하다 (36-41절)

바울과 바나바가 대단한 사람이었지만, 완전한 사람은 아니었다. 바울은 1차 선교 여행 때 들렀던 각 성에 다시 가서 그곳 성도들의 신앙의 상태를 살펴보자고 바나바에게 제안했고, 바나바 역시 동의했다. 그러나 마가 요한을 데리고 가는 문제를 놓고 바울과 바나바는 심하게 싸웠다. 결국 두 사람은 헤어져 바나바는 요한을 데리고 구브로로, 바울은 실라를 데리고 수리아와 길리기아로 갔다. 각자 선교팀을 구성해서 독자 노선을 걸었던 것이다.

우리는 여기서 마가 요한을 데리고 가느냐의 문제가 서로 결별할 만큼 심각한 문제였는가를 묻게 된다. 마가가 1차 선교 여행 때 밤빌리아에서 중도 하차한 이유에 대해서는 정확히 알 수 없지만, 어쨌든 불명예스러운 일이었으며, 특히 바울에게는 용납하기 어려운 행동이었던 것 같다. 그러나 한편으로 생각하면 한 번의 실수는 누구에게나 있을 수 있는데, 다시 기회를 주는 것조차 거부하는 것은 너무 매정하다고 볼 수 있을 것이다. 또 바나바가 누구인가? 바울이 회심한 사실을 아무도 믿어주지 않을 때 그를 받아준 사람이었다. 또 다소에 있던 바울을 데리고 와서 안디옥 교회에서 1년 동안 함께 목회를 하지 않았나? 환상의 콤비를 이루어 1차 선교 여행을 성공리에 마치지 않았나? 이렇게 보면 바울은 바나바에게 큰 신세를 진 사람인데, 좀 양보할 수 있지 않았을까?

바나바 역시 아무리 자기 조카라고 하지만, 결별할 정도로 바울과 다투

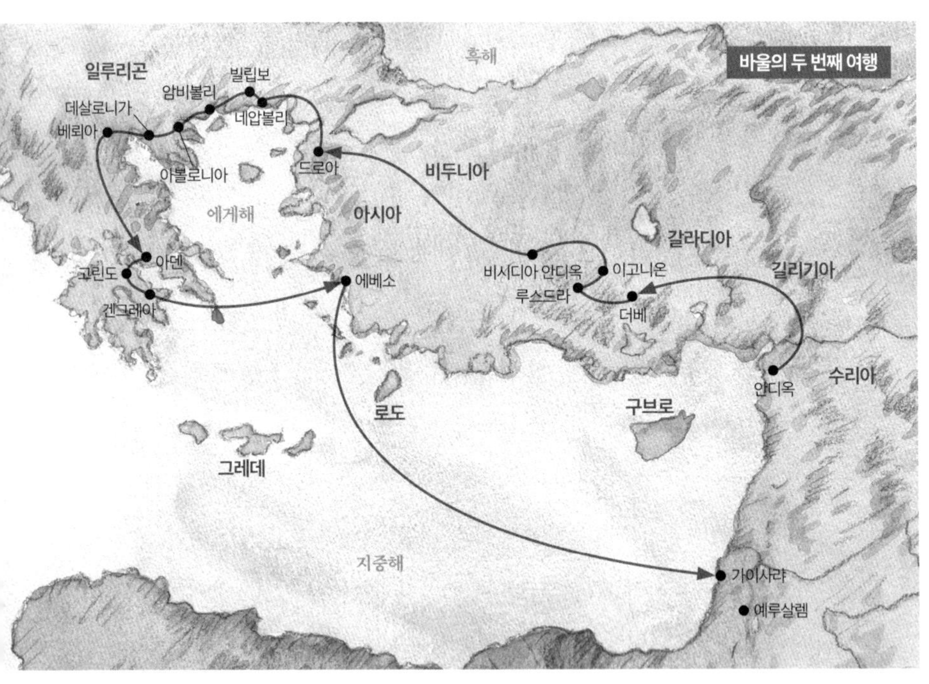

는 것은 평소에 그답지 않다. 선교는 의욕만 가지고 하는 것이 아니기에 성실한 사람, 책임감이 있는 사람이 선교를 담당해야 한다는 짐에서 바나바가 마가 요한을 데리고 가야 한다고 고집을 피운 것은 옳지 않다.

그래서 학자들은 바울과 바나바 사이에 우리가 잘 알지 못하는 알력이 그동안 쌓여 왔다고 추측하기도 한다. 특히 갈라디아서 2장을 보면 바나바도 베드로처럼 안디옥의 이방인 성도와 함께 식탁교제를 나누는 문제에 대해 위선자처럼 행동했고, 이런 모습을 바울은 복음의 진리를 따라 바르게 행하지 아니하는 것(갈 2:14)으로 규정하며 심하게 비판했던 적이 있다. 결국 이러저러한 문제가 쌓여 마가 요한을 대동하는 문제를 계기로 갈라서게 되었던 것 같다.

두 선교사의 분열 역시 모두 자신의 생각을 고집했기 때문이다. 하나님의 일을 하면서 자기주장을 지나치게 내세우는 것은 분열을 초래한다. 우리는 하나님의 일을 할 때마다 "나의 원대로 마옵시고 아버지의 원대로 하옵소서"라고 기도했던 예수님을 잊지 말아야겠다. 이후로 바나바는 사도행전은 물론 신약에 등장하지 않는다. 바나바가 어떻게 되었는지 우리는 알 길이 없다. 바울의 선교 위주로 내용이 전개된다. 바울은 실라와 함께 2차 선교 여행을 떠날 때 안디옥 교회 형제들에게 주의 은혜에 부탁함을 받고 떠난다(15:40).

한편 바울은 후에 마가 요한과 화해했고, 그를 받아들였던 것 같다. 빌레몬서 1장 24절에서 바울은 마가를 '나의 동역자'라고 부른다. 이 마가가 사도행전에 등장하는 마가 요한과 동일 인물이라고 확정할 수 있는 근거는 없지만, 그럴 개연성은 있다. 또 바울은 디모데후서 4장 11절에서 디모데에게 "마가를 데리고 오라 그가 나의 일에 유익하니라"고 말한다. 전에는 마가가 선교 사역에 도움이 되지 않는다며 거부했지만, 이제는 마가를 받아들이고 그가 자신에게 유익하다고 말하고 있는 것이다. 화해는 아름답다.

바울은 실라를 데리고 2차 선교 여행을 떠났다. 실라가 예루살렘 지도부로부터 인정을 받은 사람이었기 때문에 바울이 실라와 함께 선교 여행을 떠났다는 것은 예루살렘 교회와의 유대를 시사하는 것이라고 볼 수 있다. 바울과 실라는 먼저 1차 선교 여행 때 갔던 성에 들렀다. 그러나 이번에는 경로가 달랐다. "수리아 → 길리기아(다소. 바울의 고향) → 더베 → 루스드라"로 가는 길을 택했다(지도 참조).

바울이 이곳을 방문한 목적은 그곳에 있는 성도들을 방문하여 믿음을 '견고하게' 하는 것이었다(41절). 앞서 유다와 실라가 안디옥 교인들을 여러 말로 권면하며 그들을 '굳게' 했던(32절) 것과 일치한다. 나아가 바울과 실라는 길리기아를 지나 더베와 루스드라 등 1차 선교 여행을 할 때 갔던 성을 들러서도 그곳에 있는 교회를 굳게 했다. "이에 여러 교회가 믿음이 더 굳건해지고 수가 날마다 늘어가니라"(16:5).

지난 1차 선교 여행 때 바울은 루스드라, 이고니온 등에서 박해를 받았고, 죽을 뻔했다. 하지만 바울은 그곳을 지금 또 간 것이다. 우리 같으면 죽을 뻔한 곳 또 가고 싶지 않다. 선교를 하더라도 다른 곳으로 가면 된다. 하지만 바울은 그곳으로 갔다. 바울에게 트라우마란 없다. 트라우마를 넘어서는 복음에의 열정이 있을 뿐이다. 교회를 든든히 세우고자 하는 마음뿐이었다. 또 바울 일행이 3차 선교 여행을 한 목적도 갈라디아와 브루기아에 있는 성도들을 '굳게' 하는 것이었다. "얼마 있다가 떠나 갈라디아와 브루기아 땅을 차례로 다니며 모든 제자를 굳건하게 하니라"(18:23).

16장

2차 선교 여행을 위한 준비와 하나님의 인도하심 (1-10절)

디모데, 선교팀에 합류하다 (1-3절)

바울은 루스드라에서 그곳 성도들에게 칭찬받는 디모데를 선교 여행에 합류시켰다. 디모데는 루스드라와 이고니온에 있는 형제들(성도들)에게 칭찬을 받는 사람이었다. 그러나 디모데와 그의 어머니 유니게에게 선교에 동참하는 일은 쉽지 않았을 것이다. 이들은 바울이 1차 선교 여행 때 안디옥과 이고니온과 루스드라에서 당한 환란을 알고 있었기 때문이다.

박해를 받음과 고난과 또한 안디옥과 이고니온과 루스드라에서 당한 일과 어떠한 박해를 받은 것을 네가 과연 보고 알았거니와 주께서 이 모든 것 가운데서 나를 건지셨느니라 (딤후 3:11)

따라서 유니게가 디모데를 선교팀에 동참시키는 일은 자기 아들이 바울이 당한 고난을, 어쩌면 죽을지도 모를 그 상황으로 내보내는 것이었다. 그러나 디모데와 유니게는 받아들인다. 실제로 디모데는 바울과 함께 선교 여행을 하면서 많은 어려움을 겪었다. 이것이 어떻게 가능한가? 그것은 바울이 죽음을 무릅쓰고 다시 루스드라로 가서 그들을 위로하고 격려한 것을 보았기 때문이 아닐까? 유니게는 바울의 모습 속에서 참된 신앙이 무엇인지 깨달았을 것이다. 그 참된 신앙이란 "하나님의 나라에 들어가려면 많은 환난을 겪어야 할 것"(14:22)을, "무릇 그리스도 예수 안에서 경건하게 살고자 하는 자는 박해를 받으리라"(딤후 3:12)는 것을 받아들이는 신앙이다. 자식을 진정으로 사랑한다는 것은 먼저 그의 나라와 그의 의를 구하는 삶을 살도록 가르치는 것이다. 또한 내 자식을 내가 아닌 하나님께 맡기는 신앙이다.

바울은 디모데를 데리고 떠나기에 앞서 할례를 행했다. 디모데의 어머니 유니게는 유대인이었기에 디모데는 유대인으로 간주되었지만, 그의 아버지는 이방인이었기 때문에 디모데가 할례를 받지 않았던 것이다. 디모데가 앞으로 선교하다 보면 유대인들을 많이 만날 텐데, 그가 유대인이면서 할례를 받지 않은 것을 유대인이 알면 디모데를 상종하지 않을 것이다. 선교하기 어렵다. 그래서 바울은 선교를 위해 디모데에게 할례를 행했다. 오직 예수 그리스도를 믿는 믿음으로만 구원을 받는다는 복음을 포기한 것이 결코 아니었다. 선교를 위해서 할례가 필요하면 할례를 시행했다.

19 내가 모든 사람에게서 자유로우나 스스로 모든 사람에게 종이 된 것은 더 많은 사람을 얻고자 함이라 20 유대인들에게 내가 유대인과 같이 된 것은 유대인들을 얻고자 함이요 율법 아래에 있는 자들에게는 내가 율법 아

래에 있지 아니하나 율법 아래에 있는 자 같이 된 것은 율법 아래에 있는

자들을 얻고자 함이요 (고전 9:19-20)

사람을 얻기 위해선 양보해야 한다. 복음만 양보하지 않으면 된다. 또 바울은 교회의 화합과 선교를 위해서 필요하면 이방인에게도 할례를 실시한 것으로 보인다. 유대인들이 질색하는 것 4가지를 이방인들이 삼가해 주기를 바란다고 예루살렘 회의에서 결정하고 이를 이방인 교회에 요청한 것도 유대인과 이방인의 화합을 위함이었다.

교회가 굳건해지고 부흥하다 (4-5절)

바울과 실라, 그리고 디모데로 구성된 선교팀은 여러 도시를 다니면서 그곳에 있는 성도들에게 예루살렘의 사도들과 장로들이 결정한 규정(15:23-29)을 전하며 지키게 했다. 그러자 하나님께서는 교회를 축복하셨다. 교회가 믿음 안에서 더욱 굳건해지고 그 수가 날마다 늘어났다. 오직 주님의 은혜로, 믿음으로만 구원을 얻는다는 복음을 지키고 교회의 하나 됨을 지킬 때 하나님은 축복하신다.

바울의 여정을 주관하시는 성령 (6-8절)

바울이 세운 2차 선교 여행의 일정은 1차 선교 여행지였던 남갈라디아 지역을 둘러보고 로마제국이 세운 우편 도로(post road)를 타고, 소아시아(6절. 오늘날 튀르기예의 서쪽 지역), 특히 소아시아령의 수도로서 로마 총독이 거주하고 있었던 에베소로 가서 전도하는 것이었다. 그러나 가는 곳마다 성령(7절

에서는 '예수의 영'으로 표현)이 이를 제지하셨다. 바울이 성령의 사람이라고 볼 수 있는 증거는 자신의 계획대로 되지 않아도 그것까지 성령의 역사로 이해했다는 사실이다. 물론 모든 실패가 다 성령이 허락하지 않으셨기 때문인 것은 아니다. 준비도 부족하고, 실력과 돈도 모자라는 등 여러 이유가 있다. 하지만 한 가지 분명한 사실은 내 인생의 모든 일은 하나님이 주관하신다.

바울이 요나처럼 하나님의 뜻을 거역했기 때문에 성령께서 막으신 게 아니었다. 바울은 자신이 하는 일이 복음 전도인데, 왜 하나님이 막으실까? 의아했을 것이다. 바울은 하나님이 보여주신 환상을 보기 전까지 자신의 계획대로 하려고 했다. 결국 바울 일행은 원래 세웠던 계획을 포기하고 '드로아'라는 곳에 이른다. 그런데 바울은 여기서 한밤중에 환상을 본다. 아니, 하나님이 보여주셨다.

드로아에서 환상을 볼 수 있었던 것은 바울이 자신의 모든 계획을 내려놓았기 때문일 것이다. 내 계획대로 이뤄지게 해달라고 떼를 쓰는 기도가 아니라 성령이 막으시면 내 뜻을 내려놓고 주의 뜻을 기다리는 드로아로 가야 한다. 하나님은 우리를 드로아로 이끄신다. 내 계획이 실패할 때 내가 가야 하는 곳이 드로아다. 그곳에서 하나님의 계획을 보여주신다. 하나님이 바울에게 보여주신 것은 유럽 대륙을 먼저 선교하는 것이었다. 바울은 소아시아 지역을 선교하려고 했지만, 하나님은 빌립보, 데살로니가, 베뢰아, 그리스, 고린도 등 유럽 지역을 '먼저' 선교하시고자 했다. 그래서 하나님은 바울의 길을 막으신 것이다.

드로아는 소아시아에서 유럽에 속한 마게도냐로 가는 주된 항구 도시였다. 실제로 11절을 보면 바울 일행은 드로아에서 사모드라게를 거쳐 마게도냐에 속한 네압볼리와 빌립보에 도착하기까지 불과 이틀밖에 걸리지 않았다. 바울은 먼저 이곳에 가서 복음을 전한 뒤에 2차 선교 여행의 마지막에 결국 에베소에 간다. 즉 소아시아 선교가 하나님의 뜻에 어긋난 것은 아니었다. 실제로 바울은 3차 선교 여행 때 에베소에만 약 3년간 사역을 한다 (19:10에는 2년, 20:31에서는 3년). 소아시아에 대한 바울의 선교 계획이 하나님의 뜻에 어긋난 것이 아니라, 소아시아 선교 '시점'에 관한 하나님의 생각이 바울과 달랐던 것이다.

성도들은 하나님의 뜻에 맞는 일을 해야 한다. 하나님의 뜻에 맞는 일이라도 '하나님이 정하신 때'에 해야 한다. 나의 시간표와 하나님의 시간표가 맞지 않을 때 어서 속히 내 시간표대로 해달라고 기도하지 말자. 내 시간표를 하나님의 시간표에 맞추자. 바울은 이것을 깨닫는다. 그래서 2차 선교 여행의 마지막으로 들린 에베소를 떠날 때 그곳 성도들이 더 있기를 원했지만, 허락하지 않았다. 그러면서 이렇게 말한다.

19 에베소에 와서 그들을 거기 머물게 하고 자기는 회당에 들어가서 유대인들과 변론하니 20 여러 사람이 더 오래 있기를 청하되 허락하지 아니하고 21 작별하여 이르되 만일 하나님의 뜻이면 너희에게 돌아오리라 하고 배를 타고 에베소를 떠나 (18:19-21)

"만일 하나님의 뜻이면 너희에게 돌아오리라!" 바울은 언제 다시 오겠다고 말하지 않았다. 다시는 못 올 것이라고 말하지도 않았다. 하나님의 뜻이면, 하나님의 때가 되면 돌아올 것이라고 말한다. 모든 것을 하나님의 뜻에 맡기는 원숙한 신앙을 볼 수 있지 않나? 하나님의 때가 되면 하나님이 문을 다 열어주신다. 바울이 에베소에서 사역하던 도중에 드로아에 가게 되었는데, 이때 전도의 문이 열렸다.

내가 그리스도의 복음을 위하여 드로아에 이르매 주 안에서 문이 내게 열

렸으되 (고후 2:12)

열고 막는 것이 주님께 있다. 주님이 허락하시지 않으면 아무것도 이뤄지지 않는다. 하지만 아무리 상황이 힘들어도 주님의 뜻이면 문이 열린다. 한편 성령께서 처음부터 바울에게 가야 할 목적지를 알려주셨다면 좋지 않았을까, 이런 생각도 든다. 성령께서는 우리가 걸어가야 할 길을 처음부터 끝까지 완벽하게 보여주시는 것 같지 않다. 만약 그렇다면 믿음으로 순종하는 일은 필요 없다. 믿음은 어떤 길로 갈지 몰라도 성령의 인도하심을 믿고 순간마다 순종하는 신뢰다. 하나님은 알파와 오메가요, 처음과 나중이다. 시작과 끝을 아시는 분은 하나님이시다. 시작부터 끝까지 아시는 분은 오직 하나님뿐이다. 하나님은 과거와 현재와 미래를 통제하신다. 하나님은 시간을 넘어서 계시다. 시간 밖에서 시간을 다스리신다. 그런데 사람은 때에 관심이 많다.

예수님은 이스라엘의 회복을 당장 이뤄주기를 바랐던 제자들에게 이렇게 말씀하셨다. "때와 시기는 아버지께서 자기의 권한에 두셨으니 너희가 알 바 아니요"(1:7). 그렇다. 때와 시기는 하나님의 권한이다. 하나님의 시간표가 있고, 하나님의 때가 되면 이뤄진다. 하나님은 다 알려주시지 않는다. 한 걸음 한 걸음 겸손히 순종하며 따라오기를 원하신다. 중요한 것은 내가 하는 일이 하나님의 뜻에 맞는지를 겸손히 확인하는 것이다. 그러면 성령이 인도하신다. 시행착오가 있더라도 성령이 결국 우리가 있어야 할 곳으로 인도하실 것이다. 그러니 길이 막혀도 조급해하거나 두려워 말자. 성령님만 따라가면 하나님이 이루신다.

마게도냐인의 환상 (9-10절)

바울 일행이 드로아에 있을 때 하나님이 환상을 보여주셔서 당신의 뜻을 계시하셨다. 그 환상은 마게도냐인이 이리로 와서 우리를 도와 달라고 간청하는 모습이었다. 또 마게도냐인은 서서 말한다. 이 역시 도움이 시급함을 보여준다. 마게도냐인은 '어서 달려와서 우리를 도와 달라'고 간절히 부르짖고 있는 것이다. 그래서 하나님은 바울 일행을 마게도냐로 급파한 것이다! 김회권 교수는 이와 관련하여 이렇게 말한다.

> 하나님은 이 세계에서 벌어지는 하나님 나라의 복된 공격의 최전선 상황을 분초마다 점검하고 병력 배치를 결정하실 수 있는 총사령관이시다.[44]

선교를 진두지휘하시는 총사령관이신 하나님의 작전 명령을 들을 수 있는 귀가 있어야 한다. 지금 하는 일이 잘 되면, 거기에 빠져들어 하나님의 작전 지시를 듣지 못할 수 있다. 그래서 우리는 기도해야 한다. 모든 일이 잘 나갈 때도 기도해야 하나님의 뜻을 분별할 수 있다. 바울과 그의 일행은 자신들이 마게도냐로 가는 것이 하나님의 뜻임을 깨닫자 '곧' 지체하지 않고 마게도냐로 떠나기를 힘썼다. 바울은 하나님의 뜻에 즉각적으로 순종하는 자였다.

사실 우리나라에 언더우드와 아펜젤러 선교사가 온 것도 조선의 마게도냐인 이수정이 있었기 때문이라는 것은 잘 알려진 사실이다.[45] 이수정은

---

44 김회권, 『사도행전 2』 (서울: 복있는사람, 2007), 152.
45 아래 내용은 이덕주, 『한국교회 이야기』, 33-39.

1882년 9월 일본에 가서 당시 일본의 대표적 농학자이자 기독교인이었던 '츠다센'을 만나 그에게 한문 성경을 선물로 받고, 성경을 읽다가 결국 예수님을 믿게 된다. 예수님을 믿고 난 뒤 이수정은 일본에서 성경을 우리말로 번역하는 일을 했는데, 일본에 있던 미국인 선교사들을 통해 미국 교회에 "조선에 선교사를 보내 달라"는 편지를 쓴다. 이 편지는 미국에서 발행되는 선교 잡지 *Gospel in All Lands*라는 잡지에 실렸다. 그 내용을 요약하면 이렇다.

아직도 수천만 우리 민족은 하나님의 참된 도를 모른 채 이방인처럼 살고 있습니다. 아직도 그들은 주님의 구속하시는 은총을 받지 못하고 있습니다. … 저는 비록 영향력이 없는 사람이지만 여러분이 선교사들을 파송만 해 준다면 최선을 다해 돕겠습니다. 간곡하게 바라는 바는 지금 당장이라도 몇 명을 이곳 일본에 보내 여기서 일하고 있는 이들과 협의하면서 사업 준비를 하도록 해주십사 하는 것입니다. … 그렇게만 된다면 제 기쁨은 한이 없겠습니다. 그리스도의 종, 이수정 드림.

이 편지를 읽은 미국 교회는 1년 후 선교사를 파송한다. 장로교의 언더우드, 감리교의 아펜젤러와 스크랜턴 등을 1885년 2월 일본으로 보내 이곳에서 이수정을 만나게 되고, 이수정을 통해 우리말과 문화를 배운다. 그리고 마침내 아펜젤러와 언더우드가 1885년 4월 5일 부활주일에 제물포항에 들어오게 된다. 성경책 한 보따리를 들고 말이다. 이런 이유로 이수정은 '조선의 마게도냐인'(Macedonian of Korea)이라는 별명을 얻게 되었다. 이수정의 간절한 편지가 있었고, 이 편지를 마다하지 않은 미국 교회가 있었기에 이 땅에 복음이 들어오게 된 것이다. 오늘 우리를 향해 이리로 와 우리를 도와 달라고 말하는 여러분의 마게도냐인은 누구인가? 바울 일행이 마게도냐인 환상을 보고 즉시 순종했던 것처럼, 그래서 유럽 대륙의 복음화가 시작되었던 것처럼 우리도 하나님이 보여주시는 마게도냐인의 환상을 보자. 그리고 순종하자. 하나님의 신비스러운 역사가 있을 것이다.

빌립보에서 1: 루디아와의 만남 (11-15절)

순종(順從)하면 순풍(順風)이 불어온다

11절, 12절을 보면 바울 일행은 드로아에서 배를 타고 사모드라게로 가서 거기서 유숙한 후 이튿날 마게도냐의 입구라고 할 항구 도시 네압볼리에 이른다. 네압볼리에서 빌립보까지는 약 16km인데, '에그나티아 길'(*Via Egnatia*)라고 불리는 로마제국이 건설한 길이 있어 그 길을 통해 몇 시간 내에 도착했을 것이다. 마게도냐에서 네압볼리까지 이틀, 그리고 네압볼리에서 빌립보에 도착하기까지 한나절, 합치면 이틀 반가량 걸렸던 것 같다. 그런데 사도행전 20장 6절을 보면 바울 일행이 빌립보에서 드로아까지 5일이 걸렸다. 이것이 정상일 것이다. 이렇게 드로아에서 마게도냐로 빨리 갈 수 있었던 것은 순풍이 불었기 때문일 것이다.[46]

바울이 하나님의 뜻에 즉각적으로 순종하자 하나님은 순풍을 보내주신 것 같다. 빌립보의 루디아를 만나게 하시기 위해 한 치의 오차도 없게 역사하셨으리라. 반대로 인생의 역풍이 부는 주된 이유는 불순종이다. 요나가

---

46 대럴 벅, 『BECNT 사도행전』, 681.

하나님께 불순종하여 배를 타고 다시스로 갈 때 폭풍이 불지 않았던가? 그러니 내 인생에 역풍이 불고 있다면 멈춰 생각해 보라. 나는 지금 하나님의 뜻에 순종하고 있는가?

빌립보, 로마의 아바타

바울 일행이 마게도냐에 가서 첫 번째 선교지로 삼은 곳은 빌립보였다. 빌립보는 마게도냐 지방에서 매우 중요한(πρώτη [프로테]) 도시였다. 개역개정성경은 '첫째'라고 번역하고 있지만, 그 의미가 가장 중요하다거나 가장 큰 도시인지는 확실하지 않다.[47] 당시 마게도니아 지역의 수도는 데살로니가였다. 알렉산더 대왕의 아버지 빌립 2세가 세운 것을 기념하여 '빌립보'(Φίλιπποι)라는 이름이 붙여졌다. 주전 168년 이후 로마가 지배했으며, 주후 1세기에는 그리스계 주민들과 로마 군인 출신들이 많이 살았다. 누가는 빌립보를 '로마의 식민지'(κολωνία [콜로니아])로 부르는데, 이 용어는 주전 42년 안토니우스가 빌립보에 퇴역 군인들을 위한 식민지를 건설하면서 붙여진 이름이다.[48]

빌립보는 로마제국의 수도 로마를 빼닮은 도시, 가장 로마적인 도시였다. '로마의 아바타'라고 할 만하다. 당시 빌립보 시민들은 로마제국의 수도 로마 시민들과 동일한 권리를 누렸다. 바울이 빌립보서 3장 20절에서 "우리의 시민권은 하늘에 있다"라고 말한 것은 이런 맥락에서 이해할 수 있다. 즉 빌립보 시민들이 로마에 가지 않더라도 로마 시민처럼 혜택을 누리고, 또 로

---

47 Fitzmyer, *The Acts of the Apostles*, 584.
48 유상현, 『바울의 제2차 선교여행』 (서울: 대한기독교서회, 2008), 74.

마 시민처럼 살려고 했다는 뜻이다. 그런 것처럼 성도들은 아직 천국에 있지 않고 이 땅에 살지만 하늘의 시민권을 가지고 있다는 말이다.

루디아를 만나다

빌립보 성에는 루디아라는 여자가 살고 있었다. 루디아는 자주색 옷감을 다루던 상인이었는데, 당시에 '자색 옷'(purple)은 고대 세계에서 가장 사치스러운 직물로서, 주로 왕이 입었다. 루디아는 당시 염색업으로 유명하였던 '두아디라' 출신이었다. 요한계시록에 나오는 소아시아의 7개 교회 가운데 하나인 두아디라는 빌립보에 비하면 변방이다. 또 루디아가 성 안이 아니라 성문 밖 강가에 있었던 것도 그가 변방의 이방인 여인임을 보여준다.

또한 그녀는 이방인이었지만 유대인의 '하나님을 공경하는 사람'이었다. 당시에 빌립보에는 유대인의 회당이 없었기 때문에 루디아는 신앙생활을 하기가 어려웠을 것이다. 그러나 루디아는 안식일이 되어 성문 밖에 있는 강가에서 다른 사람들과 함께 모임을 가졌다. 이들이 모인 곳을 개역한글성경은 '기도처'로 부르고 있는데, 회당이 없었던 빌립보에서 회당의 기본적 기능을 수행하던 곳으로 추측된다.

빌립보 성 안에는 로마인들이 섬기는 이방신을 모신 웅장한 신전이 위용을 자랑하며 있었고, 빌립보 시민들은 로마 시민처럼 그 신전에서 우상에게 제사를 지냈다. 그러나 루디아와 여인들은 하나님을 경외했기에 빌립보 성 안의 신전에서 우상 섬기기를 거부하고, 성 밖으로 나와 강가에서 하나님께 기도했다. 크고 멋진 강도 아니다. 개천 정도 되는 규모의 강이다(오늘날 이름은 지각띠스 강).

주님은 이렇게 척박한 환경 속에서도 당신을 공경하는 루디아를 축복하셨다. 주님이 루디아에게 주신 축복은 그녀가 하던 자주 장사 사업을 번창케 하는 것이 아니었다. 주님은 바울을 루디아가 있는 곳으로 인도하시고, 그를 통해 예수 그리스도의 복음을 선포하시고, 복음을 들은 루디아의 마음을 열어 복음을 받아들이게 하신 것이다. 사도행전에 등장하는 이름이 언급된, 예수 믿은 최초의 이방 여인이다.

주님이 루디아의 마음을 열다 할 때 '열다'(διανοίγω [디아노이고])는 단어는 원래 '여성의 태를 열다', '첫 아기를 가지다'는 뜻이다. 주님이 루디아의 마음을 여신 것은 루디아에게 생명의 문을 여신 것이다. 앞으로 루디아를 통해 잉태될 많은 새 생명의 역사를 암시하는 것이다. 이 여인을 통해 유럽 대륙의 전도 문이 열리고 장차 신자들이 많아질 것이다. 루디아 외에도 그 자리에는 다른 여인들이 있었는데, 이들이 마음을 열었다고 언급하지 않는 것으로 보아 그 자리에 있던 여인들 가운데 루디아만이 바울의 말에 귀 기울였고, 복음을 믿었던 것 같다. 하지만 루디아가 나중에 이들에게 전도하여 예수 믿게 했을 것이다. 빌립보 서신에 순두게, 유오디아 등 여러 여성이 등장하는 것도 이와 관련되어 있을 수 있다.

또 마음을 '열다'의 또 다른 의미는 '이해되다, 분명해지다'이다. 14절에 따르면 루디아는 '하나님을 경외하는 사람'이었다. 루디아는 이방인이었지만 유대교의 하나님, 구약의 하나님을 알았다는 뜻이다. 백부장 고넬료도 그랬다. 루디아는 이방인이지만 구약의 하나님을 알았다. 하지만 예수 그리스도를 몰랐다. 예수님을 알아야 성경이 분명해지고, 비로소 이해된다.

예수님을 모르면 성경이 열리지 않는다. 부활하신 예수님은 제자들에게 나타나셔서 "그들의 마음을 열어" 성경을 깨닫게 하셨다. 예수님이 구약의 모든 글이 예수님을 가리키고 있다는 사실, 예수님의 십자가와 부활로 하나님이 구원을 이루신다는 사실을 깨우쳐 주셨다(눅 24:44-45 참조). 보혜사 성령이 하시는 일이 바로 이것이다. 성경에서 예수 그리스도를 발견하는 일이다. "내 눈을 열어서 주의 율법에서 놀라운 것을 보게 하여 주옵소서!"(시 119:18).

성령께서 바울의 원래 선교 계획을 막으시고 먼 길을 달려오게 하신 이유는 바로 변방의 이방 여인 루디아를 구원하시기 위해서였다. 이 루디아를 통해 빌립보 교회가 세워졌다. 빌립보 교회의 또 다른 개척 멤버인 빌립보 간수도 마찬가지로 사회적으로 대단한 사람이 아니다. 성경은 이 사람의 이름조차 밝히지 않고 있다. 하지만 주님은 바울을 통해 이 간수와 가족을 구원하셨다.

이에 루디아와 그의 집안 식구는 다 세례를 받았다. 루디아는 감사하는 마음으로 바울 일행을 자기 집으로 영접하여 그들에게 숙식을 제공하고자 했다. 주께서 마음을 여시자, 이번에는 루디아가 자기 집을 연다. 바울 일행을 자기 집에 유숙하라고 권할 수 있을 만큼 꽤 넓은 집을 소유하고 있었던 것 같다.

루디아는 바울에게 자신의 집에서 유하라고 청했다(15절). '청하다'의 헬라어 '파라칼레오'(παρακαλέω)는 바울이 본 환상 중에 나타난 마게도냐인이 이리로 와서 우리를 도와 달라고 '간청'한 것과 같은 단어다. 또 루디아는 그렇게 하자고 '강권했다'. 문자적 의미는 '억지로 끌고 가다'라는 뜻이다. 엠마오로 가던 두 제자도 그랬다. 길에서 부활하신 주님을 만난다. 주님이 성경을 깨우쳐 주시니 마음이 뜨거워졌다. 그러다가 헤어질 때가 됐다. 하지만 두 제자는 예수님의 말씀을 더 듣고 싶었다. 그래서 이렇게 말한다. "그들이 강권하여 이르되 우리와 함께 유하사이다"(눅 24:49). 루디아가 한 것과 똑같지 않은가! 헬라어 단어(παραβιάζομαι [파라비아조마이])도 일치한다. 말씀을 사모하면, 주님을 사랑하면 내 집에 머무르시기를 간청하고 강권한다.

루디아는 바울에게 '나를 주 믿는 자로 알거든'이라고 말한다. 이것은 루디아는 이방인, 게다가 여자였기 때문에 유대 남성인 바울과 실라, 그리고 디모데를 집으로 모신다는 것은 당시 관습상 있을 수 없는 일이었다. "나를 주 믿는 자로 알거든"이란 말에는 주 안에서 유대인과 이방인, 남자와 여자의 구분이 있을 수 없고, 같은 믿음의 식구이기에 그렇다면 내 집에 유숙하라는 뜻이다. 여기에 바울은 응한다. 이렇게 하여 유대인과 이방인, 남자와 여자, 복음을 전하는 자와 받아들인 자, 타지역 사람과 지역 주민의 경계선은 철폐되고, 주 안에서 하나가 된다.[49] 이후 루디아의 집은 빌립보 교회가 된다. 실제로 바울과 실라가 박해로 인해 빌립보를 떠날 때도 루디아의 집에 들러 '형제들'을 만나 보고 위로했었다(16:40). 이미 루디아의 집은 교회가 되어 형제자매들이 모여 예배하는 곳이 된 것 같다. 루디아는 빌립보 교회의 중심적 인물로 활약했을 것이다. 빌립보 교회는 바울의 선교를 기도와 물질로 후원하는 든든한 동역자가 됐다. 바울은 빌립보서 1장 5절에서 "너희가 첫날부터 이제까지 복음을 위한 일에 참여하였다"고 말한다. "첫날부터!" 루디아는 예수 믿은 첫날부터 복음을 위한 일에 참여하였다. 루디아는 고급 옷감 장사를 통해 돈을 벌었다. 얼마든지 사치할 수 있었다. 하지만 루디아는 사치가 아니라 가장 가치 있는 일, 복음에 자신의 모든 걸 드렸다.

루디아와 고넬료의 닮은 점

루디아는 고넬료와 많은 점에서 닮았다. 비록 여자와 남자(그것도 군인)라는 차이가 있고, 또 루디아는 이방 지역인 빌립보에 살았고, 고넬료는 팔레

---

49 유상현, 『바울의 제2차 선교여행』, 92.

스타인 안에 거주한 이방인이라는 차이가 있기는 하지만 이들은 이방인으로서 하나님을 경외하는 사람이었다. 또 고넬료가 구제와 기도에 힘썼던 것처럼, 루디아 역시 기도하는 사람이었다. 그래서 하나님은 고넬료에게 베드로를, 루디아에게는 바울을 보내셔서 말씀을 듣게 하시고 예수님을 영접하게 하셨다. 베드로가 고넬료의 집에 가기 전에 환상을 본 것이나, 바울이 마게도냐로 오기 전에 환상을 본 것도 일치한다. 또한 고넬료와 루디아는 각기 자기 집안 사람들도 예수 믿게 하고 세례를 받도록 한 것, 또 베드로가 이방인 고넬료의 집에 며칠 더 유한 것이나 바울이 이방 여인 루디아의 집에 머문 것도 같다.

이렇게 고넬료와 루디아 두 사람이 많은 공통점을 가진 것으로 제시되고 있는데, 사도행전의 저자는 자신이 기록한 누가복음과 사도행전에서 여자들을 소개할 때 아래와 같이 거의 언제나 남자와 쌍을 이루어 소개하고 있다. 다음은 누가복음에 나오는 사례다.

- 시므온과 안나
- 나아만 장군(4:25-26)과 사렙다의 과부(4:27)
- 바리새인 시몬과 죄인인 한 여자(7:36-50)
- 안식일에 고침 받은 손 마른 남자(6:6-11)와 안식일에 고침을 받은 18년 동안 귀신이 들려 꼬부라진 여자(13:10-17)
- 겨자씨 비유에 나오는 남자(13:19)와 누룩의 비유에 나오는 여자(13:20-21)
- 한 마리 양을 잃어버린 목자(15:3-7)와 한 드라크마를 잃어버린 여자(15:8-10)
- 잠자다가 데려감을 당하거나 버려둠을 당하는 두 남자(17:34)와 맷돌을 갈다가 데려감을 당하거나 버려둠을 당한 두 여자(17:35)
- 불의한 재판관과 과부(18:1-8)

주님은 남자가 여자건, 어디에 살든지 관계없이 당신을 공경하는 사람을 축복하셔서 그 사람과 집안 사람이 구원을 얻게 하신다. 그래서 베드로는 이렇게 말했다.

34 베드로가 입을 열어 말하되 내가 참으로 하나님은 사람의 외모를 보지 아니하시고 35 각 나라 중 하나님을 경외하며 의를 행하는 사람은 다 받으시는 줄 깨달았도다 (10:34-35)

빌립보에서 2: 간수와의 만남

빌립보에서 바울 일행이 만난 두 번째 사람은 간수다. 이름을 알 수 없는 이 간수가 구원을 받는 이야기는 루디아의 이야기가 5절(11-15절)에 불과한 것에 비해 5배인 25절(16-40절)이다. 왜 바울이 감옥에 갇히게 됐고, 감옥에서 어떤 일이 있었고, 간수를 만나 어떤 일이 일어났고 등 등이 기록되어 있다. 바울이 루디아에게 전도할 때는 어떤 말로 전도했는지 기록되어 있지 않다. 단지 주께서 루디아의 마음을 열어 믿게 하셨다는 말만 있다. 반면에 바울이 빌립보 간수에게 한 말은 2천 년 교회 역사에서 가장 유명한 말씀 중 하나가 됐다. "주 예수를 믿으라 그리하면 너와 네 집이 구원을 받으리라!"(31절).

빌립보에서의 이야기는 모두 30절인데(16:11-40), 데살로니가 선교 이야기는 7절이 전부다. 베뢰아는 6절, 아덴 19절, 고린도 18절(겐그레아 포함), 에베소 3절, 귀환 2절(예루살렘, 안디옥 등). 이렇듯 빌립보 선교 이야기는 2차 선교 여행에서 분량이 가장 많다.

바울 일행이 빌립보에서 전도하던 어느 날 기도하는 곳으로 가다가 귀신 들린 어린 여종(παιδίσκη [파이디스케])을 만나게 되었다. 이 어린 여종은 '점치는 귀신'이 들렸는데, '점치는 귀신'으로 번역된 헬라어 '프뉴마 퓌토나'(πνεῦμα πύθωνα)는 '파이돈의 영'이란 뜻이며, '파이돈'은 델피(Delphi)에서 숭배되는 신화적인 뱀으로서, 신탁과 관계가 있었다. 파이돈의 영에 사로잡힌 여종은 점을 쳐주고 돈을 받았다. 이 돈은 이 여종의 주인들에게 돌아갔는데, '큰 수익'이 되었다. 이 주인들이 여종에게 정당한 대가를 주거나 잘해 주었을 리 만무하다. 그저 돈 벌어주는 기계일 뿐이었을 것이다.

그런데 이 귀신 들린 여종이 바울 일행을 따라다니며 바울 일행이 하나님의 종이며, 구원의 길을 전하는 자라고 사람들에게 알려주었다. 바울은 여종이 이렇게 말하는 것이 매우 괴로웠다. 이 여종이 계속해서 쫓아다녔기 때문에 신경이 많이 쓰였을 것이고, 또 하는 일에 방해가 되었을 것이다. 특히 이 여종이 자신들을 하나님의 종으로 말할 때 사람들이 자신들과 귀신 들린 여종을 같은 부류로 취급할 위험이 있었다. 이것은 오히려 복음 전파에 부정적 영향을 끼칠 수 있다. 그래서 바울은 이 귀신 들린 여종을 '예수 그리스도의 이름으로' 치유해 주었다.

그러자 더 이상 이 여종이 점을 칠 수 없게 됐고, 그 주인들은 수익이 끊어져 버렸다. 여기서 '끊어졌다'로 번역된 헬라어 '엑셀텐'(ἐξῆλθεν)은 직역하면 '나갔다'인데, 여종에게서 귀신이 '나갔다'와 같은 헬라어다. 일종의 언어유희다. 상황이 이렇게 되자 여종의 주인들은 가만히 있지 않았다. 바울이 여종을 만나자마자 당장 고쳐주지 않고 며칠을 참다 참다 결국 고쳐준 것도 여종 주인들과의 갈등을 피하기 위해서였을 것이다. 당시 로마법은 노예에 대한 주인의 권리를 보호하고 있었다. 그래서 바울은 가급적 여종과 얽매이기를 원치 않았을 것이다. 더군다나 바울이 여종을 고친 후에 여종이 어떻게 되었는지 아무런 언급이 없다. 더 이상 점을 칠 수 없게 된 여종은 주인에게서 버림을 받았을 것 같다. 여성들이 주축이 된 빌립보 교회가 혹시 그 여종을 돌보고, 그 여종도 예수를 믿게 되었기를 바란다.

이들은 바울과 실라를 붙잡아 폭력을 가하고 거짓 혐의를 씌워 고소했다. 유대인이었던 바울과 실라와는 달리 누가와 디모데는 이방인이었기 때문에 빠진 것 같다. 귀신 들린 여종이 바울 일행을 구원의 길을 전하는 하나님의 종이라고 말했지만, 이들은 여종의 말에 귀를 기울이지 않았다. 아이러니하지 않은가? 그들은 여종이 점치는 신통한 능력을 가진 줄 알면서 그 여종이 말하는 진리에 대해서는 믿지 않았다. 오히려 자신들의 경제적인 손실이 발생하자 바울 일행을 고소했다. 바울 일행이 로마인이 받아들일 수 없는 기괴한 풍속을 전한다는 혐의를 씌워서 말이다. 여기에 가세하여 치안관들은 바울 일행에게 말할 기회를 준다든지 진상조사를 하지도 않은 채, 바울 일행을 고문하고 감옥에 가두었다.

이렇게 바울 일행은 귀신 들린 여종 때문에 매를 맞고 옥에 갇히는 고난을 겪어야 했다. 그렇지만 그들의 고난을 통해 빌립보 감옥 간수와 그 집안이 예수님을 영접하게 되었다. 우리가 기도하고, 주님의 능력을 드러낼 때 오히려 고난이 올 수도 있다. 사도행전은 선교행전이요 동시에 박해행전이다. 선교와 고난은 함께 간다. 그러나 그 고난은 하나님의 선하신 뜻을 위해 사용될 것이다.

바울과 실라는 옷이 찢긴 채로 많은 매를 맞고, 발에 차꼬가 채워진 채로 깊은 감옥에 갇혔다. 상처는 밤이 되면 더욱 아픈 법이다. 쓰라린 상처의 고통, 비좁은 감옥 안의 열기로 인해 바울과 실라는 제대로 잠을 이루지 못했을 것이다. 그들은 칠흑같이 캄캄한 감옥에서 하나님께 기도하고 찬양하였다. 감옥에 있던 다른 죄수들이 기도와 찬송을 들었다. '들었다'의 헬라어 '에파크로아오마이'(ἐπακροάομαι)는 신약에서 단 한 차례 사용된 단어다. 들리기 때문에 듣는 게 아니라, 경청한다는 뜻이다. 죄수들은 이 밤에 누가 노래하냐며 호통을 쳤을 법한데, 이상하게도 오히려 귀 기울여 들었다. 한밤중 감옥에서 드리는 바울과 실라의 기도와 찬양은 그 자체로 간증이요 복음 증거였기 때문이 아닐까?

그들의 기도는 고통을 호소하고, 하나님의 기적적인 도움으로 탈출하는 것이 아니었다. 하나님께 드리는 찬양이었다. 바울과 실라에게 있어서 감옥은 더 이상 감옥이 아니라, 하나님을 찬양하는 제단이요, 영성 수련의 장이었다. 또한 그들의 기도와 찬양은 수감자들에게 강력한 복음에 대한 증거였을 것이다. 신음과 탄식과 불평이 쏟아져 나와야 할 때에 찬양하는 그들의 모습만큼 깅렬한 복음 증거자의 모습이 어디에 있을까?

바울과 실라는 어떻게 만신창이가 된 몸을 가지고 기도하고 찬양할 수 있었을까? 몸이 아파 뜬 눈으로 밤을 지내신 적이 있을 것이다. 기도하고 찬양하기가 결코 쉽지 않다. 바울과 실라가 육신의 고통 속에서도 기도하고 찬양할 수 있었던 이유는 먼저, 바울과 실라는 늘 기도하는 사람이었기 때문이다. 바울이 루디아를 만날 때도 기도처를 찾다가 강가에서 기도하고 있던 루디아를 만나지 않았던가? 또 바울은 '기도하는 곳에 가다가' 귀신을 만났다. 바울은 늘 기도하는 곳을 찾았다. 그렇기에 그는 감옥에 갇혀서도 기도할 수 있었다. 기도가 의무가 아니라 기쁨인 사람에게는 장소가 문제 되지 않는다.

또 이들이 기도하고 찬양할 수 있었던 것은 이 고난에도 하나님의 뜻이 있다고 믿었기 때문이다. 아시아에서 선교하려는 자신의 계획을 막으시면서까지 자신을 빌립보로 보내시지 않았던가? 비록 내가 지금 매를 맞고 감옥에 갇혀 있지만 하나님의 뜻이 있다고 믿었던 것이다. 이 믿음이 있으니 염려가 아니라 기도할 수 있었다. 그래서 바울은 이렇게 말한다.

> ⁶ 아무 것도 염려하지 말고 다만 모든 일에 기도와 간구로, 너희 구할 것을 감사함으로 하나님께 아뢰라 ⁷ 그리하면 모든 지각에 뛰어난 하나님의 평강이 그리스도 예수 안에서 너희 마음과 생각을 지키시리라 (빌 4:6-7)

성경 중에서 많은 성도님들이 좋아하는 구절이 바로 이 구절이다. 바울이 빌립보서를 기록할 때도 로마 감옥에 있었다. 지금 사도행전 16장에서도 빌립보 감옥에 있다. 위 구절은 책상에서 나온 말이 아니다. 감옥에서 자신이 기도하고 찬양한 경험에서 나온 말이다.

하나님은 바울과 실라의 기도와 찬양을 들으시고 역사하셨다. 갑자기 큰 지진이 나서 옥터가 움직이고, 옥문이 열리고, 모든 사람의 매인 것이 다 풀렸다. 빌립보 지역은 화산대가 지나가는 지역이라 지진 발생이 높다고 한다. 바울과 실라는 깊은 옥에 갇혔고, 또 그 발이 차꼬에 '든든히' 채워졌으나(24절) 하나님의 역사 앞에서 이 모든 인간의 방해는 힘없이 무너져 내릴 뿐이었다.

간수가 자다가 깨어 옥문이 열린 것을 보고 죄수들이 다 도망한 줄 알고 칼을 빼어 자결하려고 했다. 간수로서 책임을 다하지 못했다는 자책감이 깊었던 것이다. 당시 로마제국에서는 자살이 드문 현상이 아니었고, 오히려 명예스러운 행동으로 생각했었다.[50] 그때 바울이 '크게' 소리를 질러 제지한다. "네 몸을 상하지 말라. 우리가 다 여기 있노라"(28절). 여느 사람 같았으면 오히려 칼을 빼어 간수를 죽이고 탈출했을 텐데 바울은 오히려 간수의 자결을 막았다. 바울에게 있어서 중요한 것은 감옥에서 도망치는 것이 아니라, 생명을 살리는 일이었다. 바울은 자신에게 유리하게 돌아가는 상황 속에서 그 상황을 자신의 유익이라는 관점에서 바라보지 않았다. 하나님이 원하시는 뜻이 무엇인가를 구하는 자였다.

그 결과 간수는 바울의 제지로 자결하지 않았다. 바울과 실라에게 달려와 그들 앞에 엎드렸다. 간수와 죄수의 위치가 역전된 것이다. 이런 역전은 나중에 바울이 알렉산드리아호를 타고 항해하던 중 폭풍을 만나 아무 소망도 없을 때 죄수의 몸이었던 바울이 배의 선장과 선원, 군인들을 통솔하는 모습에서도 나타난다(27장). 간수는 바울과 실라에게 묻는다. "내가 어떻게 하여야 구원을 받으리이까?"

이에 바울과 실라가 우리에게 매우 잘 알려진 말로 대답한다. "주 예수를 믿으라 그리하면 너와 네 집이 구원을 받으리라"(31절). 바울은 예수가 주님이심을 믿으라는 것이다. 그러면 주님이 너와 네 집을 구원할 것이다. 그동안 간수에게 주님은 로마 황제였다. 그러나 이제 주인은 예수님이시다. 예수님은 나를 죄에서 구원하시는 구원자시다. 동시에 예수님은 우리가 순종하고 충성해야 할 주님이시다.

바울은 간수는 물론 그의 집안사람 모두에게 주의 말씀을 전하였다(32절).

---

50 유상현, 『바울의 제2차 선교여행』, 134-135.

장소가 감옥에서 간수의 집으로 바뀌었다. 간수의 집은 감옥 근처였던 것 같다. 하지만 장소의 변화가 정작 언급된 시점은 33절에 가서다. 간수는 바울과 실라를 데려다가 맞은 자리를 씻어줬다. 그리고 자신과 온 가족은 세례를 받아 죄 씻음을 받았다. 그리고 간수는 바울과 실라를 데리고 자기 집에 올라가서 음식을 차려준다. 장소 변화의 시점이 명확하지 않은데, 필자는 32절부터 간수의 집으로 옮겨갔다고 보겠다.

여기서도 세례와 식탁교제가 나타난다. 간수와 그의 가족 모두가 예수를 믿고 '그 자리에서' 세례까지 받았다(33절). 당시에는 가장이 개종을 하면 집안 식구(종들도 포함) 전체가 개종했었다. 개역개정성경에는 번역되지 않았으나 헬라어 원문에는 '파라크레마'($\pi\alpha\rho\alpha\chi\rho\tilde{\eta}\mu\alpha$)라는 단어가 있다. 새번역성경과 공동번역개정판은 '그 자리에서'로 번역했다. "그 밤 그 시각에, 간수는 그들을 데려다가, 상처를 씻어 주었다. 그리고 그와 온 가족이 그 자리에서 세례를 받았다"(새번역성경). NRSV는 'without delay'로, NIV는 'immediately'로 번역했다. 루디아 역시 자신과 집안 식구가 다 세례를 받았다. 강가에 있었으니 그 자리에서 세례 받았을 것이다. 고넬료와 그의 가족들 역시 베드로에게 세례를 받았다. 또 34절을 보면 간수는 바울 일행을 데리고 자기 집에 데리고 와서 음식을 차려주었다. 단순한 음식 대접인지 성찬까지 포함하는지는 불분명하다. 앞서 루디아도 예수님을 영접한 후 바울 일행을 자기 집에 초대했다. 거기서 성찬과 애찬을 나눴을 것이다. 고넬료 역시 성령 받고 세례를 받았으며, 베드로와 그의 일행을 자기 집에 며칠 더 머물도록 요청한다. 베드로는 이에 응했고, 당연히 밥을 같이 먹었을 것이다(10:47-48). 예수 믿고 난 후 세례를 받고 음식을 나누는 일이 공통적으로 나타난다.

하나님을 믿게 된 그들에게는 큰 기쁨이 임했다(34절). 자결할 뻔했던 간수가 자신과 온 집안이 구원을 얻어 큰 기쁨을 누리게 된 것은 바울이 탈출할 수 있는 상황에서도 탈출하지 않았기 때문이다. 한 사람과 그 집안이 구원받는 역사는 이렇게 자신의 유익을 포기하고 용서하는 자를 통해 이루어진다.

바울, 로마 시민임을 밝히다 (35-40절)

한밤중의 놀라운 이적과 한 집안이 구원받은 사건이 있은 다음 날, 바울과 실라를 수감한 상관들이 부하를 보내어 그들을 놓아주려고 했다. 간수는 바울에게 이렇게 말을 전한다.

> 35 날이 새매 상관들이 부하를 보내어 이 사람들을 놓으라 하니 36 간수가
> 그 말대로 바울에게 말하되 상관들이 사람을 보내어 너희를 놓으라 하였
> 으니 이제는 나가서 평안히 가라 하거늘 (35-36절)

"이제는 나가서 평안히 가라." 사람을 실컷 두들겨 패서 감옥에 가둬놓고서는 '평안히' 가라니! 바울은 이 말을 듣고 화가 난 것 같다. 빌립보는 가장 로마를 닮은 도시였고, 당시 빌립보 시민들은 로마제국의 수도 로마 시민들과 동일한 권리를 누렸는데 정작 로마 시민인 바울은 힘 있는 관리의 피해자가 되었다. 있을 수 없는 일이 발생한 것이다. 그래서 바울은 자신이 로마 시민임을 밝히면서 그들의 처사에 대해 이의를 제기했다. 바울은 빌립보 사람들에게 매를 맞을 때는 이 사실을 밝히지 않았다. 만약 바울이 그때 자신이 로마 시민임을 밝혔더라면 그는 매를 맞지 않았을 것이다. 바울이 왜 그

때 밝히지 않았는지 정확히 알 수 없지만, 아마도 그는 하나님이 주시는 마음에 따라 권리를 주장하기보다 하나님의 인도하심에 맡긴 것 같다. 바울은 복음을 위해, 사람을 얻기 위해 자기의 권리를 쓰지 않았음을 고백한다(고전 9:12, 18-19 참조).

> 다른 이들도 너희에게 이런 권리를 가졌거든 하물며 우리일까보냐 그러나 우리가 이 권리를 쓰지 아니하고 범사에 참는 것은 그리스도의 복음에 아무 장애가 없게 하려 함이로다 (고전 9:12)

바울은 옥에서 나와 루디아의 집으로 가서 믿는 형제들을 만나 보고 그들을 위로한다. 아마 바울과 실라가 매를 맞고 투옥되는 걸 보고 걱정을 많이 했을 것이다. 그들을 위로하고 다음 행선지로 떠난다.

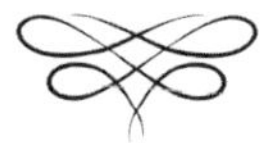

17장

데살로니가에서 (1-9절)

빌립보를 떠난 바울 일행은 암비볼리와 아볼로니아를 거쳐 데살로니가에 이르렀다. 빌립보에서 암비볼리는 48km, 암비볼리에서 아볼로니아는 43.2km, 또 아볼로니아에서 데살로니가까지는 약 56km 거리다. 빌립보에서 데살로니가까지는 약 147km다. 서울-대전 사이 거리보다 조금 짧다.

데살로니가(Thessalonica)는 로마의 속주인 마게도냐의 수도로서 해로 및 육로 모든 면에서 중요한 위치에 있었던 도시였다. 주전 315년 마게도냐의 왕 카산더(Cassander)에 의해 세워졌는데, 데살로니가라는 이름은 카산더 왕의 아내요 알렉산더 대왕의 이복누이 이름을 딴 것이다. 빌립보보다 2~3배는 큰 도시였다. 도시 자체적으로 동전을 발행하는 등 식민지가 아니라 자유의 도시(*civitas libera*)로 불렸다.[51] 디오니소스, 포세이돈, 아프로디테 등 여러

---

51 정은찬, 『바울, 마케도니아에 가다』 (서울: IVP, 2023), 127.

우상을 섬겼으며, 항구 도시로 경제적으로 번창했다.

바울은 1차 선교 여행 때처럼(13:14; 14:1) 먼저 유대인의 회당에 들어가 복음을 전했다. 2절에 따르면 바울은 3주 동안 안식일마다 성경(여기서는 구약성경)에 대해 사람들과 토론했다. 바울은 성경을 통해 그리스도께서 고난을 받은 후 죽으시고 "다시 살아나야 할 것"을 설명하고 증명했다. 헬라어 성경에는 '…해야만 한다'라는 뜻을 가진 '에데이'(ἔδει)가 사용되고 있는데, 하나님이 정하셨기 때문에 이뤄질 수밖에 없음(divine necessity)을 나타내는 조동사다. 당시 유대인들은 그리스도, 즉 메시아가 고난을 받고 죽는다는 것, 그리고 부활한다는 것을 생각하지도 못했다. 바울은 성경을 가지고 이 진리를 설명하고 증명했으며, 그리스도가 자신이 선포하는 예수님이라는 사실을 전했다. 바울이 복음을 전하는 방식은 다양했다. '강론하고'(διελέξατο [디엘렉싸토]), '뜻을 풀고'(διανοίγων [디아노이곤]), '증언(증명) 하고'(παρατιθέμενος [파라티테메노스]), '전했다'(선포, καταγγέλλω [카탕겔로]). 우리가 복음을 전할 때, '예수 천당 불신 지옥'을 선포만 하는 데 그치지 않고, 성경을 갖고 토론하고 설명하고 증명할 수 있는 지성도 갖춰야 한다.

그러자 많은 사람들이 바울과 실라를 따르게 됐다. 하지만 믿지 않는 자들도 있었고, 이들은 바울을 시기하여 거짓으로 고소하고 믿게 된 자들을 핍박했다. 데살로니가 사람들이 어떻게 바울이 전한 말씀을 받아들였는지 데살로니가전서는 이렇게 말한다.

이러므로 우리가 하나님께 끊임없이 감사함은 너희가 우리에게 들은 바 하나님의 말씀을 받을 때에 사람의 말로 받지 아니하고 하나님의 말씀으로 받음이니 진실로 그러하도다 이 말씀이 또한 너희 믿는 자 가운데에서 역사하느니라 (살전 2:13)

데살로니가 교인들도 바울이 전한 복음을 사람의 말이 아니라 하나님의 말씀으로 받아들였다. 받아들임은 믿음으로 수용했다는 것이다. 바울이 어떻게 전했기에 사람의 말을 하나님의 말씀으로 받아들였을까? 바울의 언변이 뛰어나서일까? 아니다. 성령이 역사하시기 때문이다.

또 너희는 많은 환난 가운데서 성령의 기쁨으로 말씀을 받아 우리와 주를 본받은 자가 되었으니 (살전 1:6)

데살로니가 성도들은 바울의 말씀을 받을 때 성령이 주시는 기쁨이 있었다. 성경은 성령의 감동으로 기록되었다. 기록된 하나님의 말씀 성경이 사람을 통해 선포될 때도 성령께서 듣는 자를 감동시킬 때 듣는 자가 하나님의 말씀으로 받아들인다. 그러면 성령이 주시는 기쁨으로 충만하다. 그래서 우리는 말씀 듣거나 읽기 전에 기도해야 한다. 성령의 감동이 있도록 말이다.

4절에 따르면 데살로니가에 있는 몇몇 유대 사람들, 데살로니가에 있는 많은 이방인들과 적지 않은 귀부인들이 '설득돼', 바울과 실라를 '따랐다'. 여기서 '귀부인들'이란 사회적 지위가 높고 부유한 상류층 부인들을 가리킨다. 이들은 비시디아 안디옥에서 믿지 않는 유대인들에게 선동을 받아 바울과 바나바를 박해했던 그곳 귀부인들과는 전혀 달랐다. 특히 4절에서 '따르다'라는 뜻의 헬라어 '프로세클레로테산'(προσεκληρώθησαν)은 신약성경에서 오직 이곳에서만 사용되는 단어인데, 원래 의미는 '제비뽑기 등을 통해 어떤 일을 배정받다, 할당받다'라는 뜻이다. 이런 의미를 감안해서 다시 풀어 보면 데살로니가에 있는 일부 유대인들은 하나님이 예정하신 사람들이며, 그들은 복음을 듣고 바울과 실라를 따랐다는 말이다. 루디아도 바울을 통해 복음을 들을 때 주께서 그의 마음을 여셨다. 즉 사도행전에는 구원을 받는 자들이 하나님의 예정 속에 있음을 보여준다(13:48도 참조). 우리가 말씀을 선포하고, 강론하고, 증명하는 다양한 노력을 하면 우리가 전하는 말씀을 듣고 하나님이 정하신 자들이 돌아오게 될 것이다.

이렇게 전도의 열매가 나타나자 데살로니가에 있는 믿지 않는 유대인들이 '시기'하게 되었다(5절). 그들은 시정잡배들을 끌어모아 떼를 지어서 소동을 일으켰다. 그리고 바울과 실라를 찾아 사람들 앞에 끌어내려고 그들을 찾았다. 데살로니가에는 바울을 통해 예수님을 믿게 된 것으로 추측되는 '야손'이라는 사람이 있었는데, 야손은 바울과 실라 일행을 자기 집에 유숙하게 한 것 같다(7절). 이 사실을 안 믿지 않는 유대인들과 불량배들이 야손의 집으로 쳐들어갔다. 마침 바울 일행은 없었다. 아마도 신변의 위협을 감지하고 미리 몸을 피했던 것 같다. 대신 야손과 아마도 그곳에 모여 있었던 것으로 보이는 성도들이 끌려갔다. 이들은 야손과 성도들을 데살로니가의 읍장들에게 끌고가 이들을 고소했다. '읍장들'(πολιτάρχας [폴리타르카스])이란 재판 관련 업무를 담당하는 책임자들로 보인다. 그들은 바울과 실라가 가이사 외에 예수라는 다른 왕이 있다고 주장하며 세상을 온통 시끄럽게 만들고 있다고, 이것은 가이사의 칙령을 거역하는 반란죄이며 야손과 성도들은 바울과 실라의 이런 주장에 동조했다는 것이었다(7절). 예수님을 모함한 유대 종교 지도자들도 마찬가지였다. 이들은 무리를 선동하여 예수님을 정치범으로, 반란수괴로 고소했다.

¹ 무리가 다 일어나 예수를 빌라도에게 끌고 가서 ² 고발하여 이르되 우리가 이 사람을 보매 우리 백성을 미혹하고 가이사에게 세금 바치는 것을 금하며 자칭 왕 그리스도라 하더이다 하니 (눅 23:1-2)

그러나 다행히도 야손과 성도들은 보석금을 내고 겨우 풀려날 수 있었다. 성경에서 야손은 사도행전 17장에만 잠시 언급되고 있을 뿐이지만 그가 있었기에 바울의 일행은 데살로니가 선교 사역을 잘 감당할 수 있었고, 야손은 바울 일행을 대신해서 욕을 보고 재산상의 손실까지 감수했다. 선교는 바로 이와 같은 사람들로 인해 가능했다.

 (10-15절)

데살로니가의 형제들은 아무래도 위험해서 바울과 실라를 베리아로 보냈다. 베리아에 가서 바울과 실라는 회당에 들어가 복음을 전했다. 베리아 사람들은 데살로니가 사람들보다 더 너그러웠다. 마음이 더 수용적이었다. 편견 없이 사람의 말에 귀를 기울인다는 뜻이다. 영어성경 NRSV는 '수용적인'(receptive)로 번역했다. 반면에 NIV 성경과 새번역성경은 '더 고상하다'(noble)라고 번역했다.

먼저 그들은 하나님의 말씀을 '간절한 마음으로' 받아들였다. 그들은 참으로 간절하게 열정을 갖고 말씀을 받아들인 것이다. 또한 베리아 교인들은 성경을 상고(詳考) 했다. 이에 해딩하는 헬라어 '아나크리노'(ἀνακρίνω)는 마치 변호사나 검사가 소송에 임해서 관련 서류를 꼼꼼하고 주의 깊게 연구하고 검토한다는 의미를 가지고 있다. 우리의 신앙의 선배들도 그러했다. 그들은 '사경회'를 해마다 개최하여 성경을 자세히 공부하였다. '사경회'(查經會)란 문자적으로 '성경을 조사하는 집회'라는 뜻이다. 그만큼 철저히 성경을 공부했다. 지금도 신학교는 '신앙 사경회'란 이름으로 신앙 집회를 가진다. 이러한 신앙이 바로 한국교회의 든든한 초석을 이뤘다.

베뢰아 사람은 이런 자세로 '날마다' 하나님의 말씀을 연구했다. 하루 이틀이 아니라, 사경회 있을 때만이 아니라, 매일 말씀을 이렇게 묵상하고 또 묵상했다. '묵상하다'라는 뜻의 히브리어 '하가'에 대해 유진 피터슨은 배고픈 개가 뼈를 샅샅이 발라 먹는 모습에 비유한 적이 있다. 성경은 그렇게 읽어야 한다. 아니 말씀을 먹어야 한다. 눈으로 보고, 입으로 읽고, 귀로 듣고, 입으로 씹어 먹어 피가 되고 살이 되어야 한다. 그래서 오로지 말씀으로만 충만해야 한다. 내 혈관에 말씀이 흐르도록 말이다.

12절에 따르면 베뢰아에서도 많은 유대인이 믿게 되었고, 적지 않은 헬라의 귀부인들과 남자들이 믿게 되었다. 바울이 베뢰아에서 하나님의 말씀을 전한다는 소식을 들은 데살로니가의 유대인들은 베뢰아에 와서 사람들을 선동해 소동을 일으켰다. 이에 성도들은 바울을 아테네로 피신시키게 되었고, 실라와 디모데는 일단 베뢰아에 남게 되었다. 아마도 상황을 정리한 뒤 다시 바울과 합류하고자 했던 것 같다(14-15절).

아덴에서 (16-34절)

바울이 다음으로 간 곳은 그리스 아테네였다. 아테네 사람들은 종교적이었다. 많은 신을 섬겼다. 아덴 도시 곳곳에 신들의 이름이 새겨진 제단이 있었다. 심지어 아덴 사람들은 이름을 아는 신들을 위하는 것은 물론 비록 자신들이 알지 못하지만 있을 수 있는 신을 염두에 두고 '알지 못하는 신에게'라고 새긴 제단을 만들어 기렸다. 바울은 아테네 사람들이 매우 종교성이 많지만, 알지도 못하는 신에게 예배해 왔음을 지적한다. 그러면서 그는 살아계신 하나님을 선포한다.

첫째, 바울은 하나님이 만물의 창조주시오 천지의 주재라고 선포한다(24-25절, 28-29절). 만물의 창조주 하나님은 오히려 우리에게 생명과 호흡을 주신다. 만물을 우리에게 주셔서 그것을 누리며 살게 하신다. 사람은 창조주 하나님을 힘입어 살아간다. 그런 점에서 사람은 '하나님의 소생'이다. '소생(所生)'이란 자녀를 말하니, 사람은 하나님의 자녀라는 뜻이다. 그렇기 때문에 하나님은 인간의 손으로 만든 것으로 섬김을 받을 분이 아니다. 하나님은 스스로 계신 분이요 충만하신 분이시다.

바울이 설교한 곳은 그리스 아테네의 '아레오바고' 광장이었다(22절). '아레오바고'란 당시 그리스 사람들이 전쟁의 신으로 섬긴 '아레스'(로마인들에게는 Mars)의 언덕이란 뜻으로, '아고라' 위에, '아크로폴리스' 아래에 위치해 있었다. 이곳은 법정으로 사용되기도 했다. 그리스 아테네는 철학으로 유명하다. 실제로 바울은 아테네에서 에피쿠로스 철학자, 스토아 철학자들과 만나 토론을 했다. 그러나 가장 지적인 도시인 아테네는 우상으로 가득 차 있었다. 바울은 아테네에 우상이 가득 찬 것을 보고 매우 격분했다(16절). 아무리 철학과 사상이 발달해도 그곳에는 죄악 된 인간의 욕망이 넘칠 뿐이었다. 또 그리스 사람들은 하나님을 알지 못한 채 알지 못하는 신에게 경배할 뿐이었다. 아테네는 인간 지성의 한계를 보여준다. 그래서일까? 바울은 고린도전서에서 이렇게 말한다.

[22] 유대인은 표적을 구하고 헬라인은 지혜를 찾으나 [23] 우리는 십자가에 못 박힌 그리스도를 전하니 유대인에게는 거리끼는 것이요 이방인에게는 미련한 것이로되 [24] 오직 부르심을 받은 자들에게는 유대인이나 헬라인이나 그리스도는 하나님의 능력이요 하나님의 지혜니라 [25] 하나님의 어리석음이 사람보다 지혜롭고 하나님의 약하심이 사람보다 강하니라

(고전 1:22-25)

십자가에 못 박힌 그리스도가 우리를 구원하는 하나님의 능력이요 지혜다! 이것이 복음이다. 철학은 본래 '지혜를 사랑하다'라는 뜻이다. 우리가 사랑해야 할 지혜는 하나님의 지혜다.

둘째, 하나님은 역사의 주관자시다(26절). 하나님은 인류의 모든 족속을 한 혈통으로 만드셨다. 모든 사람은 아담의 자손이기 때문이다. 하나님은 모든 민족을 만들어 땅에서 살게 하셨고, 각 나라의 연대를 정하셨다. 즉 어떤 나라가 이 땅에 존속하는 기간을 정하셨다. 거주의 경계(국경)도 정하셨다.

셋째, 하나님은 세상을 공의로 심판하실 날을 정하셨다. 바울은 아덴 사람들에게 회개를 촉구했다. 전에는 사람들이 몰라서 우상을 섬겼지만 '이제는'(30절) 복음을 들었으니 살아계신 하나님께 돌아와야 한다고 촉구한다. 죽음을 이기시고 부활하신 예수님을 믿어야 한다. 그렇지 않으면 심판을 받게 될 것이라고 선포한다. 그날이 언제인지 아무도 모른다. 하나님만 아신다(31절). 심판을 받을 인간들은 회개해야 한다(30절). 우상을 섬겼기 때문이다. 나중에 바울이 벨릭스 총독 앞에 섰을 때도 그가 전한 복음은 장차 올 심판이었다. "바울이 의와 절제와 **장차 오는 심판**을 강론하니 벨릭스가 두려워하여 대답하되 지금은 가라 내가 틈이 있으면 너를 부르리라 하고"(24:25).

바울이 전한 복음은 아테네 사람들에게는 들어보지 못한 새로운 내용이었다(19절). 어떤 사람들은 죽은 사람들이 다시 살아난다는 말에 바울을 비웃었다. 그러나 어떤 사람들은 마지막 심판과 부활에 대해 더 듣고 싶어 했다. 아레오바고 관리 디오누시오와 다마리라는 여자와 기타 여러 사람이 바로 그들이었다(34절). 하나님이 택하신 자들은 때가 되면 복음에 관심을 기울인다. 사실 아덴에서의 전도는 다른 곳과 비교할 때 숫자가 적은 것이 사실이다. 일부 사람들은 바울이 성경을 가지고 전도하지 않고 철학과 일반계시를 가지고 전했기 때문이라고 본다. 그래서 바울이 십자가 외에는 아무것도 알지 않기로 했다고 말했다는 것이다(고전 2:2). 그러나 30명으로 구성된 아레오바고 의원 중 한 사람인 디오누시오가 예수를 믿게 됐고, 다마리라는 유력한 여인 등이 믿게 된 것을 실패라고 보기에는 무리다.

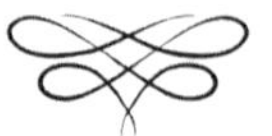

18장

고린도 도시에 대하여

아덴을 떠난 바울 일행은 고린도에 이르렀다. 고린도는 아덴에서 서쪽으로 약 80km 떨어져 있다. 바울 당시 고린도는 아가야의 수도였다. 아가야는 오늘날 그리스의 남부 지역을 말하며, 아덴과 고린도가 여기에 속한다. 속주의 수도답게 인구도 많아 일부 학자는 시민 30여만 명과 노예 46여만 명, 모두 76여만 명에 육박했다고 보기도 한다.[52] 고린도는 경제적으로 번영했지만, 방탕의 도시였다. 혹자는 당대의 라스베이거스라고 말하기도 한다. 고린도는 오늘날의 아시안 게임과 같은 운동경기로 유명했다. 고린도의 동쪽에는 '겐그레아'라는 항구가 있었고, 서쪽으로는 '레케움'이라는 항구가 있

---

52 대럴 벅, 『BECNT 사도행전』, 733.

었다.

바울, 아굴라와 브리스길라를 만나다

여기서 바울은 아굴라와 그의 아내 브리스길라를 만난다. 이들은 원래 로마에 살고 있었는데, 주후 49년 글라우디오(Claudius) 황제가 유대인 추방령을 내려 고린도로 오게 된 것이다. 당시에 로마에 있던 유대인들은 예수 그리스도를 믿는 유대인들과 믿지 않는 유대인들로 나뉘어 갈등이 심했다. 글라우디오 황제는 이 갈등이 사회의 안전을 해친다고 판단하여 유대인 추방령을 내린다. 실제로 로마에 살던 모든 유대인이 전부 추방되었는지, 아니면 예수님을 믿던 유대인들만 추방되었는지는 확실하지 않지만 후자였을 가능성이 높다. 황제의 추방령이 내려지자 아굴라와 브리스길라는 로마를 떠날 수밖에 없었는데, 그들이 로마를 떠나서 갔던 곳이 바로 고린도였다.

그들은 여기서 바울을 만난다. 바울이 이 두 사람을 찾아갔으나 전도했다는 말이 없는 것으로 보아 이 두 사람은 로마에 있을 때부터 예수님을 믿었던 사람 같다. 바울의 입장에서 보면 두 명의 동역자를 얻게 된 셈이다. 그 후 아굴라와 브리스길라는 바울의 동역자로 함께 선교하게 된다. 고린도에서, 그리고 바울을 따라 에베소에 가서 복음을 전하는 일에 힘썼다. 로마서 16장 3~5절을 보면 바울은 이 두 사람이 생명의 위험을 무릅쓰고 자신의 생명을 구해주었으며, 이방인들로 구성된 여러 교회가 그들에게 감사하고 있다고 말할 정도였다. 아굴라와 브리스길라 부부는 바울을 위해, 아니 복음을 위해 헌신적으로 일했다. 그러다가 주후 54년에 글라우디오 황제가 죽은 뒤 네로 황제가 등극하면서 글라우디오 황제가 내린 유대인 추방령을 폐지하자, 브리스길라와 아굴라는 다시 로마로 돌아간 것으로 보인다.

그렇다면 아굴라와 브리스길라가 로마에서 추방된 일은 개인적으로 볼 때 아픔이요 고난이었겠지만 그들이 로마에서 추방되었기 때문에 고린도에 와서 바울을 만날 수 있었고, 바울을 통해 복음의 진수를 더욱 잘 배울 수 있었을 것이다. 또 그들은 다시 로마로 돌아가기까지 5년 동안 바울과 함께 복음 사역에 헌신하여 고린도 교회, 에베소의 교회를 섬겼고, 다시 로마에서 돌아가서는 로마의 가정 교회 지도자로 우뚝 서게 됐다. 이렇게 보면 아굴라와 브리스길라가 로마에서 추방된 일은 그들에게 불행이 아니라 축복이 아니었을까? 하나님은 글라우디오 황제가 내린 유대인 추방이라는 사건을 사용하셔서 이 두 사람을 훈련 시키시고, 선교에 헌신케 하신 것이다. 범사에 주님의 섭리가 있음을 인정하고 순종하자.

바울은 안식일마다 회당에서 강론하며 예수는 그리스도 밝히 증거했다. 이런 바울의 모습에 대해 성경은 바울이 '말씀에 붙잡혔다'(5절)고 말한다. 그만큼 바울은 철저하게 말씀에 사로잡혔던 사람이었다. 또 바울은 자신이 '성령에 매인 사람'(20:22)이라고 말하기도 했다. 인간은 결코 절대적 자유를 누릴 수 있는 존재가 아니다. 무엇인가에 붙잡히거나 매여 사는 사람이다. 중요한 것은 무엇에 사로잡혔는가다. 성도는 말씀에 사로잡힌 사람이요 성령에 매인 사람이다. 내 생각이 아니라 말씀에 따라, 내 생각이 아니라 성령에 따라 살아가는 사람이다.

바울은 천막 제조의 기술을 가지고 있었던 것 같다(18:3). 당시 유대인들은 육체 노동을 중시하여 생계를 위해서라도 기술을 배우게 했다. "누구든지 아들에게 기술을 가르치지 않는 자는 도적이 되게 하는 것"이라는 랍비의 경구도 있다.[53] 바울은 가말리엘에게서 랍비 교육을 받으며 생업 기술을 익혔을 수도 있다. 바울은 천막 제조 기술을 가지고 스스로 일을 하며 선교했었다(고전 4:12, "또 수고하여 친히 손으로 일을 하며 모욕을 당한즉 축복하고 박해를 받은즉 참고").

바울은 천막을 만드는 일을 하면서 다양한 계층의 사람들을 만났을 것이다. 천막의 주 수요자는 군인들이었지만, 그 밖에도 축제 때 큰 천막을 사용하는 부자들과 여행자의 천막, 배에서 사용되는 돛 등도 바울의 일감이었을 것이다. 바울은 이런 기술을 이용해 복음을 전했을 것이다. 당시에는 장인들의 일터인 작업장이 지적 토론이 이뤄지는 '살롱'의 역할을 했기 때문에 바울은 자신의 작업장에 찾아오는 사람들을 대상으로 자연스럽게 복음을 전했을 것이고, 이는 당시 문화에 일반적인 것이었기에 찾는 사람들도 자연스럽게 받아들였을 것이다.

바울은 고린도에서 아굴라 부부를 만나 그들의 집에서 천막 만드는 일을 한 것 같다. 아마도 아굴라 부부가 천막 제조를 할 수 있는 작업장을 갖출 정도의 집을 가졌을 것으로 보이는데, 그렇다면 이들은 괜찮은 재력을 가졌던

---

53 유상현, 『바울의 제2차 선교여행』, 323 참조.

사람으로 추측된다.[54]

유대인의 대적, 주님의 위로 (6-11절)

바울은 회당에 가서 유대인들에게 예수님이 그리스도이심을 열심히 증언했다. 그러나 유대인들은 바울에게 대들며 욕설을 퍼부었다. 바울은 복음을 받아들이기는커녕 자신에게 대들고 욕하는 유대인들에게 자신의 옷에 있는 먼지를 떨어내며 단호하게 말한다. 복음을 거부했기에 멸망할 것이라고, 그 책임은 당신들에게 있다고, 나에게는 책임이 없다고 말이다. 이런 뜻을 보여주는 행동이 옷에서 먼지를 떨어내는 것이었다.

바울은 유대인과 결별을 고하고 유대인을 떠나 이방인에게 전도하러 갔다. 마침 회당 바로 옆에 이방인 디도 유스도가 살고 있었다. 디도 유스도는 하나님을 경외하는 이방인이었다(7절). 고넬료나 루디아처럼 유스도 역시 유대교의 하나님을 알고 그를 믿는 사람으로서, 회당 예배에도 참석했을 것이다. 또 바울은 회당장 '그리스보'에게 전도하여 그의 온 집안 식구들이 주님을 믿었고, 놀랍게도 수많은 고린도 사람이 복음을 듣고 믿어 세례를 받기에 이르렀다.

그렇지만 바울은 고린도를 빨리 떠나고 싶어 했다. 유대인들이 여전히 자신을 해치려 하고 있어 두려웠다. 그때 주님이 환상 가운데 바울에게 나타나 말씀하셨다(9-10절). 먼저 주님은 바울에게 '두려워 말라'고 위로하신다. 하나님이 바울에게 담대함을 주셔서 절망과 두려움을 극복하게 하신 것은

---

54 앞의 글, 324-326.

비단 위의 경우에만 국한되지 않는다. 바울이 3차 전도 여행을 마치고 예루살렘에 올라갔을 때, 그곳에서는 결박과 환란이 그를 기다리고 있었다 (20:23; 21:10). 그때도 하나님은 바울에게 나타나셔서 '담대하라'고 권면하셨다(23:11). 또한 하나님은 바울이 로마로 호송되는 중, 바울이 탄 배가 큰 풍랑을 만났을 때에도 그에게 나타나 '두려워 말라'며 그에게 용기를 주셨다 (27:23-25). 이와 같이 하나님은 바울이 환란과 위기를 당할 때마다 그에게 나타나셔서 위로하시고 담대함을 주셨다.

둘째, 주님은 바울에게 잠잠하지 말고 말할 것을 요구하셨다. 그러면서 주님이 바울과 함께 있어 어떤 사람도 바울을 해치지 못할 것이라고 약속하셨다. 주님이 바울이 계속해서 고린도에 머물기를 원하셨던 이유는 고린도에 '내 백성', 즉 '주님이 택하신 백성'이 많기 때문이었다. 그들이 복음을 듣고 구원을 받기까지 바울은 고린도를 떠나서는 안 된다. 주님의 강권에 힘입어서일까? 바울은 고린도에서 1년 6개월을 머물며 하나님의 말씀을 전한다. 고린도에서의 이 체류 기간은 에베소에서 약 3년을 머문 것을 제외하고서 바울이 전도를 위해 체류한 기간 중 가장 긴 기간이었다. 때로 내가 지금 있는 곳을 하루라도 빨리 떠나고 싶을 때가 있다. 그러나 내가 돌보아야 할 하나님의 백성이 있다면, 나를 통해 하나님의 백성이 되어야 할 사람이 있다면 나는 그곳에 머물러 있어야 한다. 대적하는 자들이 있어도 거기에 있어야 한다. 그것이 충성이다.

요나는 니느웨에 가야 했다. 그러나 그는 니느웨에 가는 것을 죽기보다 싫어했다. 그래서 불순종했다. 그러나 하나님은 니느웨를 구원하기를 원하셨다. 그곳에는 하나님이 아끼는 사람 12여만 명과 육축이 있었다. 하나님은 요나를 통해 니느웨가 하나님께 돌아오기를 바라셨다. 주님을 믿는 자에게는 떠날 자유도, 머무를 자유도 없다. 오직 주님이 하라는 대로 할 뿐이다.

하나님은 130여 년 전 조선 땅에 있는 내 백성을 구원하기 위해 선교사들을 보내셨다. 또 6·25 전쟁 속에서도 하나님의 당신의 백성을 지키시기 위해 역사하셨다. 당시 미국의 트루먼 대통령은 전쟁이 발발한 지 단 이틀 만에 참전과 파병을 결정했다. 1950년 1월 10일 미국은 한반도를 태평양 방위선에서 제외한다는 애치슨 라인을 발표했기 때문에 한국은 미국이 방어할 나라가 아니었다. 그런데 어떻게 트루먼 대통령은 전쟁 발발 단 이틀 만에 파병을 결정했나? 대한민국에 있는 하나님의 백성을 지키기 위한 하나님의 주권적 은혜다. 트루먼 대통령이 신속한 파병을 결정하게 된 이유 가운데 하나는 빌리 그레이엄 목사가 대통령에게 보낸 전보가 영향을 미쳤다는 주장이 있다. 당시 빌리 그레이엄은 31세의 젊은 목사였고, 전보를 보낼 당시까지도 트루먼을 만난 적이 없었다. 그가 트루먼 대통령을 처음 만난 것은 1950년 7월 14일이다. 하지만 빌리 그레이엄 목사는 트루먼이 부통령이던 시절부터 친밀한 관계를 쌓아왔었다. 빌리 그레이엄 목사가 보낸 전보의 내용은 이런 것이었다.

코리아의 남쪽에는 인구 대비 세계 그 어느 지역보다 많은 기독교인이 있다. 그들을 내버려두어서는 안된다.[55]

"많은 기독교인이 있다. 그들을 내버려두어서는 안된다!" 빌리 그레이엄 목사는 대한민국에 하나님의 백성이 많이 있음을 상기시켰다. 하나님의 백성과 대한민국을 공산주의로 지켜야 한다! 그래서 전보를 친 것이다. 하나

---

55 유지윤, 김명섭, "프레데릭 B. 해리스의 한국관련 활동", 「한국정치외교사논총」 제40권 1호 (2018), 21.

님의 신비한 역사다.

유대인들, 바울을 고소하다 (12-17절)

바울이 고린도에서 1년 6개월 동안 하나님의 말씀을 가르치고 난 뒤 갈리오가 아가야의 총독이 됐을 때[56] 고린도에 있던 믿지 않는 유대인들이 '일제히' 들고 일어나 바울을 고소했다. 바울을 로마법에 의해 처리하려고 한 것이다. 앞서 6절에 따르면 유대 사람들은 말씀을 전하는 바울에게 대들며 욕설을 퍼부었다. 그러나 바울이 계속해서 1년 6개월 동안이나 머물면서 복음을 전했고, 열매를 거뒀다. 하나님을 경외하는 이방인 '디도 유스도'는 물론이요 유대교 지도자인 회당장이 예수님을 믿게 되었다. 회당장 '그리스보'와 그의 온 집안이 주님을 믿었고(8절), 그밖에 고린도전서를 보면 글로에의 집 사람들(1:11), 스데바나의 집 사람들(1:16; 16:15), 가이오(1:14; 롬 16:23) 등이 예수님을 믿고 가정 교회를 이뤘다. 이렇게 고린도에서 기독교가 부흥하자 고린도에 살고 있던, 예수님을 믿지 않는 유대인들이 위기의식을 느껴 모두가 일치단결하여 바울을 고소하게 된 것 같다.

사도행전에는 '고소', '고발'이란 단어가 25번 나온다. 신약에서 제일 많이 나온다. 신약 전체 48회이므로 50%가 넘는다. 바울의 2차 전도 여행의 첫

---

56 갈리오는 로마의 유명한 철학자 세네카(Seneca)의 형이었다. 1905년 델피(Delphi)의 아폴로 신전에서 발견된 비문('델피의 비문')에 따르면 갈리오가 아가야 총독으로 지낸 기간은 51-52년 사이인 것으로 본다. 쥬잇(Jewett)은 갈리오가 고린도에서 풍토병에 걸려 아마도 51년 내내 직무를 수행하지 못했으며, 바울이 갈리오 앞에 선 것은 51년 1월에서 52년 1월 사이의 어느 때라고 추측한다. Robert Jewett, *A Chronology of Paul's Life* (Philadelphia: Fortress Press, 1979), 39-41.

번째 장소인 빌립보에서 점치는 귀신 들린 여종을 고쳐주자 돈줄이 끊긴 여종의 주인들이 바울을 고발한 것을 시작으로 그 후로 계속 고발을 당한다. 바울이 불법을 행했기 때문이 아니라, 복음을 대적하는 세력들이 바울을 시기하고, 복음을 막기 위해서다.

이 유대인들은 바울이 율법을 어기면서 하나님을 섬기라고('하나님을 경외하라고'로도 번역할 수 있음) 사람들을 현혹했다고 고소했다. 구체적으로 바울의 어떤 말, 어떤 행동을 보고서 율법을 어기면서 하나님을 섬기라고 한 것인지, 무슨 율법 규정을 어겼다는 것인지 이들은 구체적으로 말하고 있지 않지만 이렇게 추측할 수는 있을 것 같다. 앞서 7절에 따르면 '디도 유스도'라는 이방인의 집에 바울이 들어간다. 원래 '디도 유스도'는 '하나님을 경외하는 이방인', 즉 고넬료나 루디아처럼 이방인으로서 유대교의 하나님을 믿는 사람이었다. 그러다가 바울을 만나 예수님을 믿게 된 것 같다. 그렇지 않다면 바울이 그의 집을 방문할 이유가 없다.

'디도 유스도'는 바울을 만나기 이전에도 하나님을 경외하는 사람이었고, 바울을 만난 후에도 하나님을 경외하는 사람이었다. 그러나 하나님을 경외하는 방식이 달라졌다. 디도 유스도는 예수님을 믿음으로써 하나님을 경외하게 되었다. 그러나 예수 그리스도를 믿음으로 하나님을 경외하게 되는 일은 유대교의 입장에서 보면 이것은 일종의 배교다. 당시 로마제국에서 '합법적 종교'(*religio licita*)로 인정을 받고 있던 유대교는 자신의 종교가 위협을 당하는 것을 보고 로마제국의 고위 관리인 갈리오 총독에게 고소한 것이다.

바울은 이들의 부당함을 주장하려고 막 입을 열려고 하는데, 당시 법정의 재판관이었던 로마 총독 갈리오가 유대인들이 바울을 고소한 사건은 로마법을 어긴 문제가 아니라 유대인의 율법과 관련된 것이므로 알아서 하라고 말한다. 15절에서 '언어'(λόγος [로고스])란 성경을, '명칭'(ὀνόματα [오노마타])란 바울이 복음을 전할 때 사용했었을 '예수 그리스도'와 같은 명칭을 가리키는 것 같다. '율법'은 말 그대로 율법을 가리킨다. 이렇게 유대교 내부의 종교적 문제라면 갈리오 자신은 관심이 없으니 재판을 기각한다고 말한 것이다. 그리고 바울과 유대인들을 법정에서 쫓아냈다. 만약 갈리오 총독이 바울이 전하는 복음이 위험하다고 판단했으면 바울은 전도에 큰 타격을 입었을 것이다.

바울은 그저 가만히 있기만 하였고, 하나님이 갈리오를 통해 그를 지켜주신 것이다. 갈리오가 공명정대한 재판관이어서가 아니었다. 유대교 내부의 문제에 관해 관심이 없었기 때문에, 또 귀찮아서 재판을 맡지 않은 것이다. 주께서 환상 가운데 바울에게 이렇게 말씀하시지 않으셨나? "내가 너와 함께 있으매 어떤 사람도 너를 대적하여 해롭게 할 자가 없을 것이니…"(10절). 하나님이 우리를 지켜주시는 방법 가운데 하나는 내가 아닌 다른 사람, 제3자를 통해 나를 구해주는 것이다. 그 사람은 나를 잘 모른다. 그러나 하나님이 그의 마음을 주장하셔서 나를 지키도록 만드실 수 있다. 하나님만 신뢰하자.

또 한 가지 이번 재판 기각을 통해 분명해진 사실은 기독교는 로마법을 어기고 로마제국에 위협이 되는 종교가 아니라, 유대교와 차이가 있어서 유대교와 갈등하고 있는 종교라는 점, 즉 바울의 복음 전도는 유대교 내부의 문제이지 로마제국의 법률 위반 문제가 아니라는 사실이다. 이렇게 하여 기독교가 정치적으로 위험한 종교가 아니라는 점을 누가는 말하고자 했던 것이다. 사도행전 25, 26장에 나오는 총독 벨릭스와 베스도 역시 마찬가지로 바울이 전하는 신앙이 체제에 위협이 된다고 보지 않았다.

하지만 유대인들은 순순히 물러나지 않았다. 그들 모두가 회당장 소스데네를 붙들어 법정 앞에서 마구 때렸다(17절). 여기서 '그들 모두'가 누구인지 확실하지 않다. 바울을 고소하러 온 유대인을 가리킬 것이다. 자신들의 계획이 무산되자 화가 났고, 당시에 소스데네는 회당장 그리스보처럼 예수님을 믿고 있었기 때문에 때린 것 같다. 하지만 갈리오 총독이 있는 법정 앞에서 어떻게 구타하는 일이 발생할 수 있는지는 의문이다.

이 소스데네가 바울의 동역자 된다. "하나님의 뜻을 따라 그리스도 예수의 사도로 부르심을 받은 바울과 형제 소스데네는"(고전 1:1). 형식적으로 고린도전서는 바울과 소스데네가 공동 집필자다. 어떻게 소스데네가 바울의 동역자가 되었는지는 알 수 없다. 그러나 소스데네 역시 고린도에 있던 '주님의 백성'이었던 것은 분명하다.

에베소에서의 바울 (18-23절)

겐그레아에서 머리를 깎다 (18절)

바울은 고린도에서 며칠 더 머물다가 수리아로 떠났다. 여기서 수리아란 바울을 선교사로 파송한 수리아 안디옥 교회를 말한다. 브리스길라와 아굴라도 바울과 같이했는데, 이들은 안디옥까지 함께 가지 않고, 에베소에 남아 사역을 한다. 에베소에 도착하기 전 바울은 고린도에서 서쪽으로 9km가량 떨어진 곳에 있는 겐그레아에 들른다. '뵈뵈'라는 여인은 이곳 겐그레아 출신이었다(롬 16:1-2).

바울이 이곳을 들른 목적은 서원을 이행하기 위해서였다. 그가 어떤 서원을 했는지는 알 수 없는데, 머리를 깎은 것으로 보아 나실인 서원 같다. 나실인 서원이란 평생을 나실인으로 사는 것이 아니라 한시적으로만 나실인으로 사는 서원이다(민 6:2-21). 바울이 나실인 서원을 이행하기 위해 머리를 깎으려고 했던 이유는 그가 선교하면서 율법을 무시한다고 하는 비판을 의식해서였을 것이다. 바울이 수리아 안디옥 교회로 직접 가지 않고, 가이사랴에 도착해서 예루살렘을 들렀다가 수리아로 간 이유도 바로 이런 이유 때문인 것 같다. 바울의 율법 준수와 예루살렘 교회와의 관계 문제는 21장에서 다시 언급하겠다.

에베소에서 (19-23절)

바울은 겐그레아를 떠나 에베소에 왔다. 에베소는 당시에 로마, 알렉산드리아, 안디옥과 더불어 4대 도시 가운데 하나였을 만큼 큰 도시였다. 그는 홀로 회당에 들어가 유대인들과 변론했는데, 사람들이 바울에게 더 오래 있기를 청했으나 "만일 하나님의 뜻이면 너희에게 돌아오리라"라는 말을 남긴 채 떠난다. 앞서 바울이 고린도에 있을 때, 그는 고린도를 빨리 떠나려고 했으나 주님의 말씀을 듣고 1년 6개월을 사역했다. 떠나는 것도, 머무는 것도, 다시 돌아오는 것도 주님의 뜻이 원하시면 이뤄질 것이다. 그러나 바울은 브리스길라와 아굴라는 에베소에 남겨뒀다.

에베소를 떠난 바울은 가이사랴에 도착하여 예루살렘으로 올라간다. 어떤 이유로 누구를 만났는지 성경은 우리에게 말하지 않고 있으나 율법과 관련한 바울의 입장이 문제가 되었던 것 같다. 그리고 예루살렘을 떠나 안디옥 교회로 간다. 이로써 그의 2차 선교 여행이 끝이 난다. 그러나 그는 안디옥에 오래 있지 않고, 선교를 하러 떠난다.

바울이 바나바와 함께 1차 선교 여행을 마치고 안디옥 교회에 돌아왔을 때는 선교 보고 대회를 열었고, 그곳에 오래 머물렀다(14:28). 안디옥 교회가 파송한 첫 번째 선교사들이었기 때문에 이 두 사람에 대한 환영은 대단했던 것 같다. 그런데 2차 선교 여행을 마치고 왔을 때는 전혀 분위기가 다르다. 저자는 그 어떤 환영이나 선교 보고와 같은 일이 있지 않았고, 더군다나 바울 일행이 안디옥에 오래 머무르지 않고 '얼마 있다가' 떠났다고 보도한다. 도대체 무슨 일이 있었던 것일까? 왜 이렇게 분위기가 냉랭한 것일까? 성경이 이 점에 대해 분명히 말해주고 있지 않기 때문에 단언할 수는 없지만, 바울과 안디옥 교회 사이의 갈등이 있었던 것이 아닐까 한다. 이후로 안디옥 교회는 사도행전에서 다시는 언급되지 않는다. 바울은 안디옥 교회와는 무관하게 독자적인 선교노선을 걷게 된다. 바울은 안디옥을 떠나 갈라디아와 브루기아 땅을 차례 다니며 그곳에 있는 제자들, 즉 성도들을 굳건하게 하였다.

아볼로와의 만남 (24-28절)

아볼로는 유대인으로서 알렉산드리아에서 태어났는데, 알렉산드리아는 이집트에 있던 도시로서 학문의 도시였다. 알렉산드리아는 안디옥 학파와 더불어 초기 기독교 신학을 이끈 대표적인 학파를 형성하였으며, 클레멘트(150-215년)와 오리겐(185?-254?년)이 이 학파의 대표적인 신학자였다. 학문의 도시에서 태어난 아볼로는 어렸을 때부터 지성적 분위기 속에서 자랐을 것이다. 아볼로는 언변이 좋았다. 또 '언변이 좋다'는 말의 헬라어 '로기오스'(λόγιος)는 '학식이 많다'라는 뜻도 있다. 그는 (구약) 성경에 능통했다. 아는 것도 많고 말도 잘했던 것이다.

아볼로는 이미 '주의 도'를 배워 알고 있었다. 사도행전 '주의 도'란 원래 복음을 가리키는 표현이다(9:2; 16:17; 19:9, 23; 22:4; 24:14, 22). 아볼로는 일찍부터 복음을 접했고 배웠던 것 같다. 하지만 예수님이 그리스도라는 것에 대한 분명한 확신이 있었던 것 같지는 않다. 후술한다. 아볼로는 열심히 전도하고 가르쳤는데, 누가는 3가지 부사(구)로 설명한다. 먼저 그는 '열심으로' 주의 도를 말했다(25절). 열심히 전도했다. '열심으로'로 번역된 헬라어 '제온 토 프뉴마티'(ζέων τῷ πνεύματι)는 '영으로 불타서'로 번역할 수도 있다. 그만큼 열정적이었다. 또 그는 예수님에 관한 것들을 '자세히'(ἀκριβῶς [아크리보스])가르쳤다(25절). '정확하게' 가르쳤다고도 번역할 수 있다. 그리고 그는 유대인의 회당에서도 '담대히' 말했다(26절). 성경에 능통하고 말을 잘하는 것은 물론이요, '열정'과 '정확성'과 '담대함'을 가졌다면 최고의 교사요 전도자가 아닐까?

이렇게 뛰어난 아볼로였기에, 그가 나중에 고린도에 갔을 때 고린도 교회 안에 아볼로파가 생길 만큼 인기가 많았다. 아볼로가 다시 고린도 교회를 방문해 주기를 바라고 또 그의 근황을 고린도 교인들이 궁금해하자 바울이 고린도전서를 통해 그의 근황을 전할 정도였다(고전 16:12).

그런데 성경은 이렇게 완벽한 것처럼 보이는 아볼로를 브리스길라와 아굴라가 가르쳤다고 밀한다. 이 두 사람은 바울을 따라 에베소에 왔는데 마침 그들은 회당에서 담대히 복음을 전하는 아볼로를 만나게 되었다. 그런데 그들이 보기에 아볼로에게 부족한 것이 있었다. 그래서 브리스길라와 아굴라는 아볼로를 그들의 집으로 데려가 하나님의 도에 대해 '더욱 정확하게' 설명해 주었다(26절). 앞서 '자세히' 가르쳤다고 할 때 헬라어의 비교급(ἀκριβέστερον [아크리베스테론])이 사용되었다.

그렇다면 아볼로에게 부족한 것이 무엇이었을까? 25절에 따르면 아볼로는 '예수에 관한 것들'을 자세히 말했다. 그러나 브리스길라와 아굴라로부터 배운 후에는 예수가 그리스도라고 증언했다(28절). 그렇다면 아볼로는 이전에 예수님이 그리스도라고 믿는 것은 아니었다가 브리스길라와 아굴라를 통해 예수가 그리스도이심을 확신하게 된 것이다. 즉 아볼로는 예수님의 십자가의 대속적 죽음과 부활을 모른 채 예수님이 도덕적 교훈을 전하고 이적을 일으키는 위대한 선지자 정도로만 알고 있었던 것으로 보인다. 아볼로는 예수가 그리스도이심을 성경으로 증언했는데, 구약성경에 능통한 그가 전에는 예수가 그리스도이심을 구약에서 발견하지 못했다가 새롭게 발견한 것이다. 이것은 성령의 역사다. 성령 받아야 예수가 그리스도이심을 깨달을 수 있다.

실제로 아볼로에게 부족한 것은 성령일 수 있다. 25절에 따르면 아볼로는 요한의 세례만 알고 있었다. 요한의 세례란 죄 사함을 받게 하는 물세례를 말한다(눅 3:3 등). 아볼로는 '세례 요한 계열의 기독교인'이지 않았을까 추측해 본다. 사실 당시에 세례 요한의 세례 사역은 매우 큰 반향을 일으켰고, 사람들은 그가 하나님이 보낸 참 선지자라고 인정했다. 또 세례 요한을 메시아로 봤던 사람들도 있으며, 그가 죽은 후에도 그를 따르던 자들이 일종의 종파를 형성하기까지 했다. 예수님도 요한을 선지자보다 훌륭한 자요, 여자가 낳은 자 중에 요한이 가장 크다고 칭찬하신 적이 있었다(눅 7:26, 28). 아마도 세례 요한을 따르던 기독교인들이 에베소와 같은 소아시아 지역에 있었을 가능성이 있다. 이어지는 19장 1~7절에 따르면 에베소에 있던, 요한의 세례밖에 알지 못하는 사람들이 등장한다. 아볼로는 이들에게 영향을 받은 것 같다.

그렇다면 아볼로에게 부족한 것은 성령세례였을 것이다.[57] 바울이 에베소에서 만난 요한의 세례밖에 알지 못하는 사람들에게 안수하자 성령이 임하셨고, 이들이 방언과 예언을 하게 되었다. 아볼로는 똑똑하고 아는 것이 많았지만, 성령세례는 알지 못했던 것 같다. 여기서 성령세례란 성령의 충만한 임재와 그에 따른 영적 현상들(방언, 찬양, 예언 등)의 발생을 가리킨다. 그는 브리스길라와 아굴라를 통해 성령세례에 대해 배웠을 가능성도 있다.

18장 27절에 따르면 아볼로가 아가야(고린도)로 건너가 선교할 때 그는 "은혜로 말미암아 믿은 자들에게 많은 유익을" 주었다. 그가 이미 예수님을 믿는 자들에게 유익, 그것도 많은 유익을 줄 수 있었던 것은 그의 학식과 웅변에 성령이 더해지고, 그의 열정이 담대함이 성령께서 주시는 것이 되었을 때 그는 더욱 강력해진 것이다. 또 아볼로는 고린도에 가서 성경을 가지고 예수가 그리스도이심을 믿지 않는 유대인들 앞에서 강력하게 논증했다. 지성에 성령이 더해질 때 놀라운 역사가 나타났다.

브리스길라와 아굴라가 아볼로를 격려하고 고린도 교인들(27절에서 '제자들'로 번역됨)에게 그를 잘 영접하라고 일종의 추천서를 써준 것도(브리스길라와 아굴라는 고린도에서 바울과 사역했기에 그곳 교인들을 잘 알고 있었을 것이다) 아볼로의 변화를 보았기 때문일 것이다.

---

57 김희성, 『신약의 성령론』, 236-239.

19장

사도행전 19장은 바울의 에베소 사역을 소개한다. 바울은 에베소에서 약 3년간 사역했는데, 이는 바울이 선교 사역을 했던 도시 가운데 가장 오랜 기간이다. 에베소는 바울 시대에 번성한 항구 도시였다. 주전 129년부터 에베소는 로마제국의 아시아 속주의 수도였는데, 바울 당시 20~30만의 인구가 살았던 것으로 추정되며, 로마와 알렉산드리아 다음으로 가장 큰 도시였다.[58]

사실 바울은 2차 선교 여행을 시작하면서 아시아에서 말씀을 전하고자 했다(16:6). 그러나 성령께서 그의 선교 스케줄을 조정하게 하셨고, 결국 2차 선교 여행 말미에 에베소를 방문했다(18:19-21). 이때 얼마를 체류했는지는

---

58 에베소는 바울의 활동 영역에서 정중앙부에 위치하고 있었다. 직선거리로 따질 때 에베소에서 빌립보까지 약 430km, 고린도까지는 약 395km, 갈라디아까지는 약 400km 떨어져 있었다. 유상현, 『바울의 제3차 선교여행』 (서울: 대한기독교서회, 2011), 60-61.

알 수 없다. 그 후 바울은 예루살렘과 수리아 안디옥 교회를 방문한 후 갈라디아와 브루기아 땅을 차례로 다니며 이곳에 있던 성도들을 굳게 하고, 그러고 나서 에베소에 도착한다. 19장은 바로 그 첫 장면이다.

바울이 에베소에 갔을 때 '어떤 제자들'을 만났는데 약 12명쯤 되었다. 바울은 이들에게 "너희가 믿을 때에 성령을 받았으냐"고 물었는데 만나자마자 이런 질문을 던졌다기보다는 이들과 이야기하던 중에 바울이 보기에 이들이 성령에 대해 알지 못하는 것 같아 이런 질문을 던진 것 같다. 이들의 대답은 놀라웠다. 이들은 성령을 받지도 않은 것은 물론이요 성령이 계심도 듣지 못했다고 한다! 이들은 그저 요한의 세례만, 즉 회개와 죄 사함을 뜻하는 물세례만을 알고 있었을 뿐이었다.

그렇다면 이들도 예수님을 믿는 제자들인가? 일단 이들을 '어떤 제자들'이라고 말한 것은 이들이 예수님에 대해 알고 있었다는 말이다. 사도행전에서 '제자'는 예수 믿는 성도를 뜻한다. 더군다나 바울이 "너희가 믿을 때에"(2절)라고 물어보았는데, 이런 질문은 그들이 예수님을 믿고 있었음을 전제로 하고 있다. 실제로 아볼로 역시 주의 도를 알고 있었지만, 요한의 세례밖에 몰랐지 않았는가? 이들 역시 아볼로 같은 경우라고 볼 수 있다. 이들은 세례 요한을 따르던 제자들로부터 요한에 대해 들었고, 요한의 물세례를 받았을 것이다. 그러다가 나중에 예수님에 대해 알고 믿었던 것 같다. 신약학자 콘첼만(Hans Conzelmann)은 이런 기독교인들을 '세례 요한 계열의 기독교인'(Johannine Christians)이라고 불렀다. 이들은 '주류' 기독교인들은 아니었다.

우리는 여기서 당시에 제법 다양한 종류의 기독교인들이 있었음을 알 수 있다. 이들은 예수님의 가르침에 대해 '부분적으로만' 알고 있었던 사람들이었던 것 같다. 아니 가장 본질적인 것을 알지 못하고 있었다고 말하는 게 맞겠다. 그들은 성령에 대해 들어보지 못했으니 말이다. 예수님을 믿는다고 하면서 성령을 받지도, 들어보지도 못했다니! 성령을 알지도 못하고, 받지도 못한 채 지내는 그리스도인! 우리도 교리적으로는 성령에 대해 배우기는 했지만 성령을 체험하지 못한 채 살아가고 있는 것은 아닌가?

이들은 자신들이 예수님을 믿는다고 생각했지만 불완전했다. 성령을 몰랐기 때문이다. 그들이 세례 요한 계열의 기독교인이라면 요한의 가르침에 대해 들었을 텐데 요한이 이런 이야기를 한 것을 몰랐을까? 그래서 바울이 이 점을 말한 것일까? 도대체 이들은 세례 요한에 대해, 예수님에 대해 무엇을 알고 있었던 것일까? 의문투성이다. 아마도 이들은 에베소에 살고 있던 이방인들이기 때문에 팔레스타인의 유대 기독교인들이 알고 경험했던 것을 몰랐던 것이 아닐까 한다.

그래서 바울은 요한이 회개의 세례를 베풀 때 자신 뒤에 오시는 이를 믿으라고 했다는 말을 인용하며 그분이 바로 예수님이라고 가르친다. 그러자 그들이 듣고 주 예수의 이름으로 세례를 받았다. 요한의 물세례만 받았던 그들이 주 예수의 이름으로 재차 세례를 받은 것이다. 또 바울이 그들에게 안수하자 성령이 그들에게 임하셨고, 그들은 방언도 하고 예언도 하게 되었다.

두란노 서원을 세우다 (8-10절)

바울은 늘 그랬던 것처럼 유대인 회당에 들어가 3개월 동안 하나님 나라에 관하여 강론하고 권면했다. 그러나 어떤 사람들은 순종하지 않고 오히려 비방했다. 그들이 마음이 굳었기 때문이다. 예수님을 죽였던 종교 지도자들 역시 예수님의 말씀을 들었지만, 그들의 마음이 완악하여 오히려 예수님을 어떻게 죽일지만을 생각했다(막 3:5-6). 이들 모두는 마치 길가에 떨어진 씨처럼 말씀을 들어도 받아들이지 않는다. 딱딱한 길가처럼 이들의 마음이 굳어졌기 때문이다.

이들 굳은 마음의 유대인들은 바울을 '무리 앞에서' 비방했다. 공개적으로 자신들의 적대감을 표출할 만큼 매우 공격적이었던 것 같다. 더 이상 회당에서 강론하는 것이 불가능하다고 판단한 바울은 그들을 떠났다. 씨도 먹히지 않는 불신 유대인들을 포기하고 자신을 따르는 사람들을 별도로 세운 것이다. 그리고 그들을 집중적으로 양육했다. 장소는 '두란노'라고 불리는 서원이었다. '두란노'가 지역 이름인지, 서원 건물의 소유주인지는 알 수 없다. 또 '서원'으로 번역된 헬라어 '스콜레'는 토론이나 강론이 행해진 교육 장소를 말한다.

바울은 두란노 서원에서 이들을 데리고 '2년 동안' '날마다' '강론했다'. 당시에는 뜨거운 열기를 피해 아침 일찍부터 일하고, 낮에는 낮잠과 휴식을 취했다. 요즘에도 이런 관행이 있는데, 흔히 '시에스타'(siesta)라고 한다. 하지만 바울은 이 시간을 이용해 말씀을 가르쳤을 것이다. 점심 먹고 잠시 휴식도 취했겠지만, 다른 사람들은 쉴 때 말씀을 가르치고 배웠다. 일을 마친 후 늦은 밤에도 했을 가능성이 있다. 이 일을 2년 동안 날마다 했다. 말씀에 대한 열정이 없이는 불가능하다. 바울도 말씀에 붙잡혔고, 제자들도 말씀에 붙잡혔다.

그러자 소아시아 지역의 유대인, 헬라인 모두 주의 말씀을 '들었다'. 에베소 도시를 넘어 인근 소아시아 지역 사람들에게까지 주의 말씀이 전해진 것이다. 바울의 두란노 서원 강론이 입소문을 타고 아시아 사람들이 찾아온 것인지, 바울에게 가르침을 받은 사람들이 인근 아시아 지역에 가서 전한 것인지는 알 수 없으나 영향력이 넓게 퍼진 것은 사실이다. 나중에 에베소의 은장색 '데메드리오'가 "이 바울이 에베소뿐 아니라 거의 전 아시아를 통하여 수많은 사람을 권유하여"(19:26) 말했다고 한 것을 보면 바울의 영향력은 분명한 사실이었다. 계시록에 나오는 소아시아 일곱 교회와 골로새 교회가 이 무렵 세워졌을 것이다.

바울의 손을 통해 하나님의 능력이 나타나다 (11-12절)

바울은 두란노 서원에서 말씀을 강론하기만 한 것은 아니었다. 하나님은 바울의 손으로 놀라운 능력을 행하게 하셨다. 바울의 능력이 얼마나 대단했는지 바울이 직접 가서 치료해 주지 않아도, 사람들이 바울의 몸에서 손수건이나 앞치마를 가져다가 병든 사람에게 얹기만 해도 병이 떠나고 악귀가 나갔다. 손수건과 앞치마는 바울이 천막을 만드는 작업 현장에서 사용하는 물건일 것이다. 앞치마는 작업복이었을 것이고, 손수건은 머리에 매는 두건으로 추측된다. 어쨌든 작업장에서 착용하는 물건이다. 바울은 기름 냄새나는 작업장에서 자신을 찾는 사람에게 자연스럽게 대화하면서 복음을 전했고, 또 휴식 시간을 이용해 복음을 전했을 것이다. 이 앞치마와 손수건은 바울이 땀을 흘리며 일하는 삶을 상징한다. 동시에 복음을 가르치고 배우는 하나님 나라의 현장을 상징한다. 그래서 앞치마와 손수건이 능력이 있는 것이다. 우리가 날마다 내 삶의 현장에서 땀 흘리고 최선을 다하는 가운데 말씀을 묵상하고, 말씀을 전할 때 성령의 능력은 나타나기를 소망한다.

한편 교계 일부에서는 이런 현상을 가리켜 '능력 전이'(impartation)라는 말을 사용하기도 한다. 즉 하나님의 능력을 받은 어떤 이가 다른 사람에게 하나님의 능력을 전해줌으로써 이적을 행하는 것이다. 엘리야가 승천할 때 그의 겉옷을 엘리사가 취하여 물을 칠 때 물이 이리저리 갈라지자, 여리고에 있던 선지자의 제자들이 이것을 보고 "엘리야의 성령이 하시는 역사가 엘리사 위에 머물렀다"(왕하 2:15)고 말하며 엘리사에게 가서 땅에 엎드려 경배했다. 하지만 이런 능력 전이가 오늘날에도 가능한가라는 점에 있어서는 논란이 많다. 자칫 능력을 나눠주는 이가 높여지고, 능력을 주시는 하나님이 잊힐 수 있으며, 성령의 능력을 인간이 마음대로 쓸 수 있다고 생각할 위험성이 있기 때문이다.

바울은 말씀과 능력, 지성과 파워를 겸비한 전도자였다. 그렇다고 사도행전이 바울을 높이려고 한 것은 아니다. 오히려 바울을 통해 능력이 나타난 것은 바울이 전한 말씀이 진실되다는 것을 확증하는 기능을 했다. "이와 같이 주의 말씀이 힘이 있어 흥왕하여 세력을 얻으니라"(20절). 바울의 놀라운 이적의 결과는 주의 말씀이 힘을 입어 점점 더 퍼져 나가는 것이었다. 이러한 바울의 능력에 대한 묘사는 예루살렘 교회의 사도들, 특히 베드로가 이적을 행하는 묘사와 매우 유사하다.

> ¹² 사도들의 손을 통하여 민간에 표적과 기사가 많이 일어나매 믿는 사람이 다 마음을 같이하여 솔로몬 행각에 모이고 … ¹⁵ 심지어 병든 사람을 메고 거리에 나가 침대와 요 위에 누이고 베드로가 지날 때에 혹 그의 그림자라도 누구에게 덮일까 바라고 ¹⁶ 예루살렘 부근의 수많은 사람들도 모여 병든 사람과 더러운 귀신에게 괴로움 받는 사람을 데리고 와서 다 나음을 얻으니라 (5:12, 15-16)

비록 바울이 교회를 핍박했던 전력이 있지만, 그가 회심하여 선교에 모든 것을 바쳤을 때 하나님께서는 사도들에게 허락하신 능력을 바울에게도 주셨음을 알 수 있다.

모방 축사와 마술사들의 회개 (13-20절)

바울의 놀라운 능력에 관한 이야기가 많은 사람들에게 전해진 것 같다. 그런데 유대인 축사가들이 바울의 소문을 듣고 자신들도 예수의 이름으로 악한 영들을 쫓아내려고 시도했다. 바울을 모방하려는 사람이 많아진 것이다. 그 가운데 유대인 대제사장 '스게와'의 일곱 아들들이 축사를 행했다. 개역개정성경은 '제사장'으로 번역하고 있지만 헬라어 원문은 '대제사장'(ἀρχιερέως [아르키에레오스])이다. 대제사장은 가장 정결해야 할 사람이다. 그런데 대제사장의 아들들이 마술하는 유대인들처럼 행세한다. 영적으로 타락한 것이다. 마치 어린 사무엘 시대 때 대제사장 엘리의 두 아들들이 타락했던 것처럼 말이다.

이들은 바울을 흉내 내 귀신을 쫓아내려고 했으나 악한 영이 떠나가기는커녕 오히려 악한 영이 그들에게 달려들어 그들을 제압했다. 일곱 아들들은 발가벗긴 채 피를 흘리며 도망쳐 나왔다. 왜 실패했을까? 예수님은 믿지 않은 채, 예수님의 이름만 빌려 흉내냈기 때문이다. 성령충만하지 않은 채 그저 주문만 외우면 되는 줄 알았기 때문이다. "나사렛 예수의 이름으로 물러갈지어다!"라는 선포는 마술이나 주문이 아니다. 주님의 이름의 권세를 믿는 믿음, 복음에 대한 열정, 선교에 대한 헌신을 전제로 한 믿음의 선포다. 그럴 때 예수의 이름의 권세가 나타날 것이다.

한편 에베소에 있는 사람들이 이와 같은 사실을 알고 두려워했다. 주 예수의 이름을 높였다(17절). 바울이 섬기는 예수님만이 모든 악한 영을 쫓아낼 수 있는 놀라운 능력의 주님이라는 사실을 깨닫게 된 것이다. 이 사실을 안 사람들이 예수님을 믿게 되었다. 자신들의 죄를 공개적으로 고백했다(18절). 자신의 죄를 사람들 앞에서 고백하는 것이 어디 쉬운가? 죄란 본래 숨기고 싶은 것이다. 자신의 죄를 뉘우쳐도 하나님만 아시고, 사람들은 모르기를 바란다. 그런데 성령의 역사를 보자 하나님을 두려워하게 되었고, 주 예수의 이름을 높였다. 나의 죄악을 고백하지 않고서는 견딜 수 없는 마음을 갖게 되었다. 이것이 부흥이 아니고 무엇이겠는가?

심지어 마술을 하던 사람들은 자신들이 그동안 보던 책들을 사람들이 보는 앞에서 태워버렸다(19절). 우리나라에서 사주나 운세를 봐주는 사람들이 『토정비결』이라는 책을 보고 미래의 일을 예측하고 이에 대처할 방법을 일러주었던 것처럼, 아마도 에베소의 마술사들도 그랬던 것 같다. 에베소는 마술사의 도시였다. 빌립이 갔던 사마리아의 한 성이 마술사 시몬에 오랫동안 장악되어 있었던 것처럼, 에베소 역시 그랬다.

그런데 마술의 도시 에베소가 뒤집어졌다. 하나님을 두려워하고, 주 예수의 이름을 높이고, 자복하고 회개하며, 과거를 청산하는 이런 일들. 이것이 복음의 능력이다. 그 값이 5만 드라크마였다 드라크마는 당시 통용되던 은전이었다. 데나리온과 동일한 가치를 지녔다. 즉 노동자의 하루 품삯이었다. 5만 드라크마면 당시 노동자 한 명이 137년을 꼬박 일해야 버는 돈이다. 그렇다면 얼마나 많은 책들이 불태워졌는지 짐작할 수 있다. 그만큼 바울을 통해 나타난 성령의 능력이 놀라웠다는 것이다. 그동안 악의 힘을 빌려 마술을 하던 자들이 자신의 과거를 청산할 정도로 성령의 능력이 그들을 제압했다는 것이다. 그 결과, 주의 말씀이 점점 힘 있게 퍼져 나갔다(20절).

　이와 유사한 사건이 15세기 이탈리아에서도 있었다. 마르틴 루터에 의한 종교개혁 이전에도 유럽 여러 나라에서 종교개혁은 진행되고 있었는데, 그 가운데 한 사람이 이탈리아의 '지롤라모 사보나롤라'(Girolamo Savonarola, 1452-1498)였다. 그는 1491년 이탈리아 피렌체의 성 마르코 수도원의 원장이 되어 열정적 설교와 사회지도층의 부패와 범죄를 지적하는 예언자적 발언으로 유명했다. 1497년 사순절 기간 직전에 있는 사육제 기간 중에 피렌체 시민들은 사보나롤라의 설교를 듣고 자신들이 가지고 있던 사치품과 이교도적 미술품 및 서적을 불태운다. 이것을 '허영의 소각'(Bonfire of the Vanities)이라고 부른다. 하나님을 향한 순수한 열정의 한 사람으로 인해 피렌체에는 거룩한 소동이 있었던 것이다. 사보나롤라의 입장이 지나치게 금욕적이고 과격한 점이 있기는 하지만, 순전한 신앙에 대한 그의 열정은 높이 살만하다.

　오늘날 대한민국은 어떤가? 첨단 과학 시대의 대한민국 수도 서울 그것도 강남 압구정동에는 '점술 밸리', '역술 밸리'라고 불리는 곳이 있다. '실리콘 밸리'를 응용하여 붙인 말이다. 점집과 사주카페들이 모여 있다. 펀드매니저와 부동산 중개업자들도 많이 찾는다고 한다. 물질에 대한 탐욕이 운세 산업 발전의 원동력인 것이다. 요즘은 AI를 활용하여 운세를 봐주기도 한다. 인간은 욕망하는 존재다. 욕망 없는 사람은 없다. 하지만 욕망을 제어하지 않고 욕망을 어떻게 해서든 이루려고 할 때 마귀가 역사하는 것이다.

　한편 문화심리학자 한민 교수는 그의 저서 『숭배하는 자들, 호모 피델리스』(저녁달, 2024)에서 우리나라 무속인의 수가 2024년 80만 명 정도인데, 2000년대 초반에 비해 4배로 늘었다고 한다. 현대사회의 불확실성이 점점 커지자 불안해지는 사람이 늘어나고 있기 때문이라고 저자는 분석한다. 그러면 마음이 불안할 때 왜 굳이 무속을 찾는가? 라는 질문에 한민 교수는 무속은 내가 할 수 있는 적절한 대책을 제시하기 때문이라고 말한다. 돈 있는 사람은 돈을 써서 묫자리 잘 쓰면 된다. 돈 1,000만원 들여 굿하면 된다. 초월적 힘에 의지하되, 내 할 바를 해서 마음의 안정을 찾는다는 것이다. 영화「파묘」에 이런 대사가 나온다. "풍수지리는 전국 상위 1%에 속하는 부자들에게 종교이자 신앙이다."

무속의 나라 대한민국에서 한국교회는 복음으로 무장하고 성령으로 충만하여 세상을 변화시켜야 할 것이다. 바울이 성령충만하여 말씀을 전하고, 말씀에 근거한 능력을 행하자 에베소가 변했다. "이와 같이 주의 말씀이 힘이 있어 흥왕하여 세력을 얻으니라"(20절). 주의 말씀은 힘이 있다. 능력 있는 말씀이 어둠의 영을 몰아내고 흥왕하여 세력을 얻은 곳, 그곳이 하나님 나라다.

이렇게 에베소에서 사역이 잘될 때, 성령은 바울에게 가야 할 곳을 지시하신다.

이 일이 있은 후에 바울이 마게도냐와 아가야를 거쳐 예루살렘에 가기로 작정하여 이르되 내가 거기 갔다가 후에 로마도 보아야 하리라 하고 (21절)

여기서 "이 일이 있은 후에"의 헬라어 원문을 직역하면 "이것들이 이뤄졌을 때"다. 바울의 에베소 사역이 '성취된 후에'라는 뜻으로 하나님 보시기에 바울이 에베소에서 할 만큼 했다는 뜻이다. 그래서 성령께서는 바울에게 다른 곳으로 가라고 하셨으니, 예루살렘에 갔다가 로마로 가는 일정이었다. 바울의 로마행이 처음으로 언급된 구절이다. 실제로 사도행전 21장부터 28장까지 전체 분량의 1/4이 넘은 8장이 바울이 예루살렘에 올라갔을 때 있었던 일, 또 로마로 가기까지 있었던 일과 로마에 도착해서 있었던 일을 기록하고 있다.

바울이 예루살렘에 갔다가 로마를 가겠다고 작정한 것은 개인의 결심이 아니라 성령의 음성을 듣고 순종한 것이다. 우리말 성경에는 번역되지 않았지만, 헬라어 원문은 "영으로 결정하다"(ἐν τῷ πνεύματι [엔 토 프뉴마티])라고 되어 있다. 성령 안에서 결정했다는 뜻인데, NRSV 영어 성경은 "Paul resolved in the Spirit to go…"으로 번역했다. 바울은 디모데와 에라스도 두 사람을 먼저 마게도냐로 보내고 자신은 에베소에 잠시 더 있기로 한다. 이때 바울을 대적하는 자들이 소동을 일으킨다.

에베소에서의 소동 (23-41절)

에베소의 마술사들이 회개하는 일이 벌어진 후 또 다른 큰 소동이 벌어졌다. 에베소 사람들이 바울이 전한 복음을 듣고 주님께로 돌아오자, 당시 에베소 사람들이 섬기던 아데미 여신의 신상을 만드는 일에 종사하던 사람들이 밥줄이 끊어지게 되었다. 아데미 여신, 영어식 발음으로는 '아르테미스'(Artemis) 여신은 그리스 신화에 나오는 여신으로서, 로마 신화에는 '다이아나'(Diana)로 등장한다. 아데미는 제우스 신의 딸이자, 아폴로 신과 쌍둥이 남매다. 아데미 여신을 모시고 있는 아데미 신전은 길이가 128미터, 폭 66미터의 대지 위에 18미터 높이의 기둥 127개가 떠받치고 있는 신전으로서 고대 7대 불가사의 중 하나라고 한다. 그리스 아테네의 파르테논 신전보다 4배나 더 컸다. 에베소에서는 3~4월을 아데미의 달로 지정하여 각종 축제와 행사가 열렸다.

에베소의 모든 사람이 아데미 여신을 섬겼다. 적어도 바울이 이곳에 오기 전까지는 그랬다. 아데미 여신을 섬기는 에베소에는 개인 소장용 아데미 여신상을 조각하여 판매했다. 정치인들과 기업인들이 자신의 이익을 위해 서로 긴밀한 관계를 유지하는 것, 즉 정경유착(政經癒着)이 있는 것처럼 종교와 기업 간에도 유착, '종경유착'(宗經癒着)이 있었다. 그런데 바울 때문에 에베소 사람들이 더 이상 아데미 여신을 믿지 않게 되자, 자연히 여신상을 사는 사람도 없어지게 되었다. 여신상을 만들어 파는 일에 종사했던 사람들에게 비상이 걸렸다. 이들은 자신들의 밥줄을 끊어 놓은 바울을 향해 분노하고 적개심을 가졌다. '데메드리오'라는 은으로 아데미 여신상을 만드는 사람이 관련 종사자들을 선동한다. 그들은 겉으로는 위대한 여신 아데미를 지키려는 거룩한 이념을 내세웠지만, 실상은 자신들의 밥벌이가 막히게 되었기 때문에 데모에 나선 것이다. 이들이 주동한 데모는 순식간에 에베소 도시 전체를 소란하게 했다. 성난 군중들이 바울을 잡으려고 했지만, 잡을 수가 없었다.

대신 그들은 바울과 동행한 가이오와 아리스다고를 붙잡고 야외극장으로 집결했다. 바울은 자기 대신에 가이오와 아리스다고가 붙잡혔다는 소식을 듣고 야외극장에 들어가려고 했지만, 성도들이 그를 말렸다. 야외극장에 모인 사람들은 바울 타도를 외쳤고, 아데미 여신은 위대하다고 외쳤다. 성난 군중의 집회는 두 시간 동안 계속되었다. 에베소의 시청은 야외극장에서 화난 사람들이 집회를 열고 있다는 소식을 듣고 그곳으로 달려갔다. 에베소 시청의 서기관인 사람이 사람들을 진정시켰다. 경솔한 행동을 삼가야 한다고 말한다. 가이오와 아리스다고가 신전 물건을 도둑질하거나 아데미 여신을 모독한 것도 아닌데도 이렇게 끌고 와 위협하는 것은 불법임을 지적했다. 서기관은 이 데모를 주동한 데메드리오와 그 동료 직공들에게 만일 누구를 고소할 일이 있으면 법정에 고소하라고 충고하며, 이제 그만 해산할 것을 종용하였다. 그러자 서기관의 말을 들은 사람들이 해산하였다.

복음을 전하는 자, 복음대로 살아가는 자는 소동을 일으킬 수밖에 없다. 신앙이란 개인의 경건한 삶으로 그치지 않는다. 참된 신앙은 사회적 파장을 일으킨다. 바울이 하나님 나라를 전하자, 그곳에 있던 기득권 세력들은 반발했다. 바울이 에베소에 오기 전 에베소는 그들의 왕국이었다. 아데미 여신 숭배라는 종교에 영합하여 그들은 자신들의 경제적 이득을 취하고 있었다. 그러나 바울을 통해 하나님 나라가 선포되고, 예수님이 알려지자 사람들이 아데미 여신을 버리기 시작했고, 이에 따라 기득권 세력들은 막대한 타격을 입게 된 것이다. 그렇다. 복음은 우상숭배, 그리고 우상숭배에 영합한 사회 구조악을 파괴한다. 그렇기 때문에 복음이 역사하는 곳에 악한 세력들의 거센 반발이 있는 것이다.

신앙은 나와 하나님과의 인격적 만남으로부터 시작된다. 나를 향한 하나님의 놀라운 사랑과 은혜를 체험하지 않으면 신앙이 생길 수 없다. 그러나 신앙은 한 개인의 사적 영역에 머물러서는 안 된다. 신앙생활은 교회 안에서만 하면 안 된다. 성도는 세상에 나가서 거룩한 소동을 일으켜야 한다. 복음이 불의한 세상에 선포되면 충돌이 일어날 수밖에 없다. 사회를 변화시키는 신앙으로 나가기 위해 때로 불이익과 불편을 감수해야 한다. 사회의 불의를 보고도 못 본 척 지나가고 좋은 게 좋은 것이라는 생각으로 살아가면 나의 신앙은 한낱 개인의 영역에 그치고 만다. 하나님 나라는 교회를 넘어서 세상에 이뤄져야 한다. 바울처럼 말씀의 신앙으로 무장하고, 성령의 능력에 붙잡힐 때 내가 있는 곳에 하나님의 나라가 임할 것이다. 복음 때문에 미움받는 사람이 되고, 세상과 충돌할 것을 두려워하지 말자.

20장

데메드리오가 주동이 되어 일으킨 소동이 그치자, 바울은 에베소를 떠난다. 바울은 데메드리오 소동이 있기 전에 에베소를 떠나 마게도냐(빌립보, 데살로니가)와 아가야(고린도)를 거쳐 예루살렘에 갈 계획을 가지고 있었다 (19:21). 바울은 에베소를 떠나기 전 그곳에 있던 제자들을 불러 권면했다. 에베소의 분위기가 성도들에게 적대적이었기 때문에 이들을 위로하고 믿음을 잃지 않도록 격려하는 내용이었을 것이다.

¹ 소요가 그치매 바울은 제자들을 불러 **권한** 후에 작별하고 떠나 마게도냐로 가니라 ² 그 지방으로 다녀가며 여러 말로 제자들에게 **권하고** 헬라에 이르러 (1-2절)

여기서 '권하다'의 헬라어 '파라칼레오'($\pi\alpha\rho\alpha\kappa\alpha\lambda\acute{\epsilon}\omega$)는 '위로하다', '권면하

다'는 뜻이다. 바울의 여정에 함께 한 7명의 사람들의 면면을 살펴보면 아래와 같다. 먼저 '소바더'는 베뢰아 사람 부로의 아들인데, 로마서 16장 21절에 언급된 '소시바더'와 동일인인 것 같다. '아리스다고'는 데살로니가 사람으로 에베소에서 소동이 났을 때, 에베소 사람들이 바울 대신에 아리스다고와 가이오를 잡아 연극장으로 끌고 갔었다(19:29). 아리스다고는 나중에 바울이 로마로 잡혀갈 때 바울 일행과 동행한다(27:2). 또한 그는 바울과 함께 옥에 갇히기도 했다(골 4:10, "나와 함께 갇힌 아리스다고와"). 빌레몬서에서는 바울의 동역자로 언급된다(몬 1:24, "또한 나의 동역자 마가, 아리스다고, 데마, 누가가 문안하느니라"). '세군도'는 데살로니가 사람인데, 이름의 뜻은 '두 번째'(Secundus)다. '가이오'는 더베 사람이며, '디모데'는 루스드라 사람으로 바울이 2차 선교여행을 시작할 때 선교팀에 합류시켰다. '두기고'는 에베소 사람으로 바울이 옥중에서 쓴 에베소서와 골로새서를 전달한 사람이다(엡 6:21-22; 골 4:7-9; 딤후 4:12; 딛 3:12). '드로비모'는 아시아 사람이다.

이들 7명은 바울이 전도하여 세운 이방인 교회를 대표하는 사람으로서, 7이란 숫자는 이방인 전체를 대표하는 상징적 숫자이다. 흔히 일곱 집사로 알려진 이들이 7명인 이유도 헬라파 유대 기독교인을 대표하는 지도자들이기 때문이다. 바울은 자신의 전도 열매인 이들을 예루살렘에 데리고 가려고 했다. 또한 이들은 예루살렘 교회를 위한 헌금을 각 지역에서 거둬 가지고 가는 지역대표였을 것이다. 바울은 오순절에 맞춰 예루살렘에 도착하려고 했다(16절). 오순절은 우리나라의 추석처럼 한 해 농사의 첫 열매를 하나님께 바치는 때다. 바울은 이들을 하나님께 제물로 드리고자 했을 것이다. 바울이 예루살렘에 가기 전에 쓴 로마서를 보면 바울의 이러한 생각이 잘 나타나 있다.

이 은혜는 곧 나로 이방인을 위하여 그리스도 예수의 일꾼이 되어 하나님
의 복음의 제사장 직분을 하게 하사 이방인을 제물로 드리는 것이 성령
안에서 거룩하게 되어 받으실 만하게 하려 하심이라 (롬 15:16)

원래 제물은 흠 없는 것이어야 한다. 이런 점에서 보면 이방 사람을 하나
님 앞에 제물로 드린다는 것은 어처구니없는 일이다. 이방인은 당시 유대인
의 눈으로 볼 때 가장 부정한 사람이었기 때문이다. 그러나 바울은 온 세상
의 모든 민족이 차별없이 하나님의 백성이 되는 것이 바로 하나님이 원하시
는 바라고 믿어 의심치 않았다. 예수님이 십자가에 돌아가신 이유도 유대인
과 이방인 사이에 있던 막힌 담을 헐어내시고 이 둘로 한 새사람을 창조해
화평을 이루시기 위해서였다(엡 2:14-15). 그래서 바울은 유대인들이 자신을
해하려고 벼르고 있다는 사실을 알았지만 이들 7명을 데리고 예루살렘에
간 것이다.

유두고를 살리다 (7-12절)

다락방의 환경

바울이 드로아에서 일주일을 머물 때 일이었다. '그 주간의 첫날'(유대인의
날짜 계산법으로 말하면 토요일 저녁부터 주일 저녁까지), 즉 주일에 바울은 함께 한 일
행들과 함께 떡을 뗐다. 예수님이 '다락방'(ἀνάγαιον [아나가이온], 눅 22:12)에서
제자들과 최후의 만찬을 가지셨듯이 바울 역시 '다락방'(ὑπερῷον [휘페로온])에
서 떡을 뗐는데, 오늘날 한국교회에서 행해지는 성찬과는 달리 예수님의 마

지막 만찬을 기념하고, 함께 떡을 떼며 사귐을 가지며, 또 강론을 듣는 시간 등이 함께 어우러진 집회였던 것 같다.

바울 유두고를 다시 살리다

바울은 다음 날 떠나기로 예정되어 있었기 때문에 그날은 마지막 밤이었다. 그곳에 모인 성도들에게 하고 싶은 말이 많았던 것 같다. 그의 강론은 밤중까지 계속되었다. 집회 장소였던 3층 다락방에 등불이 많았던 터라 집회 시간이 길어지면서 등불의 열기로 인해 실내가 더워졌을 것이고, 공기도 탁해졌던 것 같다. 그래서 유두고는 졸음을 피하기 위해 맑은 공기를 쐴 의도로 창에 걸터앉았던 것 같다. 물론 처음부터 유두고가 창에 걸터앉아 있을 수도 있다. 유두고의 나이에 대해 개역개정성경은 9, 12절 모두 '청년'으로 번역하고 있으나, 헬라어로는 다르다. 9절의 경우 청년을 뜻하는 '네아니아스'(νεανίας)이지만 12절의 경우 '소년'으로 번역할 수 있는 '파이스'(παῖς)다. 아마 유두고는 10대 초반 정도의 나이였던 것 같다. 사도행전의 교회는 로데와 같은 어린아이부터 유두고와 같은 청소년에 이르기까지 다양한 아이들이 함께 예배하고 성찬을 나누는 개방적 공동체였을 가능성이 있다. 유두고는 노예여서 주일에도 낮에 일하다가 피곤에 지친 몸을 이끌고 온 것으로 보인다. 기특하다.

그러나 유두고는 찾아오는 잠을 막을 수 없었다. 결국 졸음을 이기지 못하고 그만 졸다가 3층에서 떨어졌다. 이 사건을 근거로 설교 시간에 졸면 큰일난다고 말하면 곤란하다. 더운 열기가 있는 곳에서 밤늦게까지 말씀을 듣다가 조는 것은 자연스러운 일이다. 사람들이 내려갔을 때는 유두고는 이미 죽어 있었다. 바울도 내려갔다. 그런데 바울은 죽은 유두고의 몸 위에 엎드려 그 몸을 안고서는 "떠들지 말라 생명이 그에게 있다"고 말한다. 유두고가 3층에서 떨어지자 사람들도 내려가서 이렇게 수군거렸을 것이다. "그러게 왜 창가에 앉아 있어? 어째 불안 불안 하더라구." "저걸 어쩌나. 아직 나이도 어린데. 부모가 알면 얼마나 힘들어할까?" 이렇게 사람들은 무슨 문제가 생기면 내 그럴 줄 알았다고 말하며 탓한다.

하지만 믿음의 사람은 기도한다. 바울은 시신을 부둥켜안고 기도했을 것이다(기도라는 말이 본문에는 없지만). 엘리야와 엘리사가 죽은 아이에게 취한 행동과 유사하다. 엘리야, 엘리사, 바울 모두 시신에 닿으면 부정해지는 것을 아랑곳하지 않고, 자신의 몸을 던져가며 생명의 역사를 일으켰다. 예수님도 야이로의 딸을 살리실 때 야이로의 집에서 떠드는 사람들을 다 내보내시고 아이의 시신이 있는 곳에 가서 아이의 손을 잡아 일으키셨다(막 5:35-43). 베드로는 다비다를, 바울은 유두고를 살림으로써 생명의 역사가 성령을 통해 계속해서 이어지고 있음을 볼 수 있다. 바울은 다시 집회 장소였던 3층으로 올라가 계속해서 강론을 이어갔다.

이 사건을 통해 먼저 바울을 통해 나타나는 하나님의 놀라운 능력이 강조되고 있다. 다비다를 다시 살린 베드로처럼 바울 역시 죽은 유두고를 살렸다. 사도행전은 죽음을 이기신 부활의 예수님이 성령으로 사도들과 함께 하심을 보여주고 있다. 유두고 사건은 그 주간의 첫날에 이뤄졌다. 예수님이 부활하신 날, 곧 주일이다. 이날 드로아의 성도들은 함께 모여 떡을 뗐다. 생명의 떡이신 예수님을 기념하면서 말이다. 유두고 이야기는 성찬에 대한 언급으로 시작하고 마감한다.

여기서 떡을 떼어 먹는 것은 성찬을 말한다. 물론 애찬도 있었을 것이다. 성찬이란 생명의 떡이신 예수님의 살을 먹고, 생명의 음료인 예수의 피를 마시는 예식이다. 또한 그들이 모인 곳에는 등불이 많았다. 빛 되신 주님을 상징하는 것은 아닐까? 나아가 거기서 바울은 말씀을 강론했다. 이처럼 다락방 3층은 생명, 말씀, 빛이 있는 곳이다. 그러나 유두고가 아래로 떨어졌다. 그곳은 어둠과 죽음이 있었다. 그런 유두고를 다시 살린다. 이 사건을 그곳에 있던 자들이 목격한다. 그리고 위로를 받는다. "사람들이 살아난 청년을 데리고 가서 적지 않게 위로를 받았더라"(12절).

이것은 복음이 있는 곳과 없는 곳의 대조를 말함이며, 어둠과 죽음에 있던 자를 다시 살리는 복음의 능력을 보여주는 것이다. 기독교는 생명과 빛, 진리의 종교라는 것을 저자 누가는 독자에게 증거하고 싶었던 것이리라.[59] 유두고는 '행운', '운 좋은'이란 뜻이다. 정말 이름처럼 그는 운이 좋았다. 운이 아니리 하나님의 놀라운 은혜를 받은 사람이다.

---

59 유상현, 『바울의 제3차 선교여행』, 213-257. 유상현은 로마서 13:11-12에도 잠, 밤, 어둠, 빛이라는 메타포가 사용되고 있음을 지적한다.

밀레도에서 에베소 교회 장로들을 만나다 (13-16절)

바울은 드로아를 떠나 육로로 앗소까지 간 후 미리 배를 타고 그곳에서 대기하고 있던 일행과 합류한다. 그리고 그들은 배를 타고 '미둘레네 → 기오 → 사모 → 밀레도'에 도착하게 된다. 바울은 오순절 안에 예루살렘에 도착하려고 했다. 그러기 위해서는 지체할 틈이 없었다. 그러나 자신이 3년 동안 섬겼던 에베소 교회 장로들과 마지막 작별 인사만큼은 해야 했다. 그래서 에베소 교회 장로들을 밀레도로 청했다. 바울이 배편으로 가기 때문에 항구 도시에서 만나는 게 시간을 절약하는 길이었다. 18절부터 35절까지 18절에 걸친 바울의 고별사는 가슴 뭉클한 연설이다.

눈물의 사도 바울 (17-19절)

바울은 자신이 모든 겸손과 눈물로 주님을 섬겼다고 말한다. 에베소에서 바울은 많은 이적을 행했다. 그의 손수건이나 앞치마를 가져다 환자에게 대기만 하면 병이 낫고 악한 영이 떠나갔다. 그의 능력은 여기에 그치지 않았다. 에베소에서 일어난 일은 아니지만, 그는 드로아에서 유두고란 청년을 다시 살리기도 했다. 그런데 바울은 이 모든 일은 하나도 말하지 않고 겸손과 눈물로 섬겼다고 말한다.

그 이유는 무엇일까? 눈물로 섬기는 자가 참 목자요 사도이기 때문이 아닐까? 이적을 행하는 능력도 중요하지만, 눈물의 섬김이 있을 때 비로소 사람은 변하기 때문이 아닐까? 31절에서 바울은 다시 자신의 눈물에 대해 말한다. "내가 삼 년이나 밤낮 쉬지 않고 눈물로 각 사람을 훈계하던 것을 기억하라."

'훈계'란 바른 길로 인도하는 일이다. 바울은 왜 이런 것도 알지 못하냐고 야단치지 않았다. 왜 너는 이렇게밖에 못하냐고 화내지 않았다. 가르치는 자의 권위로 상대방을 억누르지 않았다. 그는 눈물로 가르쳤다. 참고 인내해 주었다. 때로 그는 배우는 자로부터 상처를 입기도 했을 것이다. 실제로 바울은 자신이 세운 교회로부터 배반을 당하기도 했다. 바울이 세운 교회 가운데 고린도 교회가 있다. 바울이 고린도 교회를 비운 사이 어떤 사람들이 교회에 들어와 바울을 비난하고 모함했다. 그런데 고린도 교인들이 이들의 말에 속아 넘어갔다는 소식을 듣고 바울이 고린도 교회를 다시 찾아갔다. 그러나 고린도 교인들은 바울을 차갑게 대했다. 아비처럼, 어미처럼 사랑했던 자들로부터 배반당했을 때, 얼마나 많이 쓰라렸을까? 이때 쓴 편지가 고린도후서다. 그렇지만 바울은 이들을 향해 분노하며 저주하지 않고, 그들을 위해 눈물을 흘린다.

> 내가 마음에 큰 눌림과 걱정이 있어 많은 눈물로 너희에게 썼노니 이는 너희로 근심하게 하려 한 것이 아니요 오직 내가 너희를 향하여 넘치는 사랑이 있음을 너희로 알게 하려 함이라 (고후 2:4)

바울이 흘린 눈물은 자신을 배반한 고린도 교인들을 사랑했기에 흘린 눈물이었다. 바울은 눈물의 사도였다. 눈물을 흘리는 바울이야말로 배반하고 거역하는 우리를 위해 눈물을 흘리신 예수님을 가장 잘 닮은, 바보 같은 사람이다. 빌립보서에서도 눈물 흘리는 바울의 모습을 볼 수 있다.

내가 여러 번 너희에게 말하였거니와 이제도 눈물을 흘리며 말하노니 여러 사람들이 그리스도의 십자가의 원수로 행하느니라 (빌 3:18)

예수님의 사랑을 제대로 알지 못한 채 예수님의 원수로 살아가는 자들을 향해 바울은 눈물을 흘리며 그들에게 권면하고 있다. 잘못을 깨닫고 돌아오라고 말이다. 누군가를 위해 눈물 흘리며 기도하는 마음이 참 사도의 증거다.

바울은 유익한 것이라면 주저하지 않고 전했다 (20-21절)

바울은 에베소 교인들에게 유익한 것이라면 무엇이든 거리낌 없이, 주저하지 않고 전했다(20, 27절). 그는 시험이 있고, 핍박이 있어도 주눅이 들지 않고 담대했다. 또 바울은 공중 앞에서, 집집마다 방문하여 가르쳤다. 바울이 얼마나 열정이 있었고, 최선을 다했는지를 알 수 있다. 여기서 중요한 것은 바울은 자신에게 유익한 것이 아니라 너에게 유익한 것을 전했다는 사실이다. 이것이 성령충만한 자의 모습이다. 나에게 유익한 것이 아니라 너에게 유익한 것이 무엇일까를 구하게 된다.

성령충만하면 너에게 유익한 것이 무엇인지 발견할 수 있는 눈이 생긴다. 너에게 유익한 것을 주는 데 주저하지 않는다. 진정 성령충만한 자는 "무엇이든지 남에게 대접을 받고자 하는 대로 너희도 남을 대접하라"(마 7:12)는 예수님의 말씀을 실천한다. 성령충만한 자는 "자기의 유익을 구하지 아니하"(고전 13:5)는 사람이다. 더욱이 바울은 에베소에서 3년 동안 사역하면서 이런 자세를 내내 견지했다.

³³ 내가 아무의 은이나 금이나 의복을 탐하지 아니하였고 ³⁴ 여러분이 아는 바와 같이 이 손으로 나와 내 동행들이 쓰는 것을 충당하여 ³⁵ 범사에 여러분에게 모본을 보여준 바와 같이 수고하여 약한 사람들을 돕고 또 주 예수께서 친히 말씀하신 바 주는 것이 받는 것보다 복이 있다 하심을 기억하여야 할지니라 (33-35절)

'탐하지 않고', '약한 자를 돕고', '주는 것이 받는 것보다 복이 있음을 믿는' 사람, 이것이 바울이 보여준 목회자상이다.

생명보다 더 귀한 것, 주 예수께서 내게 주신 사명 (22-24절)

24절에서 바울은 예수님이 자신에게 주신 사명이 있다고 말한다.

내가 달려갈 길과 주 예수께 받은 사명 곧 하나님의 은혜의 복음을 증언하는 일을 마치려 함에는 나의 생명조차 조금도 귀한 것으로 여기지 아니하노라 (24절)

바울은 예수를 만난 이후의 삶을 '내가 달려갈 길'로 자주 표현한다.

나는 선한 싸움을 싸우고 나의 달려갈 길을 마치고 믿음을 지켰다 (딤후 4:7)
생명의 말씀을 밝혀 나의 달음질이 헛되지 아니하고 수고도 헛되지 아니함으로 그리스도의 날에 내가 자랑할 것이 있게 하려 함이라 (빌 2:16)
푯대를 향하여 그리스도 예수 안에서 하나님이 위에서 부르신 부름의 상을 위하여 달려가노라 (빌 3:14)

또 바울은 세례 요한이 사명자의 삶을 산 것을 "요한이 그 달려갈 길을 마칠 때"(13:25)라고 표현했다. 걸어가지 않고 달려간다고 말한 것은 바울이 얼마나 적극적이고 열정적인 삶을 살았는지를 단적으로 보여준다. 당시에 고대 그리스 올림픽의 달리기 대회가 유명했기에 자신을 달리기 선수에 비유한 것이다. 달리는 선수들은 목표가 있듯이 바울이 뛰는 이유는 한 가지였다. "주 예수께 받은 사명 곧 하나님의 은혜의 복음을 증언하는 일"(24절)이었다. 은혜를 받으니 사명이 보이고, 사명이 보이니 열정이 생겼다. 그의 열정은 대단했다. 바울은 환란과 결박이 기다려도 자신이 받은 하나님의 은혜의 복음을 증언하기 위해서라면 생명을 귀하게 여기지 않겠다고 말할 정도였다. 반대로 은혜가 바닥을 드러내면, 은혜가 고갈되면 게을러진다. 게을러지면 해야 할 일도 안 할 구실을 찾는다. 핑계를 댄다. 반면에 은혜가 충만하면 부지런해진다. 해야 할 것을 어떻게 하면 잘할 수 있는지를 연구한다.

바울이 에베소를 떠나 예루살렘에 가려고 하는 것도 사명을 위해서다. "이 일이 있은 후에 바울이 마게도냐와 아가야를 거쳐 예루살렘에 가기로 작정하여 이르되 내가 거기 갔다가 후에 로마도 보아야 하리라 하고"(19:21). 바울은 로마에 가기 전에 예루살렘에 가기로 작정했다. 예루살렘에 가면 그를 반갑게 맞이해주는 사람이 있기에 가는 것이 아니다. 그곳에는 바울을 죽이겠다고 벼르고 있는 사람들이 있다. 이 사실을 그는 분명히 알고 있었다. 그런데 이 사실을 성령이 알려주셨다는 것에 주목하자. 성령께서 바울에게 장차 어떤 일이 일어날지를 가르쳐 주셨다. 바울이 하나님의 은혜의 복음을 증거하는 일 때문에 감옥에 가게 될 것이라고, 고난이 있게 될 것이라고 말씀하셨다(23절). 사실 주님은 바울을 부르셨을 때 아나니아를 통해 그가 당할 고난을 이미 예언하신 바 있다.

그가 내 이름을 위하여 얼마나 고난을 받아야 할 것을 내가 그에게 보이
리라 (9:16)

'고난을 받아야 할 것'이란 말에서 하나님이 정하셨기 때문에 반드시 이
뤄진다(divine necessity)는 뜻을 함축한 조동사 '데이'(δεῖ)가 사용되고 있다. 주
님의 이름을 전하는 바울의 사명과 그 때문에 당하는 고난은 처음부터 주님
의 뜻 가운데 예정된 것이었다. 이후 바울의 삶은 복음 전도의 사명과 그에
따른 고난이었다.

만약 필자가 이같은 성령의 음성을 들었다면 '아, 성령께서 내게 고난을
피하라고 일러주시는구나' 하고 생각하여 가지 않을 것이다. 그런데 바울은
그렇지 않았다. 바울은 감옥과 고난이 자신을 기다림에도 불구하고 하나님
의 은혜의 복음을 증거하는 일을 위해서라면 예루살렘에 가주기를 바라는
성령님의 진짜 음성을 들었던 것이다. 그리고 바울은 여기에 순종한다. 이
것이 어떻게 가능한가? 바울에게 있어서 가장 중요한 것은 자신의 '생명'이
아니라 자신에게 주신 '사명'이었기 때문이다(24절).

사실 바울은 복음을 전하는 일에 대해서만큼은 강박증 환자였다. 그에게
있어서 복음을 전하는 일이 '부득불 할 일'(ἀνάγκη [아낭케])이었다. 그는 만일
복음을 전하지 않으면 자신에게 '화'(저주 [οὐαί/우아이])가 있을 것이라고 생각
했다(고전 9:16). 이러한 마음은 예레미야의 사명 의식과 같은 것이었다.

내가 다시는 여호와를 선포하지 아니하며 그의 이름으로 말하지 아니하
리라 하면 나의 마음이 불붙는 것 같아서 골수에 사무치니 답답하여 견딜
수 없나이다 (렘 20:9)

이처럼 사명에 따라 산 사람 바울은 성령에 매인 사람(22절), 성령의 포로
가 된 사람이었다. 그만큼 철저히 성령의 인도하심에 순종했다. 성령에 매
이면 '사명'이 '생명'보다 중요하게 된다. 아마도 "오직 주의 사랑에 매여"라
는 찬양은 바울에게 가장 잘 어울리는 곡일 것이다.

오직 주의 사랑에 매여 내 영 기뻐 노래합니다

이 소망의 언덕 기쁨의 땅에서 주께 사랑 드립니다

오직 주의 임재 안에 갇혀 내 영 기뻐 찬양합니다

이 소명의 언덕 거룩한 땅에서 주께 경배 드립니다

주께서 주신 모든 은혜 나는 말할 수 없네

내 영혼 즐거이 주 따르렵니다

주께 내 삶 드립니다

교회를 지키기 위한 당부 (25-38절)

바울은 자신이 에베소에서 3년 동안 "하나님의 나라를 전파하였"(25절)다
고 말한다. 바울이 에베소에서 선교를 시작할 때도 그는 회당에 들어가 석
달 동안 담대히 하나님 나라에 관하여 강론하고 권면했다(19:8). 로마에 가서
도 그가 강론하고 전파한 내용은 한 마디로 하나님의 나라와 주 예수 그리
스도였다(28:23, 31). 빌립 역시 사마리아 성에 가서 전파한 내용은 "하나님 나
라와 및 예수 그리스도의 이름"(8:12)이었다. 이것은 예수께서 부활하신 후
40일 동안 이 땅에 계실 때 말씀하신 주제이기도 하다(1:3).

바울은 지난 3년간 하나님의 뜻을 거리낌 없이 전하였기에 자신은 모든
사람의 피에 대하여 내가 깨끗하다고 밀레도 장로들에게 상기시킨다(26-27

절). 그리고 바울은 자신이 떠난 후 교회를 지켜야 할 장로들도 역시 자신처럼 최선을 다해 주기를 당부했다.

> 여러분은 자기를 위하여 또는 온 양 떼를 위하여 삼가라 성령이 그들 가운데 여러분을 감독자로 삼고 하나님이 자기 피로 사신 교회를 보살피게 하셨느니라 (28절)

위 구절은 성삼위 하나님이 언급된다. 성령이 감독자를 교회를 위해 세우셨고, 교회는 하나님 아버지께서 자기 피, 즉 예수 그리스도의 피로 사셨다. 교회는 이렇게 소중하다. 그래서 하나님은 에베소 장로들을 감독자로 삼아 보살피게 하셨다. '감독자'(ἐπίσκοπος [에피스코포스])는 오늘날 장로교에선 목사와 장로를 가리킨다(딤전 3:1-7). 가톨릭에선 주교(episcopal)라고 한다.

교회 지도자는 솔선수범해야 한다. 28절 "여러분은 자기를 위하여 삼가라"는 말은 그 뜻이다. 하지만 지도자가 솔선수범해도 따라오지 않는 사람들이 있다. 그때는 눈물로 훈계해야 한다.

> 그러므로 여러분이 일깨어 내가 삼 년이나 밤낮 쉬지 않고 눈물로 각 사람을 훈계하던 것을 기억하라 (10:31)

바울은 3년 동안 밤낮 쉬지 않고 눈물로 각 사람을 훈계했다. 바울은 한두 번의 눈물이 아니라 3년 동안 밤낮 쉬지 않고 눈물로 훈계했다. 바울은 고별연설을 시작하면서도 자신은 "모든 겸손과 눈물로" 목회했다고 말했다 (19절). 그리고 31절에서도 눈물로 각 사람을 훈계했다고 말한다. 바울은 눈물이 많은 사람이었다. 시인 정호승은 그의 시 "내가 사랑하는 사람"에서 자신은 눈물이 없는 사람을 사랑하지 않는다고, 한 방울 눈물이 된 사람을 사랑한다고 했다.

교회 지도자가 교회를 지키기 위해 해야 할 중요한 일 가운데 하나는 교회를 무너뜨리려는 세력, 특히 가짜 성도, 가짜 교사를 경계하고 막는 것이다.

> [29] 내가 떠난 후에 사나운 이리가 여러분에게 들어와서 그 양 떼를 아끼지 아니하며 [30] 또한 여러분 중에서도 제자들을 끌어 자기를 따르게 하려고 어그러진 말을 하는 사람들이 일어날 줄을 내가 아노라 (20:29-30)

사나운 이리가 양떼를 물어 죽이고, 잡아가는 비유는 사악한 가짜 지도자들이 성도를 미혹하고 교회를 무너뜨리는 일을 경고하는 비유다. 이들 가짜는 어그러진 말로 성도들을 끌어 자기를 따르게 하는 사람들이다. 즉 자기 추종자, 자기 심복으로 만들어 세력을 만들 것이라고 바울은 경고한다. 교회를 무너뜨리는 자들의 말은 '어그러진 말'(30절)이다. 원뜻은 '진리를 왜곡한다'이다. 말씀을 교묘히 왜곡하여 사람들을 미혹하는 자들이 교회에 침투하여 교회를 무너뜨린다.

죄는 하나님의 말씀을 변질, 왜곡한다. 하와의 범죄는 말씀의 왜곡으로 시작됐다. 하나님께서는 "선악을 알게 하는 나무의 실과는 먹지 말라 네가 먹는 날에는 정녕 죽으리라"(창 2:17)고 말씀하셨다. 그러나 하와는 '죽을까 하노라'라고 하면서 하나님의 말씀을 축소한다. 이 말을 받아 뱀은 하나님의 말씀을 정반대로 말한다. "너희가 결코 죽지 아니하리라"(창 3:4).

참된 지도자는 물론 모든 성도는 은혜의 말씀에 집중하고, 영적으로 깨어 있어야 한다. 바울은 에베소의 지도자들을 하나님과 그의 은혜로운 말씀에 맡겼다. 오직 말씀만이 그들을 든든히 세울 수 있기 때문이다. 우리 인생을 떠받치는 것은 하나님의 말씀이다. 하나님이 만드신 땅이 있어서 사람이 설수 있는 것처럼 성도는 말씀 위에서 든든히 설 수 있다(32절).

바울은 고별 설교를 마치면서 예수님의 말씀을 인용한다. "주는 것이 받는 것보다 복이 있다"(35절). 주님이 내게 주신 은혜를 교회를 위해 드리는 것이 더 복이 있다. 주님이 내게 주신 시간과 건강과 물질을 하나님과 이웃을 위해 드리는 것이 더 복이 있다. 그것이 우리를 위해 자기 몸까지 주신 예수님을 닮는 길이다. 나눔은 결국은 사라질 이 땅의 재물을 영원한 천국의 보화로 바꾸는 일이다.

바울은 당부의 말을 다 마치고 나서 무릎을 꿇고 그 자리에 있던 모든 사람과 함께 기도를 드렸다. 다시는 서로 얼굴을 보지 못할 것을 생각하니 눈물을 참을 수 없어 모두가 크게 울었다. 한 사람이 돌아가면서 바울의 목을 안고 입을 맞추고 그를 전송하였다.

21장

바울의 예루살렘행을 말리는 성도들 (1-16절)

두로의 제자들이 말리다 (1-6절)

바울과 그의 일행은 밀레도에서 에베소 장로들과 작별하고 나서 예루살렘으로 가기 위해 배를 탔다. 그들은 '고스 – 로도 – 바다라'를 거쳐 '두로'에 상륙했다. 그곳에 있는 제자들과 함께 일주일을 머물렀는데, 두로의 성도들은 '성령의 감동으로' 바울에게 예루살렘에 들어가지 말라고 말했다(4절). 여기에 대해 바울이 어떤 반응을 보였는지 구체적으로 알 수 없으나 앞서 밀레도에서 에베소 장로들에게 보였던 결연한 의지를 천명했을 것이다. 두로 성도들은 바울의 확고한 결심을 말릴 수 없었다. 그저 바울의 앞길을 주님께 맡기는 기도를 드릴 수밖에 없었다. 두로 성도들이 자기네 처자들과 함께 성문 밖까지 전송하고, 바닷가에서 무릎을 꿇어 기도하는 모습은 밀레도에서 에베소 장로들과 함께 무릎을 꿇고 기도하고 크게 울었던 모습과 꼭 닮았다. 이 정도로 슬퍼했다면 두로의 성도들은 바울과 잘 알고 지내던 사이였던 것으로 볼 수 있다. 바울의 비장함과 그를 떠나 보내는 성도들의 안타까운 슬픔이 계속된다.

가이사랴의 성도들이 말리다 (7-16절)

두로를 떠난 바울 일행은 돌레마이에서 하루를 묵은 뒤, 이튿날 가이사랴에 도착하여 그곳에 살고 있는 전도자 빌립의 집에서 여러 날 머물게 된다. '전도자'로 번역된 '유앙겔리스테스'(εὐαγγελιστής)는 초대 교회의 주요 직분이었던 것 같다. "그가 어떤 사람은 사도로, 어떤 사람은 선지자로, 어떤 사람은 **복음 전하는 자**로, 어떤 사람은 목사와 교사로 삼으셨으니"(엡 4:11). 성경에서 전도자로 불린 사람은 빌립뿐이며, 바울은 디모데에게 '전도자의 일'을 하라고 말한다. "그러나 너는 모든 일에 신중하여 고난을 받으며 전도자의 일을 하며 네 직무를 다하라"(딤후 4:5).

정말 빌립은 전도자였다. 그는 스데반의 순교 이후 예루살렘 교회에 닥친 큰 박해로 인해 성도들이 흩어지게 됐을 때, 유대인이라면 가기를 꺼렸던 사마리아에 가서 복음을 전하고 놀라운 능력으로 이적을 행했던 사람이다. 또한 성령의 음성에 순종하여 에디오피아 내시를 전도하여, 바울에 앞서 이방인 선교의 한 본을 보여줬던 사람이었다. 빌립은 에디오피아 내시를 전도한 이후 아소도 여러 성을 지나다니며 복음을 전하다 가이사랴에 이르러 정착했던 것 같다(8:40). 전도자라는 칭호가 잘 어울리는 빌립과 이방 선교의 거목 바울의 만남은 의미가 깊다.

그러나 저자 누가는 이 둘 사이에 어떤 대화가 있었는지 우리에게 전해 주고 있지 않다. 오히려 매우 특이한 한 사건을 보도할 뿐이다. 하루는 '아가

보'라는 선지자가 유대로부터 내려와(11:27-28에 등장하는 아가보 선지자와 동일 인물로 추정) 예언적 퍼포먼스를 행했다. 아마 빌립의 집에서 집회가 열렸던 것 같다. 12절을 보면 바울 일행은 물론 '그곳 사람들'이 함께 있었는데, 이들은 빌립이 있는 가이사랴에 사는 성도들로서 빌립의 집에 모였던 것이다.

아가보 선지자는 바울의 허리띠를 가져다가 자기 수족을 잡아매고서는 성령이 말씀하시길 이 띠의 임자가 이렇듯 결박되어 이방인의 손에 넘겨질 것이라고 했다고 전했다. 예언을 하는 네 명의 딸이 있는 빌립의 집에서 행해진 선지자의 퍼포먼스! 심지어 바울과 동행하는 사람들까지도 바울에게 예루살렘에 올라가지 말라고 강력하게 권했다. 벌써 세 번째다. 밀레도에서, 두로에서, 그리고 가이사랴에서. 계속해서 예루살렘에 올라가면 안 된다고 말한다. 그것도 인간의 말이 아니라 '성령의 음성'을 전했다.

그러나 바울은 흔들림이 없었다. 물론 울면서 간곡히 부탁하는 성도들 앞에 마음이 아팠던 것은 사실이다. 그냥 아픈 정도가 아니라 '마음이 갈기 갈기 찢어지는 듯'했다. 13절에서 '상하다'로 번역된 헬라어 '쉰트뤼프톤테스'(συνθρύπτοντές)는 '조각조각 부서지다', '산산이 찢어지다'라는 뜻이다. 그러나 그는 다시 한번 밝힌다. "나는 주 예수의 이름을 위하여 결박당할 뿐 아니라 예루살렘에서 죽을 것도 각오하셨노라"(13절)라고 말이다. 결박은 물론 죽음도 불사하겠다는 바울의 비장한 결심을 누구도 꺾을 수 없었다.

도대체 성령께서는 왜 이토록 여러 차례 바울에게 예루살렘으로 가지 말라고 여러 사람을 통해 말씀하시는 걸까? 성령의 음성이라면 바울이 순종해야 하지 않나? 아니면 성령의 음성이라고 생각한 것이 잘못인가? 그것은 사실 성령의 음성이 아니라, 바울의 선교를 저지하려는 사탄의 소리였는데, 사람들이 성령의 음성으로 착각한 것일까? 도대체 뭐란 말인가?

두로의 형제들, 아가보 선지자의 예언 모두 성령으로 말미암은 것은 틀림

없는 것 같다. 그러나 이들은 성령의 예언을 문자 그대로만 해석하거나 전할 뿐이었다. 바울은 그 성령의 음성 속에서 진정 성령이 원하시는 바를 간파하고 있었다. 예루살렘에 올라가면 결박될 것이니 올라가지 말라는 것이 아니라, 결박된다고 하더라도 복음을 위해 갈 수 있겠느냐는 음성이었다. 실제로 바울이 예루살렘에 올라가 체포되어 산헤드린 공회에서 연설한 후 주님이 나타나셔서 이렇게 말씀하셨다.

> 그 날 밤에 주께서 바울 곁에 서서 이르시되 담대하라 네가 예루살렘에서
> 나의 일을 증언한 것 같이 로마에서도 증언하여야 하리라 (23:11)

이 구절을 보면 바울이 예루살렘에 가서 주님을 증언한 것은 주님의 뜻이었음이 분명하다. 성령의 음성을 넘어 마음을 헤아릴 줄 아는 사람, 그가 바로 바울이었다. "아버지 당신의 마음이 있는 곳에 나의 마음이 있기를 원해요"라는 찬양 가사는 바울의 마음을 보여주는 것 같아 아래에 소개한다.

> 아버지 당신의 마음이 있는 곳에 / 나의 마음이 있기를 원해요
> 아버지 당신의 눈물이 고인 곳에 / 나의 눈물이 고이길 원해요
> 아버지 당신이 바라보는 영혼에게 / 나의 두 눈이 향하길 원해요
> 아버지 당신이 울고 있는 어두운 땅에 / 나의 두 발이 향하길 원해요
> 나의 마음이 아버지의 마음 알아 / 내 모든 뜻 아버지의 뜻이 될 수 있기를
> 나의 온 몸이 아버지의 마음 알아 / 내 모든 삶 당신의 삶 되기를

그러면 왜 바울은 굳이 예루살렘에 가려고 했나? 바울의 결심과 순종은 선교에 대한 바울의 비전이 있었기 때문이기도 하다. 바울이 예루살렘으로

떠나기 전 고린도에서 쓴 것으로 추측되는 로마서에 따르면 당시 "예루살렘으로부터 두루 행하여 일루리곤까지 그리스도의 복음을 편만하게"(롬 15:19) 전한 상태였다. "예루살렘으로부터 두루 행하여 일루리곤까지 … 편만하게"에서 "편만하게"에 해당하는 헬라어 '퀴클로'(κύκλῳ)는 'in a circle; round about'란 뜻이다. 즉 그는 예루살렘에서 일루리곤(마게도냐 북쪽 지역으로서 오늘날 알바니아와 유고 및 슬라비아에 해당하는 지역)에 이르기까지 한 원, 즉 지중해 '동반부' 지역을 다 전도했다는 말이다. 그리고 이제 바울은 지중해 세계의 '서반부' 선교를 계획하면서 로마교회의 도움을 요청하고 있는 것이다. 바울이 동반부 선교의 거점으로 시리아 안디옥을 택했다면, 서반부 선교의 거점으로 로마 교회를 택했던 것으로 보인다.

그러면 바울이 예루살렘을 들리지 않고 고린도에서 곧장 로마로 가지 왜 굳이 예루살렘에 가려고 했을까? 바울은 구제 헌금을 전달하기 위해 예루살렘에 가려고 했다(롬 15:24-27). 바울이 세운 교회(마게도냐와 아가야 성도들)가 낸 구제 헌금을 첫 번째 교회인 예루살렘 교회에 전달하는 것은 매우 의미 있는 일이다. 바울의 구제 헌금을 예루살렘 교회가 받아들이는 일은 유대인 교회가 바울이 세운 이방인 교회를 받아들이고 화해한다는 의미를 보여주는 것이고, 바울의 말처럼 이방인 교회는 예루살렘 교회로부터 영적인 것을 나눠 가졌으므로 대신 물질로 예루살렘 교회를 섬기는 것은 마땅하다(롬 15:27). 그래서 자신이 직접 가서 전달할 필요가 있었을 것이다.

그러나 아무리 구제 헌금 전달이 좋은 의미를 가지고 있다고 해도 과연 목숨을 걸고서라도 바울이 직접 가야 했을까? 여기에 또 다른 이유가 있으니 그것은 바로 바울에 대한 오해다. 후술하겠지만 바울은 율법 폐기론자, 율법 무용론자라고 오해를 받고 있었다. 앞으로 바울이 선교를 순조롭게 하기 위해서는 예루살렘 교회가 품고 있을 오해를 풀어줘야 한다. 또한 로마

교회도 바울을 오해하고 있을 수 있기 때문에 이 문제를 해결할 필요가 있었을 것이다. 즉 유대 교회와의 관계 회복없이 지중해 서반부 선교로 나가는 것은 그 의미가 바랠 것이 분명했다.

결국 여러 날 후 바울은 짐을 꾸려 예루살렘에 올라갔다. 그래도 못내 마음이 안되었던지 가이사랴에 사는 몇 명의 제자들이 동행해 주었다. 그들은 가던 길에 '나손'이라는 구브로 출신 성도의 집에서 머물게 된다. 아마도 바울은 이 사람을 몰랐을 것이다. 그러나 가이사랴 성도들은 알고 있어서 바울 일행이 예루살렘으로 올라가는 길에 묵을 집이 필요했으므로 동행하여 소개해 주었던 것 같다.

예루살렘에 도착하다 (17-26절)

바울과 그 일행이 예루살렘에 도착하자, 예루살렘 교회 형제들이 기꺼이 맞이했다. 이튿날 바울 일행은 야고보를 찾아가 그와 장로들을 만나 문안하고 "하나님이 자기의 사역으로 말미암아 이방 가운데서 하신 일을 낱낱이"(19절) 말했다. 바울은 자신이 그동안 행했던 선교가 다름 아닌 '하나님'이 '사신의 섬김'(사역'으로 번역된 헬라어 '디아쿠니아'는 섬김이라는 뜻)을 통해 행하신 일이라고 말하고 있다.

야고보와 장로들은 바울의 이야기를 듣고 하나님께 영광을 돌렸다. 할렐루야! 그러나 그들은(복수형으로 되어 있다. 따라서 야고보와 장로들 모두를 가리킨다) 한 가지 바울에게 요청한다. 그것은 바울에 관한 소문 때문이었다. 그 소문인즉 바울이 이방에 있는 모든 유대인에게 모세를 배반하라고 가르쳤다는 것이다. 즉 할례를 행하지 말고 관습을 지키지 말라고 가르쳤다는 것이다.

'배반'(ἀποστασία [아포스타시아])이란 단어를 쓴 것은 바울이 그만큼 매우 과격한 사람이라는 뜻이다.

사실 이런 소문은 절대로 사실과 맞지 않다. 바울이 할례를 하지 말라고 가르쳤다고? 바울은 자진해서 디모데에게 할례를 행하고 선교의 동역자로 삼았다(16:3). 또 본인 자신이 겐그레아에서 나실인 서원을 이행하기 위해 머리를 깎기도 했다(18:18). 자신은 율법을 지키는 사람임을 보여주려고 의도적으로 한 것 같다. 그럼에도 불구하고 바울이 율법 폐기론자라는 소문을 예루살렘에 있는 수만 명의 믿는 유대인들이 듣게 되었고, 이에 격분했다. 이들은 율법에 대한 열정이 있는 사람들이었기 때문이다. 초대 예루살렘 교회는 예수님을 믿지만 율법도 지켜야 한다고 생각했던 사람들이 다수를 차지하고 있었다. 이들이 보기에 바울은 '율법은 필요 없다, 오직 예수만 믿으면 된다!'라고 주장한 진보적 그리스도인이었다.

야고보와 장로들은 이 문제를 결코 좌시할 수 없었다. 예루살렘에 있는 유대인들이 바울을 그냥 두지 않는 것은 물론이요, 만약 예루살렘 교회 역시 바울의 입장과 다를 바 없다고 생각한다면 매우 위험한 상황이 벌어질 수 있기 때문이다. 실제로 예루살렘 교회는 바울이 체포된 이후에 그를 변호하는 그 어떤 행동도 취하지 않았다. 면회조차 간 것 같지 않다. 그만큼 바울의 입장은 율법에 열심인 유대인들에게는 매우 불온한 사상이었던 것이다.

그래서 야고보와 장로들은 바울에게 한 가지를 제안한다. 그것은 서원한 네 사람을 데리고 가서 결례(정결 예식)를 행하고 그 비용을 내어 그들의 머리를 깎게 하라는 것이었다. 여기서 서원이란 나실인 서원을 뜻하는데, 평생을 나실인으로 사는 것이 아니라 한시적으로만 나실인으로 사는 서원을 가리킨다(민 6:2-21). 평생을 나실인으로 사는 사람은 머리를 깎지 말아야 했지만, 일시적으로 나실인으로 사는 사람은 서원한 기간이 끝나면 제물을 바치고, 머리를 깎아 머리카락을 화목제의 불에 태웠다. 마침 예루살렘 교회에 이같은 나실인 서원을 한 사람 네 명이 있었는데, 이들이 가난해서 그 비용을 감당하기 어려웠던 것 같다. 바울은 이들의 비용을 댔고, 자신도 결례를 행한다. 바울이 행한 결례는 나실인 서원 예식이 아니라 이방 지역에 있다가 온 바울이 자신을 정결케 하는 예식인 것 같다. 당시 성전에는 이방인의 뜰을 지나 성전으로 들어가는 이스라엘 사람들은 정결탕에서 자신을 정결케 해야 했다.

바울의 체포 (27-36절)

바울이 정결 예식을 행하기 위해 성전에 있을 때였다. 아시아로부터 온 유대인들이 성전에서 바울을 보게 되었다. 이들은 바울과 함께 있던 에베소 사람 '드로비모'를 알아본 것을 봐서 에베소에서 온 불신 유대인들로 추정된다. 어떻게 이들은 예루살렘까지 오게 되었을까? 알 수 없다. 이들은 그곳에 있던 모든 무리를 충동하여 바울을 붙잡았다. 그리고 사람들에게 들으라고 외쳤다. 이들이 고발한 바울의 죄목은 바울이 곳곳을 다니면서 이스라엘 백성과 율법과 이곳 성전을 비방한 일이다. 이 세 가지는 유대 국가와 유대 종교의 근간을 이루는 것인데, 이것을 비방했다면 바울은 이스라엘의 대적자가 아닐 수 없다.

또 그들은 바울이 헬라인 에베소 사람 드로비모를 데리고 성전에 들어가 성전을 더럽혔다고 고발했다. 바울이 성전을 무시한다는 사실이 현장에서 포착되었단 뜻이다. 예루살렘 성전에는 이방인이 들어갈 수 있는 뜰이 있다. 그러나 그 안에 머물러 있어야 했다. 사방에 경계벽이 있고, 성전 수비대가 경비를 섰다. 경계벽에는 '이곳에 이방인을 데려오는 자는 죽임을 당하게 될 것이다'라는 글이 쓰인 경고문이 있었다. 아시아에서 온 유대인들은 바울이 이방인 드로비모를 데리고 이방인의 뜰을 넘어 유대인만 들어갈 수 있는 곳까지 들어갔다고 모함한 것이다. 이런 바울의 행동은 성전을 더럽히는 행동이기에 죽음으로써 다스려야 할 일이었다.

에베소에서 온 유대인들의 선동은 유효했다. 누가가 "온 성이 소동했다"(30절)고 표현할 만큼 예루살렘 전체가 웅성거렸고, 사람들이 달려 바울을 잡아 성전 밖으로 끌고 나갔다. 성전을 더럽힐 수 없기에 성전 밖으로 데리고 나가 그를 죽이려고 했다. 그러나 이때 하나님이 개입하셨다. 온 예루살렘이 요란하다는 소문을 들은 로마 군대의 천부장(이 사람의 이름은 글라우디오 루시아였다. 23:26)은 사태의 심각성을 알아차리고 '급히' 군인들과 백부장들을 거느리고 '달려' 내려왔다. '급히', '달려'라는 말이 사용되고 있는 점, 그리고 복수형인 백부장들이 왔다는 것은 지금 사안이 얼마나 급박한지를 보여준다.

당시 예루살렘 성전 바깥 뜰 북서쪽에는 안토니아 요새가 있었다. 안토니아 요새는 주전 2세기 요한 힐카누스가 건축한 일종의 거대한 타워다. 헤롯 대왕이 증축하여 자신의 후견인 역할을 한 마르쿠스 안토니우스를 기려 그 이름을 '안토니아'라고 했다. 로마 수비대는 안토니아 요새에 주둔하면서 성전 경비를 담당했다. 지금 천부장과 군인들은 안토니아 요새에서 달려 온 것이다. 이들이 바울이 있는 곳에 도착하자 사람들은 바울을 치기를 그쳤다. 천부장은 바울을 두 쇠사슬로 결박하게 하고, 그곳에 있던 사람들에게 그가 누구이고 무슨 일을 하였는지 물었지만 사람들이 이런저런 말로 소리치자 진상을 알 수 없었다. 하여 천부장은 바울을 안토니아 요새로 끌고 가도록 지시했다.

　그러나 사람들이 바울을 없애라고 외치며 뒤따라갔다. 영내로 들어가려 할 때 바울은 천부장에게 말할 기회를 달라고 요청한다. 천부장은 바울이 헬라 말을 할 줄 아느냐고 묻더니, 느닷없이 이전에 있었던 소요 사건을 언급한다. 얼마 전 한 애굽인이 소요를 일으키고 나서 자객(무기를 든 폭도) 4,000명을 이끌고 광야로 간 사건이었다. 바울이 바로 그 애굽인이 아니냐는 것이다. 아마도 천부장에게 이 사건은 큰 사건이어서 기억이 생생했던 것 같다. 그래서 바울 역시 그런 정치적 소요를 일으킨 사람이 아닌가 의심했던 것이다.

　그러나 바울은 이런 혐의를 단호히 부정하듯 자신은 (애굽인이 아니라) 유대인이며 소읍이 아닌 길리기아 다소 시의 시민임을 밝힌다. 즉 자신이 로마제국의 도시 출신임을 내세운 것이다. 그리고 그곳에 모인 이스라엘 백성에게 말할 수 있게 해달라고 요청한다. 이에 천부장이 허락했고, 바울은 층대 위에 서서 백성을 손짓으로 조용하게 한 후 아람어(40절에서 말하는 히브리어는 당시 통용어인 아람어일 것이다)로 연설을 하기 시작했다.

22장

바울은 천부장에게 허락을 받고 층대 위에 서서 모여든 사람들에게 연설한다. 천부장은 이때부터 사도행전에서 바울의 신변 보호와 관련하여 중요한 역할을 한다. 그의 이름은 글라우디오 루시아(23:26)다. 천부장은 천 명의 군인을 거느릴 수 있는 장교다. 신약에서 천부장이란 말이 총 22회 나오는데, 사도행전에서 20회 나온다. 그 20회도 21장부터 25장까지 바울이 예루살렘에서 올라가 체포되는 시점부터 집중적으로 나온다. 하나님은 비록 예수를 알지도 못하는 로마 장교지만, 그를 통해 바울을 지키셨다. 하나님이 하시는 일은 신묘막측하다. 우리가 사명에 순종하면 하나님은 사람이 생각하지도 못할 방법으로 우리의 생명을 지키실 것이다.

바울의 회심 간증 (1-21절)

바울의 연설은 간증이었다. 사도행전 9장에 기록된 바울의 회심 사건은 제3자인 누가의 시각에서 기록한 것이고, 22장과 26장에서는 바울이 1인칭 시점에서 간증하는 형식으로 되어 있다. 자신이 예수님을 만나기 전 어떤 사람이었는데, 어떻게 변했는지를 말한다. 바울은 자신이 비록 길리기아 다소에서 태어난 디아스포라 유대인이지만, 그러나 예루살렘에서 자랐고 가말리엘의 문하에서 율법의 엄한 교훈을 교육받은 사람, 즉 "하나님께 대하여 열심히 있는 자"임을 밝힌다. 앞서 야고보와 장로들이 바울에게 주의를 줄 때, "유대인 중에 믿는 자 수만 명이 있으니 다 율법에 열성을 가진 자라"(21:20)고 말했는데, 어휘적으로 일치한다. 즉 바울 자신은 지금 바울의 말을 듣고 있는 유대인들과 다를 바 없다는 것이다.

또 바울은 자신의 눈을 뜨게 해 준 아나니아를 소개할 때도 "율법에 따라 경건한 사람으로 거기 사는 모든 유대인들에게 칭찬을 듣는"(12절) 사람이라고 말한다. 이런 언급은 자신이 모세를 배반하라고 설파하는(21:21) 율법 폐기론자라는 소문에 대한 반박이라고 볼 수 있다. 또 바울은 자신이 회심 후 예루살렘으로 돌아와서 성전에서 기도했다고 말한다(17절). 성전을 하나님께 기도하는 장소로 말함으로써 자신이 성전을 비방하는 자(21:28)라는 아시아에서 온 사람들의 주장이 부당함을 주장하는 것이다.

이렇게 바울이 예나 지금이나 율법과 성전을 존중하는 사람이지만, 그는 분명 달라졌다. 부활하신 주님을 빛과 소리로 만났기 때문이다. 바울에게 쏟아진 빛은 큰 빛이었다. 그때가 정오쯤이었는데, 정오의 태양 빛보다 밝은 빛이 그에게 비춘 것이다. 그 빛 때문에 그는 잠시 눈을 멀게 되었다(22:11). 그런데 바울과 함께 있던 사람들도 빛을 보았지만(9절) 그들은 눈이 부셨을 뿐 시력을 잃지는 않았다. 왜일까? 바울에게 비친 빛과 사람들이 본 빛이 달랐기 때문이 아닐까? 바울이 볼 수 없게 된 이유는 "그 빛의 광채" 때문이었다(11절). '광채'로 번역된 헬라어 '독사'($\delta\acute{o}\xi\alpha$)는 단순한 빛이 아니라

'영광'이다. 즉 바울에게만 하나님의 영광의 광채가 비쳤던 것이다.

바울은 고린도후서 4장에서 이 세상의 신 사탄이 믿지 아니하는 자들의 마음을 혼미하게 하여 그리스도의 영광의 복음의 광채가 비치지 못하게 했다고, 반대로 믿는 자들에게는 어두운 데에 빛이 비치라 말씀하셨던 그 하나님께서 예수 그리스도의 얼굴에 있는 하나님의 영광을 아는 빛을 우리 마음에 비추셨고 말한다(고후 4:4, 6). 여기서도 빛은 자연의 빛이 아니라 하나님의 영광의 빛이다.

바울은 빛이 둘러 비추자 땅에 엎드러졌다. 이때 소리가 났다. 그것은 부활하신 예수님의 음성이었다. "사울아 사울아 네가 왜 나를 박해하느냐"(7절), "나는 네가 박해하는 나사렛 예수라"(8절). 하지만 사울과 함께하던 사람들은 주님의 음성을 듣지 못했다. 사울은 들려오는 음성에 "주님, 무엇을 하리이까"라고 물었다. 그러자 주님은 바울이 해야 할 것을 누군가가 알려줄 것이라고 지시하셨다. 그 사람은 아나니아였다. 주님이 직접 말씀하시지 않고 굳이 아나니아를 통해 말씀하신 이유에 대해선 9장 해설을 보라. 아나니아가 사울을 찾아가 전해준 사울의 사명은 이것이었다.

14 그가 또 이르되 우리 조상들의 하나님이 너를 택하여 너로 하여금 자기 뜻을 알게 하시며 그 의인을 보게 하시고 그 입에서 나오는 음성을 듣게 하셨으니 15 네가 그를 위하여 모든 사람 앞에서 네가 보고 들은 것에 증인이 되리라 (14-15절)

먼저 아나니아는 우리 조상들의 하나님이 사울을 택하셨다고 말한다. '조상(들)의 하나님'이란 표현은 신약에서 사도행전에서만 나온다. '조상의 하나님'은 아브라함과 이삭과 야곱의 하나님을 말한다. 조상의 하나님은 예수를 영화롭게 하셨고(3:13), 이스라엘 자손들은 예수를 나무에 달아 죽였으나 조상의 하나님은 다시 살리셨다(5:30). 바울은 조상의 하나님을 섬기되 예수를 믿는 자들의 도를 따라 섬겼다(24:14). 즉 사울을 택하여 예수의 증인이 되게 하신 분은 유대교가 믿는 바로 그 조상들의 하나님이시다. 자신의 신앙은 유대교와 한 뿌리라는 것이다. 더욱이 이 사실을 경건하여 모든 유대인이 칭찬하는 아나니아가 말했으니 사울이 예수의 증인이 된 것으로 핍박받을 이유가 없다는 뜻이 담겨져 있다.

조상들의 하나님은 사울을 택하셔서 그분의 뜻을 알게 하셨다. 그분의 뜻은 유대인들이 십자가에 죽인 예수가 의인이라는 사실이다. 그래서 하나님은 사울로 하여금 의인 예수를 보게 하셨다. 누가는 백부장이 고백한 예수도 의인이라고 말한다. "백부장이 그 된 일을 보고 하나님께 영광을 돌려 이르되 이 사람은 정녕 의인이었도다 하고"(눅 23:47). 예수가 의인이라는 것은 그가 십자가에 처형될 만큼 잘못한 일을 하지 않았다는 뜻이다. 십자가에 달린 한 강도 역시 예수님에 대해 "이 사람이 행한 것은 옳지 않은 것이 없느니라"(눅 23:41)고 말했다.

하지만 예수님이 의인이라는 것은 예수님을 통해 하나님의 역사가 나타났다는 의미다. 이방인 백부장이 하나님께 영광을 돌린 이유는 예수의 십자가 처형에서 하나님을 경험했기 때문이다. 따라서 여기서 의인은 하나님의 뜻에 온전히 순종하여 하나님을 영화롭게 한 하나님의 아들의 다른 표현이라고 봐야 한다. 베드로 역시 예수님을 "거룩하고 의로운 이"(3:14)라고 소개했다. 스데반 역시 예수님을 의인으로, 유대인들은 의인을 살인한 자로 말한다. "너희 조상들이 선지자들 중의 누구를 박해하지 아니하였느냐 의인이 오시리라 예고한 자들을 그들이 죽였고 이제 너희는 그 의인을 잡아 준 자요 살인한 자가 되나니"(7:52).

하나님은 사울이 의인 예수의 입에서 나오는 음성을 듣게 하셨다. 예수님이 바울에게 무엇을 말씀하셨는지는 22장에 나타나 있지 않다. 그러나 나중에 바울은 아그립바 왕 앞에서 다시 다메섹에서 주님을 만난 일을 증언하는데, 이에 따르면 주님은 바울을 종과 증인을 삼으셨고(26:16), "이스라엘과 이방인들에게서 내가 너를 구원하여 그들에게 보내어 그 눈을 뜨게 하여 어둠에서 빛으로, 사탄의 권세에서 하나님께로 돌아오게 하고 죄 사함과 나를 믿어 거룩하게 된 무리 가운데서 기업을 얻게 하리라"(26:17-18)고 말씀하셨다. 바울은 이 놀라운 복음을 모든 사람 앞에서 증언하게 되는 소명을 받은 것이다.

아나니아도 "네가 그를 위하여 모든 사람 앞에서 네가 보고 들은 것에 증인이 되리라"(15절)고 말한다. 바울은 이때 30대 초반이었다. 바울은 30여 년 동안 뼛속 깊이 유대인으로, 바리새인으로 살았다. 그러던 그가 예수님을 믿는 것은 물론 예수의 증인으로 살아가도록 요청받았을 때 주저할 법하다. 하지만 바울은 주저하지 않았다. 예수의 증인으로 살기로 결단하고, 세례를 받고 성령의 충만함을 받는다. 22장에는 나오지 않으나 9장에는 언급된다.

아나니아가 떠나 그 집에 들어가서 그에게 안수하여 이르되 형제 사울아 주 곧 네가 오는 길에서 나타나셨던 예수께서 나를 보내어 너로 다시 보게 하시고 **성령으로 충만하게 하신다** 하니 (9:17)

이후 사울은 다메섹을 떠나 예루살렘으로 와서 성전에서 기도할 때 경험한 것을 말한다. 9장에 따르면 사울은 예루살렘으로 와서 바나바의 중재로 사도들을 만났고, 또 헬라파 유대인들과 논쟁하다가 이들의 살해 위협 때문에 다소로 피신한다. 하지만 여기 22장 17~21절은 그가 성전에 가서 기도했고, 환상 중에 주님을 보기까지 했다.

사울이 들은 주님의 음성은 속히 예루살렘을 떠나라는 지시였다. 사람들이 사울의 예수 증언을 받아들이지 않을 것이기 때문이다. 이에 사울은 자신이 과거에 예수 믿는 사람들을 가두고 때리고 스데반을 죽이는 데 참여하였고, 이 사실을 사람들이 안다고 말한다. 즉 사울의 과거를 아는 유대인들이 자신을 신뢰할 것이라는 말이다. 그러나 주님은 예루살렘을 떠나 멀리 이방인에게로 가라고 재차 지시하셨다. 이로써 사울이 이방인에게 가서 예수의 증인이 된 것은 주님의 지시에 따른 것임을 다시 한번 언급했다.

바울의 위기와 로마 시민권 (22-29절)

그러나 바울의 이야기를 들은 불신 유대인들은 그를 죽이려고 했다. 개역개정성경은 "이러한 자는 세상에서 없애 버리자"(22절)라고 번역하였으나, 헬라어 원문은 "네가 이러한 자를 땅에서 제거하라"(αἶρε … τὸν τοιοῦτον [아이레 톤 토이우톤])이다. 이 말은 빌라도에게 유대인들이 예수를 처형하라고 요청할 때 한 말과 흡사하다. "무리가 일제히 소리 질러 이르되 이 사람을 없이하고 (αἶρε τοιοῦτον [아이레 토이우톤]) 바라바를 우리에게 놓아 주소서 하니"(눅 23:18). 이런 어휘적 일치는 바울이 예수님과 같은 고난을 겪고 있음을 암시한다.

사람들은 자신들의 옷을 벗어 던지고 티끌을 공중에 날리면서 그들의 분노와 살기를 드러내 보였다. 그러자 천부장이 바울을 영내로 데려가라고 명하고 채찍질하여 심문하려고 했다. 이때 바울은 자신이 로마 시민임을 밝히면서 재판도 하지 않고 채찍질해도 되냐고 항의했다. 바울은 빌립보 감옥에 갇히기 전에는 자신이 로마 시민임을 언급하지 않아 매를 맞고 감옥에 갇혔지만, 다음 날에는 자신이 로마 시민임을 밝히고 풀려난 적이 있다. 지금 여기도 그렇다. 백부장이 이 사실을 천부장에게 알리자 천부장은 심문을 철회하고 그를 풀어준다.

바울은 빌립보에서 매를 맞은 것 외에도 자신이 태장으로 맞은 것이 세 차례였다고 말한 바 있다(고후 11:25). 이런 형벌은 로마 시민에게는 금지되어 있었다. 왜 바울은 어떤 때는 자신이 로마 시민임을 밝혀 매를 피하고, 어떤 때는 밝히지 않아 매를 맞았는지 알 수 없다. 그저 성령의 인도하심에 따라 그때그때마다 대처한 것이 아닐까? 나중에 바울은 가이사랴에 2년 동안 구금된 후 로마 황제에게 상소하게 되는데, 그가 로마 시민권자였기 때문에 가능한 일이었다.

바울은 태어날 때부터 로마 시민이었다. 로마 시민으로 살아간다는 것은 선택받은 인생이라는 뜻이다. 한때 우리나라에서 해외 원정 출산이 유행한 적이 있다. 미국에 가서 아이를 낳으면 미국 시민권자가 되기 때문이다. 미국 시민권을 가지고 있으면 살아가는 데 여러모로 좋은 점이 많은가보다. 세상에서는 나의 유익을 위해 해외 원정 출산을 하면서까지 시민권을 얻으려고 한다. 바울 당시에 로마 시민권은 지금 미국 시민권 가치보다 몇 배나 더했을 것이다. 천부장 루시아는 자신이 많은 돈을 들여 시민권을 샀다고 말하지 않던가? 그런데 바울은 그렇게 좋은 로마 시민권이 아니라 하늘나라 시민권을 자랑했다.

그러나 우리의 시민권은 하늘에 있는지라 거기로부터 구원하는 자 곧 주 예수 그리스도를 기다리노니 (빌 3:20)

로마 시민은 로마 황제의 통치를 받지만, 하늘나라 시민은 주 예수 그리스도의 통치를 받기 때문이다. 로마 시민은 로마 황제가 자신을 구원한다고 믿는다. 즉 자신을 지켜주고 행복하게 해 줄 것이라고 믿는다. 그러나 우리는 주 예수 그리스도가 우리를 구원하신다고 믿는다. 바울이 로마 시민권이 아닌 하늘의 시민권을 자랑한 이유는 주 예수 그리스도가 로마 황제보다 더 뛰어난, 아니 만물을 통치하시는 왕이심을 확신했기 때문이다.

23장

계속되는 위기 속에서도 하나님은 바울을 지켜주셨다. 먼저 하나님은 바울에게 지혜를 주셔서 자신을 향한 유대인의 공격을 내분으로 바꾸게 하셨다. 천부장의 요청에 따라 산헤드린 공회가 소집되었다. 천부장은 무슨 일로 유대인들이 바울을 고발하려 하는지 알고자 했다. '산헤드린'이란 예루살렘이 함락되기 전까지 유대의 종교 및 사법 문제에 관한 최고 기관이다. 의장을 포함하여 77명으로 구성되어 있고, 의장은 현직 대제사장이 맡았다.

바울은 먼저 자신이 범사에 양심을 따라 하나님을 섬겼노라고 자신의 떳떳함을 밝힌다. 그 소리를 듣자 산헤드린 의장인 대제사장 아나니아가 바울 곁에 있는 사람들에게 그 입을 치라고 명령했다. 그러자 바울은 대제사장 아나니아를 향해 "회칠한 담이여 하나님이 너를 치시리로다"(3절)고 오히려 하나님의 심판을 선포한다. '회칠한 담'이란 안에는 썩은 시체가 있는데, 겉만 희게 회를 칠한 벽이란 말로, 위선을 꼬집는 표현이다. 이뿐만 아니라 바울은 "하나님이 너를 치시리로다"라는 심한 저주를 퍼붓는다.

이 말은 신명기 28장 22절("여호와께서 폐병과 열병과 염증과 학질과 한재와 풍재와 썩는 재앙으로 너를 치시리니 이 재앙들이 너를 따라서 너를 진멸하게 할 것이라")과 에스겔 13장 10~14절을 배경으로 한 말이다. 실제로 대제사장 아나니아는 주후 66년 유대 전쟁이 시작될 때 반란군에 의해 살해당한다. 그가 친로마적 입장을 취했기 때문이다. 그러나 바울은 자신이 욕한 사람이 대제사장인 것을 알고서는 자신이 알지 못하고 그랬다고 말하며 출애굽기 22장 28절("너의 백성의 관리를 비방하지 말라")을 인용하면서 간접적으로 사과를 표한다.

이어지는 바울의 연설은 산헤드린을 구성하고 있던 대표적인 두 개의 종파인 사두개파와 바리새파 사이에 첨예한 신학적 논쟁을 이끌어낸다. 바울은 자신이 바리새인인데, 부활을 믿기 때문에 억울하게도 이런 심문을 받는다는 주장이었다. 이에 바리새인들과 사두개인들 사이에 말싸움이 오고 갔다. 왜냐면 바리새인들과는 달리 사두개인들은 부활, 천사, 영의 존재를 믿지 않았기 때문이다.

바울은 이렇듯 자신을 향한 관심을 양 종파 간의 논란거리로 관심을 옮기는 데 성공했다. 바울의 작전은 주효했다. 바리새파에 속한 몇몇 서기관들이 바울의 무죄함을 지지하고 나섰다. "이 사람을 보니 악한 것이 없도다"(9절). 더군다나 이들 바리새파 서기관들은 "혹 영이나 천사가 그에게 말하였으면 어찌 하겠느냐"(9절)고 말함으로써 바리새파가 믿는 영이나 천사의 개입 가능성을 제시한다. 그러나 이것은 사두개파 입장에서 보면 인정할 수 없었다. 그래서 이 말로 인해 바리새파와 사두개파 사이에 분쟁이 더 확대되었고, 이에 천부장은 바울이 해를 입을까봐 군인을 시켜 바울을 영내로 들어가게 한다.

앞에서도 산헤드린 공회가 베드로를 비롯한 사도들을 죽이려고 할 때, 당시 존경받는 종교 지도자 바리새인 가말리엘이 일어나 신중하게 처리해야 할 것을 주문하여 사도들이 위기를 모면했던 적이 있었다(5:34-39). 흥미롭게도 베드로와 사도들, 그리고 바울은 모두 바리새인들의 도움을 받아 목숨을 구하게 된다.

바울을 위로하시고 지켜주시는 주님 (11-23절)

주님은 그날 밤에 아마도 환상 중에 바울에게 나타나셨다. 주님은 바울 '곁에 서서' "담대하라 네가 예루살렘에서 나의 일을 증언한 것 같이 로마에서도 증언하여야 하리라"(11절)고 위로하셨다. 후에 바울이 알렉산드리아호를 타고 로마로 가던 도중 심한 풍랑을 만나 살 소망이 없어졌을 때도 하나님이 보내신 천사가 바울 '곁에 서서' "두려워하지 말라 네가 가이사 앞에 서야 하겠고"(27:24)라고 말씀하셨다. 주님은 소명에 따라 살아가는 그의 일꾼을 버려두지 않으신다. 그의 곁에 서서 위로하시고 용기를 주신다.

그러나 유대인들도 만만치 않았다. 유대인들 가운데 40여 명이 바울을 죽이기 전에는 먹지도 아니하고 마시지도 아니하겠다는 결심을 하고 대제사장들과 장로들에게 가서 자신들의 각오를 전한다. 그리고 살해 계획을 전한다. 산헤드린 공회와 천부장에게 청하여 바울을 다시 공회로 데리고 오게 하면 준비하고 있다가 바울을 죽이겠다는 것이었다.

그러나 주님이 이들의 계획대로 되도록 놔둘 리가 없으셨다. 마침 바울의 조카가 이 계획을 알아차리게 되었다. 성경은 그가 어떻게 알게 되었는지는 말해주고 있지 않다. 바울의 조카는 영내에 들어가 바울에게 알리고, 또 천부장에게도 알렸다. 바울의 조카가 암살 계획을 듣게 된 것이 우연일까? 아니다. 하나님이 역사하신 것이다. 하나님은 당신의 백성을 지키신다. 우리의 기대를 뛰어넘어 역사하신다. 모든 지각에 뛰어난 하나님이 우리를 평강으로 지키실 것이니 걱정하지 말고 기도하자(빌 4:6-7).

천부장은 이 사실을 듣고 바울의 안전을 지키기 위해 가이사랴로 호송하는 작전을 백부장 둘에게 지시한다. 보병 200명, 기병 70명, 창병 200명, 모두 470명의 로마 군병이 동원되는 작전이었다. '창병'(槍兵, δεξιολάβοι [데크시오라보이])이 무엇을 뜻하는지 분명치 않다. NIV, NRSV는 'spearmen'로 번역했다. 이렇게 많은 군인이 동원된 것은 마치 큰 군사작전을 방불케 한다. 당시 예루살렘에 주둔하고 있던 수비대의 숫자가 약 1,000명이었다는 사실을 감안하면 절반 가까운 규모의 군인이 동원되는 작전이었다.[60] 그것도 밤 제3시(9시)에 진행된다. 유대인들이 알아차리지 못하게 비밀리에 진행하겠다는 의도다. 도대체 바울 한 사람을 위해 이렇게 많은 군인이 동원되는 것이 가능한가 의구심이 생길 만큼 큰 규모다. 더군다나 바울은 '죄수'(18절)였지만 탈 것이 제공되었다(24절). 벨릭스 총독에게 무사히 보내기 위해서였다! 이 모든 것은 주님의 개입을 생각하지 않고서는 불가능한 일이다.

바울은 유대인들에 의해 죽을 수 없었다. 아무리 그들이 바울을 죽이기 전까지는 먹지도 마시지도 않겠다고 단단히 결심한다고 해도, 그런 사람들이 아무리 지혜를 짜내어 음모를 꾸민다고 해도 바울을 로마로 보내어 복음을 증거하시려는 하나님의 계획을 좌절시킬 수는 없다. 하나님은 바울에게 주신 비전을 이루시기 위해 바울을 지키신 것이다.

60　John B. Polhill, *Acts*. electronic ed., The New American Commentary 26 (Nashville : Broadman & Holman Publishers, 2001), 474.

글라우디오 루시아 천부장은 벨릭스 총독에게 편지도 보냈다. 내용인즉 바울이 유대인들에게 잡혀 죽을 뻔했는데, 바울이 로마 사람인 줄 들어 알고 군대를 동원해 그를 구출해 냈다는 것이다. 거짓말하고 있는 셈이다. 천부장은 바울에게 채찍질을 명했고, 그때 바울이 로마 시민임을 밝히고 나서야 비로소 바울의 신분을 알게 되었지 않은가? 천부장은 자신의 실수를 은폐하기 위해서라도 바울의 무죄함을 주장하고 나설 필요가 있었다. 그래서 그는 유대인들이 바울을 "고발하는 것이 그들의 율법 문제에 관한 것뿐이요 한 가지도 죽이거나 결박할 사유가 없음을 발견"(29절)했다고 보고한다. 그러나 천부장은 바울을 고소한 유대인들이 가이사랴로 내려갈 것이라고 말하여 바울 문제를 자신의 소관이 아닌 총독의 소관으로 넘긴다. 천부장의 지시대로 바울은 총독 관저가 있는 가이사랴로 호송된다. 벨릭스는 주후 52년에 유대 총독으로 부임한 사람이다. 벨릭스는 천부장이 보낸 편지를 읽고 고발인들이 도착하면 그때 바울의 말을 듣겠노라고 하고 바울을 총독 관저로 사용하던 헤롯 대왕이 지은 궁에 가둬 군인들이 지키도록 명령한다.

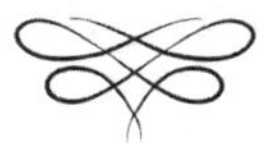

24장

바울이 가이사랴로 호송된 지 닷새 후에 대제사장 아나니아는 장로들과 같이 벨릭스 총독에게로 갔다. 이때 그들은 '더둘로'라는 '변호사'를 대동한다. '변호사'로 번역된 헬라어 '레토르'(ῥήτωρ)는 '수사학자'로 번역될 수 있다. 아마도 그는 법률 지식과 수사학을 잘 아는 '법정 연설가'였던 것 같다. 산헤드린 공회는 더둘로를 내세워 벨릭스 총독 앞에서 바울을 고소한다. 더둘로는 전문 법정 연설가답게 벨릭스에 대한 칭송으로 말문을 연다. 그리고 즉시 바울을 고발하는데, 그는 바울을 세 가지로 규정한다(5절).

첫째, 바울은 '전염병 같은 자'다. '페스트'와 같은 해로운 병을 옮기는 존재라는 것이다. 둘째, 바울은 '천하에 흩어진 유대인을 다 소요하게 하는 자'다. 여기서 '소요를 일으킨다'는 표현은 바울이 종교적인 문제를 일으킨 사람이 아니라, 정치적 동요를 불러일으키는 선동가라는 뜻이다. 이것은 총독으로서는 좌시할 수 없는 일이었다. 바울이 가는 곳마다 유대인들과 일부 이방인들 가운데 소요가 일어난 것은 맞다. 그러나 그 소요는 복음으로 말미암은 소요지, 정치적 안정을 저해하는 소요는 아니었다.

셋째, 바울을 '나사렛 이단의 우두머리'라고 고발한다. '이단'의 헬라어 '하이레시스'(αἵρεσις)는 '종파'(sect)라는 뜻이다. 유대교가 아닌 신흥 종교 집단이란 뜻으로 경멸의 의미를 담고 있다.

또 더둘로는 바울이 성전을 '더럽게 하려 했다'고 고발한다. 아시아로부터 온 유대인들이 바울이 헬라인을 데리고 성전에 들어가서 '더럽혔다'고 현재 완료 시제로 말한 것과는 차이가 난다. 따라서 바울을 체포한 것은 성전을 지켜야 할 산헤드린 공회로서는 당연한 일이라고 주장하는 것이다.

바울의 변론 (10-23절)

바울은 자신이 예루살렘에 예배하러 갔으며, 그것도 지금까지 12일밖에 되지 않았는데, 그 사이 어떤 정치적 소요를 일으킨다는 것은 물리적으로 불가능하다고 말한다(11절). 또 자신이 무리를 소동하게 했다는 증인이나 증거가 없다고 주장한다(12-13절). 또 바울은 나사렛 예수에 대한 자신의 믿음에 대해 바울을 고발하는 자들은 '이단'이라고 부르지만, 자기가 믿는 바는 '도'(ὁδός [호도스])라고 말한다. '도'는 길이다. 예수를 통해 하나님께로 이르는 길이다. 또 그 도는 이스라엘 조상들의 하나님을 섬기고 율법과 선지자들의 글에 기록된 것을 다 믿는다고 말한다.

바울은 앞서 산헤드린 공회에서도 그랬던 것처럼 부활의 주제로 넘어간다. 자신은 의인과 악인의 부활을 믿으며, 이것은 이스라엘 사람들이 기다리는바 하나님께 향한 소망이라고 말한다. 이렇게하여 바울은 자신의 문제가 정치적인 문제가 아니라 유대교 내의 신학적 신념에 관한 것임을 내세운다.

또 바울은 자신이 여러 해 만에 자기 민족을 위해 구제 헌금과 제물을 가지고 와서 성전에서 드렸다고 말한다. 자기 동포를 위해 구제 헌금을 모아 전달하는 자신이 어떻게 유대인들을 소요하게 하는 자일 수 있겠냐는 반론이다. 자신은 조용히 결례를 행하였을 뿐 그 어떤 모임도 소동도 없었으며, 이것을 사람들이 보았다고 말한다. 다만 아시아에서 온 어떤 유대인들이 음해했는데, 자신을 고발하려면 그 사람들이 와서 말해야 할 것이라고 주장한다. 만약 이들을 증인으로 부를 수 없다면 산헤드린 공회에서 무슨 옳지 않은 것을 행했는지 자신을 고발하는 사람들에게 말할 것을 요청한다. 자신은 다만 죽은 자의 부활이라는 신학적 문제를 이야기했을 뿐이라고 주장한다. 이렇게 바울은 자신의 문제가 순전히 신학적인 문제임을 다시 한번 부각시킨다.

특 주 의인의 부활과 악인의 부활, 첫째 부활과 둘째 부활

바울이 언급한 의인과 악인의 부활(15절)은 바리새인들도 믿었던 바다. 바리새인들에 따르면 이 땅에 살 때 율법을 지키며 의롭게 산 사람들은 마지막 심판 때에 부활하여 그때 가서 의인으로 인정받을 것이라고 믿는다. 반대로 이 땅에 살 때 불순종한 자들은 부활하여 죄인으로 심판을 받을 것이라고 믿었다. 요한복음에서도 예수님은 두 가지 부활을 말씀하셨다.

> 선한 일을 행한 자는 생명의 부활로, 악한 일을 행한 자는 심판의 부활로
> 나오리라(요 5:29)

예수 그리스도를 믿는 우리들은 생명의 부활을 맞이하게 될 것이다. 생명의 부활은 '선한 일을 행한 자'가, 심판의 부활은 '악한 일을 행한 자'가 맞이할 것이다. 여기서 '선한 일을 행한 자'란 착하게 산 사람, 좋은 일 많이 한 사람이 아니다. 예수 믿고 죄 사함을 받은 자요 예수님 말씀에 순종하며 산 사람들, 성령의 열매를 맺는 사람들이다. 반대로 '악한 일을 행한 자'란 예수를 믿지도 않고, 순종하지도 않는 자들이다. 이들도 부활하지만 영원 형벌을 맞이하게 될 것이다.

계시록 20장은 의인과 악인의 부활에 대해 좀 더 소상히 설명한다. 어린 양 예수의 신부로서 끝까지 믿음을 지킨 자들은 예수님 재림하실 때 부활할 것이다. 이것이 첫째 부활이다. 그들은 천 년 동안 주님과 함께 왕 노릇할 것이다.

> 이 첫째 부활에 참여하는 자들은 복이 있고 거룩하도다 둘째 사망이 그들을 다스리는 권세가 없고 도리어 그들이 하나님과 그리스도의 제사장이 되어 천 년 동안 그리스도와 더불어 왕 노릇 하리라 (계 20:6)

누가 복이 있는 자인가? 첫째 부활에 참여하는 자들이다. 이들은 거룩한 자들이다. 둘째 사망이 다스리지 못한다. 이들은 하나님의 제사장이요 그리스도와 더불어 왕 노릇한다. 우리는 이 땅에서 왕 같은 제사장으로 부르심

을 받았고, 주님 오시면 온전히 이뤄질 것이다. 그러니 어린 양의 신부로 정결하게 살아야 한다. 이 세상의 것을 섬기는 우상을 버리고, 어린 양 예수만 따라가야 한다.

하지만 천년 왕국이 끝나고 나서 사탄이 무저갱에서 잠시 나올 것이다. 그러나 사탄은 주님의 심판을 받아 불과 유황 못에 던져진다. 그리고 악인들이 부활한다. 악인의 부활은 의인의 첫 번째 부활 다음에 이뤄지는 두 번째 부활이다. 악인들도 부활하여 흰 보좌에 앉으신 주님 앞에서 심판을 받을 것이다. 흔히 백보좌 심판이라고 한다. 그들은 영원한 불못에 던져질 것이니, 이것이 둘째 사망이다. 육신의 죽음으로 끝나지 않는 사람이 있다. 예수 믿지 않은 악인이다. 이들은 부활하되 한 번 더 죽는다. 둘째 사망이 기다린다. 얼마나 비참한가! 그래서 우리는 예수를 믿어야 한다. 십자가의 공로로 의롭게 되고, 주님께 순종해야 한다. 성령을 의지하여 성령의 열매를 맺어야 한다.

벨릭스, 유대인 아내 드루실라와 함께 바울이 전하는 예수 믿는 도를 듣다 (24절)

벨릭스가 판결을 미룬 몇 가지 이유를 추측해 볼 수 있다. 22절에 따르면 벨릭스는 '이 도', 즉 기독교에 대해 알고 있었다. 그는 바울을 통해 기독교를 더 알고자 하는 마음이 있었던 것 같다. 그래서 그는 자기 아내 유대인 여자 드루실라와 함께 바울을 불러 예수 그리스도를 믿는 도에 대해 들었다 (24절).

바울은 "의와 절제와 장차 오는 심판을 강론"(25절) 했다. 바울의 강론을 들고 벨릭스는 두려웠다. 왜 두려웠는지 구체적인 이유를 알 수 없으나, 벨릭스에 관한 자료를 토대로 추측해 볼 수는 있다. 벨릭스의 아내 드루실라는 아그립바 1세의 딸이자 아그립바 2세(25:13)의 누이로서, 원래 14살에 에메사의 왕인 아지주스(Azizus)와 결혼했다. 벨릭스는 드루실라의 아름다움에 반해 결국 드루실라와 결혼했다. 드루실라는 남편을 버리고 이방인 남자인 벨릭스와 결혼한 것이다.[61]

흥미롭게도 드루실라는 세례 요한 처형의 주범 헤로디아의 시조카이자 살로메의 사촌이었다.[62] 헤로디아가 누군가? 자기 남편 헤롯 빌립과 이혼하고 헤롯 안티파스와 결혼한 여자가 아니던가? 세례 요한이 이를 비판하자 그를 미워했고, 결국 헤롯 안티파스로 하여금 요한의 목을 베도록 만든 장본인이었다.

이렇게 부도덕한 결혼을 한 벨릭스에게 '의와 절제와 심판'에 관한 강론은 당연히 두려움을 주었을 것이다. 하나님은 바울을 통해 벨릭스에게 회개의 기회를 주셨다. 그러나 벨릭스는 이를 받아들이기는커녕 돈을 탐했다. 그 후에도 바울을 자주 불러 이야기를 나눴는데, 바울에게서 돈을 받을 의도에서 그랬다(26절). 아마도 바울이 구제 헌금을 가져왔다는 말을 듣고 그가 돈이 많다고 생각했던 것 같다. 하지만 바울이 뇌물을 줄 리 없다. 또 벨릭스는 총독직을 사임하고 이임할 때 유대인의 마음을 얻고자 하여 바울을 구류해 두었다(27절). 자신이 로마로 소환될 때 유대인들로부터 나쁜 평판을 듣고 싶지 않았던 것이다. 빌라도 총독 역시 그랬고(막 15:15), 헤롯 아그립바 1세도 그랬다(행 12:1-3).

---

61 대럴 벽, 『BECNT 사도행전』, 876.
62 유상현, 『사도행전 연구』, 343, 345 각주 58번 참조.

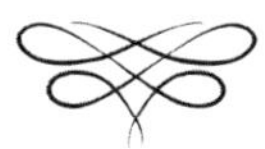

25장

벨릭스 대신 베스도가 유대 총독으로 부임하게 됐다. 부임한 연도에 대해 55/56년 혹은 60년으로 추정한다. 그는 총독 관저가 있는 가이사랴에서 예루살렘으로 올라가 종교 지도자들을 만났다. 이 자리에서 그들은 바울을 고소했다. 2년이란 세월이 지났지만 여전히 이들은 바울에 대한 적대감이 사라지지 않고 있었음을 알 수 있다. 그들은 베스도에게 바울을 예루살렘으로 옮겨달라고 요청했다. 예루살렘에서 산헤드린 공회를 소집하여 심문하겠다는 뜻이 아니었다. 바울을 가이사랴에서 예루살렘으로 옮길 때 길에 매복하고 있다가 처치하려는 의도에서였다. 이런 경우 있을 수 있는 총독과의 갈등도 불사하겠다는 의지가 있었던 것이다. 그러나 베스도는 종교 지도자들에게 가이사랴로 내려와 고발하라고 말한다.

며칠이 지난 뒤 종교 지도자들이 가이사랴에 내려와 바울을 고소했다. 그들은 바울을 그 곁에 둘러서서 고발했다. 바울을 가운데 두고 둘레에 원을 만들어 섰다는 것이다. 이는 바울에 대한 위협이었다. 그러나 그들은 자신들이 고발하는 일에 대해 증거를 대지 못했고, 바울 역시 자신은 유대인의 율법이나 성전은 물론 가이사에게 대해 어떤 죄도 범하지 않았다고 변론했다. 즉 자신은 종교적인 문제에 있어서나 정치적인 문제 모두에 있어서 잘못한 것이 없다는 것이다.

그러나 베스도는 이 순간 자신의 정치적 입지를 도모한다. 그는 "유대인의 마음을 얻고자 하여"(9절) 바울에게 예루살렘 올라가서 심문을 받을지, 아니면 자기 앞에서 심문을 받을지를 묻는다. 예루살렘에 올라가서 심문을 받는다는 것은 산헤드린 공회에 바울을 넘겨주겠으며, 그 결정에 따라 자신은 집행하겠다는 뜻 같다. 바울은 베스도의 불순한 의도를 간파한 듯 가이사에게 직접 재판을 받겠다고 말한다. 예루살렘에 올라가면 결과는 뻔하고, 베스도가 주관해도 공정한 재판이 이뤄지지 않을 것이라고 생각한 것 같다. 그래서 바울이 택한 길은 '황제 상소'였다.

그러면서 바울은 자신이 만약 어떤 불의를 행하여 죽을 죄를 지었다면 죽기를 사양하지 않겠지만, 자신에 대한 고발이 사실이 아니기 때문에 자기를 고발하는 유대인에게 넘겨줘서는 안 된다고 말한다(11절). 바울은 여기서 다시 로마 시민권을 활용한다. 앞서 빌립보 감옥에서 나올 때(17:35-38), 또 예루살렘에서 로마 군병들이 바울을 포박하고 채찍질하려고 할 때도 자신이 로마 시민임을 밝혔다(22:24-29).

이에 베스도는 바울의 요청대로 가이사에게 가라고 허락한다. 그는 산헤드린 공회에 다시 회부 되지 않고서도 풀려날 가능성이 있었다. 실제로 바울이 아그립바 왕 앞에서 자신을 변론한 후 아그립바는 베스도에게 바울이 만일 가이사에게 상소하지 않았다면 석방될 수 있었다고 말한다(26:32). 바울도 이 사실을 알고 있었을 것이다. 그럼에도 불구하고 그는 가이사에게 재판을 받는 길을 택한다. 결국 그는 피의자의 신분으로 로마로 가게 된다. 바울이 이런 선택을 한 이유는 그가 로마에 가는 것이 주님의 뜻임을 알고 있었기 때문일 것이다(19:21 참조).

바울이 예루살렘에 갔을 때 종교 지도자들 앞에서 심문을 당했던 그날 밤 주님이 그에게 나타나셔서 이렇게 말씀하셨다. "그날 밤에 주께서 바울 곁에 서서 이르시되 담대하라 네가 예루살렘에서 나의 일을 증언한 것 같이 로마에서도 증언하여야 하리라 하시니라"(23:11). 나중에 바울이 알렉산드리아호를 타고 로마로 가던 도중 유라굴로라는 폭풍을 만나게 되는데, 이때 주님이 바울에게 나타나셔서 네가 가이사 앞에 서야 한다(27:24)고 다시 한 번 상기시켜 주셨다. 실제로 사도행전은 로마에 도착하여 담대히 복음을 전하는 바울을 전해주는 것으로 끝이 나고 있다(28:30-31).

이렇듯 주님이 바울이 로마에 가서 복음을 전하기를 원하셨다. 바울은 이것을 잊지 않고 있었다. 그래서 자신이 풀려날 수 있는 길이 있음에도 불구하고 가이사에게 재판받는 길을 택한 것이다. 이것이 소명 받은 사람의 모습이다. 나의 선택 기준은 무엇인가?

아그립바 왕과 버니게 앙 앞에서 변론하는 바울 (13-27절)

본문에 등장하는 아그립바 왕은 아그립바 2세다. 그는 사도행전 12장에 등장하는 아그립바 1세의 아들이며, 헤롯 대왕의 증손으로서 본명은 '마르쿠스 율리우스 아그립바 2세'(Marcus Julius Agrippa II)다. 아그립바 왕과 함께 등장한 버니게는 그의 여자 동생인데, 벨릭스의 아내 드루실라(24:24)의 자매다. 그는 이혼 후 오빠인 아그립바 2세와 같이 살았는데, 근친상간의 의혹을 받았다. 이 두 사람은 부임한 신임 총독 베스도에게 인사를 나누러 가이사라에 방문했고, 그곳에 체류할 때 베스도가 바울의 일을 들려줬다.

베스도에 따르면 유대인의 대제사장들과 장로들이 바울을 고소하고 유죄 판결을 내리기를 요청했다(15절). 그러나 베스도는 피고가 원고들 앞에서 자신을 변호할 기회를 주는 것이 로마법이 추구하는 사법적 정의임을 언급한다. 또 베스도는 그들이 바울이 저지른 악행의 혐의는 하나도 제시하지 못했으며(18절), 자신이 볼 때는 바울에 대한 소송의 본질은 단지 유대교에 관한 문제, 그리고 바울이 예수의 부활을 주장하는 것일 뿐임을 밝힌다. 그러나 바울은 결국 황제 상소를 택하게 되었음도 언급한다. 베스도의 태도는 이중적이다. 바울에게 혐의가 없다면 풀어줘야 하는데 그렇지 않았다. 부임한 지 얼마 되지 않은 베스도로서는 유대 종교 지도자들과의 관계를 고려했던 것 같다.

빌라도 역시 그랬다. 빌라도는 예수님에게서 아무런 혐의를 발견하지 못했다. 또 빌라도는 대제사장들이 예수님을 시기해서 자기에게 넘겨준 것을 알고 있었다. 그러나 그는 바라바를 풀어주고 예수님을 십자가 처형에 넘겨주었다. 무리들의 요구가 집요하고도 강했기 때문이며, 종교 지도자들을 무시할 수 없었기 때문이다. 빌라도의 선택은 군중 심리를 근거로 한 선택, 즉 포퓰리즘이었다.

그러나 하나님은 베스도 총독의 이런 결정도 복음을 위해 사용하셨다. 바울이 아그립바 왕 앞에서 복음을 전할 수 있게 하신 것이다. 바울은 아그립바 왕 앞에서 자신이 어떻게 예수님을 믿게 되었는지, 자신이 받은 사명이 무엇인지를 증언한다. 사실 주님은 아나니아에게 바울이 임금들에게 내 이름을 전할 것이라고 예언하신 바 있다(9:15). 다음 날 아그립바와 버니게는 정식으로 바울 사건을 듣기 위해 격식을 갖추고 나타났다. 또 이 자리에는 천부장들과 고위직 요인들도 참석했다. 일종의 공개 심문이 이뤄진 것이다. 이 자리에서 유대인들은 바울을 살려 둬서는 안 될 사람이라고 주장하지만 베스도는 자기가 보기에는 죽일 죄를 범하지 않았다고 말한다(25절). 그러나 바울이 황제에게 상소를 했는데, 죄수를 보내면서 죄목을 밝히지 않는 것은 맞지 않기에 아그립바 왕이 바울 사건을 판단해 주도록 요청한다.

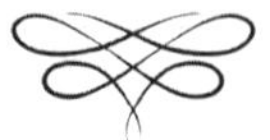

26장

바울의 마지막 변론 (1-5절)

아그립바 왕 앞에서 행한 바울의 연설은 매우 중요하다. 앞서 바울은 예루살렘에서 체포된 후 층대에서(22:2-21), 산헤드린 공회 앞에서(23:1-6), 벨릭스 총독 앞에서(24:10-21), 베스도 총독 앞에서(25:8, 10-11) 자신에 대해 변론을 한 바 있는데, 아그립바 왕 앞에서 행한 변론이 가장 길다(26:2-23). 후에 바울은 로마에 가서 그곳에 사는 유대인들 앞에서 연설을 행하는데 그리 길지 않다(28:17-20, 25-28). 내용도 앞서 행한 연설의 절정이라고 부를 수 있을 만큼 그 폭과 깊이가 확대된다. 바울이 행한 변론 5개를 정리하면 다음과 같다.

	장소	대적자/고발인	주관자/ 재판관	성경 본문
1	예루살렘 요새 입구 층대	불신 유대인	천부장 루시아	22장(간증)
2	예루살렘 산헤드린 공회	유대 종교 지도자 (바리새파 vs. 사두개파)	천부장 루시아, 산헤드린 공회	23장
3	가이사랴	유대 종교 지도자 (더둘로)	벨릭스 총독	24장
4	가이사랴	유대 종교 지도자	베스도 총독	25장
5	가이사랴		베스도 총독, 아그립바 왕	26장(간증)

아그립바가 바울에게 말하기를 허락하자 바울은 '손을 들어' 자신의 입장을 말하기 시작했다. 여기서 바울이 손을 든 행동은 앞서 비시디아 안디옥 회당에 들어가서 말할 때(13:16), 또 층대에서 이스라엘 사람들에게 말할 때(21:40)도 있었던 행동인데, 정확한 의도는 알 수 없으나 당시 고대 연설가들의 관행적인 몸짓이었던 것 같다.

바울은 자신이 젊어서 예루살렘에서 생활한 것을 유대인이 다 알고 있다고 말한다. 앞서 예루살렘에서 유대인들을 향해 말할 때도 바울은 자신이 예루살렘에서 자랐고, 가말리엘의 문하에서 배웠노라고 말한 바 있다(22:3). 예루살렘이 유대교의 중심지임을 감안할 때 바울은 지금 자신의 정통성을 내세우는 것으로 보인다. 바울이 유대 종파 가운데 가장 엄한 파인 바리새파 출신이라고 말하는 것도 이런 맥락에서 이해할 수 있다.

부활을 소망하고, 부활 때문에 고소당하다 (6-8절)

이렇게 말한 후 바울은 주제를 '부활'로 돌린다. 이 부활에 대한 바울의 관점이 나타나 있는데 부활은 하나님이 이스라엘 조상에게 '약속'하신 것으로서(6절) 12지파가 예배할 때마다 밤낮으로 간절히 바라는 '소망'이다(7절).

> **6** 이제도 여기 서서 심문 받는 것은 하나님이 우리 조상에게 약속하신 것을 **바라는** 까닭이니 **7** 이 약속은 우리 열두 지파가 밤낮으로 간절히 하나님을 받들어 섬김으로 얻기를 **바라는 바인데** 아그립바 왕이여 **이 소망으로 말미암아** 내가 유대인들에게 고소를 당하는 것이니이다 (6-7절)

먼저, 부활은 하나님이 구약 시대 이스라엘 백성에게 약속하신 것이다. 부활은 인간이 꾸며낸 허무맹랑한 이야기가 아니다. 부활은 하나님이 약속하신 것이다. 죽은 자가 다시 살게 되는 부활은 오직 생명을 주관하시는 하나님만이 하실 수 있다. 성도들은 소망을 하나님의 약속에서 찾아야 한다. 그래야 그 소망이 참되다. 하나님이 약속하신 소망만이 이뤄진다.

이스라엘 백성들은 하나님이 약속하신 부활을 간절히 바랐다. 밤낮으로 하나님을 섬길 때마다 하나님이 약속하신 것을 기억하고 바랐다. 이것이 하나님의 약속을 받은 성도들의 자세다. 그런데 아이러니하게도 유대인들이 바울을 고소한 이유는 바로 이 약속, 이 소망 때문이다. 바울은 예수님의 부활이야말로 그들의 조상들이 소망의 궁극적 성취임을 알게 되었고, 그래서 예수님의 부활을 전했지만, 유대인들은 이를 거부했기 때문이다. 하나님이 조상들에게 약속하셨고, 그래서 조상들 그토록 소망했던 부활이 예수에게서 일어났고, 그 부활하신 예수님을 바울이 만났고 그래서 그 부활의 예수님을 전하는데, 그것 때문에 고발을 당하고 있다! 따라서 저들의 고발은 부당하다는 것이다.

바울은 이 점을 로마에 가서 로마의 유대인들에게도 똑같이 말한다. "이스라엘의 소망으로 말미암아 내가 이 쇠사슬에 매인 바 되었노라"(28:20). 그러나 그들 가운데는 그의 말을 믿는 자도 있고, 믿지 않은 사람도 있었다(28:24).

바울의 세 번째 간증 (9-15절)

바울은 자신도 처음에는 나사렛 예수를 대적했고, 예수 믿는 성도들을 많이 핍박했다고 말한다. 사도행전에서 세 번째 간증을 시작하는 셈이다. 그는 대제사장들에게서 권한을 받아 많은 성도를 옥에 가두고, 죽일 때 찬성 투표했으며, 그들을 고문하고 강제로 모독하는 말을 하게 했다. '예수는 저주받을지어다!'(고전 12:3 참조)라는 말을 억지로 하게 했던 것 같다. 심지어 바울은 예수 믿는 성도들에 대해 심히 격분하여 예루살렘 밖의 성까지 가서 박해했다. 그러나 거기까지였다. 바울은 다메섹으로 가던 도중 주님을 만나 예수님을 믿는 성도를 박해하는 자에서 예수님을 위해 박해받는 자로 변화됐다.

주님은 이런 바울에게 나타나셨다. 부활하신 예수님은 게바와 나머지 제자들, 주의 형제 야고보에게 나타나셨고, 심지어 오백여 형제에게 일시에 보이시기까지 했다. 그리고 맨 나중에 만삭되지 못하여 난 자 같은 바울에게도 보이셨다(고전 15:5-8). 바울에게 예수님의 부활은 심리적 사건이 아니었다. 후메내오와 빌레도와 같은 사람이 그 대표적인 인물들이다. 이들은 "부활이 이미 지나갔다"(딤후 2:18)고 생각했고, 자신들의 잘못된 생각을 마치 악성 종양처럼 퍼뜨렸다. 바울은 빛으로 나타나신 부활의 예수님을 보았고, 그분의 음성을 들었다. 또한 부활의 주님은 바울에게 그 이후에도 나타나셔서 바울을 인도하셨다. 바울이 다메섹에서 본 부활의 예수님은 일시적인 착각이나 환상이 아니었다는 말이다.

주님은 그에게 '하늘로부터 해보다 더 밝은 빛'으로 나타나셨다. 중동 지역에서 정오 무렵의 해는 강렬하다. 그런데 그 햇빛보다 더 강한 빛이 다메섹으로 향하는 길 위의 사울에게 비췄고, 그 빛 때문에 그는 잠시 눈을 멀게 되었다(22:11). 사람들은 모두 땅에 엎드러졌다. 이때 하늘에서 음성이 들렸다.

예수님은 사울이 당신을 박해하고 있으며, 그것은 가시채를 뒷발질하는 고생이라고 말씀하셨다(14절). 가시채란 가시 돋친 채찍으로 소나 말을 몰 때 사용한다. 원래 이 말은 당대에 잘 알려진 속담이었던 것으로 보이는데, 주인의 말을 듣지 않고 계속해서 가시채를 발길질하는 짐 나르는 짐승의 반항, 고집, 어리석음을 묘사한다. 주인이 가시채로 소나 말을 때리면 아프다. 아프면 정신 차리고 주인 말을 들어야 한다. 그런데 주인 말을 듣지 않고 왜 자기를 때리냐며 가시채를 향해 뒷발질한다. 그러면 자기만 아플 뿐이다. 주인이 보면 스스로 고생을 자초하는 것이다.

하나님은 바울을 당신의 종으로 택하셨는데 오히려 바울은 하나님을 위해 열심을 낸다며 성도를 박해하는 모습이 가시 돋친 채찍을 자기 발로 차는 짐승과도 같다는 뜻이다. 사울은 지금까지 예수 믿는 자들을 핍박하는 것이 하나님을 위해 사는 것이라고 생각했다. 그런데 자기가 핍박하는 자들이 믿는 그 예수님이 나타나신 것이다. 사울은 자신이 지금까지 헛되이 살아왔음을 알게 되었다. 우리는 예수님 앞에 서기 전에 나의 참된 모습을 알 수 없다. 주님께 엎드러지라. 그것이 바로 참된 자아를 발견하는 길이다.

바울의 소명 (16-23절)

주님의 영광 앞에 바울과 모든 사람이 쓰러졌다. 그때 주님이 바울에게 말씀하신다. "일어나 너의 발로 서라"(16절). 이 말씀은 앞으로 네 힘으로 살아가라는 뜻이 아니다. 정반대다. "일어나 너의 발로 서라"는 표현은 하나님이 선지자 에스겔에게도 하신 말씀이다.

> [1] 그가 내게 이르시되 인자야 네 발로 일어서라 내가 네게 말하리라 하시며 [2] 그가 내게 말씀하실 때에 그 영이 내게 임하사 나를 일으켜 내 발로 세우시기로 내가 그 말씀하시는 자의 소리를 들으니 (겔 2:1-2)

보라. 에스겔이 자기 의지와 힘으로 일어선 것이 아니었다. 하나님의 영이 그를 일으켜 세웠다. 바울도 마찬가지다. 성령이 아니고서는 바울은 설 수 없다는 말이다. 예수의 빛, 하나님의 영광 안에서는 사람이 스스로 일어설 수 없다. 오직 성령으로만 일어설 수 있다. 마귀는 우리는 쓰러뜨리려 한다. 우리 자신이 유혹에 넘어가 실족하여 쓰러진다. 하는 일마다 되지 않아 절망하여 주저앉는다. 하지만 성도는 더 이상 어둠이 아니라 빛에 있다. 빛의 사녀들이다. 주 안에서 군게 설 수 있다.

반대로 어떤 사람들은 자신이 굳건히 서 있다고 믿고 있다. 벨릭스, 베스도 총독처럼 힘 있는 사람들이 그렇다. 그러나 그들 역시 언제라도 넘어질 수 있다. 어두운 곳에서 살면서 겉으로는 잘 나가고 있는 사람들은 한순간에 무너질 수 있다. 선 줄로 생각하는 자는 넘어질까 조심해야 한다(고전 10:12).

예수님을 만나면 내가 어떤 사람으로, 무엇을 하며 살아가야 할지를 알게 된다. 주님은 자신을 핍박한 바울을 '종'과 '증인'으로 삼으셨다(16절).

먼저, 바울은 이제 예수님을 주인으로 모신 '종'이다. 여기서 '종'의 헬라어 '휘페레테스'(ὑπηρέτης)는 배 밑에서 노 젓는 노예다. 영화 「벤허」를 보면 주인공 벤허가 이 일을 한다. '휘페레테스'는 배 밑창에서 족쇄에 묶여 꼼짝도 하지 못한 채 노만 저어야 했다. 힘이 들어 노를 제대로 젓지 못하면 곧바로 채찍이 날아왔다. 예수님은 바울을 배 밑창에서 노 젓는 '휘페레테스'로 부르셨고, 바울은 이에 순종했다. 하지만 바울은 전엔 경험하지 못한, 말할 수 없는 기쁨이 있다. 하나님의 사랑으로 충만했기 때문이다.

18세기 프랑스에서는 당시 장로교 성도인 위그노들이 가톨릭으로부터 모진 박해를 받았다. 남자 위그노들은 끌려가 프랑스 왕의 전함 밑창에서 죽을 때까지 손목과 발목에 쇠고랑을 찬 채 노를 저어야 했다. 수많은 성도가 신앙을 지키기 위해 그렇게 노예선에서 비참하게 살다가 죽어갔다. 하지만 그들은 놀라운 믿음으로 그 열악한 삶을 이겨냈다. 당시 상황을 알려 주는 작은 나무판 유물을 보면 한 위그노의 이런 기도문에는 자신의 손을 묶고 있는 쇠고랑을 주님과의 혼인 반지로 삼고, 발목의 쇠고랑을 사랑의 사슬로 여기게 해달라고 기도했다고 한다. 노예선 안에서도 손목의 쇠고랑을 예수님과의 혼인 반지로 생각하는 믿음! 눈물겹도록 아름다운 믿음이다. 1517년 루터의 종교개혁이 시작되기 100여 년 전 체코엔 '얀 후스'라는 신학자가 있었다. 그는 오직 성경만을 최고의 권위로 삼고 부패한 교황청을 비판했다. 결국 얀 후스는 화형을 당하게 되는데, 그는 하늘을 향해 이렇게 기도했다고 한다.

주여, 저들은 녹슨 쇠사슬로 나를 묶었으나 주님은 오래전 은혜의 사슬로 나를 묶어 종으로 삼으셨습니다.

주님은 은혜의 사슬로 나를 주님께 묶어 놓았다. 나는 은혜 안에서 주의 종이다. 이 믿음이 있으니 죽음 앞에서도 의연할 수 있었다.

또한 주님은 바울을 '증인'으로 삼으셨다. 사람은 누구나 증인으로 살아간다. 자신이 보고 들은 것을 말하고 그것대로 살아간다는 점에서 사람은 누구나 증인이다. 돈의 힘을 보고, 돈이 최고라고 믿는 사람들은 돈의 증인으로 산다. 예수님을 만나 성령을 받으면 예수님의 증인으로 살아간다. 따라서 본 것이 있어야 증언한다. 16절을 보면 주님은 "네가 나를 본 일과 장차 내가 네게 나타날 일"에 대해 증인이 되라고 하셨다. 바울은 주님을 보았고, 이후에도 보았다. 또 바울은 "하늘에서 보이신 것을 내가 거스르지 아니한다"(19절)고 말한다. 바울은 자신이 보고 들은 것이 하늘에서 보이신 것, 즉 하나님이 주신 계시라고 믿었다. 나중에 바울의 이야기를 들은 베스도는 바울이 미쳤다고 두 번씩이나 말한다. 베스도가 보기에 바울이 너무 공부를 많이 해서 제정신이 아니었다. 하지만 바울은 공부를 많이 한 게 아니라, 하늘의 계시를 받은 것이다. 기독교는 계시의 종교다. 하나님의 아들은 세상 지식을 아무리 많이 알아도 알 수 없다. 성령께서 계시해 주시고, 깨우쳐 주셔야 한다. 하늘이 열리고, 부활의 주님이 내게 나타나셔서 그 주님을 본 사람, 그 주님의 음성을 들은 사람, 그 사람이 오로지 주님께만 복종하는 '휘페레테스'로 살 수 있고, 하늘의 계시를 보고 들은 자만이 순교를 각오하고 증인으로 살 수 있다.

16세기 스코틀랜드의 종교개혁자로 존 녹스(1514-1572)라는 사람이 있다. 칼뱅의 제자 중 가장 뛰어나다고 평가받는 그의 별명은 '진리의 나팔수'였다. 존 녹스가 1560년 5명의 목사와 함께 만든 '스코틀랜드 신앙고백서'(Scottish Confession)는 1647년에 '웨스트민스터 신앙고백서'가 스코틀랜

드 국회에서 채택될 때까지 스코틀랜드 교회의 신조였다. 한국교회 장로교
는 이 웨스트민스터 신앙고백을 교단의 신앙고백으로 삼고 있다. 존 녹스는
1561년『제1권징서』(*The First Book Of Discipline*)를 만들어 장로교 정치의 기틀을
마련했다. 한국 장로교 신학은 칼뱅에게 있지만, 장로교회의 정치와 권징은
원래 존 녹스가 만든 것이다.

그는 당시 타락한 가톨릭에 맞서 성경적 신앙을 외치다 배의 노를 젓는
노예가 되었다. 19개월 동안이나. 가톨릭의 온갖 회유와 협박과 박해가 있
었지만 존 녹스는 흔들리지 않고 믿음을 지켰다. 그래서 당시 개신교도를
박해한 피의 여왕 메리는 100만 명의 군사보다 존 녹스를 더 두려워했다.
존 녹스는 기도의 사람, 하나님의 사람이었기 때문이다. 그는 기도에 관해
이런 유명한 말을 남겼다. "기도하는 한 사람이 기도하지 않는 한 민족보다
더 강하다." 그는 기도의 사람이었고, 말씀의 사람이었다. 별명이 진리의 나
팔수였다. 그의 입은 마치 나팔처럼 큰 소리로 진리의 말씀, 예수 그리스도
만 전하며 살았다. 존 녹스 목사가 죽었을 때 많은 사람들이 그를 애도했는
데, 그 가운데 '모튼'이란 사람이 이렇게 말했다고 한다. "여기 이 세상의 사
람을 결코 두려워하지 않은 사람, 오직 하나님만 두려워한 녹스가 누워 있
다." 오직 하나님만 두려워한 녹스, 그래서 어느 누구도 두려워하지 않고 예
수의 종과 증인으로 살았다.

주님은 사울을 이방인에게 보내기 위해 택하셨다(17절). **바울이 가서 할
일은 이것이었다.**

그 눈을 뜨게 하여 어둠에서 빛으로, 사탄의 권세에서 하나님께로 돌아오
게 하고 죄 사함과 나를 믿어 거룩하게 된 무리 가운데서 기업을 얻게 하

리라 하더이다 (18절)

예수님을 알지 못하는 사람들은 어둠 속에, 사탄의 권세에 있다. 골로새서 1장 13절도 "그가 우리를 흑암의 권세에서 건져내사 그의 사랑의 아들의 나라로 옮기셨"다고 말한다. 예수님을 믿게 되면 어둠에서 빛으로, 사탄의 권세에서 하나님께 돌아오게 된다. 죄를 용서받고 거룩하게 된다. 그리고 주님이 주시는 기업을 얻게 되는 복을 누린다. 예수님이 사울에게 빛으로 나타나셨고, 이후 바울은 이스라엘과 이방인들에게 '빛'을 전하는 사명을 위해 살게 되었다. "곧 그리스도가 고난을 받으실 것과 죽은 자 가운데서 먼저 다시 살아나사 이스라엘과 이방인들에게 빛을 전하시리라 함이니이다 하니라"(23절). 이 빛은 예수 그리스도시다. 누가복음에서 선지자 시므온은 예수님이 "이방을 비추는 빛이요 주의 백성 이스라엘의 영광"(눅 2:32)이라고 예언했다. 바울은 이 빛 되신 예수님을 전했다.

베스도와 아그립바의 반응 (24-32절)

바울의 이야기를 들은 베스도는 바울이 미쳤다고 말한다. 바울의 많은 학식이 그를 미치게 했다고 생각했다. 특히 바울이 부활하신 예수님을 만나 소명을 받았고, 그리스도가 고난을 받으시고 죽은 자 가운데서 다시 살아나셨음을 전한다는 이야기가 허무맹랑하게 들렸을 것이다. 로마인이었던 베스도는 부활에 대해 잘 알지 못하였으므로 바울의 이야기가 믿기지 않았을 것이다.

그러나 성도는 예수에게 미쳐야 한다. 사람들 눈에 그렇게 보여야 한다.

바울이 말한다. "우리가 만일 미쳤어도 하나님을 위한 것이요 정신이 온전하여도 너희를 위한 것이니"(고후 5:13). 돌아가신 고 옥한흠 목사님은 평소 광인론(狂人論)을 주창하셨다. 2017년 제작된 옥 목사님에 관한 다큐멘터리 제목도 '광인 옥한흠'이다. 그는 광인이었다. 미치지 않으면 예수님의 제자를 만들 수 없고, 땅끝까지 이르러 복음을 전할 수 없다고 생각했기 때문일 것이다. 예수에 미친 목사가 예수에 미친 제자를 만들어 내는 것이 광인론이다. 그의 제자훈련지도자세미나(CAL)의 핵심 강의가 '광인론'이었다.

베스도는 이방인이었기에 그렇다고 치자. 그러나 아그립바 왕은 구약성경을 알고 있었을 터인데, 그 역시 바울의 이야기를 믿지 않았다. 바울은 아그립바 왕이 자신이 말한 부활에 대해 알고 있다고 믿었다. 또 아그립바 왕이 예언자들을 믿는다고 생각했다. 아그립바는 유대인이었기에 분명 이런 이야기를 익히 들어 알았을 것이다. 그러나 그는 바울이 부활하신 주님을 이야기했을 때 믿지 않았다. 오히려 "네가 이 짧은 시간에 나를 그리스도의 사람으로 만들 수 있다고 생각하느냐?"(28절)며 가소롭게 여겼다.

자신을 미쳤다고 말하는 베스도 총독, 그리고 자신을 조롱하는 아그립바 왕에 대해 바울은 이렇게 담대하게 말한다. "바울이 이르되 말이 적으나 많으나 당신뿐만 아니라 오늘 내 말을 듣는 모든 사람도 다 이렇게 결박된 것 외에는 나와 같이 되기를 하나님께 원하나이다 하니라"(29절).

바울은 지금 피의자 신분으로 2년 동안 감옥생활을 했다. 지금의 환경, 사회적 신분, 재산 등에 있어서 어느 것 하나 자기 앞에 있는 사람들에게 자랑할 것이 없었다. 그러나 그는 당당하게 말한다. "나와 같이 되기를 하나님께 원하나이다." '나처럼 되라' 이 말만큼 가장 확신 있는 전도도 없다. 예수 믿고 구원받은 나, 예수 믿고 진리와 생명의 길을 걷는 나, 너무 행복하다. 당신도 이 행복 누리기를 원한다. 당신도 나처럼 되기를 하나님께 기도한다.

이것이 바로 우리가 전해야 할 전도의 내용이 아닐까?

바울은 교회 성도들에 대해서도 나를 본받으라고 말한 적이 있다. "형제들아 너희는 함께 나를 본받으라 그리고 너희가 우리를 본받은 것처럼 그와 같이 행하는 자들을 눈여겨 보라"(빌 3:17). 바울이 빌립보서를 쓸 당시 그는 감옥에 갇혀 있었다. 그런 그가 성도들에게 말한다. "나를 본받으라"라고 말이다(고전 4:16도 참조). 얼마나 담대한가! 그렇다면 무엇을 본받으라는 말인가? 그는 바로 앞 구절에서 이렇게 말했다. 자신이 그동안 유익하던 모든 것을 배설물처럼 여기고 그리스도 예수를 아는 지식을 가장 고상하게 여긴다고. 오직 예수의 십자가와 부활의 권능을 알고 싶고 참여하고 싶고 그것을 푯대로 하여 달려가노라고. 이런 자신의 삶을 본받으라는 말이다. 바울이 세상적으로 대단한 출세를 했기 때문에 나를 본받으라고 한 것이 아니다. 도덕적으로 지고한 삶을 살았기 때문에 나를 본받으라고 한 것도 아니다. 예수 그리스도, 그분의 비길 수 없는 위대함과 소중함을 알고 그것을 추구했기 때문이다.

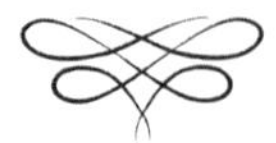

27장

사도행전 27장은 바울이 로마 황제 앞에서 재판을 받기 위해 죄수의 몸으로 로마에 가는 도중에 있었던 일을 '우리' 여행의 형식으로 기록하고 있다. 배를 타고 가게 되었는데, 이 배에는 바울 외에도 많은 죄수들이 있었고, 이들을 호송하는 로마 병사들, 그리고 배를 모는 선원들이 있었다. 이 배를 통솔하는 지휘관은 '율리오'라는 백부장이었다.

바울이 재판을 받았던 항구 도시 가이사랴를 출발한 배는 시돈에 머문다. 여기까지는 어려움이 없었다. 하지만 시돈을 떠나면서 어려움이 생겼다. 다음 행선지는 약 800km 떨어진 루기아의 무라 항구였는데 맞바람이 불어 어렵게 무라 항구에 도착했다. 여기서 이탈리아로 가는 '알렉산드리아'라는 이름의 큰 곡물선으로 갈아 타고 다시 떠난다. 하지만 배가 더디 갔다. 여러 날이 걸렸다. 강한 역풍이 불었기 때문인 것 같다. 예상했던 시간보다 많이 지체되어 간신히 그레데(크레타) 섬의 미항에 도착한다. 성경은 '간신히'라는 말을 두 차례나 사용한다(7, 8절). 미항까지 간신히 온 것이다. 이미 항해가 위험하다는 신호를 하나님이 주신 것이다.

하지만 알렉산드리아호는 미항을 떠나 다시 출항한다. '미항'(美港)은 아름다운 항구지만 규모가 작아서 겨울을 나기가 불편했기 때문이다. 그레데섬은 동서로 길이가 260km나 되는 큰 섬이다. 제주도가 남북 74km, 동서 31km이다. 여기보다는 80km 정도 위에 있는 그레데섬의 항구 도시 '뵈닉스'가 규모도 크고 겨울을 보내기가 편하기 때문에 다시 출항한 것이다. 해안선을 따라 가면 해낼 수 있을 것이라고 선장은 판단했다. 선주도, 다수의 선원도 뵈닉스로 가자고 했다.

그러나 바울은 계속 항해하는 것을 강하게 반대했다. 계속해서 항해하는 경우 재난에 빠지고 큰 손실을 입는 것은 물론이요 목숨까지 위태로울 수 있다는 것이었다. 비록 바울이 뱃사람은 아니었지만 이렇게 말한 데는 나름의 이유가 있었다. 9절에 따르면 미항에 도착했을 때는 '금식하는 절기'가 이미 지났다고 한다. 여기서 '금식하는 절기'란 대속죄일(Yom Kippur)을 가리키는데, 양력으로 대략 9월 말에서 10월 중순에 해당한다. 당시 로마인들은 9월 15일 이후의 항해는 위험하다고 생각했다. 일기가 불순하고 나침반이 없던 당시에 별을 보고 운항할 수밖에 없는 상황에서 이 시기에 구름이 낀 날씨가 자주 있었기 때문이다. 이 시기를 '바다가 닫히는 시기'이라고 불렀다.

이 배의 리더격인 백부장(율리오)은 선장의 말을 들었다. 그 이유는 두 가지 이유에서일 것이다. 먼저, 선장이나 선원은 항해에 전문가다. 바울도 선교를 하느라 배를 많이 타봐서 경험이 제법 있다. 하지만 선장이나 선원만하지 못하다. 전문성에 있어서는 선장이 우월하다. 또 선장 한 사람만 출항하자고 하고, 선원 다수가 바울처럼 출항하지 말자고 한 것도 아니다. 많은 사람들이 뵈닉스로 가려고 했다. 바울의 의견은 극히 소수였다. 결국 백부장은 바울의 말을 듣지 않고 선장과 선주의 말을 더 따랐다. 어찌 보면 당연하다.

바울도 미항에 머물면 불편하다는 걸 안다. 하지만 로마에 안전하게 가기 위해 불편을 감내해야 한다고 생각했을 것이다. 바울은 자신의 사명을 제일 우선했다. 반면에 선장과 선원들은 전문성과 경험이 있었지만, 더 편한 곳에 있으려고 하는 욕심이 있었다. 그들은 미항에 도착하기까지 어려움이 있었던 사실을 간과했다. 도착이 늦어지는 바람에 더 이상 항해하기에 위험한 시기에 접어든 것도 알았다. 하지만 무시했다. 자만심 때문이다. 조금만 더 가면 돼. 괜찮을 거야, 이런 방심이 위기에 빠뜨린다. 미항에서 출발했을 때 처음엔 남풍이 순하게 불어서 '거봐 괜찮다고 했잖아'라고 하며 우쭐했을 것이다.

구원의 여망이 없던 배에 희망을 본 한 사람 (14-26절)

그러나 이들을 태운 알렉산드리아호는 '유라굴로'('북동풍'이란 뜻)라는 강력한 태풍을 만나게 됐다. 선원들이 살기 위해 여러 조치를 취해 보았지만 상황은 나아지지 않았다. 여러 날 동안 해도, 별도 보이지 아니하고 큰 풍랑이 그대로 있어 살아남을 수 있다는 희망은 없었다(20절). 사람들은 오랫동안 아무것도 먹지 못해 탈진해 있었을 것이다. 이때 바울이 말한다.

여러 사람이 오래 먹지 못하였으매 바울이 가운데 서서 말하되 여러분이여 내 말을 듣고 그레데에서 떠나지 아니하여 이 타격과 손상을 면하였더

라면 좋을 뻔하였느니라 (21절)

바울은 내가 뭐라고 했냐? 떠나지 말자고 하지 않았느냐? 내 말 안 듣고 떠나더니 결국 이 지경에 이르지 않았느냐는 말이다. 자기 말을 듣지 않은 사람들을 질책하는 것이다. 이런 바울의 모습은 여느 다른 사람의 모습과 다르지 않다. 내 말 듣지 않더니 이게 뭐냐며 비난하는 것이 어려움에 처했을 때 보이는 평범한 인간의 모습이다. 그러나 바울은 여기에 그치지 않고, 그들을 안심시켰다.

내가 너희를 권하노니 이제는 안심하라 너희 중 아무도 생명에는 아무런 손상이 없겠고 오직 배뿐이리라 (22절)

바울은 배에 타고 있는 사람들이 한 명도 목숨을 잃지 않을 것이라고 말하며 그들을 안심시킨다. 나중에 34절에 가서 "너희 중 머리카락 하나도 잃을 자가 없으리라"고 확신에 찬 어조로 다시 그들을 위로한다. 실제로 27장 마지막에 가면 모든 사람이 구조된다. "마침내 사람들이 다 상륙하여 구조되니라"(44절). 아무 희망이 없던 이 배의 모든 사람이 사는 이 반전(反轉)은 어떻게 가능했나? 바울은 어떻게 완전한 절망 속에 있던 그들을 위로할 수 있었을까? 바울이 이렇게 사람들을 위로할 수 있었던 것은 그의 성격이 낙천적이었기 때문이 아니다. 배짱이 좋아서도 아니었다. 바울 역시 두려워했다(24절). 하지만 하나님께서 천사를 통해 바울에게 말씀하셨고, 그 말씀을 믿었기 때문이다.

23 내가 속한 바 곧 내가 섬기는 하나님의 사자가 어제 밤에 내 곁에 서서

말하되 **24** 바울아 두려워하지 말라 네가 가이사 앞에 서야 하겠고 또 하나님께서 너와 함께 항해하는 자를 다 네게 주셨다 하였으니 **25** 그러므로 여러분이여 안심하라 나는 내게 말씀하신 그대로 되리라고 하나님을 믿노라 (23-25절)

하나님은 천사를 보내셨고, 천사는 어젯밤에 바울 곁에 서서 말했다. 하나님은 위기에 처한 바울을 찾아오셨다. 본문에는 나오지 않지만 바울은 하나님께 기도했을 것이다. 바울뿐만 아니라 그 배에 타고 있던 선원들도 그들이 믿는 신에게 기도했을 것이다. 바울이 타고 있던 알렉산드리아호에는 '디오스구로'라는 쌍둥이 신의 형상이 새겨져 있었다(28:11). 디오스구로는 당시 배를 타고 항해하는 선원들의 수호신으로 숭배되었다. 그렇다면 알렉산드리아호에 폭풍이 불어닥쳤을 때 선원들은 디오스구로의 이름을 불러가며 자신들을 구원해 주도록 기도했을 것이다. 그러나 그들의 부르짖음은 아무런 소용이 없었다. 반면에 바울이 기도했을 때는 하나님이 응답하셨다. 하나님만이 살아계신 참 하나님이시기 때문이다.

하나님의 말씀을 들은 바울은 그 말씀을 믿었다. "나는 내게 말씀하신 그대로 되리라고 하나님을 믿노라!"(25절). 하나님을 믿는다는 것은 하나님이 하신 말씀이 이뤄질 것을 믿는 것이다. 그래서 이 말씀에 따라 절망 속에 있는 자들을 위로할 수 있었던 것이다. 절망 가운데 있는 이 세상의 사람들을 누가 위로하고, 안심시킬 수 있나? 하나님의 말씀을 듣고 믿은 사람이다.

우리는 하나님이 바울에게 말씀을 주신 시점에 주목할 필요가 있다. 20절에 따르면 당시에 사람들은 완전히 절망 속에 있었다. 구조될 모든 소망을 다 포기했다. 바로 이 지점에서 하나님은 희망의 메시지를 주셨다. 만약 단 1%라도 인간의 힘으로 살 수 있는 희망이 있다고 생각했다면 그 배에 타고 있는 사람들이 바울의 말을 듣지 않고 자력으로 살아남으려고 했을 것이다. 그러나 모든 소망이 사라졌을 때 하나님은 바울에게 위로와 소망을 전하셨다. 그래서 그들이 바울의 말에 귀를 기울인 것이다. 인간의 완전한 절망, 그곳은 하나님이 주시는 소망이 시작되는 지점이다. 앤드류 보나(Andrew A. Bonar) 목사가 이런 말을 했다. "하나님은 그의 백성이 기도 외에는 소망이 없는 가운데 갇혀 있기를 원하신다. 세상을 향한 교회의 능력은 바로 거기서 나온다." 미국의 목회자 카일 아이들먼이 쓴 『나의 끝, 예수의 시작』(The End of Me)이란 책이 있다. 내가 끝나는 곳에서 예수님이 역사하기 시작하신다는 말이다. 이 책 제1장의 제목은 더 흥미롭다. 제목이 이렇다. "하나님 나라는 내 잔고가 0이 될 때 시작된다." 일부분을 소개한다.

'심령이 파산한 자는 복이 있나니. 완전히 파산해서 내놓을 게 하나도 없는 자는 복이 있나니'. 생각할수록 충격적인 말씀이다. 나의 끝에 이르러, 내놓을 것이 하나도 없다는 사실을 절감할 때, 비로소 내 안에서 하나님 나라가 시작된다니. 이 세상의 논리와는 철저히 대치된다. … 하나님 나라는 잔고가 '0'이 될 때 시작된다. 내놓을 거라곤 눈을 씻고 찾아봐도 없을 때 비로소 전진하기 시작한다.[63]

사람은 믿는 구석이 있을 때는 하나님을 전심으로 찾지 않는다. 더 이상 물러설 곳이 없을 때 주님을 바라본다. 내가 끝나야 하나님의 역사가 시작된다.

배 안에 있는 모든 사람들의 생명을 바울에게 맡기겠다는 이 말씀은 바

---

63 카일 아이들먼 저, 정성묵 역, 『나의 끝, 예수의 시작』 (서울: 두란노, 2016), 31-32.

울과 그의 일행들(사도행전의 저자 누가와 데살로니가 성도 아리스다고. 2절 참조) 때문에 하나님께서 배에 타고 있던 나머지 275명(전체 276명, 37절 참조) 모두를 살려주시겠다는 것이다. 24절을 보면 "하나님께서 바울과 함께 항해하는 자를 다 네게 주셨다"라고 천사가 말하는데, 여기서 '주셨다'(κεχάρισταί [케카리스타이])는 단어는 '은혜를 베푸셨다'라는 뜻이다. 하나님께서는 바울과 같은 사명자와 함께 있다는 것만으로 그들에게 하나님의 은혜를, 긍휼을 베푸셨다.

우리는 창세기에서도 하나님이 요셉 한 사람을 세우셔서 많은 사람들의 생명을 살리셨음을 기억한다. 믿는 사람들은 세상의 희망이다. 교회는 세상의 희망이 되어야 한다. 하나님은 우리를 통해, 교회를 통해 절망 가운데 있는 이 세상을 살리시겠다고 말씀하신다.

그러면 하나님은 왜 바울 때문에 나머지 사람들을 살려주시고자 했는가? 바울이 가이사 앞에 서야 했기 때문이다. 이것은 바울이 당시 세계의 중심지였던 로마에 가서 복음을 전하게 될 것이라는 뜻이다. 하나님은 바울에게 로마에서 복음을 전하는 사명을 주셨고, 바울이 고난의 상황 속에서 좌절할 때 이 사명을 상기시켜 주심으로 그를 다시 일으켜 세우셨던 것이다. 하나님은 사명자를 지켜주신다.

당시 바울은 죄수의 몸이었다. 배를 통솔하는 지휘관은 '율리오'라는 로마 군대 백부장이었다. 선장도 있었다. 그러나 하나님은 배에 타고 있는 사람들의 생명을 백부장이나 선장이 아닌 죄수인 바울에게 맡기셨다. 겉으로 드러난 신분보다 더 중요한 것은 하나님이 주신 사명에 순종하는 사람이 되는 것이다. 그러면 하나님이 그를 지키신다. 높이신다. 창세기에서도 요셉이 노예였지만 요셉 덕분에 시위대장의 집이 복을 받고, 감옥의 책임자가 요셉에게 모든 일을 다 맡긴 것 역시 하나님께서 요셉을 통해 그분의 뜻을 이루시기 위함이다.

하지만 불순종한 요나는 정반대다. 요나는 니느웨로 가라는 하나님의 말씀을 거역하고 정반대 방향인 다시스로 가다가 풍랑을 만났다. 요나가 탄 배도 바울이 탄 배처럼 도저히 살 가망이 없는 지경까지 이르렀다. 풍랑이 그친 것은 요나가 바다에 빠지고 나서다. 배에 타고 있는 한 사람이 하나님 앞에 어떤 사람인가에 따라, 그 배에 타고 있는 사람들의 운명이 달라졌던 것이다.

인간적인 대안, 그것을 폐하시는 하나님 (27-44절)

하나님의 뜻은 하나님의 방법으로 이뤄진다 (27-44절)

바울이 천사를 통해 위로를 받고, 그 위로를 배 안에 있는 사람들에게 전해주었다. 그러던 어느 날, 알렉산드리아호가 '아름다운 항구'에서 출발한 지 14일째 되던 밤 선원들은 배가 육지에 가까이 왔음을 직감했다. 선원들은 수심을 재어 이것을 확인했다(28절). 처음 잴 때는 수심이 30미터였는데, 조금 가다가 재어보니 27미터 정도로 줄어든 것이었다. 육지를 향해 가까이 가고 있는 걸 확신한 선원들은 바울의 말 대로 이제 우리가 살겠노라며 안심하고 기다려야 했다.

선원들은 행여 배가 암초에 부딪힐까 염려가 되어 닻을 내리기로 했다. 그런데 선원들은 닻을 내리는 척하면서 자신들만 살기 위해 거룻배(life boat)를 바다에 띄워 도망가려고 했다. 왜 그랬을까? 그들은 하나님이 이 배에 탄 사람들을 지켜주실 것이라는 바울의 말을 믿지 않았던 것이다. 이것을 알아챈 바울이 백부장과 군인들에게 선원들을 제지해 주도록 요청한다. "바울이 백부장과 군인들에게 이르되 이 사람들이 배에 있지 아니하면 너희가 구원을 얻지 못하리라 하니"(31절).

바울은 거룻배를 이용해서가 아니라 알렉산드리아호가 파도에 밀려가다가 어느 섬에 닿게 됨으로써 배에 타고 있던 사람들이 구원받게 될 것이라고 믿었다. "그런즉 우리가 반드시 한 섬에 걸리리라 하더라"(26절). '반드시'로 번역된 헬라어 '데이'($\delta\epsilon\hat{\iota}$)는 24절 "네가 가이사 앞에 서야 하겠고($\delta\epsilon\hat{\iota}$)"에서 사용되었는데, 하나님의 뜻이기에 반드시 이뤄진다는 것을 의미한다. 아마도 하나님의 천사가 바울에게 그렇게 일러주셨을 것이다.

하나님께서 당신의 뜻을 이루실 때는 하나님의 방법이 있다. 그런데 우리는 하나님의 방법이 아닌 자신의 방법, 인간적인 대안을 찾으려고 한다. 어느 때는 인간적인 대안이 더 합리적으로 보일 수 있다. 그러나 하나님의 뜻은 하나님의 방식으로 이루어진다. 그래서 바울은 "배에 있지 아니하면 너희가 구원을 얻지 못하리라!"라고 말한 것이다. 무슨 일이 있어도 배에 남아 있어야 산다. 하나님이 그렇게 말씀하셨기 때문이다. 하나님의 구원은 하나님의 방법으로 이뤄진다. 그러니 자기 방식으로 살 궁리를 하지 말라는 경고다.

선원들이 하나님의 뜻을 거슬렀던 것처럼, 배에 있던 로마 군인들 역시 하나님의 뜻에 반하는 행동을 한다. 42절에 따르면 배가 육지 가까이 갔을 때 군인들은 죄수들이 헤엄쳐 도망가지 못하도록 죽이려고 했다. 이러다가는 바울도 죽을 수 있었다. 이것 역시 이 배에 타고 있던 모든 사람을 구조하시겠다는 하나님의 뜻을 거스르는 일이었다. 그러나 하나님은 백부장 율리오의 마음을 움직이셔서 군인들을 제지한다. 이 모든 것이 하나님의 역사였다. 바울이 타고 있던 배의 사람들이 어떻게 살아났나? 하나님이 말씀하신 대로 배가 멜리데섬에 걸려서 전원 살아났다. "그 남은 사람들은 널조각 혹은 배 물건에 의지하여 나가게 하니 마침내 사람들이 다 상륙하여 구조되니라"(44절).

그렇다. 하나님이 말씀하신 그대로 이뤄진 것이다. 말씀이 이뤄질 줄 믿고, 하나님의 방법을 기다리자. 하나님은 당신의 뜻을 방해하는 인간의 행동을 막으시고 당신의 방법대로 당신의 뜻을 이뤄가신다. "모로 가도 서울만 가면 된다", "꿩 잡는 게 매다"는 속담은 하나님께 안 통한다. 하나님은 아브라함과 사라를 통해 아들을 주시겠다고 했다. 하지만 아브라함은 하갈을 통해 아들 이스마엘을 낳았다. 사라에게서는 수십 년 동안 얻지 못한 아들을 하갈에게선 단번에 얻게 되었다. 아내 사라가 하라는 대로 하니 단번에 이뤄졌다. 이것이 위기다. 하나님 없이도 잘될 때가 믿음의 위기다. 그러나 그것은 하나님의 뜻이 아니다. 하나님의 뜻은 시간이 걸려도 하나님의 방법대로 이뤄진다.

망망대해 배 안에서 성찬식을 거행하다 (33-36절)

지난 14일 동안 폭풍 때문에 사람들은 마음을 졸이며 아무것도 먹지 못하고 굶고 지냈다. 그래서 바울은 이들에게 음식을 먹고 기운을 차리라고 권면했다. "너희 중 머리가락 하나도 잃을 자가 없으리라"(34절)라고 확신에 찬 어조로 다시 그들을 위로한다. 그러고 나서 바울은 자신이 먼저 빵을 먹는다. 이때 그가 취한 행동에 주목하라. 먼저, 바울은 떡을 가져다가 먼저 하나님께 감사했다(35절). 모든 사람이 절망하고 있는 상황에서 바울은 하나님께 감사한 것이다. 14일째 망망대해를 표류하는 배안에서 바울은 하나님께 감사했다. 이것이 어떻게 가능했나? 바울은 배에 있는 사람들을 지켜주실 것이라는 하나님의 약속을 믿었기 때문이다.

예수님의 오병이어 이적도 마찬가지였다. 먹을 것이라고는 아무것도 없던 광야에서 남자만 5,000명이 있었다. 예수님에게는 기껏해야 떡 다섯 개와 물고기 두 마리만이 있을 뿐이었다. 이런 상황에서 예수님이 하신 첫 번째 행동이 무엇이었나? "예수께서 떡 다섯 개와 물고기 두 마리를 가지사 하늘을 우러러 축사하시고"(막 6:41). 예수님은 하늘을 우러러 감사기도를 드렸다. 이것이 떡 다섯 개와 물고기 다섯 마리로 5,000명을 먹이신 이적의 시작이었다. 감사하면 감사할 일이 생긴다. 감사는 기적을 낳는다. 또한 예수님이 오병이어의 이적을 행하시기 전 빵을 가져, 축사하시고, 떼어서, 주시는 모습은 최후의 만찬에서도 반복된다. 또한 지금 바울이 배 안에서 성찬식을 행하고 있다.

35, 36절을 가만히 읽어보라. 바울이 떡을 가져다가 하나님께 축사(=감사)하고, 자신이 먼저 먹은 후 빵을 나눠준다. 사람들이 그 빵을 받아먹었다(36절). 모두가 빵을 받아먹는 모습이 성찬식과 같지 않은가? 폭풍을 만나 14일 동안 바다를 표류했던 배 안에서 이루어진 성찬식, 참으로 감동적이다. 바울이 먹은 것은 단순한 빵이 아니었다. 그것은 절망과 죽음 속에서 살아가는 우리에게 희망과 생명을 주신 예수 그리스도의 살과 피였다. 바울이 배 안에 있던 사람들에게 준 것은 그들의 굶주린 배를 배불리는 빵을 넘어서 예수 그리스도께서 주시는 구원의 약속이었다.

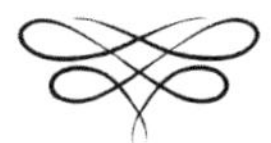

28장

알렉산드리아호가 도착한 섬은 오늘날 '몰타'(개역개정성경 '멜리데')로 알려진 섬으로서, 지중해 시칠리아(=시실리)에서부터 남쪽으로 약 93km가량 떨어진 곳에 있다. 시칠리아섬은 이탈리아 영토다. 우리나라로 치면 제주도에 해당한다. 하나님은 표류하는 알렉산드리아호를 이탈리아 남서부 섬 바로 아래 있는 섬에 도착하게 하셨으니 참 신비한 하나님의 섭리가 아닐 수 없다. 유라굴로 광풍이 불어 배가 이리저리 표류했는데, 하필이면 그 배가 가고자 하는 이탈리아 남서부의 시칠리아 아래에 있는 몰타(멜리데)섬에 걸릴 수 있나? 기적이다.

사실 이 배는 '스르디스만'으로 흘러 들어갈 수도 있었다. 스르디스만은 북아프리카 위에 있는 거대한 모래톱 지역이다. 여기에 배가 들어가면 빠져나올 수 없어, 배들의 무덤이라 불린다. 선원들은 이 사실을 잘 알기에 여기에 빠지지 않으려고 안간힘을 썼다.

끌어 올리고 줄을 가지고 선체를 둘러 감고 스르디스에 걸릴까 두려워하

여 연장을 내리고 그냥 쫓겨가더니 (17절)

선원들은 혹시나 배가 스르디스에 걸릴까 두려워했다. 그래서 자신들이 할 수 있는 조치를 취했다. 연장을 내리고 "그냥 쫓겨갔다." 그렇다. 바울이 탄 배는 광풍에 휩쓸려 그냥 쫓겨가고 있었다. 하지만 하나님이 스르디스에 걸리지 않게 하셨다. 오히려 목적지 바로 아래 지점에 배를 갖다 놓으셨다. 하나님은 약속하신 바를 이루시되 우리의 기대와 상상을 뛰어넘어 이루신다.

이 몰타섬에 살고 있던 원주민들은 바울과 그 일행들을 친절하게 대해주었다. 2절에 따르면 그들은 바울 일행에게 '각별한 친절'을 베풀었고, 영접하였다고 말한다. 비가 오고 날씨가 춥자 원주민들은 바울과 그 일행들을 위해 불을 지펴주기도 했다. 그 섬의 추장인 보블리오는 바울 일행을 자기 집으로 맞아들여 3일 동안 극진히 대접해 주었다. 그 보답이었을까? 바울은 보블리오의 부친이 열병과 이질에 걸려 병상에 누워 있는 것을 보고 그를 찾아가 기도하고 안수하여 고쳐주었다. 이 일이 알려지자 그 섬의 모든 병자가 바울을 찾아와 고침을 받았다. 마치 예수님이 베드로의 장모의 병을 고쳐주시자 가버나움에 있던 각색 병자들이 예수님을 찾아와 치유를 받았던 것과 흡사하다(막 1:29-34).

섬 주민과 바울의 서로 돕고 섬기는 관계는 계속되었다. 원주민들은 바울 일행을 극진히 대접한다. 3개월 동안(28:11) 알렉산드리아호에 타고 있던 276명을 매일 대접했다. 말이 3개월이지 276명을 석 달 동안 극진히 대접하는 일이 어디 쉬운 일인가? 또한 그들은 바울과 그 일행이 그 섬을 떠날 때는 쓸 것을 충분히 실어 보내주었다. 하나님께서 바울에게 약속하신 것처

럼, 하나님은 276명 모두를 책임져주신 것이다! 바울처럼 자기에게 주어진 소명에 따라 살아가는 사람을 위해 하나님은 각별한 친절을 베풀고 극진히 대접할 사람을 예비할 것이다. 그래서 예수님이 이렇게 말씀하셨다. "너희는 먼저 그의 나라와 그의 의를 구하라 그리하면 이 모든 것을 너희에게 더하시리라"(마 6:33).

몰타섬 원주민들이 바울 일행을 더욱 극진히 대접하게 된 계기가 있었다. 비가 오고 춥자 원주민들은 바울 일행을 위해 불을 피워주었다. 바울이 피워놓은 불에 마른 나뭇가지 한 묶음을 넣었는데, 그 속에 있던 독사가 뜨거운 열기 때문에 기어 나와 바울의 손을 문 것이었다. 몰타섬 원주민들은 바울이 독사에 물린 것이 그가 살인죄와 같은 중죄를 지었기 때문에 벌을 받는 것이라고 생각했다. 바울이 폭풍 속에서 살아남았지만, 그것은 바울이 죄가 없기 때문이 아니라 운이 좋아서 그렇게 된 것뿐이다. 정의의 여신은 살아있기 때문에 바울은 결국 죗값을 받게 되는 것이라고 생각했을 것이다. 바울이 독사에 물려서 어떻게 되느냐에 따라 바울은 그가 죄인인지 아니면 의인인지가 결정되는 것이었다. 나아가 만약 바울이 죽게 되면 알렉산드리아호에 타고 있던 사람들도 바울 덕분에 구조된 줄 알았는데 그것이 아니었다고 생각할 수 있다.

그러나 바울이 자기 손을 문 독사를 떨쳐버렸고, 그는 아무런 해도 입지 않았다. 원주민들은 바울이 독사에게 물렸으니까 조금 있으면 죽겠지 하고 지켜보았지만 바울이 나 죽겠다고 소리를 지른다든지 손이 붓는다든지 하는 이상이 전혀 나타나지 않았다. 그것을 보고 원주민들은 바울이 아무 죄도 없는 사람이라고, 아니 그것을 넘어 신으로 '생각을 바꾸게 되었다'(6절). 범법자에서 신으로! 이 사건을 계기로 몰타섬 전도가 가능했던 것은 물론이다. 하나님은 바울이 독사에 물리는 일도 사용하셔서 몰타섬 전도가 가능케 하신 것이다.

몰타섬에서 제일 높은 사람 보블리오도 이 사실을 듣고 바울과 그 일행을 극진히 대접했다. 또 보블리오는 바울을 열병과 이질에 걸려있는 자기 아버지를 고쳐 달라고 요청했을 것이다. 바울은 그의 부탁대로 보블리오의 아버지에게 안수 기도하여 낫게 하였다. 나아가 바울은 몰타섬에 있는 다른 병자들도 고쳤다. 그러니 보블리오와 몰타섬 사람들이 얼마나 기뻤겠는가? 비록 성경에는 명시적으로 언급되어 있지 않지만, 몰타섬 원주민들이 바울을 통해 예수님을 믿었을 것이다. 지금도 몰타에 가면 여러 교회가 있다. 바울 난파 기념 교회, 보블리오 기념 교회 등등. 전해지는 이야기에 따르면 추장 보블리오가 몰타의 최초의 교회 감독이 되었고, 나중에 순교했다고 한다.

이렇게 보면 바울이 독사에게 물린 것은 하나님이 몰타섬에서 복음의 능력을 보여주기 위해서 일어난 일이었다. 독사가 내 손을 문 것 같은 아픔을 겪고 있는가? 내가 겪는 고난과 시련은 하나님의 살아계심을 증거하는 기회가 될 수 있음을 잊지 말자.

28장에 그려진 바울의 모습은 마가복음 16장 17~18절에서 복음을 전하는 자들에게 예수님이 약속하신 것이 결코 거짓이 아님을 보여준다. 예수님은 믿는 사람들에게 표적이 따른다고 했다.

17 믿는 자들에게는 이런 표적이 따르리니 곧 그들이 내 이름으로 귀신을 쫓아내며 새 방언을 말하며 18 뱀을 집어올리며 무슨 독을 마실지라도 해를 받지 아니하며 병든 사람에게 손을 얹은즉 나으리라 (막 16:17-18)

표적(表蹟)이란 하나님의 살아계심을 입증하는 구체적인 증거다. 말씀을 확실히 뒷받침하기 위해서 주님이 일으키시는 능력이다. 바울이 독사에게 물렸어도 해를 입지 않은 것은 주님의 말씀이 사실임을 보여준다. 뱀을 집는다는 것은 악의 세력을 제압한다는 것을 뜻할 수도 있다(눅 10:17-20 참조). 복음을 전파할 때 그곳을 지배하고 있는 사탄의 세력들이 대적한다. 그러나 복음은 승리할 것이다. 믿는 사람에게 표적이 따를 것이다. 기독교는 윤리와 도덕을 포함하지만, 또한 능력의 종교다. 하나님의 능력은 선교 현장에서 경험할 수 있다. 하나님의 능력을 경험하기를 원한다면 능력이 나타날 수 있는 현장으로 나가야 한다. 온 천하에 다니며 복음을 전파할 때 주께서 함께 하사 역사하실 것이다.

마침내 로마에 도착하다 (11-15절)

디오스구로 vs. 하나님

바울과 그 일행은 몰타섬에서 겨울을 지냈다. 그 기간은 약 3개월이었다. 3개월 동안 276명이 대접을 받으면서 겨울을 지낸 것은 하나님의 은혜였다. 겨울이 지나고 다시 항해할 수 있는 시기가 되자 바울과 그 일행은 알렉산드리아호를 타고 다시 항해 길에 올랐다. 그런데 11절은 알렉산드리아호에 관해 새로운 사실을 말하고 있다. 그 배에 '디오스구로'라는 쌍둥이 신의 형상이 새겨져 있었다는 사실이다. 디오스구로는 그리스-로마 신화에 나오는 제우스 신과 스파르타의 여왕 레다 사이에서 태어난 쌍둥이 아들인 '카스토르'와 '폴룩스'를 가리킨다.

디오스구로는 당시 배를 타고 항해하는 선원들의 수호신으로 숭배되었

다. 우리나라에서도 신라시대의 장보고가 선원들의 수호신으로 숭배되기도
한다. 그러나 우리는 알고 있다. 알렉산드리아호를 유라굴로라는 폭풍 속에
서 지켜주신 분은 디오스구로가 아니라 하나님이시라는 사실을. 알렉산드
리아호에 유라굴로가 불어닥쳤을 때 그 배에 타고 있던 선원들은 디오스구
로의 이름을 불러가며 자신들을 구원해주도록 기도했을 것이다. 그러나 그
들의 부르짖음은 아무런 소용이 없었다. 오직 바울을 통해 로마에 복음을
전하시려는 하나님만이 그 배를 지켜주실 수 있었다.

복음을 전한다는 것은 이런 것이다. 세상 사람들은 자신들이 만들어낸 것
을 신이라고 부르면서 그것이 자신들을 지켜줄 것이라고 믿고 산다. 그러나
복음이 들어가면 진정 우리를 지켜주는 분이 누구신지 드러나게 된다. 로마
는 온갖 신들을 섬겼던 사회다. 그런 로마에 바울이 간다. 그리고 로마제국
의 한복판에서 "하나님 나라와 주 예수 그리스도"를 증거하고 선포한다.

로마로 향하는 길에 바울을 환영하는 사람들 (11-15절)

몰타를 떠난 바울 일행은 '수라구사(3일) → 레기온 → 보디올(7일) → 로
마'에 도착한다. 주후 61년경으로 추정된다.[64] 당시 로마에는 예수님을 믿던
성도들이 있었다. 14절이나 15절에 언급된 형제란 바로 성도들을 말한다.
바울은 이들로부터 환영을 받는다. 바울이 보디올에서 로마를 향해 가던 중
에 '압비오 광장'이란 곳에 이르렀을 때 로마에 사는 성도들이 마중 나와서
바울을 환영했다. 로마에서 압비오 광장까지는 약 70km다. 이렇게까지 멀
리까지 나와 환영하는 사람을 보고 바울이 얼마나 위로를 받았을까? 또 어

---

64 Fitzmyer, *The Acts of the Apostles*, 796.

떤 성도들은 로마에서 약 53km 떨어진 '트레이스 타베르네'('3개의 여관')까지 마중을 나왔다. 15절 "맞으러 오니"라는 표현은 장군이나 유력자가 성을 방문할 때 사람들이 성 밖 멀리까지 나와 환영한다는 뜻이다. 그래서 바울은 "하나님께 감사하고 담대한 마음을 얻었다"(15절). 아마 그들에게 그동안 자신의 선교 사역도 들려주었을 것이다.

바울, 로마의 유대인 지도자들을 만나 복음을 전하다 (16-28절)

예수님을 믿는 성도들뿐만 아니라 로마에 살고 있던 유대인들의 지도자들도 만났다. 먼저 바울은 자신이 무죄함을 주장한다(17-19절). 자신은 자기 민족 이스라엘에 해가 되는 일을 하지 않았다는 것이다. 예루살렘에서 자기를 죽이려는 유대인들에 의해 체포되어 로마 사람들에게 넘겨져 심문을 받았지만 자신의 결백이 드러났음을 그는 말했다. 그러나 유대인들이 바울이 무죄로 석방되는 것을 반대하여 자신은 어쩔 수 없이 로마 황제 가이사에게 상소할 수밖에 없게 되어 이렇게 로마에 왔다고 말한다. 그런데 사람들은 바울이 예수님을 믿더니 민족도 동포도 다 버렸고 로마 황제에게 가서 이스라엘을 고소하려고 한나고 오해하고 있다는 것이다.

그러나 바울은 자신의 진심은 그것이 아니라고 변명한다. 자신이 죄수의 몸으로 로마에까지 온 이유는 단 한 가지 때문이었다. "이스라엘의 소망으로 말미암아 내가 쇠사슬에 매인 바 되었노라"(20절). 바울은 자신이 온갖 위협을 받고, 억울하게도 모함을 받고, 쇠사슬에 묶여 죄수의 몸이 되는 이 치욕을 당하는 이유는 이스라엘의 소망이 바로 예수님이라는 사실을 알리기 위해서라는 말이다. 이스라엘뿐만 아니라 로마의 소망이, 전 세계의 소망이 오직 예수님이라는 이 사실을 알리기 위해 그는 쇠사슬에 묶였다. 이스라엘의 소망에 자신을 묶음으로써 이스라엘이 구원을 얻게 하려는 것이었다.

예수님을 믿는다는 것은 바로 이런 것이다. 복음은 우리를 억압하는 모든 것으로부터 자유케 한다. 그러나 복음은 동시에 우리를 하나님께, 그분의 말씀에 얽매이는 삶을 살도록 촉구한다. "형제들아 너희가 자유를 위하여 부르심을 입었으나 그러나 그 자유로 육체의 기회를 삼지 말고 오직 사랑으로 서로 종 노릇 하라"(갈 5:13). 예수님만이 우리 가족의 소망임을 믿는다면 그 소망 때문에 내가 나 자신을 구속할 수 있어야 한다. 가족을 섬기는 사람이 되어야 한다. 예수님만이 우리 사회의 소망임을 믿는다면 그 소망 때문에 나는 직장에서, 사회 곳곳에서 섬기는 삶을 살아야 한다.

바울은 무죄함에도 불구하고 이스라엘의 소망으로 인해 결박되었다. 그래서 불평하지 않았다. 그는 자신의 억울함을 풀기 위해 로마에 온 것이 아니었다. 복음을 위해, 이스라엘의 소망을 위해 그 모든 불평과 치욕을 감내한 것이다. 우리 삶에 불평이 많은 이유는 우리가 여전히 예수 그리스도 안에서 자유를 누릴 줄은 알지만 그 자유를 복음을 위해 포기할 줄 모르기 때문이다.

바울의 셋집

로마에 도착한 바울은 '셋집'을 얻어 지냈다(23, 30절). 우리말 성경은 '숙소'로 번역했는데, 원래의 의미는 오늘날의 연립주택과 비슷한 가옥을 뜻한다. 당시 로마에는 오늘날 한국의 '연립주택'과 같은 주거형태인 '인술라'(insula)가 유행했다. 로마에 인구가 늘어나면서 2~3층짜리 공동주택을 지었다고 한다. 바울은 아마도 이곳에 억류되어 있었던 것으로 보인다. 일종의 '가택연금'이라고 할 수 있다. 바울은 이 집에 거하면서도 상당히 자유롭게 지냈다. 그는 비록 죄수의 몸이었지만, 감옥이 아니라 일반 가옥에서 사는 배려를 받았다. 단지 로마 군인 한 사람이 그를 지킬 뿐이었다. 이것은 바울을 호송하던 로마 군인들이 바울 덕분에 폭풍 속에서 살아남았기 때문에 고마움의 표시로 바울에게 호의를 베푼 것 같다.

한편 죄수의 몸이었던 바울은 어떻게 세를 낼 수 있었을까? 적지 않은 학자들이 바울은 이 셋집에서 일을 하여(바울의 전공인 천막제조업?) 돈을 벌었을 것이라고 추측한다. 그러나 바울이 비록 다른 죄수들에 비해 상당히 자유로운 몸이었지만, 여전히 그는 감시를 받는 죄수였다. 따라서 바울은 흉기나 흉기로 바뀔 수 있는 물건을 소유할 수 없었을 것이다. 그렇다면 아마도 로마에 있던 성도들이 바울을 대신해서 세를 지불했을 것이다.

바울이 기거했던 집은 그를 찾아오는 많은 사람들을 수용할 수 있었던 것 같다. 바울은 이 많은 사람들을 자기 방에서 맞이한 것이 아니라, 그가 거하는 집의 앞뜰 혹은 로비에서 만났을 것이다. 바울은 로마에 사는 유대인들 가운데 높은 사람들을 자기가 기거하는 곳으로 불러 그들에게 자신이 무죄하다고 말하기도 하였고(17-22절), 또 자기를 찾아오는 사람들에게 아무런 방해를 받지 않고, 하나님 나라를 전파하고 주 예수 그리스도에 대해 가르치기도 하였다(23-31절). 그기 거했던 셋집은 더 이상 감옥이 아니라, '가정교회'가 되었던 것이다.

바울은 아침부터 저녁까지 자기를 찾아오는 사람들에게 하나님 나라와 주 예수 그리스도를 전하며 살았다(23절). 이 일을 꼬박 2년 동안 했다. 좋은 장소에서 전도한 것이 아니었다. 가택 연금된 상태였다. 그가 머물던 집안에서는 비교적 행동이 자유로웠지만 집 밖으로 나갈 수는 없었다. 그는 죄인의 몸이었고, 로마 군인이 그를 지키고 있었다. 그러나 많은 사람들이 그를 찾아왔다. 복음을 전하는 데 있어서는 환경이 문제 되지 않는다.

바울은 로마로 오기 전 가이사랴에서 2년 동안 감옥에 있을 때도 벨릭스와 베스도 총독, 아그립바 왕 앞에서 복음을 전했다. 로마에 와서도 2년 동안 가택연금 되었으니 무려 4년 동안 그는 감옥에 있었던 것이다. 부자유한 상황에서 그는 환경을 탓하지 않고 복음을 증거했다. 상황은 문제가 되지 않는다. 오히려 바울은 자신이 감옥에 갇힌 사실로 인해 복음이 전파된 것을 기뻐했다. "형제들아 내가 당한 일이 도리어 복음 전파에 진전이 된 줄을 너희가 알기를 원하노라"(빌 1:12).

여기서 바울이 당한 일이란 감옥에 갇힌 일이었다. 감옥에 갇혔다는 것은 부끄러운 일이다. 그러나 그는 감옥에 갇힌 것을 부끄러워하지 않았다. 감옥에 갇혔어도 오히려 복음의 진전이 이뤄졌기 때문이다. 그리스도가 전파되었기 때문이다. 내 몸은 갇혀도 하나님은 역사하시기 때문이다.

바울이 선포한 내용, "하나님 나라와 주 예수 그리스도" (23, 31절)

바울은 로마에 살고 있던 유대인들, 그리고 이방인들에게 관심의 대상이 되었던 것 같다. 그래서 많은 사람들이 바울을 찾아왔다. 바울은 자신을 찾아온 사람들에게 들려준 이야기는 분명했다. 그것은 하나님의 나라요 예수 그리스도였다.

그들이 날짜를 정하고 그가 유숙하는 집에 많이 오니 바울이 아침부터 저녁까지 강론하여 하나님의 나라를 증언하고 모세의 율법과 선지자의 말을 가지고 예수에 대하여 권하더라 (23절)

하나님의 나라를 전파하며 주 예수 그리스도에 관한 모든 것을 담대하게
거침없이 가르치더라 (31절)

바울이 복음을 전하는 행위를 묘사하는 다양한 용어를 보라. 먼저 23절
에는 '강론하다', '증언하다', '권하다' 등 3개의 동사가 나온다. 31절에는 '선
포하다'와 '가르치다'가 사용되고 있다. 이렇게 바울이 다양한 방법으로 복
음을 아침부터 저녁까지 열심히 전했지만, 그의 말을 들은 사람 모두가 다
예수님을 받아들이지는 않았다(24절). 그러나 바울은 좌절하지 않았다. 바울
은 자신이 그렇게 열심히 전도했는데도 불구하고 유대인들이 복음을 받아
들이지 않은 것에서 하나님의 뜻을 발견한다. 바울은 그 이유가 유대인들의
완악함 때문이며, 이것은 이미 성령께서 이사야 선지자를 통해 예언하셨음
을 언급한다(26-27절).[65]

바울이 선포하고 가르친 내용은
하나님 나라와 주 예수 그리스도였다

가만히 생각해 보면 이것은 매우 도발적이다. 바울이 살고 있던 시대는
로마제국이 세계를 제패하고 있었다. 이 로마제국은 신의 아들이라 신격화
된 로마 황제에 의해 통치된 나라다. 그런데 그 로마제국의 심장부인 로마

---

65 히브리어 성경 이사야 6:9-10은 이중 목적절로 되어 있는데, 원래 의도는 예언자가 하나님의
    말씀을 계속 선포함으로써 오히려 백성들의 마음을 완악하게 하고, 그 귀를 둔감하게 하고,
    그 눈을 감게 하라는 하나님의 이상한 명령을 강조한다. 그러나 70인역과 70인역을 따르고 있
    는 개역개정성경은 예언자의 설교를 듣기 전부터 마음이 이미 완악해져 있다. 히브리어 성경
    은 하나님의 절대 주권적인 강퍅하게 하시는 사역을 강조하고 있다면, 70인역은 이미 하나님
    의 말씀을 이해할 수 없는 정도로 강퍅해진 상황을 강조한다. 김회권, 『사도행전 2』, 365.

에서 바울은 로마제국이 아니라, 하나님 나라에 대해 증거하고 있는 것이다! 그렇다고 바울이 체제전복을 꿈꾸는 혁명가였다는 말이 아니다. 바울이 말하려는 것은 진정한 나라는 로마제국이 아니라 하나님의 나라라는 것이다. 로마 황제가 아니라 하나님이 진정한 우리의 왕으로서 세상을 다스리신다는 것이다.

또 바울은 주 예수 그리스도에 관한 것을 가르쳤다. 예수님을 주님이라고 호칭하고 있다(31절). '주님'(κύριος [퀴리오스])이라는 말은 부활하사 온 우주를 다스리시는 예수님의 지위와 권세를 가리킨다. 바울은 지금 온 세상을 다스리는 분은 로마 황제가 아니라 예수님이라는 것을 선포한 것이다. 우리가 살아가는 세상은 돈과 권력의 세상이다. 이런 세상에서 하나님이 왕이심을 선포하고, 예수 그리스도만이 우리의 주님되심을 믿고 전해야 할 것이다.

바울의 마지막

사도행전은 바울이 2년 동안 복음을 전하다 그 이후에 어떻게 됐는지 말해주지 않는다. 사도행전은 바울의 전기가 아니라, 바울을 통해 복음이 어떻게 증거되었는지를 보여주는 데 목적이 있기 때문이다. 바울의 죽음에 대해서는 성경의 다른 책에도 언급이 없다. 그러나 성경이 아닌 다른 기독교 문서 등을 참조해 보면 바울은 2년 후에 무죄로 풀려난 것으로 보인다. 주후 60년 2월에 로마에 와서 62년에 풀려났을 것이다. 그리고 그가 로마서에서 언급한 대로 당시 세상의 끝이라고 여겨진 스페인에 가서 전도하다가 다시 로마에 돌아왔고, 이때 복음을 전하다가 체포되어 수감생활을 한다. 이 기간 중 디모데후서를 쓴다. 하지만 풀려나지 못하고 네로 황제 시절인 주후 64년경 참수를 당한 것으로 전해진다.

누가가 사도행전을 기록한 것은 바울이 죽은 이후다. 누가는 바울이 어떻게 죽었는지를 알고 있었다. 하지만 누가는 바울의 죽음에 대해 말하지 않는다. 바울을 영웅으로 미화하는 것이 목적이 아니기 때문이다. 또 그가 재판을 받으러 왔지만 결과가 어떻게 됐는지도 말하지 않는다. 누가는 바울이 하나님 나라와 주 예수 그리스도를 위하여 담대하게 거침없이 전하며 살았다는 것으로 끝을 맺는다. 우리도 그렇게 살라고 촉구하고 있는 것이다. 이제 땅끝까지 이르러 예수의 증인으로 살아야 할 사람은 바로 우리라고 말하고 있다.

참고문헌

Anderson, Robert T. "Samaritans" *Anchor Bible Dictionary*. Vol. 5. New York : Doubleday, 1996.

Barrett, C. K. *A Critical and Exegetical Commentary on the Acts of the Apostles*, Vol. 2. T&T Clark International, 2004.

Fitzmyer, Joseph A. *The Acts of the Apostles*. The Anchor Yale Bible Commentaries. Doubleday, 1998.

Garrett, Susan R. *The Demise of the Devil: Magic and the Demonic in Luke's Writings*. Fortress Press, 1989.

Jewett, Robert. *A Chronology of Paul's Life*. Philadelphia: Fortress Press, 1979.

Polhill, John B. *Acts*. electronic ed., The New American Commentary 26. Broadman & Holman Publishers, 2001.

Tannehill, Robert C. *The Narrative Unity of Luke-Acts*. A Literary Interpretation. Vol. 2: *The Acts of the Apostles*. Fortress Press, 1994.

김경진.『성서주석 사도행전』. 대한기독교서회, 1999.

______.『잃어버린 자를 찾아오신 주님』. 한국성서학연구소, 2000.

김동수.『신약이 말하는 방언』. 킹덤북스, 2009.

김회권.『사도행전 1』. 복있는사람, 2007.

______.『사도행전 2』. 복있는사람, 2007.

김희성.『신약의 성령론』. 대한기독교서회, 2009.

류호성. "문화적 시각에서 바라본 고넬료의 이야기(행 10:1-11:18)"「신약
　　　논단」제27권 제2호(2020년 여름): 409-461.

박영돈.『성령충만, 실패한 이들을 위한 하나님의 은혜』. SFC, 2008.

박영호.『사도행전 선교적 읽기』. IVP, 2024.

박웅천.『세계를 향한 복음』. 한국성서학연구소, 1997.

박찬웅. "사도행전 12장에 나타난 아그립바 1세의 박해와 죽음에 대한 연
　　　구"「신학논단」제99집(2020.3.30.): 39-69.

벅, 대럴 저, 전용우 역.『BECNT 사도행전』. 부흥과개혁사, 2018.

아이들먼, 카일 저, 정성묵 역.『나의 끝, 예수의 시작』. 두란노, 2016.

예레미아스, 요아힘 저. 편집부 역.『예수시대의 예루살렘: 신약성서 시대의
　　　사회경제사 연구』. 한국신학연구소, 1988.

오덕호.『값진 진주를 찾아서』. 한국성서학연구소, 2002.

유상섭.『나의 사랑하는 책 사도행전』. 성서유니온 선교회, 2017.

유상현.『사도행전 연구』. 대한기독교서회, 1996.

______.『바울의 제2차 선교여행』. 대한기독교서회, 2008.

______.『바울의 제3차 선교여행』. 대한기독교서회, 2011.

유지윤, 김명섭. "프레데릭 B. 해리스의 한국관련 활동"「한국정치외교사논
　　　총」제40권 1호(2018): 5-40.

이덕주. 『한국 교회 이야기』. 신앙과지성사, 2017.

이재근. 『세계복음주의지형도』. 복있는사람, 2015.

이한수. 『신약은 성령을 어떻게 말하는가』. 이레서원, 2001.

정용성. "고넬료 이야기의 사회 공간적 함의(행 10:1-11:18)" 「헤르메네이아 투데이」 16(2001년 8월): 37-52.

정은찬. 『바울, 마케도니아에 가다』. IVP, 2023.

조호진. 『아델페 아나니아: 원수에게 세례를 베푼 사람』. 홍성사, 2019.

최원준. 『마가복음』. 홍성사, 2021.

키너, 크레이그 S. 저, 노동래 역. 『오늘날에도 기적이 일어날 수 있는가?(하권)』. 새물결플러스, 2022.

톡톡 (Talk Talk) **사도행전**

초판 1쇄 발행 2026년 1월 30일
지은이 최원준
펴낸이 홍인종
펴낸곳 도서출판 한국성서학
등록 제2022-000036호 (1991. 12. 21.)
주소 서울 광진구 광장로5길 25 (광장동), 2층
전화 02-6398-3927
이메일 bibleforum@bibleforum.org
홈페이지 http://www.bibleforum.org
총판 비전북(전화 031-907-3927 / 팩스 031-905-3927)
인쇄·제본 성광인쇄

값 25,000원

ISBN 979-11-91619-32-4 03230